# CENSUS OF INDIA 1891

# Census of India 1871-1951, 9 Sets In 384 Bindings (9788121258876) Rs. 700000

# Census of India 1891, 28 Vols. In 49 Bindings (978-81-212-7129-5) Rs. 125000

1. General Report (9788121269834) Rs. 1450
2. General Tables For British Provinces And Feudatory States (9788121269810) Rs. 2710 (Vol. I)
3. General Tables For British Provinces And Feudatory States (9788121269797) Rs. 950 (Vol. II)
4. Assam - Report (9788121269773) Rs. 2390 (Vol. I, V.1)
5. Assam - Tables (9788121269759) Rs. 2210 (Vol. II, V.2)
6. Assam - Provincial Tables (9788121269735) Rs. 1310 (Vol. II, V.3)
7. The Lower Provinces of Bengal and their Feudatories - The Report (9788121269711) Rs. 1660 (Vol. III)
8. The Lower Provinces of Bengal and their feudatories - The Administrative Tables (9788121269698) Rs. 4200 (Vol. IV )
9. The Lower Provinces of Bengal and their feudatories - The Caste Tables (9788121269674) Rs. 2600 (Vol. V, Pt. 1)
10. Lower Provinces of Bengal - The Provincial Tables (9788121269650) Rs. 1980 (Vol. V, Pt. 2)
11. Berar or the Hyderabad Assigned Districts (9788121269636) Rs. 3360 (Vol. VI)
12. Bombay and Its Feudatories - Report (9788121269612) Rs. 4010 (Vol. VII, Pt. 1)
13. Bombay And Its Feudatories - Imperial Tables (9788121269599) Rs. 790 (Vol. VIII, Pt. 2)
14. Imperial Series - Burma Report (9788121269575) Rs. 2320 (Vol. IX-V.1)
15. Imperial Tables - Burma Report (9788121269551) Rs. 3360 (Vol. X-V.2)
16. Provincial Tables Burma Report (9788121269537) Rs. 3510 (Vol. X-V.3)
17. Provincial Tables Burma Report (9788121269513) Rs. 3630 (Vol. X-V.4)
18. The Central Provinces And Feudatories - The Report (9788121269490) Rs. 2290 (Vol. XI, Pt. 1)
19. The Central Provinces And Feudatories - Imperial tables and supplementary returns (9788121268936) Rs. 2010 (Vol. XII)
20. Madras The Report On The Census (9788121269476) Rs. 2870 (Vol. XIII)
21. Madras - Tables I to XVII-C, British Territory (9788121269452) Rs. 3490 (Vol. XIV)
22. Madras - Tables A TO E, British Territory. Tables for feudatory States and A Caste Index (9788121269438) Rs. 2820 (Vol. XV)
23. The North Western Provinces and Outh - Report and Provincial Tables (9788121268912) Rs. 3100 (Vol. XVI, Pt. 1)
24. The North - Western Provinces and Oudh- Imperial Tables (9788121269414) Rs. 2000 (Vol. XVII, Pt. 2)
25. The North - Western Provinces and Oudh- Imperial Caste Tables (9788121269391) Rs. 3020 (Vol. XVIII, Pt. 3)
26. Punjab and Its Feudatories - The Report on the Census (9788121269377) Rs. 2710 (Vol. XIX, Pt. 1)
27. Punjab and Its Feudatories - Imperial Tables and Supplementary Returns for the British Territory (9788121269353) Rs. 1370 (Vol. XX, Pt. 2)
28. Punjab and Its Feudatories - Imperial Tables and Supplementary Returns for the Native States, Together With A Caste Index (9788121269339) Rs. 4910 (Vol. XXI, Pt. 3)
29. Report on The Census of The Districts of Ajmere-Merwara (9788121269056) Rs. 720 (Vol. XXII)
30. His Highness The Nizam's Dominions - Report (9788121269315) Rs. 2240 (Vol. XXIII, Pt. 1)
31. His Highness The Nizam's Dominions - Report (9788121269292) Rs. 2410 (Vol. XXIII, Pt. 2)
32. His Highness The Nizam's Dominions - Imperial And Supplementry Tables and Caste Index (9788121269278) Rs. 3390 (Vol. XXIII, Pt. 3)
33. Baroda - Report (9788121269254) Rs. 3810 (Vol. XXIV, Pt. 1)
34. Baroda - Tables (9788121269230) Rs. 2620 (Vol. XXIV, Pt. 2)
35. Mysore - Report (9788121269216) Rs. 2590 (Vol. XXV, Pt. 1)
36. Mysore - Imperial Tables (9788121269193) Rs. 1600 (Vol. XXV, Pt. 2)
37. Mysore - Tables (9788121269179) Rs. 5320 (Vol. XXV, Pt. 3)
38. Mysore - Supplementary Tables (9788121269155) Rs. 3590 (Vol. XXV, Pt. 4)
39. Mysore- Supplement to the Mysore census report of 1891 being a list of villages in the Mysore province and : comparing the population as per Censuses of 1891, 1881 & 1871 (9788121279024) Rs. 5350 (Vol. XXV, Pt. 5)
40. Rajputana - The Report, Imperial Tables And Supplementary Returns (9788121269131) Rs. 2330 (Vol. XXVI, Pt. 1)
41. Rajputna - The Provincial Tables and Remarks (9788121269117) Rs. 550 (Vol. XXVI, Pt. 2)
42. Central India (9788121269094) Rs. 2000 (Vol. XXVII)
43. Kashmir State - The Report on the census and Imperial and supplementary Tables (9788121269070) Rs. 2290 (Vol. XXVIII)
44. The Census of Calcutta (9788121269032) Rs. 890
45. Report on the census of Cochin (9788121269018) Rs. 790 (Pt. 1)
46. Report on the census of Cochin - The Final Census Tables with Appendices (9788121268998) Rs. 910 (Pt. 2)
47. Report on the Census of Coorg (9788121268974) Rs. 730
48. Report on the census of Travancore -Report (9788121274029) Rs. 4220 (Vol. I)
49. Report on the census of Travancore -Appendix (9788121268950) Rs. 5300 (Vol. II)

Owing to the antiquity and rarity of this book, certain pages are regrettably absent, and readability is compromised due to the blurring of the original text. If you possess any insights regarding the availability of these missing sections, kindly inform us. Your assistance is crucial in ensuring the completion of this significant work for the benefit of future generations.

# CENSUS OF INDIA, 1891

## BOOK - 6

# ASSAM

## VOL. III.—PROVINCIAL TABLES

**E.A. GAIT**

GYAN

*Published by*

GYAN

Gyan Publishing House
5, Ansari Road
Daryaganj, New Delhi-110002
Phone: 011-47034999, 9811692060
E-mail: books@gyanbooks.com

*Distribution Network*
gyanbooks.com
India, USA, Canada, UK, Australia



ISBN: 978-81-212-7129-5 (Set) 28 Vols. In 49 Bindings
978-81-212-6973-5 (PB) Book-6, Vol. III

First Published, 1892

2nd Impression 2024

*Printed at:* Gyan Press, Delhi.



**CENSUS OF INDIA 1891**

# CENSUS OF INDIA, 1891.

# ASSAM.

---

## VOL. III.—PROVINCIAL TABLES.

# CENSUS OF INDIA, 1891.

# ASSAM.

BY

E. A. GAIT

OF THE INDIAN CIVIL SERVICE,

SUPERINTENDENT OF CENSUS OPERATIONS IN ASSAM.

---

## VOL. III.--PROVINCIAL TABLES.

SHILLONG:

PRINTED AT THE ASSAM ADVERTISER PRESS.

1892.

*PRICE—TWO RUPEES.*

# CONTENTS.

# TABLE D.

## Education by Caste.

## PROVINCIAL SUMMARY.

**REMARKS.**

Those Castes in which one person at least is literate or learning alone are shown here.

# TABLE D.

## EDUCATION BY CASTE.

*(Provincial Summary.)*

| CASTE. | RELIGION. | MALES. | | | | FEMALES. | | | |
|---|---|---|---|---|---|---|---|---|---|
| | | Total. | Pupils. | Literate. | Illiterate. | Total. | Pupils. | Literate. | Illiterate. |
| **CLASS A.—AGRICULTURAL.** | | | | | | | | | |
| **GROUP 1.—MILITARY AND DOMINANT.** | | | | | | | | | |
| Bábhan ... ... | Hindu ... | *440* | 6 | 54 | 880 | *325* | ... | ... | 325 |
| Chhatri ... ... | „ ... | *3,130* | 199 | 1,419 | 1,512 | *2,055* | 3 | 14 | 2,038 |
| Gujar ... ... | „ ... | *22* | ... | 1 | 21 | ...... | ... | ... | ...... |
| Gurung ... ... | „ ... | *257* | 36 | 379 | 542 | *236* | ... | 7 | 229 |
| Ját ... ... | „ ... | *28* | ... | 7 | 21 | *15* | ... | ... | 15 |
| Khandáit ... ... | „ ... | *187* | 5 | 17 | 165 | *155* | ... | ... | 155 |
| Khas ... ... | „ ... | *77* | 3 | 22 | 52 | *19* | ... | ... | 19 |
| Khawás ... ... | „ ... | *81* | 1 | 17 | 63 | *30* | ... | ... | 30 |
| Lámá ... ... | Buddhist . | *2* | ... | 1 | 1 | *1* | ... | ... | 1 |
| Mangar ... ... | Hindu ... | *2,624* | 64 | 626 | 1,934 | *780* | ... | 3 | 777 |
| Rájput ... ... | „ ... | *1,564* | 15 | 139 | 1,410 | *1,207* | ... | 1 | 1,206 |
| Thákur ... ... | „ ... | *287* | ... | 10 | 277 | *62* | ... | ... | 62 |
| Thápá ... ... | „ ... | *1,226* | 47 | 297 | 882 | *283* | ... | ... | 283 |
| *Total Group I.* ... | | *10,625* | *376* | *2,989* | *7,260* | *5,168* | *3* | *25* | *5,140* |
| **GROUP 2.—MINOR AGRICULTURAL.** | | | | | | | | | |
| Báruí ... ... | Hindu ... | *11,063* | 341 | 911 | 9,811 | *11,518* | 10 | 19 | 11,489 |
| Báuri ... ... | „ ... | *16,792* | 59 | 231 | 16,502 | *15,357* | 10 | 9 | 15,338 |
| Bhár ... ... | „ ... | *3,499* | 9 | 101 | 3,389 | *2,290* | ... | 4 | 2,886 |
| Bhil ... ... | „ ... | *56* | ... | 3 | 53 | *9* | ... | ... | 9 |
| Bhuíyá ... ... | „ ... | *15,694* | 35 | 255 | 15,404 | *13,373* | ... | 3 | 13,370 |
| Bhumij ... ... | „ ... | *10,417* | 66 | 341 | 10,010 | *9,147* | 1 | 5 | 9,141 |
| Bind ... ... | „ ... | *1,120* | 17 | 84 | 1,019 | *801* | 1 | ... | 800 |
| Binjhiá ... ... | „ ... | *63* | ... | 1 | 62 | *69* | ... | ... | 69 |
| Boriá ... ... | „ ... | *11,468* | 56 | 217 | 11,195 | *11,053* | 2 | 6 | 11,045 |
| Cháin ... ... | „ ... | *91* | ... | 1 | 90 | *28* | ... | ... | 28 |
| Chásá ... ... | „ ... | *930* | 11 | 115 | 804 | *894* | ... | ... | 894 |
| Chásati ... ... | „ ... | *5* | ... | 4 | 1 | *3* | ... | ... | 3 |
| Chero ... ... | „ ... | *70* | ... | 13 | 57 | *63* | ... | 1 | 62 |
| Dhánuk ... ... | „ ... | *217* | ... | 14 | 203 | *98* | ... | ... | 98 |
| Dhenuár ... ... | „ ... | *16* | 1 | 1 | 14 | *22* | ... | ... | 22 |
| Ghási ... ... | „ ... | *4,655* | 19 | 150 | 4,486 | *4,172* | ... | 6 | 4,166 |
| „ ... ... | Animistic. | *185* | ... | 1 | 184 | 160 | ... | ... | 160 |
| Gond ... ... | Hindu ... | *1,463* | 10 | 71 | 1,382 | *1,639* | ... | ... | 1,639 |
| Hálwá Dás... ... | „ ... | *72.786* | 1,836 | 6,316 | 64,634 | *70,750* | 134 | 152 | 70,464 |
| Káchhi ... ... | „ ... | *59* | 2 | 10 | 47 | *73* | ... | ... | 73 |
| Kadar ... ... | „ ... | *399* | ... | 5 | 394 | *341* | ... | ... | 341 |
| Kaibartta ... ... | „ ... | *35,168* | 300 | 1,159 | 33,709 | *32,156* | 13 | 13 | 32,130 |
| Kalitá ... ... | „ ... | *115,978* | 2,284 | 7,498 | 106,196 | *106,621* | 98 | 327 | 106,196 |
| „ ... ... | Brahmo .. | *2* | 1 | 1 | ...... | ...... | ... | ... | ...... |
| „ ... ... | Agnostic .. | *2* | ... | 2 | ...... | *3* | ... | 1 | 2 |
| Kandh ... ... | Hindu ... | *110* | 1 | 11 | 98 | *47* | ... | ... | 47 |
| Kaur ... ... | „ ... | *127* | ... | 5 | 122 | *61* | ... | ... | 61 |
| Kewat ... ... | „ ... | *46,761* | 864 | 2,340 | 43,557 | *44,368* | 20 | 17 | 44,331 |
| Khadál ... ... | „ ... | *150* | ... | 2 | 148 | *105* | ... | ... | 105 |
| Khairá ... ... | „ ... | *1.566* | 14 | 28 | 1,524 | *1,619* | ... | 1 | 1,618 |
| Khariá ... ... | „ ... | *1,595* | 2 | 16 | 1,577 | *1,210* | ... | ... | 1,210 |
| „ ... ... | Animistic. | *318* | ... | 1 | 317 | *245* | ... | ... | 245 |
| Kharwár ... ... | Hindu ... | *2,680* | 16 | 34 | 2,645 | *1,829* | ... | ... | 1,829 |
| Khyen ... ... | „ ... | *443* | 6 | 32 | 405 | *435* | ... | 2 | 433 |
| Kirár ... ... | „ ... | *2* | ... | 1 | 1 | ... | ... | ... | ... |
| Kisán ... ... | „ ... | *209* | ... | 1 | 208 | *209* | ... | ... | 209 |
| { Koch ... ... | „ ... | *127,526* | 1,226 | 4,994 | 121,306 | *123,371* | 50 | 100 | 123,221 |
| { Rájbansi ... ... | „ ... | *64,133* | 936 | 2,768 | 60,429 | *59,618* | 18 | 34 | 59,566 |

## TABLE D—EDUCATION BY CASTE (PROVINCIAL SUMMARY)

| CASTE. | RELIGION. | MALES. Total. | MALES. Pupils. | MALES. Literate. | MALES. Illiterate. | FEMALES. Total. | FEMALES. Pupils. | FEMALES. Literate. | FEMALES. Illiterate. |
|---|---|---|---|---|---|---|---|---|---|
| **CLASS A.—*contd.*** | | | | | | | | | |
| GROUP 2—*continued.* | | | | | | | | | |
| Koch ... ... | Animistic. | *1,722* | 4 | 21 | 1,697 | *1,437* | ... | ... | 1,437 |
| Koiri ... ... | Hindu ... | *3,394* | 9 | 159 | 3,226 | *2,406* | 2 | 3 | 2,401 |
| Kol ... ... | ,, ... | *1,410* | 3 | 10 | 1,397 | *922* | ... | ... | 922 |
| Korwá ... ... | ,, ... | *396* | ... | 2 | 394 | *286* | ... | ... | 286 |
| Kurmi ... ... | ,, ... | *7,399* | 36 | 324 | 7,039 | *5,177* | 2 | 7 | 5,168 |
| Mugh ... ... | Buddhist.. | *12* | ... | 1 | 11 | ...... | ... | ... | ...... |
| Mál ... ... | Hindu ... | *880* | 44 | 251 | 585 | *724* | 1 | ... | 723 |
| Málpahária... ... | ,, ... | *794* | ... | 4 | 790 | *753* | ... | ... | 753 |
| Mandal ... ... | ,, ... | *4* | ... | 4 | ...... | *5* | ... | ... | 5 |
| Maulik ... ... | ,, ... | *132* | ... | 3 | 129 | *76* | ... | ... | 76 |
| Munda ... ... | ,, ... | *19,378* | 64 | 372 | 18,942 | *17,951* | 1 | 2 | 17,948 |
| Munda ... ... | Animistic | *4,844* | 7 | 40 | 4,797 | *4,071* | ... | .. | 4,071 |
| Nágbansi ... ... | Hindu ... | *289* | 4 | 18 | 267 | *229* | ... | 1 | 228 |
| Nágesar ... ... | ,, ... | *86* | 1 | 2 | 83 | *46* | ... | ... | 46 |
| Newár ... ... | ,, ... | *342* | 13 | 50 | 279 | *218* | 2 | 1 | 215 |
| Oráon ... ... | ,, ... | *6,790* | 22 | 87 | 6,681 | *6,150* | ... | 2 | 6,148 |
| ,, ... ... | Animistic | *2,626* | 5 | 22 | 2,599 | *2,170* | 1 | ... | 2,169 |
| Páhári ... ... | Hindu ... | *515* | ... | 2 | 513 | *331* | ... | ... | 331 |
| Ráju ... ... | ,, ... | *37* | ... | 7 | 30 | *22* | ... | ... | 22 |
| Rájwár ... ... | ,, ... | *2,913* | 3 | 60 | 2,850 | *2,447* | ... | 1 | 2,446 |
| Rautiá ... ... | ,, ... | *448* | 19 | 36 | 393 | *309* | ... | ... | 309 |
| Sadgop ... ... | ,, ... | *475* | 17 | 64 | 394 | *371* | 3 | 7 | 361 |
| Sálái ... ... | ,, ... | *4,732* | 50 | 131 | 4,551 | *4,624* | ... | ... | 4,624 |
| Santhál ... ... | ,, ... | *8,427* | 38 | 204 | 8,185 | *7,364* | 1 | 1 | 7,362 |
| ,, ... ... | Animistic | *4,197* | 11 | 40 | 4,146 | *3,231* | 1 | ... | 3,230 |
| Sárák ... ... | Hindu ... | *35* | ... | 2 | 33 | *14* | ... | ... | 14 |
| Savar ... ... | ,, ... | *263* | 2 | 3 | 258 | *293* | ... | ... | 293 |
| Sudra ... ... | ,, ... | *3,232* | 119 | 637 | 2,476 | *3,836* | 16 | 34 | 3,786 |
| Telingá ... ... | ,, ... | *235* | 1 | 6 | 228 | *158* | ... | 1 | 157 |
| Tokar ... ... | ,, ... | *555* | ... | 4 | 551 | *514* | ... | ... | 514 |
| *Total Group 2* ... | | *624,380* | *8,569* | *30,304* | *585,507* | *580,492* | *387* | *760* | *579,345* |
| GROUP 3.—CATTLE BREEDERS & GRAZIERS. | | | | | | | | | |
| Goálá ... ... | Hindu ... | *16,107* | 249 | 1,030 | 14,828 | *14,982* | 4 | 19 | 14,959 |
| Rájbhar ... ... | ,, ... | *648* | 9 | 24 | 615 | *438* | ... | ... | 438 |
| *Total Group 3* ... | | *16,755* | *258* | *1,054* | *15,443* | *15,420* | *4* | *19* | *15,397* |
| GROUP 4.—FIELD LABOURERS. | | | | | | | | | |
| Musahar ... | Hindu ... | *8,998* | 26 | 123 | 8,849 | *6,963* | ... | 1 | 6,962 |
| GROUP 6.—FOREST AND HILL TRIBES. | | | | | | | | | |
| Aká ... ... | Animistic | *12* | ... | 2 | 10 | *2* | ... | ... | 2 |
| Chutiyá ... ... | Hindu ... | *44,722* | 562 | 1,781 | 42,879 | *41,866* | 14 | 75 | 41,777 |
| ,, ... ... | Animistic | *572* | 3 | 31 | 538 | *531* | ... | ... | 531 |
| Daflá ... ... | ,, ... | *592* | ... | 1 | 591 | *545* | ... | ... | 545 |
| Dehán ... ... | Hindu ... | *472* | 1 | 2 | 469 | *398* | ... | ... | 398 |
| Gáro ... ... | ,, ... | *371* | 1 | 17 | 353 | *263* | ... | ... | 263 |
| ,, ... ... | Animistic | *59,297* | 145 | 135 | 59,017 | *59,823* | 21 | 16 | 59,786 |
| Hájong ... ... | Hindu ... | *3,868* | 1 | 32 | 3,835 | *3,699* | ... | ... | 3,699 |
| ,, ... ... | Animistic | *463* | ... | 7 | 456 | *440* | ... | ... | 440 |
| Hojái ... ... | Hindu ... | *1,691* | ... | 3 | 1,688 | *1,666* | ... | ... | 1,666 |

## TABLE D.—EDUCATION BY CASTE (PROVINCIAL SUMMARY).

| CASTE. | RELIGION. | MALES. Total. | MALES. Pupils. | MALES. Literate. | MALES. Illiterate. | FEMALES. Total. | FEMALES. Pupils. | FEMALES. Literate. | FEMALES. Illiterate. |
|---|---|---|---|---|---|---|---|---|---|
| **CLASS A.—*contd.*** | | | | | | | | | |
| **GROUP 6—*continued.*** | | | | | | | | | |
| Jaladhá ... ... | Animistic | *629* | 10 | 22 | 597 | *492* | ... | ... | 492 |
| Kácharí ... ... | Hindu ... | *31,758* | 398 | 1,589 | 29,771 | *30,579* | 5 | 14 | 30,560 |
| " ... ... | Animistic | *91,003* | 194 | 919 | 89,890 | *90,018* | 6 | 32 | 89,980 |
| Khámbu ... ... | Hindu ... | *69* | 1 | 12 | 56 | *47* | ... | ... | 47 |
| Khási ... ... | " ... | *771* | 5 | 18 | 748 | *634* | ... | 1 | 633 |
| " ... ... | Animistic | *54,428* | 1,228 | 1,057 | 52,143 | *62,000* | 412 | 220 | 61,368 |
| " ... ... | Brahmo... | *38* | 2 | 22 | 14 | *17* | 2 | 7 | 8 |
| Kuki ... ... | Hindu ... | *57* | 1 | 3 | 53 | *108* | ... | 1 | 107 |
| " ... ... | Animistic | *8,977* | 37 | 55 | 8,885 | *9,645* | ... | ... | 9,645 |
| Lálung ... ... | " ... | *25,766* | 31 | 184 | 25,551 | *25,859* | ... | 2 | 25,857 |
| Limbu ... ... | Hindu ... | *553* | 185 | 340 | 28 | *480* | ... | ... | 480 |
| " ... ... | Buddhist.. | *10* | ... | 2 | 8 | *1* | ... | ... | 1 |
| Lushai ... ... | Animistic. | *128* | ... | 1 | 127 | *129* | .. | ... | 129 |
| Mahaliá ... ... | Hindu ... | *2,894* | 9 | 54 | 2,831 | *2,718* | ... | 1 | 2,717 |
| Manipuri ... ... | " ... | *31,529* | 1,842 | 3,003 | 27,184 | *31,852* | 5 | 18 | 31,829 |
| " ... ... | Musalman | *3,884* | 85 | 65 | 3,734 | *3,537* | ... | ... | 3,537 |
| " ... ... | Animistic | *254* | ... | 9 | 245 | *272* | ... | ... | 272 |
| Mech ... ... | Hindu ... | *424* | 32 | 99 | 293 | *335* | 3 | 14 | 318 |
| " ... ... | Animistic | *35,245* | 97 | 385 | 34,763 | *34,197* | ... | ... | 34,197 |
| Mikir ... ... | Hindu ... | *384* | 1 | 11 | 372 | *120* | ... | 1 | 119 |
| " ... ... | Animistic | *48,777* | 64 | 203 | 48,510 | *45,548* | 3 | 4 | 45,541 |
| Miri ... ... | Hindu ... | *13,932* | 95 | 156 | 13,681 | *12,642* | 2 | 6 | 12,634 |
| " ... ... | Animistic | *5,668* | 4 | 62 | 5,602 | *5,188* | ... | ... | 5,188 |
| Mishmi ... ... | " | *110* | 1 | 3 | 106 | *93* | ... | ... | 93 |
| " ... ... | Buddhist.. | *8* | ... | 2 | 6 | *6* | ... | ... | 6 |
| Morán ... ... | Hindu ... | *3,081* | 1 | 10 | 3,070 | *2,631* | ... | ... | 2,631 |
| Nágá ... ... | " | *221* | 1 | 4 | 216 | *134* | ... | ... | 134 |
| " ... ... | Animistic | *50,973* | 114 | 47 | 50,812 | *50,595* | 13 | 1 | 50,581 |
| Rabha ... ... | Hindu ... | *5,065* | 17 | 101 | 4,947 | *4,412* | ... | 1 | 4,411 |
| " ... ... | Animistic | *29,618* | 41 | 159 | 29,418 | *30,679* | 2 | ... | 30,677 |
| Synteng ... ... | " | *23,924* | 237 | 136 | 23,551 | *27,815* | 77 | 13 | 27,725 |
| Thárn ... ... | Hindu ... | *29* | ... | 9 | 20 | *14* | ... | ... | 14 |
| Tipperah ... ... | " ... | *1,357* | 1 | 18 | 1,338 | *1,824* | 1 | 2 | 1,821 |
| " ... ... | Animistic | *2,826* | 7 | 37 | 2,782 | *2,652* | ... | ... | 2,652 |
| Totlá ... ... | Hindu ... | *888* | 2 | 7 | 879 | *929* | ... | ... | 929 |
| *Total Group 6* ... | | *587,338* | *4,956* | *10,815* | *571,567* | *587,435* | *566* | *429* | *586,440* |
| **CLASS B.—PROFESSIONAL.** | | | | | | | | | |
| **GROUP 7.—PRIEST.** | | | | | | | | | |
| Barna Bráhman ... | Hindu ... | *2,975* | 172 | 598 | 2,205 | *2,593* | 3 | 17 | 2,573 |
| Bráhman ... ... | " ... | *52,934* | 6,157 | 23,498 | 23,279 | *44,042* | 224 | 506 | 43,312 |
| " ... ... | Brahmo . | *2* | ... | 2 | ... | *1* | ... | 1 | ...... |
| " ... ... | Jain ... | *19* | ... | 7 | 12 | *3* | ... | ... | 3 |
| *Total Group 7* ... | | *55,930* | *6,329* | *24,105* | *25,496* | *46,639* | *227* | *524* | *45,888* |
| **GROUP 8.—DEVOTEES.** | | | | | | | | | |
| Fakir ... ... | Musalman | *86* | ... | 5 | 81 | *72* | ... | ... | 72 |
| Sannyási ... ... | Hindu ... | *168* | 1 | 31 | 136 | *59* | ... | ... | 59 |
| Atit ... ... | " ... | *26* | ... | 1 | 25 | *11* | ... | ... | 11 |
| Bairági ... ... | " ... | *2,487* | 50 | 568 | 1,869 | *2,316* | 1 | 4 | 2,311 |

## TABLE D.—EDUCATION BY CASTE (PROVINCIAL SUMMARY).

| CASTE. | RELIGION. | MALES. Total. | MALES. Pupils. | MALES. Literate. | MALES. Illiterate. | FEMALES. Total. | FEMALES. Pupils. | FEMALES. Literate. | FEMALES. Illiterate. |
|---|---|---|---|---|---|---|---|---|---|
| **CLASS B.—*contd.*** | | | | | | | | | |
| **GROUP 8—*continued.*** | | | | | | | | | |
| Baishnaba ... ... | Hindu ... | *446* | 29 | 80 | 337 | *420* | 2 | 37 | 381 |
| Rámánandi .. ... | " ... | *29* | ... | 3 | 26 | ...... | ... | ... | ...... |
| Rámáyat ... ... | " ... | *83* | ... | 15 | 68 | *54* | ... | ... | 54 |
| Udási ... ... | " ... | *14* | ... | 6 | 8 | *25* | ... | ... | 25 |
| *Total Group 8* ... | | *3,339* | 80 | 709 | 2,550 | *2,957* | 3 | 41 | *2,913* |
| **GROUP 10.—GENEALOGISTS.** | | | | | | | | | |
| Bhát ... ... | Hindu ... | *670* | 46 | 133 | 491 | *572* | 6 | 5 | 561 |
| **GROUP 11.—WRITERS.** | | | | | | | | | |
| Káyastha ... .. | " ... | *48,731* | 5,832 | 16,346 | 26,553 | *43,619* | 398 | 1,226 | 41,995 |
| " ... ... | Brahmo .. | *27* | 8 | 19 | ...... | *13* | 1 | 7 | 5 |
| " ... ... | Theist ... | *4* | ... | 4 | ...... | *1* | ... | ... | 1 |
| *Total Group 11* ... | | *48,762* | *5,840* | *16,369* | *26,553* | *43,633* | *399* | *1,233* | *42,001* |
| **GROUP 12.—ASTROLOGERS.** | | | | | | | | | |
| Ganak ... ... | Hindu ... | *11,568* | 533 | 2,105 | 8,930 | *12,171* | 13 | 27 | 12,131 |
| **GROUP 13.—PHYSICIANS.** | | | | | | | | | |
| Baidya ... ... | " ... | *2,600* | 545 | 1,279 | 776 | *2,066* | 89 | 249 | 1,728 |
| " ... ... | Brahmo ... | *14* | 5 | 9 | ...... | *16* | 6 | 5 | 5 |
| " ... ... | Deist ... | *2* | ... | 2 | ...... | ...... | .. | ... | ...... |
| *Total Group 13* ... | | *2,616* | *550* | *1,290* | *776* | *2,082* | *95* | *254* | *1,733* |
| **GROUP 14.—MUSICIANS AND BALLAD-RECITERS.** | | | | | | | | | |
| Dholi ... ... | Hindu ... | *3,338* | 5 | 54 | 3,279 | *3,489* | ... | ... | 3,489 |
| Garáit ... ... | " ... | *714* | 12 | 70 | 632 | *742* | ... | ... | 742 |
| Káwáli ... ... | " ... | *166* | 4 | 10 | 152 | *97* | ... | ... | 97 |
| Turáhá ... ... | " ... | *428* | 4 | 13 | 411 | *172* | ... | ... | 172 |
| *Total Group 14* ... | | *4,646* | *25* | *147* | *4,474* | *4,500* | ... | ... | *4,500* |
| **GROUP 15.—DANCERS & SINGERS.** | | | | | | | | | |
| Bhátiyá ... ... | Hindu ... | *20* | ... | 2 | 18 | *4* | ... | ... | 4 |
| Nat ... ... | " ... | *2,198* | 37 | 164 | 1,997 | *2,063* | ... | 3 | 2,060 |
| *Total Group 15* ... | | *2,218* | *37* | *166* | *2,015* | *2,067* | ... | *3* | *2,064* |
| **CLASS C.—COMMERCIAL.** | | | | | | | | | |
| **GROUP 17.—TRADERS.** | | | | | | | | | |
| Agarwál ... ... | Hindu ... | *1,498* | 69 | 937 | 492 | *602* | ... | 6 | 596 |
| " ... ... | Jain ... | *187* | 6 | 156 | 25 | *38* | ... | 2 | *36* |
| Agrahári ... ... | Hindu ... | *6* | 3 | ... | 3 | ...... | ... | ... | ...... |
| Aguri ... ... | " ... | *61* | 8 | 11 | 42 | *43* | ... | ... | 43 |
| Bániyá ... ... | " ... | *1,781* | 37 | 219 | 1,525 | *1,016* | ... | ... | 1,016 |

## *TABLE D.—EDUCATION BY CASTE (PROVINCIAL SUMMARY).*

| CASTE. | RELIGION. | MALES. Total. | MALES. Pupils. | MALES. Literate. | MALES. Illiterate. | FEMALES. Total. | FEMALES. Pupils. | FEMALES. Literate. | FEMALES. Illiterate. |
|---|---|---|---|---|---|---|---|---|---|
| **CLASS C.—*contd.*** | | | | | | | | | |
| **GROUP 17.—TRADERS—*continued.*** | | | | | | | | | |
| Kalápuri ... ... | Hindu ... | *11* | ... | 5 | 6 | ...... | ... | ... | ... |
| Khatri ... ... | „ ... | *160* | [illegible] | 65 | 86 | *66* | ... | 5 | 61 |
| Mahesri ... ... | „ ... | *214* | [illegible] | 189 | 71 | *31* | ... | ... | 31 |
| „ ... ... | Jain ... | *14* | ... | 10 | 4 | ...... | ... | ... | ... |
| Oswál ... ... | Hindu ... | *390* | 1 | 226 | 147 | *65* | ... | ... | 65 |
| „ ... ... | Jain ... | *783* | 3 | 569 | 178 | *114* | ... | ... | 114 |
| Sarásgi ... ... | Hindu ... | *54* | ... | 38 | 88 | *18* | ... | ... | 18 |
| „ ... ... | Jain ... | *156* | [illegible] | 111 | 16 | *18* | ... | ... | 18 |
| Vaisya ... ... | Hindu ... | *1,865* | 2 | 305 | 1,839 | *1,844* | ... | 5 | 1,839 |
| *Total Group 17* ... | | *7,180* | *21.* | *2,791* | *4,170* | *3,855* | ... | *18* | *3,837* |
| **CLASS D.—ARTISAN AND VILLAGE MENIAL.** | | | | | | | | | |
| **GROUP 20.—GOLDSMITHS.** | | | | | | | | | |
| Sarnakár ... ... | Hindu ... | *397* | 4 | 32 | 361 | *438* | 1 | 1 | 436 |
| Sonár ... ... | „ ... | *2,057* | 60 | 403 | 1,5[illegible] | *1,702* | ... | 3 | 1,699 |
| Subarnabanik ... | „ ... | *14* | 2 | 3 | 9 | *5* | ... | 1 | 4 |
| *Total Group 20* ... | | *2.468* | *66* | *438* | *1,964* | *2,145* | *1* | *5* | *2,139* |
| **GROUP 21.—BARBERS.** | | | | | | | | | |
| Hájám. ... ... | Hindu ... | *444* | 3 | 96 | 348 | *269* | ... | ... | 269 |
| „ ... ... | Musalman. | *396* | 2 | [illegible] | 388 | *284* | ... | ... | 284 |
| Nápit ... ... | Hindu ... | *17,432* | 402 | 1,23[illegible] | 15,795 | *15,557* | 11 | 16 | 15,530 |
| *Total Group 21* ... | | *18,272* | *407* | *1,337* | *16,528* | *16,110* | *11* | *16* | *16,083* |
| **GROUP 22.—BLACKSMITHS** | | | | | | | | | |
| Kámár ... ... | Hindu ... | *15,428* | 287 | 878 | 14,263 | *14,223* | 7 | 16 | 14,200 |
| „ ... ... | Brahmo ... | *3* | ... | 3 | ... | ... | ... | ... | ... |
| Kámi ... ... | Hindu ... | *77* | ... | 4 | 73 | *43* | ... | ... | 43 |
| Lohár ... ... | „ ... | *3,780* | 33 | 251 | 3,496 | *3,514* | 2 | 10 | 3,502 |
| *Total Group 22* ... | | *19,288* | *320* | *1136,* | *17,832* | *17,780* | *9* | *26* | *17,745* |
| **GROUP 23.—CARPENTERS AND TURNERS.** | | | | | | | | | |
| Bárhi ... ... | Hindu ... | *376* | 2 | 12 | 362 | *43* | ... | 1 | 42 |
| Sutradhar ... ... | „ ... | *8,479* | 182 | 562 | 7,735 | *8,252* | ... | 11 | 8,241 |
| *Total Group 23* ... | | *8,855* | *184* | *574* | *8,097* | *8,295* | ... | *12* | *8,283* |
| **GROUP 24.—BRASS AND COPPER SMITHS.** | | | | | | | | | |
| Kánsári ... ... | Hindu ... | *28* | ... | 1 | 27 | *13* | ... | ... | 13 |
| Moriá ... ... | Musalman | *843* | 19 | [illegible] | 816 | *838* | ... | ... | 838 |
| *Total Group 24* ... | | *871* | *19* | *9* | *843* | *851* | ... | ... | *851* |
| **GROUP 25.—TAILORS.** | | | | | | | | | |
| Dámi (*Darzi*) ... | Hindu ... | *790* | 20 | 46 | 724 | *223* | ... | 1 | 222 |

## TABLE D.—EDUCATION BY CASTE (PROVINCIAL SUMMARY).

| CASTE. | RELIGION. | MALES. Total. | MALES. Pupils. | MALES. Literate. | MALES. Illiterate. | FEMALES. Total. | FEMALES. Pupils. | FEMALES. Literate. | FEMALES. Illiterate. |
|---|---|---|---|---|---|---|---|---|---|
| **CLASS D.**—*contd.* | | | | | | | | | |
| **GROUP 26.—GRAIN-PARCHERS AND CONFECTIONERS.** | | | | | | | | | |
| Hálwái ... ... | Hindu ... | *645* | 21 | 107 | 517 | *287* | ... | ... | 287 |
| Kándu ... ... | " ... | *1,405* | 31 | 131 | 1,243 | *924* | ... | 3 | 921 |
| Madak (Mayorá) ... | " ... | *782* | 29 | 214 | 539 | *843* | ... | ... | 843 |
| *Total Group 26* ... | | *2,832* | *81* | *452* | *2,299* | *2,054* | ... | *3* | *2,051* |
| **GROUP 27.—DRUG PREPARERS, BETEL LEAF DEALERS, GARLAND AND LEAF PLATE MAKERS.** | | | | | | | | | |
| Bári ... ... | Hindu ... | *122* | 3 | 12 | 107 | *94* | ... | 1 | 93 |
| Gandhabanik ... | " ... | *318* | 13 | 109 | 196 | *317* | ... | 1 | 316 |
| Phulmáli (Málákár) ... | " ... | *530* | 3 | 4 | 523 | *430* | ... | ... | 430 |
| Támbuli ... ... | " ... | *61* | 2 | 10 | 49 | *76* | ... | ... | 76 |
| *Total Group 27* ... | | *1,031* | *21* | *135* | *875* | *917* | ... | *2* | *915* |
| **GROUP 28.—WEAVERS, CALENDERERS, AND DYERS.** | | | | | | | | | |
| Joláhá ... ... | Hindu ... | *109* | ... | 4 | 105 | *83* | ... | ... | 88 |
| " ... ... | Musalman. | *1,105* | 20 | 128 | 957 | *883* | ... | ... | 883 |
| Jugi ... ... | Hindu ... | *90,282* | 1,527 | 5,386 | 83,369 | *87,464* | 17 | 25 | 87,422 |
| Kapáli ... ... | " ... | *652* | 20 | 67 | 555 | *470* | ... | ... | 470 |
| Pán ... ... | " ... | *10,659* | 58 | 394 | 10,207 | *8,984* | 2 | 4 | 8,978 |
| Pátor ... ... | " ... | *428* | 3 | 12 | 413 | *392* | ... | ... | 392 |
| Samosi ... ... | " ... | *48* | ... | 3 | 45 | *65* | ... | ... | 65 |
| Tánti ... ... | " ... | *5,755* | 50 | 345 | 5,360 | *5,247* | 4 | 9 | 5,234 |
| Tatwa ... ... | " ... | *5* | ... | 3 | 2 | *17* | ... | ... | 17 |
| *Total Group 28* ... | | *109,043* | *1,678* | *6,342* | *101,023* | *103,605* | *23* | *38* | *103,544* |
| **GROUP 29.—WASHERMEN.** | | | | | | | | | |
| Dhobá ... ... | Hindu ... | *12,438* | 135 | 490 | 11,813 | *11,861* | 3 | 6 | 11,852 |
| Dhobi ... ... | " ... | *7,306* | 22 | 83 | 7,201 | *6,274* | 3 | 6 | 6,265 |
| *Total Group 29* ... | | *19,749* | *157* | *573* | *19,014* | *18,135* | *6* | *12* | *18,117* |
| **GROUP 31.—SHEPHERDS AND WOOL-WEAVERS.** | | | | | | | | | |
| Gareri ... ... | Hindu ... | *405* | *8* | *83* | *359* | *219* | ... | *1* | *218* |
| **GROUP 32.—OIL PRESSERS.** | | | | | | | | | |
| Teli ... ... | Hindu ... | *18,128* | *568* | *2,222* | *15,338* | *17,496* | *14* | *9* | *17,473* |
| **GROUP 33.—POTTERS.** | | | | | | | | | |
| Hirá ... .. | Hindu ... | *4,884* | 42 | 151 | 4,691 | *5,181* | 1 | ... | 5,180 |
| Kumár ... ... | " ... | *13,245* | 150 | 510 | 12,585 | *12,196* | 9 | 5 | 12.182 |
| *Total Group 33* ... | | *18,129* | *192* | *661* | *17,276* | *17,377* | *10* | *5* | 17,362 |

| CASTE. | RELIGION. | MALES. Total. | MALES. Pupils. | MALES. Literate. | MALES. Illiterate. | FEMALES. Total. | FEMALES. Pupils. | FEMALES. Literate | FEMALES. Illiterate. |
|---|---|---|---|---|---|---|---|---|---|
| CLASS D.—*contd.* | | | | | | | | | |
| GROUP 34.—(*a*) BANGLE-MAKERS. | | | | | | | | | |
| Láheri ... ... | Hindu ... | *15* | ... | 1 | 14 | *7* | ... | ... | 7 |
| Sánkhári ... ... | „ ... | *3* | 1 | 2 | ...... | *7* | ... | 1 | 6 |
| *Total Group 34(a)* ... | | *18* | *1* | *3* | *14* | *14* | ... | *1* | *13* |
| GROUP 35.—SALT, &c., WORKERS. | | | | | | | | | |
| Nuniá ... ... | Hindu ... | *4,257* | 15 | 201 | 4,041 | *2,736* | 1 | 1 | 2,734 |
| GROUP 36.—LIME BURNERS. | | | | | | | | | |
| Chunári (Báiti) ... | Hindu ... | *21* | ... | 2 | 19 | *12* | ... | 1 | 11 |
| Mukhi ... ... | „ ... | *1,175* | 5 | 30 | 1,140 | *1,186* | ... | ... | 1,186 |
| *Total Group 36* ... | „ ... | *1,196* | *5* | *32* | *1,159* | *1,198* | ... | *1* | *1,197* |
| GROUP 38.—GOLDWASHERS. | | | | | | | | | |
| Jhorá ... ... | Hindu ... | *58* | ... | 1 | 57 | *59* | ... | ... | 59 |
| GROUP 39.—IRONSMELTERS. | | | | | | | | | |
| Asurá (Agoriá) ... | Hindu ... | *281* | ... | 2 | 279 | *232* | ... | ... | 232 |
| GROUP 40.—FISHERMEN, BOATMEN, PALKI-BEARERS, COOKS, &c. | | | | | | | | | |
| Bágdi ... ... | Hindu ... | *3,949* | 40 | 123 | 3,786 | *4,145* | 1 | 2 | 4,142 |
| Dom (Pátni) ... | „ ... | *104,139* | 1,264 | 3,155 | 99,720 | *100,914* | 6 | 14 | 100,894 |
| Ghátoál ... ... | „ ... | *1,756* | 4 | 11 | 1,741 | *1,410* | ... | ... | 1,410 |
| Káhár ... ... | „ ... | *3,240* | 24 | 288 | 2,928 | *2,202* | 2 | 4 | 2,196 |
| Máhárá ... ... | „ ... | *2,939* | 63 | 168 | 2,708 | *3,323* | 1 | ... | 3,322 |
| Máhimal ... ... | Musalman. | *29,218* | 107 | 275 | 28,836 | *28,882* | 5 | 4 | 28,873 |
| Málláh ... ... | Hindu ... | *1,346* | 14 | 106 | 1,226 | *144* | ... | ... | 144 |
| Málo (Jálo) .. ... | „ ... | *10,630* | 28 | 128 | 10,474 | *9,438* | 1 | 1 | 9,436 |
| Mánjhi ... ... | „ ... | *2,515* | 1 | 5 | 2,509 | *2,251* | ... | ... | 2,251 |
| Namasudra (Chandál) ... | „ ... | *92,154* | 471 | 1,670 | 90,013 | *88,385* | 17 | 33 | 88,335 |
| Surahiyá ... ... | „ ... | *602* | 1 | 19 | 582 | *221* | ... | ... | 221 |
| Tiyar ... ... | „ ... | 169 | ... | 9 | 160 | *68* | ... | ... | 68 |
| *Total Group 40* .. | | *252,657* | *2,017* | *5,957* | *244,683* | *241,383* | *33* | *58* | *241,292* |
| GROUP 41.—DISTILLERS AND TODDYDRAWERS. | | | | | | | | | |
| Kalwár ... ... | Hindu ... | *473* | 11 | 90 | 372 | *236* | ... | ... | 236 |
| Pási ... ... | „ ... | *2,093* | 5 | 39 | 2,049 | *1,480* | ... | ... | 1,480 |
| Sháhá ... ... | „ ... | *29,375* | 1,788 | 7,843 | 19,744 | *22,595* | 53 | 120 | 22,420 |
| „ ... ... | Theist ... | *1* | ... | 1 | ...... | ...... | ... | ... | ...... |
| Sunri ... ... | Hindu ... | *68* | 9 | 28 | 31 | *37* | ... | ... | 37 |
| *Total Group 41* ... | | *32,010* | *1,813* | *8,001* | *22,196* | *24,348* | *53* | *129* | *24,175* |

## TABLE D.—EDUCATION BY CATSE, (PROVINCIAL SUMMARY.)

| CASTE. | RELIGION. | MALES. Total. | MALES. Pupils. | MALES. Literate. | MALES. Illiterate. | FEMALES. Total. | FEMALES. Pupils. | FEMALES. Literate. | FEMALES. Illiterate. |
|---|---|---|---|---|---|---|---|---|---|
| CLASS D.—*contd.* | | | | | | | | | |
| GROUP 43.—LEATHER WORKERS. | | | | | | | | | |
| Chámár (Jaiswár) ... ... | Hindu ... | *9,909* | 24 | 325 | 9,560 | *7,966* | 3 | 1 | 7,962 |
| „ ... ... | Musalman | *4* | ... | 3 | 1 | ...... | ... | ... | ...... |
| Muchi ... ... | Hindu ... | *5,917* | 46 | 729 | 5,142 | *4,367* | 3 | 3 | 4,361 |
| Sárki ... ... | „ ... | *76* | 13 | 29 | 34 | *25* | ... | ... | 25 |
| *Total Group 43* ... | | *15,906* | *83* | *1,086* | *14,737* | *12,358* | *6* | *4* | *12,348* |
| GROUP 44.—VILLAGE WATCHMEN. | | | | | | | | | |
| Dosádh ... ... | Hindu ... | *4,093* | 21 | 146 | 3,926 | *3,004* | 1 | 4 | 2,999 |
| GROUP 45.—SCAVENGERS. | | | | | | | | | |
| Bhuinmáli ... ... | Hindu ... | *25,111* | 167 | 815 | 24,129 | *25,829* | 4 | 22 | 25,803 |
| Hári ... ... | „ ... | *6,906* | 81 | 327 | 6,498 | *6,714* | 9 | 23 | 6,682 |
| Lálbegi ... ... | „ ... | *73* | ... | 3 | 70 | *66* | ... | ... | 66 |
| Mehtar ... ... | „ ... | *400* | 3 | 36 | 361 | *252* | ... | ... | 252 |
| „ ... ... | Musalman. | *65* | ... | 3 | 62 | *31* | ... | ... | 31 |
| *Total Group 45* ... | | *32,555* | *251* | *1,184* | *31,120* | *32,892* | *13* | *45* | *32,834* |
| CLASS E.—VAGRANT MINOR ARTISANS AND PERFORMERS, &c. | | | | | | | | | |
| GROUP 47.—EARTH-WORKERS AND STONE DRESSERS. | | | | | | | | | |
| Beldárs ... ... | Hindu ... | *311* | ... | 6 | 305 | *262* | ... | ... | 262 |
| Korá ... ... | „ ... | *2,235* | 8 | 38 | 2,189 | *2,198* | ... | ... | 2,198 |
| *Total Group 47* ... | | *2,546* | *8* | *44* | *2,494* | *2,460* | ... | ... | *2,460* |
| GROUP 49.—MATMAKERS, CANE SPLITTERS. | | | | | | | | | |
| Karangá ... ... | Hindu ... | *17* | ... | 3 | 14 | *17* | ... | ... | 17 |
| Mahili ... ... | „ ... | *1,912* | 3 | 68 | 1,841 | *1,653* | ... | ... | 1,653 |
| Patiá ... ... | „ ... | *1,713* | 27 | 71 | 1,615 | *1,795* | 8 | 4 | 1,783 |
| Pátiál ... ... | „ ... | *105* | 1 | 13 | 91 | *104* | ... | ... | 104 |
| Turi ... ... | „ ... | *3,872* | 24 | 99 | 3,749 | *4,011* | ... | 1 | 4,010 |
| *Total Group 49* ... | | *7,619* | *55* | *254* | *7,310* | *7,580* | *8* | *5* | *7,567* |
| GROUP 51.—HUNTERS FOWLERS, &c. | | | | | | | | | |
| Bábeliá ... ... | Hindu ... | *97* | ... | 4 | 93 | *32* | ... | ... | 32 |
| Birhor ... ... | „ ... | *40* | 1 | 1 | 38 | *26* | ... | ... | 26 |
| Gandapál ... ... | „ ... | *1,176* | 3 | 9 | 1,164 | *779* | ... | ... | 779 |
| Mirshikári ... ... | Musalman. | *249* | 1 | 1 | 247 | *224* | ... | ... | 224 |
| *Total Group 51* ... | | *1,562* | *5* | *15* | *1,542* | *1,061* | ... | ... | 1,061 |
| GROUP 54.—JUGGLERS, SNAKE CHARMERS AND ANIMAL EXHIBITORS. | | | | | | | | | |
| Bediyá ... ... | Hindu .. | *390* | 2 | 21 | 367 | *370* | ... | ... | 370 |

| CASTE. | RELIGION. | MALES. | | | | FEMALES. | | | |
|---|---|---|---|---|---|---|---|---|---|
| | | Total. | Pupils. | Literate. | Illiterate. | Total | Pupils. | Literate. | Illiterate. |
| **CLASS F.—RACES AND NATIONALITIES.** | | | | | | | | | |
| **GROUP 55.—NON-INDIAN ASIATIC RACES.** | | | | | | | | | |
| Ahom ... ... | Hindu ... | *78,840* | 990 | 4,559 | 73,291 | *74,678* | 17 | 57 | 74,604 |
| Aiton ... ... | Buddhist | *82* | ... | 1 | 81 | *81* | ... | ... | 81 |
| Ansari ... ... | Musalman | *32* | ... | 2 | 30 | *49* | ... | ... | 49 |
| Bhutiá ... ... | Buddhist | *1,056* | 8 | 40 | 1,013 | *446* | ... | ... | 446 |
| Chinese ... ... | " ... | *1* | ... | 1 | ...... | ...... | ... | ... | ... .. |
| " ... ... | Christian . | *4* | ... | 3 | 1 | ...... | ... | ... | ...... |
| Jew ... ... | Jew ... | *4* | ... | 2 | 2 | *1* | ... | 1 | ...... |
| Kábuli ... ... | Musalman | *34* | ... | 15 | 19 | *1* | ... | ... | 1 |
| Khámjáng ... ... | Buddhist | *17* | ... | 2 | 15 | *18* | ... | ... | 18 |
| Khámti ... ... | " ... | *1,648* | 23 | 303 | 1,322 | *1,392* | 3 | 8 | 1,381 |
| Moghal ... ... | Musalman | *1,129* | 40 | 125 | 964 | *997* | 2 | 1 | 994 |
| Páthán ... ... | " ... | *7,503* | 256 | 1,086 | 6,161 | *5,585* | 16 | 45 | 5,524 |
| Phákiál ... ... | Buddhist | *304* | 10 | 56 | 238 | *261* | ... | ... | 261 |
| Qureshi ... ... | Musalman | *684* | 3 | 25 | 656 | *672* | ... | 2 | 670 |
| Saiad ... ... | " ... | *6,524* | 423 | 1,139 | 4,962 | *5,603* | 36 | 48 | 5,519 |
| Shán ... ... | Buddhist | *618* | 8 | 34 | 576 | *522* | ... | ... | 522 |
| Shekh ... ... | Musalman | *707,945* | 9,984 | 27,410 | 670,551 | *669,070* | 412 | 638 | 668,020 |
| Siddiki ... ... | " ... | *2,483* | 3 | 24 | 2,456 | *2,306* | ... | ... | 2,306 |
| Singpho ... ... | Buddhist | *240* | 2 | 24 | 214 | *250* | ... | ... | 250 |
| *Total Group 55* ... | | *809,148* | *11,745* | *34,851* | *762,552* | *761,982* | *486* | *800* | *760,646* |
| **GROUP 56.—MIXED ASIATIC RACES.** | | | | | | | | | |
| Doániá ... ... | Hindu ... | *181* | 1 | 2 | 178 | *147* | ... | ... | 147 |
| " ... ... | Buddhist . | *94* | 1 | 16 | 77 | *126* | ... | ... | 126 |
| *Total Group 56* ... | | *275* | *2* | *18* | *255* | *273* | ... | ... | *273* |
| **GROUP 57.—NON-ASIATIC RACES.** | | | | | | | | | |
| Abyssinian ... ... | Christian . | ...... | ... | ... | . ... | *1* | ... | 1 | ...... |
| American ... ... | " ... | *10* | ... | 9 | 1 | *14* | ... | 11 | 3 |
| European ... ... | Agnostic .. | *5* | ... | 5 | ...... | ...... | ... | ... | ...... |
| " ... ... | Christian . | *1,223* | 34 | 1,099 | 90 | *440* | 37 | 328 | 75 |
| " ... ... | Theist ... | *2* | ... | 2 | ...... | ...... | ... | ... | ...... |
| Goanese ... ... | Christian . | *3* | ... | 3 | ...... | ...... | ... | ... | ...... |
| *Total Group 57* ... | | *1,243* | *34* | *1,118* | *91* | *455* | *37* | *340* | *78* |
| **GROUP 58—EURASIANS.** | | | | | | | | | |
| Eurasian ... .... | Christian . | *221* | *22* | *94* | *105* | *172* | *25* | *52* | *95* |
| **GROUP 59—CHRISTIAN CONVERTS.** | | | | | | | | | |
| Native Christian ... | Christian . | *7,451* | *1,370* | *1,584* | *4,497* | *7,305* | *982* | *844* | *5,479* |
| **GROUP 60—PERSONS ENUMERATED BY NATIONALITY.** | | | | | | | | | |
| Assamese ... ... | Hindu ... | *523* | 5 | 130 | 388 | 407 | ... | ... | 407 |
| " ... ... | Theist ... | *3* | 1 | 2 | ...... | 2 | ... | ... | 2 |
| " ... ... | Brahmo . | *6* | 1 | 3 | 2 | 7 | ... | 1 | 6 |

## TABLE D.—EDUCATION BY CASTE (PROVINCIAL SUMMARY.)

| CASTE. | RELIGION. | MALES. | | | | FEMALES. | | | |
|---|---|---|---|---|---|---|---|---|---|
| | | Total. | Pupils. | Literate. | Illiterate. | Total. | Pupils. | Literate. | Illiterate. |
| **CLASS F.—*contd.*** | | | | | | | | | |
| GROUP 60 —*continued.* | | | | | | | | | |
| Bengali ... ... | Brahmo .. | *13* | ... | 10 | 3 | *11* | 2 | 3 | 6 |
| Bráhmo ... ... | " ... | *43* | 12 | 13 | 18 | *26* | 3 | 5 | 18 |
| Hindustani... ... | Hindu ... | *7* | 1 | 4 | 2 | *4* | ... | ... | 4 |
| Madrasi ... ... | " ... | *282* | 6 | 48 | 228 | *307* | ... | ... | 307 |
| Matak ... ... | " ... | *430* | ... | 7 | 423 | *386* | ... | ... | 386 |
| Nipáli ... ... | " ... | *1,261* | 57 | 582 | 622 | *373* | ... | 6 | 367 |
| " ... ... | Buddhist . | *32* | 2 | 6 | 24 | *27* | ... | ... | 27 |
| Sikh ... ... | Hindu ... | *28* | 1 | 19 | 8 | ...... | ... | ... | ...... |
| " ... ... | Sikh ... | *35* | 4 | 16 | 15 | *34* | ... | 2 | 32 |
| Uryá ... ... | Hindu ... | *1,194* | 7 | 38 | 1,149 | *1,037* | ... | ... | 1,037 |
| *Total Group 60.* ... | | *3,857* | *97* | *878* | *2,882* | *2,621* | *5* | *17* | *2,599* |
| *Grand Total for all groups.* | | *2,782,224* | *49,111* | *162,553* | *2,570,560* | *2,621,613* | *3,427* | *5,761* | *2,612,425* |

# TABLE E.

## Caste, &c., by Civil Condition and Age.

**REMARKS.**

**The figures in this table are reduced to a uniform proportion per 10,000 persons of each sex.**

# TABLE E.

## CASTE, &c., BY CIVIL CONDITION AND AGE.

| CASTE AND RELIGION. | TOTAL STRENGTH. | | | | | | | | | | | | | | | | | | | |
|---|---|---|---|---|---|---|---|---|---|---|---|---|---|---|---|---|---|---|---|---|
| | MALES. | | | | | | | | | | | | | | | | | | | |
| | ALL AGES. | | | | 0—9. | | | | 10—14. | | | | 15—39. | | | | 40 AND OVER. | | | |
| | Total Males. | Single. | Married. | Widowed. | Total. | Single. | Married. | Widowed. | Total. | Single. | Married. | Widowed. | Total. | Single. | Married. | Widowed. | Total. | Single. | Married. | Widowed. |
| Ahom (Hindu) ... | *10,000* | 6,150 | 3,317 | 533 | *3,428* | 3,428 | ... | ... | *1,083* | 1,073 | 4 | 6 | *3,672* | 1,614 | 1,847 | 211 | *1,817* | 35 | 1,466 | 316 |
| Baidya " ... | *10,000* | 5,705 | 3,866 | 429 | *3,108* | 3,108 | ... | ... | *1,186* | 1,145 | 41 | ... | *3,087* | 1,288 | 1,738 | 61 | *2,619* | 164 | 2,087 | 368 |
| Bárui " ... | *10,000* | 5,373 | 3,929 | 698 | *2,484* | 2,475 | 9 | ... | *1,057* | 1,057 | ... | ... | *3,834* | 1,671 | 2,012 | 151 | *2,625* | 170 | 1,908 | 547 |
| Boriá " ... | *10,000* | 6,296 | 3,256 | 448 | *3,421* | 3,421 | ... | ... | *1,085* | 1,051 | 34 | ... | *3,387* | 1,761 | 1,504 | 122 | *2,107* | 63 | 1,718 | 326 |
| Bráhman " ... | *10,000* | 5,853 | 3,583 | 564 | *2,810* | 2,798 | 7 | 5 | *1,201* | 1,162 | 35 | 4 | *3,804* | 1,739 | 1,937 | 128 | *2,185* | 154 | 1,604 | 427 |
| Dom " ... | *10,000* | 6,008 | 3,474 | 518 | *3,420* | 3,416 | 4 | .. | *1,108* | 1,089 | 18 | 1 | *3,539* | 1,396 | 1,976 | 167 | *1,933* | 107 | 1,476 | 350 |
| Ganak " ... | *10,000* | 5,733 | 3,668 | 599 | *2,776* | 2,776 | ... | ... | *1,237* | 1,168 | 30 | 39 | *3,793* | 1,681 | 1,970 | 142 | *2,194* | 108 | 1,668 | 418 |
| Gáro (Animistic) ... | *10,000* | 5,179 | 4,620 | 201 | *3,322* | 3,315 | 7 | ... | *964* | 915 | 49 | ... | *3,635* | 926 | 2,638 | 71 | *2,079* | 23 | 1,926 | 130 |
| Goálá (Hindu) ... | *10,000* | 5,181 | 4,288 | 531 | *2,397* | 2,389 | 8 | ... | *1,104* | 1,062 | 42 | ... | *4,277* | 1,592 | 2,573 | 112 | *2,222* | 138 | 1,665 | 419 |
| Hájong (Hindu, Animistic) | *10,000* | 5,913 | 3,686 | 401 | *3,393* | 3,393 | ... | ... | *1,063* | 1,023 | 40 | ... | *3,434* | 1,476 | 1,858 | 100 | *2,110* | 21 | 1,788 | 301 |
| Hálwá Dás (Hindu) ... | *10,000* | 5,928 | 3,693 | 379 | *2,810* | 2,808 | 2 | ... | *1,342* | 1,314 | 28 | ... | *3,863* | 1,738 | 2,060 | 65 | *1,985* | 68 | 1,603 | 314 |
| Hálwá Kewat " ... | *10,000* | 6,083 | 3,470 | 447 | *2,981* | 2,979 | 2 | ... | *1,262* | 1,242 | 20 | ... | *3,711* | 1,744 | 1,842 | 125 | *2,046* | 118 | 1,606 | 322 |
| Hári (Hindu) ... | *10,000* | 6,204 | 3,381 | 415 | *3,619* | 3,614 | 5 | ... | *1,162* | 1,138 | 19 | 5 | *3,385* | 1,323 | 1,938 | 124 | *1,834* | 129 | 1,419 | 286 |
| Hindu Chutiyá " ... | *10,000* | 6,076 | 3,453 | 471 | *3,375* | 3,375 | .. | ... | *1,145* | 1,129 | 14 | 2 | *3,733* | 1,522 | 2,051 | 160 | *1,747* | 50 | 1,388 | 309 |
| Jaladhá (Hindu, Animistic) | *10,000* | 5,249 | 4,503 | 248 | *3,673* | 3,646 | 27 | ... | *912* | 746 | 166 | ... | *3,302* | 774 | 2,473 | 55 | *2,113* | 83 | 1,837 | 193 |
| Jaliya Kewat (Hindu) ... | *10,000* | 5,419 | 4,196 | 385 | *3,077* | 3,077 | ... | ... | *1,049* | 1,014 | 35 | ... | *3,706* | 1,293 | 2,238 | 175 | *2,168* | 35 | 1,923 | 210 |
| Jugi (Hindu) ... | *10,000* | 5,780 | 3,792 | 428 | *3,162* | 3,160 | 2 | ... | *1,141* | 1,117 | 23 | 1 | *3,676* | 1,445 | 2,110 | 121 | *2,021* | 58 | 1,657 | 306 |
| Káchári (Hindu, Animistic) | *10,000* | 5,559 | 4,016 | 425 | *3,133* | 3,125 | 8 | ... | *1,038* | 999 | 38 | 1 | *3,889* | 1,392 | 2,357 | 140 | *1,940* | 43 | 1,613 | 284 |
| Káhár (Hindu) ... | *10,000* | 4,151 | 5,626 | 223 | *1,919* | 1,919 | ... | ... | *1,250* | 1,027 | 223 | ... | *4,734* | 1,116 | 3,618 | ... | *2,097* | 89 | 1,785 | 223 |
| Kámár " ... | *10,000* | 5,561 | 3,903 | 536 | *2,946* | 2,946 | ... | ... | *1,376* | 1,317 | 59 | ... | *3,961* | 1,259 | 2,429 | 273 | *1,717* | 39 | 1,415 | 263 |
| Káyastha " ... | *10,000* | 5,691 | 3,870 | 439 | *2,443* | 2,436 | 6 | 1 | *1,350* | 1,090 | 259 | 1 | *4,202* | 1,978 | 2,125 | 99 | *2,005* | 187 | 1,480 | 338 |
| Khámti (Buddhist) ... | *10,000* | 6,469 | 3,220 | 311 | *2,908* | 2,908 | ... | ... | *960* | 935 | 15 | ... | *4,392* | 2,582 | 1,706 | 104 | *1,750* | 44 | 1,499 | 207 |
| Khási (Animistic) ... | *10,000* | 5,957 | 3,774 | 269 | *3,345* | 3,343 | 2 | ... | *1,281* | 1,266 | 15 | ... | *3,528* | 1,291 | 2,173 | 64 | *1,846* | 57 | 1,584 | 205 |

# TABLE E.—*CASTE, &c., BY CIVIL CONDITION AND AGE.*

| CASTE AND RELIGION. | TOTAL STRENGTH. — FEMALES. — All ages. Total Females. | Single. | Married. | Widowed. | 0–9. Total. | Single. | Married. | Widowed. | 10–14. Total. | Single. | Married. | Widowed. | 15–39. Total. | Single. | Married. | Widowed. | 40 and over. Total. | Single. | Married. | Widowed. |
|---|---|---|---|---|---|---|---|---|---|---|---|---|---|---|---|---|---|---|---|---|
| Ahom (Hindu) ... | *10,000* | 5,035 | 3,734 | 1,231 | *3,487* | 3,481 | 6 | ... | *912* | 837 | 71 | 4 | *3,911* | 709 | 2,917 | 285 | *1,690* | 8 | 740 | 942 |
| Baidya „ ... | *10,000* | 3,197 | 4,284 | 2,519 | *2,926* | 2,868 | 58 | ... | *755* | 329 | 407 | 19 | *4,207* | .. | 3,296 | 911 | *2,112* | ... | 523 | 1,589 |
| Bárui „ ... | *10,000* | 2,932 | 4,333 | 2,735 | *2,838* | 2,754 | 75 | 9 | *874* | 169 | 686 | 19 | *4,043* | 9 | 2,897 | 1,137 | *2,245* | ... | 675 | 1,570 |
| Boriá „ ... | *10,000* | 5,121 | 3,598 | 1,281 | *3,155* | 3,150 | 5 | ... | *1,223* | 1,068 | 146 | 9 | *3,859* | 888 | 2,665 | 306 | *1,763* | 15 | 782 | 966 |
| Bráhman „ ... | *10,000* | 3,118 | 4,036 | 2,846 | *2,845* | 2,724 | 114 | 7 | *946* | 324 | 596 | 26 | *4,044* | 56 | 2,907 | 1,081 | *2,165* | 14 | 419 | 1,732 |
| Dom „ ... | *10,000* | 4,808 | 3,819 | 1,373 | *3,555* | 3,540 | 15 | ... | *865* | 716 | 141 | 8 | *3,968* | 494 | 3,051 | 423 | *1,612* | 58 | 612 | 942 |
| Ganak „ ... | *10,000* | 3,069 | 3,867 | 3,064 | *2,649* | 2,522 | 110 | 17 | *1,044* | 433 | 573 | 38 | *3,786* | 76 | 2,649 | 1,061 | *2,521* | 38 | 535 | 1,948 |
| Gáro (Animistic) ... | *10,000* | 4,341 | 4,876 | 783 | *3,238* | 3,191 | 44 | 3 | *922* | 695 | 220 | 7 | *4,096* | 434 | 3,432 | 230 | *1,744* | 21 | 1,180 | 543 |
| Goálá (Hindu) ... | *10,000* | 3,063 | 4,233 | 2,704 | *2,658* | 2,593 | 65 | ... | *927* | 355 | 531 | 41 | *4,173* | 98 | 3,172 | 903 | *2,242* | 17 | 465 | 1,760 |
| Hájong (Hindu, Animistic) | *10,000* | 4,703 | 3,882 | 1,415 | *3,495* | 3,475 | 20 | ... | *1,009* | 772 | 208 | 29 | *3,911* | 426 | 3,109 | 376 | *1,585* | 30 | 545 | 1,010 |
| Hálwá Dás (Hindu) ... | *10,000* | 3,262 | 3,928 | 2,810 | *2,899* | 2,845 | 50 | 4 | *943* | 353 | 570 | 20 | *4,127* | 42 | 2,977 | 1,108 | *2,031* | 22 | 331 | 1,678 |
| Hálwá Kewat „ ... | *10,000* | 4,736 | 3,639 | 1,625 | *3,353* | 3,338 | 10 | 5 | *1,041* | 941 | 95 | 5 | *3,690* | 440 | 2,822 | 428 | *1,916* | 17 | 712 | 1,187 |
| Hári (Hindu) ... | *10,000* | 5,036 | 3,701 | 1,263 | *3,604* | 3,580 | 15 | 9 | *1,055* | 958 | 87 | 10 | *3,628* | 464 | 2,830 | 334 | *1,713* | 34 | 769 | 910 |
| Hindu Chutiyá „ ... | *10,000* | 4,929 | 3,812 | 1,259 | *3,305* | 3,301 | 4 | ... | *982* | 927 | 53 | 2 | *3,982* | 658 | 3,069 | 255 | *1,731* | 43 | 686 | 1,002 |
| Jaladhá (Hindu, Animistic) | *10,000* | 4,167 | 4,564 | 1,269 | *3,435* | 3,423 | 12 | ... | *732* | 436 | 296 | ... | *4,089* | 308 | 3,371 | 410 | *1,844* | ... | 885 | 859 |
| Jaliya Kewat (Hindu) ... | *10,000* | 3,801 | 4,433 | 1,766 | *2,801* | 2,801 | ... | ... | *1,033* | 600 | 433 | ... | *3,800* | 367 | 3,000 | 433 | *2,366* | 33 | 1,000 | 1,333 |
| Jugi (Hindu) ... | *10,000* | 3,949 | 4,037 | 2,014 | *3,184* | 3,130 | 52 | 2 | *912* | 523 | 375 | 14 | *3,887* | 278 | 2,963 | 646 | *2,017* | 18 | 647 | 1,352 |
| Káchári (Hindu, Animistic) | *10,000* | 5,113 | 3,788 | 1,099 | *3,608* | 3,595 | 12 | 1 | *1,017* | 879 | 132 | 6 | *3,868* | 607 | 2,934 | 327 | *1,507* | 32 | 710 | 765 |
| Káhár (Hindu) ... | *10,000* | 3,153 | 4,685 | 2,162 | *2,562* | 2,478 | 90 | ... | *1,080* | 630 | 450 | ... | *4,460* | 45 | 3,649 | 766 | *1,892* | ... | 496 | 1,396 |
| Kámár „ ... | *10,000* | 3,455 | 4,678 | 1,867 | *2,952* | 2,822 | 120 | 10 | *1,044* | 472 | 512 | 60 | *4,318* | 141 | 3,464 | 713 | *1,686* | 20 | 582 | 1,084 |
| Kávastha „ ... | *10,000* | 3,152 | 3,938 | 2,910 | *2,827* | 2,735 | 88 | 4 | *858* | 315 | 529 | 14 | *4,196* | 78 | 3,013 | 1,105 | *2,119* | 24 | 308 | 1,787 |
| Khá·nti (Buddhist) ... | *10,000* | 5,121 | 3,807 | 1,072 | *3,045* | 3,045 | ... | ... | *831* | 831 | ... | ... | *4,498* | 1,228 | 2,855 | 415 | *1,626* | 17 | 952 | 657 |
| Khási (Animistic) ... | *10,000* | 5,047 | 3,820 | 1,133 | *3,014* | 3,008 | 6 | ... | *1,109* | 1,070 | 38 | 1 | *3,734* | 851 | 2,634 | 249 | *2,143* | 118 | 1,142 | 883 |

## TABLE E.—CASTE, &c., BY CIVIL CONDITION AND AGE.

| CASTE AND RELIGION. | TOTAL STRENGTH. | | | | | | | | | | | | | | | | | | | |
|---|---|---|---|---|---|---|---|---|---|---|---|---|---|---|---|---|---|---|---|---|
| | MALES. | | | | | | | | | | | | | | | | | | | |
| | ALL AGES. | | | | 0–9. | | | | 10–14. | | | | 15–39. | | | | 40 AND OVER. | | | |
| | Total Males. | Single. | Married. | Widowed. | Total. | Single. | Married. | Widowed. | Total. | Single. | Married. | Widowed. | Total. | Single. | Married. | Widowed. | Total. | Single. | Married. | Widowed. |
| Koch (Hindu) ... | 10,000 | 5,816 | 3,695 | 489 | 3,340 | 3,333 | 7 | ... | 1,072 | 1,037 | 33 | 2 | 3,397 | 1,370 | 1,891 | 136 | 2,191 | 76 | 1,764 | 351 |
| " Rájbansi (Hindu) ... | 10,000 | 5,652 | 3,930 | 418 | 3,148 | 3,145 | 2 | 1 | 1,086 | 1,042 | 43 | 1 | 3710 | 1,423 | 2,179 | 108 | 2,056 | 42 | 1'706 | 308 |
| " Saraniá " ... | 10,000 | 5,528 | 3,760 | 712 | 3,394 | 3,364 | 10 | 20 | 1,260 | 1,138 | 61 | 61 | 3,314 | 1,016 | 2,003 | 295 | 2,032 | 10 | 1'686 | 336 |
| Kaibartta (Hindu) ... | 10,000 | 5,492 | 4,092 | 416 | 3,341 | 3,333 | 8 | ... | 1,033 | 998 | 35 | ... | 3,527 | 1,069 | 2,355 | 103 | 2,099 | 92 | 1'694 | 313 |
| Kalitá " ... | 10,000 | 5,964 | 3,509 | 527 | 3,033 | 3,027 | 2 | 4 | 1,168 | 1,152 | 10 | 6 | 3,748 | 1,717 | 1,890 | 141 | 2,051 | 68 | 1'607 | 376 |
| Kuki (Animistic) ... | 10,000 | 5,347 | 4,263 | 390 | 2,932 | 2,932 | ... | ... | 1,000 | 983 | 17 | ... | 4,144 | 1,415 | 2,585 | 144 | 1,924 | 17 | 1'661 | 246 |
| Kumár (Hindu) ... | 10,000 | 5,436 | 3,825 | 739 | 2,563 | 2,563 | ... | ... | 1,384 | 1,310 | 74 | ... | 3,895 | 1,429 | 2,268 | 198 | 2,158 | 134 | 1'483 | 541 |
| Lálung (Animistic) ... | 10,000 | 6,139 | 3,430 | 431 | 3,946 | 3,946 | ... | ... | 894 | 880 | 14 | ... | 3,238 | 1,255 | 1,805 | 178 | 1,922 | 58 | 1'611 | 253 |
| Lyngám " ... | 10,000 | 5,839 | 3,783 | 378 | 2,998 | 2,977 | 21 | ... | 1,174 | 1,111 | 63 | ... | 4,121 | 1,720 | 2,275 | 126 | 1,707 | 31 | 1'424 | 252 |
| Mahaliá (Hindu) ... | 10,000 | 4,984 | 4,496 | 520 | 2,946 | 2,936 | 10 | ... | 1,040 | 975 | 54 | 11 | 3,511 | 1,062 | 2,297 | 152 | 2,503 | 11 | 2,135 | 357 |
| Máhárá " ... | 10,000 | 5,292 | 4,377 | 331 | 2,685 | 2,685 | ... | ... | 1,167 | 1,167 | ... | ... | 4,222 | 1,343 | 2,840 | 39 | 1,926 | 97 | 1,537 | 292 |
| Máhimal (Musalman) ... | 10,000 | 5,860 | 3,894 | 246 | 3,670 | 3,659 | 11 | ... | 1,218 | 1,178 | 38 | 2 | 3,348 | 1,008 | 2,280 | 60 | 1,764 | 15 | 1,565 | 184 |
| Máli (Hindu) ... | 10,000 | 5,737 | 3,898 | 365 | 3,389 | 3,389 | ... | ... | 1,107 | 1,067 | 40 | ... | 3,738 | 1,255 | 2,370 | 113 | 1,766 | 26 | 1,488 | 252 |
| Manipuri " ... | 10,000 | 5,990 | 3,611 | 399 | 3,161 | 3,161 | ... | ... | 1,090 | 1,088 | 2 | ... | 3,928 | 1,705 | 2,097 | 126 | 1,821 | 36 | 1,512 | 273 |
| Mech (Animistic) ... | 10,000 | 5,357 | 4,307 | 336 | 3,909 | 3,896 | 13 | ... | 926 | 805 | 118 | 3 | 2,954 | 626 | 2,254 | 74 | 2,211 | 30 | 1,922 | 259 |
| Mikir " ... | 10,000 | 5,611 | 4,084 | 305 | 3,516 | 3,513 | 3 | ... | 944 | 902 | 41 | 1 | 3,528 | 1,167 | 2,247 | 114 | 2,012 | 29 | 1,793 | 190 |
| Miri " ... | 10,000 | 6,314 | 3,428 | 258 | 3,693 | 3,693 | ... | ... | 1,275 | 1,200 | 73 | 2 | 3,379 | 1,377 | 1,907 | 95 | 1,653 | 44 | 1,448 | 161 |
| Muchi (Hindu) ... | 10,000 | 4,996 | 4,508 | 496 | 2,897 | 2,897 | ... | ... | 1,179 | 1,028 | 151 | ... | 4,224 | 1,000 | 2,958 | 266 | 1,700 | 71 | 1,399 | 230 |
| Nágá— | | | | | | | | | | | | | | | | | | | | |
| Angámi (Animistic) ... | 10,000 | 5,142 | 4,279 | 579 | 2,911 | 2,907 | 4 | ... | 844 | 844 | ... | ... | 4,199 | 1,348 | 2,649 | 202 | 2,046 | 43 | 1,626 | 377 |
| Ao " ... | 10,000 | 4,183 | 5,377 | 440 | 2,718 | 2,718 | ... | ... | 356 | 356 | ... | ... | 6,380 | 1,109 | 4,997 | 274 | 546 | ... | 380 | 166 |
| Káchá " ... | 10,000 | 5,191 | 4,017 | 792 | 3,061 | 3,061 | ... | ... | 963 | 922 | 41 | ... | 3,437 | 1,143 | 2,033 | 261 | 2,539 | 65 | 1,943 | 531 |
| Lhotá " ... | 10,000 | 5,203 | 4,396 | 401 | 3,135 | 3,135 | ... | ... | 880 | 857 | 19 | 4 | 3,785 | 1,137 | 2,481 | 167 | 2,200 | 74 | 1,896 | 230 |
| Semá " ... | 10,000 | 4,000 | 5,342 | 658 | 2,963 | 2,943 | 20 | ... | 418 | 410 | 8 | ... | 4,793 | 635 | 3,831 | 327 | 1,826 | 12 | 1,483 | 331 |
| Namasudra (Chandál) (Hindu) | 10,000 | 5,743 | 3,858 | 399 | 2,936 | 2,933 | 2 | 1 | 1,239 | 1,216 | 20 | 3 | 3,754 | 1,524 | 2,124 | 106 | 2,071 | 70 | 1,712 | 289 |
| Nápit (Hindu) ... | 10,000 | 5,800 | 3,741 | 459 | 2,726 | 2,718 | 8 | ... | 1,483 | 1,446 | 31 | 6 | 3,822 | 1,577 | 2,151 | 94 | 1,969 | 59 | 1,551 | 359 |

# TABLE E.—*CASTE, &c., BY CIVIL CONDITION AND AGE.*

*TOTAL STRENGTH.* FEMALES.

| CASTE AND RELIGION. | All ages. Total Females. | All ages. Single. | All ages. Married. | All ages. Widowed. | 0—9. Total. | 0—9. Single. | 0—9. Married. | 0—9. Widowed. | 10—14. Total. | 10—14. Single. | 10—14. Married. | 10—14. Widowed. | 15—39. Total. | 15—39. Single. | 15—39. Married. | 15—39. Widowed. | 40 and over. Total. | 40 and over. Single. | 40 and over. Married. | 40 and over. Widowed. |
|---|---|---|---|---|---|---|---|---|---|---|---|---|---|---|---|---|---|---|---|---|
| Koch (Hindu) ... | *10,000* | 4,573 | 4,047 | 1,380 | *3,336* | 3,320 | 16 | ... | *885* | 742 | 141 | 2 | *3,766* | 476 | 2,958 | 332 | *2,013* | 35 | 932 | 1,046 |
| „ Rájbansi (Hindu) ... | *10,000* | 3,472 | 4,149 | 2,379 | *3,220* | 3,107 | 113 | ... | *830* | 246 | 547 | 37 | *4,003* | 98 | 3,042 | 863 | *1,947* | 21 | 447 | 1,479 |
| „ Saraniá „ ... | *10,000* | 4,467 | 4,320 | 1,213 | *3,212* | 3,212 | ... | ... | *1,129* | 795 | 324 | 10 | *3,588* | 429 | 2,908 | 251 | *2,071* | 31 | 1,088 | 952 |
| Kaibartta (Hindu) ... | *10,000* | 3,194 | 4,319 | 2,487 | *3,155* | 3,017 | 138 | ... | *881* | 153 | 704 | 24 | *4,111* | 16 | 3,139 | 956 | *1,853* | 8 | 338 | 1,507 |
| Kalitá (Hindu) ... | *10,000* | 4,572 | 3,701 | 1,727 | *3,205* | 3,177 | 23 | 5 | *1,045* | 923 | 121 | 1 | *3,853* | 451 | 2,922 | 480 | *1,897* | 21 | 635 | 1,241 |
| Kuki (Animistic) ... | *10,000* | 4,708 | 3,807 | 1,485 | *2,883* | 2,876 | ... | 7 | *997* | 894 | 96 | 7 | *4,384* | 931 | 2,876 | 577 | *1,736* | 7 | 835 | 894 |
| Kumár (Hindu) ... | *10,000* | 3,066 | 3,997 | 2,937 | *2,731* | 2,597 | 130 | 4 | *1,015* | 371 | 590 | 54 | *4,153* | 89 | 2,924 | 1,140 | *2,101* | 9 | 353 | 1,739 |
| Lálung (Animistic) ... | *10,000* | 5,260 | 3,514 | 1,226 | *3,745* | 3,745 | ... | ... | *940* | 874 | 66 | ... | *3,721* | 623 | 2,730 | 368 | *1,594* | 18 | 718 | 858 |
| Lyngám „ ... | *10,000* | 4,695 | 3,998 | 1,307 | *3,017* | 2,985 | 32 | ... | *1,022* | 865 | 147 | 10 | *4,411* | 845 | 3,049 | 517 | *1,550* | ... | 770 | 780 |
| Mahaliá (Hindu) ... | *10,000* | 4,134 | 4,747 | 1,119 | *2,917* | 2,906 | 11 | ... | *1,055* | 840 | 215 | ... | *3,778* | 377 | 3,229 | 172 | *2,250* | 11 | 1,292 | 947 |
| Máhárá „ ... | *10,000* | 3,257 | 4,425 | 2,318 | *2,950* | 2,893 | 57 | ... | *1,897* | 345 | 1,552 | ... | *3,659* | 19 | 2,644 | 996 | *1,494* | ... | 172 | 1,322 |
| Máhimal (Musalman) ... | *10,000* | 4,350 | 4,279 | 1,371 | *3,759* | 3,719 | 40 | ... | *961* | 553 | 397 | 11 | *3,878* | 74 | 3,386 | 418 | *1,402* | 4 | 456 | 942 |
| Máli (Hindu) ... | *10,000* | 3,142 | 4,448 | 2,410 | *2,916* | 2,845 | 71 | ... | *841* | 244 | 584 | 13 | *4,460* | 49 | 3,434 | 977 | *1,783* | 4 | 359 | 1,420 |
| Manipuri „ ... | *10,000* | 4,069 | 3,270 | 2,661 | *2,648* | 2,638 | 7 | 3 | *1,069* | 963 | 80 | 26 | *4,076* | 463 | 2,638 | 975 | *2,207* | 5 | 545 | 1,657 |
| Mech (Animistic) ... | *10,000* | 4,528 | 4,567 | 905 | *3,770* | 3,730 | 40 | ... | *933* | 619 | 311 | 3 | *3,350* | 166 | 3,038 | 146 | *1,947* | 13 | 1,178 | 756 |
| Mikir „ ... | *10,000* | 4,779 | 4,340 | 881 | *3,490* | 3,482 | 8 | ... | *838* | 702 | 133 | 3 | *3,820* | 583 | 2,993 | 244 | *1,852* | 12 | 1,206 | 634 |
| Miri „ ... | *10,000* | 5,881 | 3,423 | 696 | *3,903* | 3,903 | ... | ... | *1,190* | 1,045 | 145 | ... | *3,538* | 836 | 2,506 | 196 | *1,369* | 97 | 772 | 500 |
| Muchi (Hindu) ... | *10,000* | 3,833 | 4,880 | 1,287 | *3,230* | 3,139 | 91 | ... | *1,006* | 614 | 372 | 20 | *4,275* | 80 | 3,763 | 432 | *1,489* | ... | 654 | 835 |
| Nágá— | | | | | | | | | | | | | | | | | | | | |
| Angámi (Animistic) ... | *10,000* | 4,015 | 4,439 | 1,546 | *2,704* | 2,704 | ... | ... | *726* | 706 | 20 | ... | *4,035* | 597 | 2,954 | 484 | *2,535* | 8 | 1,465 | 1,062 |
| Ao „ ... | *10,000* | 4,033 | 4,508 | 1,459 | *2,252* | 2,252 | ... | ... | *332* | 332 | ... | ... | *6,843* | 1,409 | 4,367 | 1,067 | *573* | 40 | 141 | 392 |
| Káchá „ ... | *10,000* | 4,333 | 3,740 | 1,927 | *2,914* | 2,899 | 15 | ... | *751* | 751 | ... | ... | *3,672* | 668 | 2,496 | 508 | *2,663* | 15 | 1,229 | 1,419 |
| Lhotá „ ... | *10,000* | 3,774 | 4,848 | 1,378 | *2,810* | 2,781 | 29 | ... | *653* | 546 | 107 | ... | *4,491* | 361 | 3,687 | 443 | *2,046* | 86 | 1,025 | 935 |
| Semá „ | *10,000* | 3,627 | 5,554 | 819 | *3,031* | 3,023 | 8 | ... | *613* | 341 | 272 | ... | *5,322* | 239 | 4,718 | 365 | *1,034* | 24 | 556 | 454 |
| Namasudra (Chandál) (Hindu) | *10,000* | 3,493 | 4,247 | 2,260 | *3,094* | 3,014 | 75 | 5 | *895* | 332 | 544 | 19 | *4,080* | 128 | 3,174 | 778 | *1,931* | 19 | 454 | 1,458 |
| Nápit (Hindu) ... | *10,000* | 3,382 | 4,137 | 2,481 | *2,982* | 2,887 | 86 | 9 | *1,016* | 423 | 559 | 34 | *4,154* | 63 | 3,111 | 980 | *1,848* | 9 | 381 | 1,458 |

## TABLE E.—*CASTE, &c., BY CIVIL CONDITION AND AGE.*

*TOTAL STRENGTH.* — MALES.

| CASTE AND RELIGION. | All ages. | | | | 0–9. | | | | 10–14. | | | | 15–39. | | | | 40 and over. | | | |
|---|---|---|---|---|---|---|---|---|---|---|---|---|---|---|---|---|---|---|---|---|
| | Total Males. | Single. | Married. | Widowed. | Total. | Single. | Married. | Widowed. | Total. | Single. | Married. | Widowed. | Total. | Single. | Married. | Widowed. | Total. | Single. | Married. | Widowed. |
| Patiá (Hindu) ... | *10,000* | 6,117 | 3,296 | 587 | *3,316* | 3,316 | ... | ... | *1,133* | 1,133 | ... | ... | *3,316* | 1,658 | 1,522 | 136 | *2,235* | 10 | 1,774 | 451 |
| Pátni „ ... ... | *10,000* | 5,578 | 3,986 | 436 | *2,965* | 2,963 | 1 | 1 | *1,114* | 1,089 | 25 | ... | *3789* | 1,466 | 2,227 | 96 | *2,132* | 60 | 1,733 | 339 |
| Rábhá (Animistic) ... | *10,000* | 6,068 | 3,498 | 434 | *4,580* | 4,551 | 10 | 19 | *1,053* | 966 | 87 | ... | *2,840* | 541 | 2,164 | 135 | *1,527* | 10 | 1,237 | 280 |
| Sálai (Hindu) ... | *10,000* | 5,883 | 3,563 | 554 | *3,375* | 3,375 | ... | ... | *1,107* | 1,072 | 35 | ... | *3,736* | 1,401 | 2,196 | 139 | *1,782* | 35 | 1,332 | 415 |
| Sháhá „ ... | *10,000* | 5,864 | 3,614 | 522 | *2,491* | 2,484 | ... | 7 | *1,257* | 1,186 | 69 | 2 | *3,852* | 1,916 | 1,831 | 105 | *2,400* | 278 | 1,714 | 408 |
| Singpho (Buddhist, Animistic) ... | *10,000* | 5,000 | 4,272 | 728 | *2,183* | 2,183 | ... | ... | *1,120* | 1,101 | ... | 19 | *4,235* | 1,679 | 2,257 | 299 | *2,462* | 37 | 2,015 | 410 |
| Sunri (Hindu) ... | *10,000* | 6,265 | 3,380 | 355 | *3,815* | 3,795 | 20 | ... | *1,383* | 1,304 | 79 | ... | *2,806* | 1,107 | 1,660 | 39 | *1,996* | 59 | 1,621 | 316 |
| Sutradhar (Hindu) ... | *10,000* | 6,035 | 3,561 | 404 | *2,989* | 2,989 | ... | ... | *1,378* | 1,240 | 134 | 4 | *3,723* | 1,730 | 1,898 | 95 | *1,910* | 76 | 1,529 | 305 |
| Synteng (Animistic) ... | *10,000* | 5,507 | 3,944 | 549 | *3,381* | 3,379 | 2 | ... | *1,191* | 1,169 | 20 | 2 | *3,706* | 917 | 2,528 | 261 | *1,722* | 42 | 1,394 | 286 |
| Tanti (Hindu) ... | *10,000* | 5,073 | 4,395 | 532 | *2,630* | 2,620 | 10 | ... | *1,163* | 1,113 | 30 | 20 | *4,355* | 1,281 | 2,887 | 187 | *1,852* | 59 | 1,468 | 325 |
| Teli „ ... | *10,000* | 5,558 | 3,866 | 576 | *2,615* | 2,615 | ... | ... | *1,076* | 1,064 | 12 | ... | *4,136* | 1,748 | 2,235 | 153 | *2,173* | 131 | 1,619 | 423 |
| Tipperah (Animistic) ... | *10,000* | 5,311 | 4,285 | 404 | *3,865* | 3,865 | ... | ... | *847* | 816 | 31 | ... | *3,414* | 599 | 2,722 | 93 | *1,874* | 81 | 1,532 | 311 |
| Totlá (Hindu, Animistic) ... | *10,000* | 5,776 | 3,819 | 405 | *3,556* | 3,556 | ... | ... | *1,313* | 1,265 | 48 | ... | *2,840* | 883 | 1,862 | 95 | *2,291* | 72 | 1,909 | 310 |

# TABLE E.—*CASTE, &c., BY CIVIL CONDITION AND AGE.*

| CASTE AND RELIGION. | *TOTAL STRENGTH.* | | | | | | | | | | | | | | | | | | | |
|---|---|---|---|---|---|---|---|---|---|---|---|---|---|---|---|---|---|---|---|---|
| | FEMALES. | | | | | | | | | | | | | | | | | | | |
| | ALL AGES. | | | | 0–9. | | | | 10–14. | | | | 15—39. | | | | 40 AND OVER. | | | |
| | Total Females. | Single. | Married. | Widowed. | Total. | Single. | Married. | Widowed. | Total. | Single. | Married. | Widowed. | Total. | Single. | Married. | Widowed. | Total. | Single. | Married. | Widowed. |
| Patiá (Hindu) ... | *10,000* | 5,119 | 3,343 | 1,538 | *3,362* | 3,362 | ... | ... | *984* | 946 | 38 | ... | *3,543* | 773 | 2,378 | 392 | *2,111* | 38 | 927 | 1,146 |
| Pátni „ ... | *10,000* | 3,351 | 4,267 | 2,382 | *3,043* | 2,966 | 76 | 1 | *905* | 323 | 562 | 20 | *4,173* | 57 | 3,211 | 905 | *1,479* | 5 | 418 | 1,456 |
| Rábhá (Animistic) ... | *10,000* | 4,236 | 4,703 | 1,061 | *3,633* | 3,608 | 25 | ... | *815* | 518 | 280 | 17 | *3,701* | 93 | 3,413 | 195 | *1,851* | 17 | 985 | 849 |
| Sálai (Hindu) ... | *10,000* | 4,293 | 3,762 | 1,945 | *3,087* | 3,071 | 16 | ... | *885* | 756 | 129 | ... | *4,163* | 466 | 3,199 | 498 | *1,865* | ... | 418 | 1,447 |
| Sháhá „ ... | *10,000* | 2,914 | 3,736 | 3,350 | *2,549* | 2,493 | 52 | 4 | *953* | 377 | 544 | 32 | *4,039* | 33 | 2,778 | 1,228 | *2,459* | 11 | 362 | 2,086 |
| Singpho (Buddhist, Animistic) ... | *10,000* | 4,302 | 4,623 | 1,075 | *2,189* | 2,189 | ... | ... | *962* | 924 | 19 | 19 | *4,811* | 1,151 | 3,434 | 226 | *2,038* | 38 | 1,170 | 830 |
| Sunri (Hindu) ... | *10,000* | 4,676 | 3,806 | 1,518 | *3,502* | 3,482 | 20 | ... | *1,214* | 931 | 263 | 20 | *3,057* | 202 | 2,713 | 142 | *2,227* | 61 | 810 | 1,356 |
| Sutradhar (Hindu) ... | *10,000* | 3,373 | 4,172 | 2,455 | *3,010* | 2,954 | 48 | 8 | *1,067* | 356 | 698 | 13 | *4,177* | 55 | 3,089 | 1,033 | *1,746* | 8 | 337 | 1,401 |
| Synteng (Animistic) ... | *10,000* | 4,273 | 3,914 | 1,813 | *2,931* | 2,928 | 3 | ... | *995* | 895 | 91 | 9 | *3,980* | 433 | 2,874 | 673 | *2,094* | 17 | 946 | 1,131 |
| Tanti (Hindu) ... | *10,000* | 3,706 | 4,431 | 1,863 | *2,961* | 2,890 | 71 | .. | *1,128* | 504 | 604 | 20 | *4,441* | 292 | 3,494 | 655 | *1,470* | 20 | 262 | 1,188 |
| Teli „ ... ... | *10,000* | 3,162 | 4,022 | 2,816 | *2,915* | 2,832 | 72 | 11 | *858* | 264 | 556 | 38 | *4,290* | 55 | 3,036 | 1,199 | *1,937* | 11 | 358 | 1,568 |
| Tipperah (Animistic) ... | *10,000* | 4,656 | 4,531 | 813 | *3,892* | 3,892 | ... | ... | *888* | 515 | 365 | 8 | *3,900* | 249 | 3,560 | 91 | *1,320* | ... | 606 | 714 |
| Totlá (Hindu, Animistic) ... | *10,000* | 4,260 | 4,571 | 1,169 | *3,325* | 3,325 | ... | ... | *1,039* | 753 | 260 | 26 | *3,325* | 182 | 3,091 | 52 | *2,311* | ... | 1,220 | 1,091 |

# PROVINCIAL TABLE I.

## Residents, Visitors, and Boat Population.

### REMARKS.

This table supplements Imperial Table I by showing the distribution of the total population amongst residents, visitors, and boat population. It also gives the average number of persons per house and boat.

There is no return of visitors in the hill districts, as the greater portion was censused non-synchronously ; and when this was the case the people were censused in the place where they ordinarily lived, so that visitors were not taken into account.

The boat population includes persons censused on steamers as follows :

| DISTRICT. | STEAMERS. | POPULATION. | | |
|---|---|---|---|---|
| | | Total. | Males. | Females. |
| Sylhet ... | 4 | 94 | 94 | ... |
| Goalpara ... | 7 | 465 | 390 | 75 |
| Kamrup ... | 4 | 397 | 314 | 83 |
| Darrang ... | 16 | 1,229 | 1,064 | 165 |
| Sibsagar ... | 11 | 280 | 275 | 5 |
| Lakhimpur ... | 6 | 219 | 210 | 9 |

The above figures have not been taken into account in calculating the average number of persons per boat.

# PROVINCIAL TABLE I.

## *RESIDENTS, VISITORS, AND BOAT POPULATION.*

| DISTRICT. | POPULATION. TOTAL POPULATION. Total. | Males. | Females. | RESIDENTS. Total. | Males. | Females. | VISITORS. Total. | Males. | Females. | BOAT POPULATION. Total. | Males. | Females. | DWELLINGS. Total. | Occupied houses. | Boats and steamers. | Average population per Occupied house. | Boat. |
|---|---|---|---|---|---|---|---|---|---|---|---|---|---|---|---|---|---|
| 1 | 2 | 3 | 4 | 5 | 6 | 7 | 8 | 9 | 10 | 11 | 12 | 13 | 14 | 15 | 16 | 17 | 18 |
| Cachar Plains ... ... | 367,542 | *194,373* | 173,169 | 348,559 | *181,609* | 166,950 | 16,814 | *10,652* | 6,162 | 2,169 | *2,112* | 57 | 82,338 | 81,758 | 580 | 4·4 | 3·7 |
| Sylhet ... ... | 2,154,593 | *1,100,938* | 1,053,655 | 2,062,703 | *1,047,259* | 1,015,444 | 78,921 | *41,697* | 37,224 | 12,969 | *11,982* | 987 | 433,492 | 430,709 | 2,783 | 4·9 | 4·6 |
| *Total Surma Valley* ... | *2,522,135* | *1,295,311* | *1,226,824* | *2,411,262* | *1,228,868* | *1,182,394* | *95,735* | *52,349* | *43,386* | *15,138* | *14,094* | *1,044* | *515,830* | *512,467* | *3,363* | *4·8* | *4·4* |
| Goalpara ... ... | 452,304 | *236,629* | 215,675 | 434,525 | *222,166* | 212,359 | 12,150 | *9,148* | 3,002 | 5,629 | *5,315* | 314 | 82,228 | 80,796 | 1,432 | 5·5 | 3·6 |
| Kamrup ... ... | 634,249 | *321,029* | 313,220 | 614,807 | *307,047* | 307,760 | 16,381 | *11,020* | 5,361 | 3,061 | *2,962* | 99 | 126,568 | 125,914 | 654 | 5·0 | 4·0 |
| Darrang ... ... | 307,761 | *161,381* | 146,380 | 298,746 | *154,411* | 144,335 | 7,382 | *5,503* | 1,879 | 1,633 | *1,467* | 166 | 63,760 | 63,672 | 88 | 4·8 | 5·6 |
| Nowgong ... ... | 344,141 | *177,791* | 166,350 | 336,197 | *171,891* | 164,306 | 6,807 | *4,770* | 2,037 | 1,137 | *1,130* | 7 | 66,405 | 66,059 | 346 | 5·1 | 3·2 |
| Sibsagar ... ... | 457,274 | *240,995* | 216,279 | 442,518 | *230,135* | 212,383 | 13,089 | *9,258* | 3,831 | 1,667 | *1,602* | 65 | 97,853 | 97,559 | 294 | 4·6 | 4·9 |
| Lakhimpur ... ... | 254,053 | *136,404* | 117,649 | 246,235 | *130,251* | 115,984 | 6,923 | *5,282* | 1,641 | 895 | *871* | 24 | 55,970 | 55,784 | 186 | 4·5 | 3·7 |
| *Total Brahmaputra Valley* ... | *2,449,782* | *1,274,229* | *1,175,553* | *2,373,028* | *1,215,901* | *1,157,127* | *62,732* | *44,981* | *17,751* | *14,022* | *13,347* | *675* | *492,784* | *489,784* | *3,000* | *4·9* | *3·8* |
| *Total Plains* ... ... | *4,971,917* | *2,569,540* | *2,402,377* | *4,784,290* | *2,444,769* | *2,339,521* | *158,467* | *97,330* | *61,137* | *29,160* | *27,441* | *1,719* | *1,008,614* | *1,002,251* | *6,363* | *4·9* | *4·1* |
| North Cachar ... ... | 18,941 | *9,306* | 9,635 | 18,941 | *9,306* | 9,635 | ...... | ...... | ...... | ...... | ...... | ...... | 3,767 | 3,767 | ...... | 5·0 | ... |
| Naga Hills ... ... | 122,867 | *62,199* | 60,668 | 122,661 | *62,029* | 60,632 | 206 | *170* | 36 | ...... | ...... | ...... | 34,719 | 34,719 | ...... | 3·5 | ... |
| Khasi and Jaintia Hills ... | 197,904 | *94,606* | 103,298 | 194,417 | *92,481* | 101,936 | 3,487 | *2,125* | 1,362 | ...... | ...... | ...... | 39,261 | 39,261 | ...... | 5·0 | ... |
| Garo Hills ... ... | 121,570 | *61,213* | 60,357 | 120,646 | *60,519* | 60,129 | 917 | *689* | 228 | 5 | *5* | ...... | 23,948 | 23,945 | 3 | 5·0 | 1·6 |
| North Lushai (Civil and Military) | 2,044 | *2,044* | ......... | 2,044 | *2,044* | ......... | ...... | ...... | ...... | ...... | ...... | ...... | 258 | 258 | ...... | 7·9 | ... |
| North Lushai (estimated) ... | 41,590 | *20,795* | 20,795 | 41,590 | *20,795* | 20,795 | ...... | ...... | ...... | ...... | ...... | ...... | 8,318 | 8,318 | ...... | 5·0 | ... |
| *Total Hill Districts* ... | *504,916* | *250,163* | *254,753* | *500,301* | *247,174* | *253,127* | *4,610* | *2,984* | *1,626* | *5* | *5* | ...... | *110,271* | *110,268* | *3* | *4·5* | *1·6* |
| **Total for the Province** ... | **5,476,833** | **2,819,703** | **2,657,130** | **5,284,591** | **2,691,943** | **2,592,648** | **163,077** | **100,814** | **62,763** | **29,165** | **27,446** | **1,719** | **1,118,885** | **1,112,519** | **6,366** | **4·8** | **4·1** |

# PROVINCIAL TABLE II.

## **Compulsory Registration Circles by Religion.**

# PROVINCIAL TABLE II.

## *COMPULSORY REGISTRATION CIRCLES BY RELIGION.*

| TOWN. | TOTAL POPULATION. | | | *HINDU.* | | | *MUSALMAN.* | | | *CHRISTIAN.* | | |
|---|---|---|---|---|---|---|---|---|---|---|---|---|
| | Total. | Males. | Females. | Total. | Males. | Females. | Total. | Males. | Females. | Total. | Males. | Females. |
| 1 | 2 | 3 | 4 | 5 | 6 | 7 | 8 | 9 | 10 | 11 | 12 | 13 |
| Silchar .. .. | 7,523 | 5,728 | 1,795 | 5,144 | 3,911 | 1,233 | 2,224 | 1,725 | 499 | 84 | 55 | 29 |
| Hailakandi .. .. | 650 | 500 | 150 | 499 | 395 | 104 | 151 | 105 | 46 | ........ | ........ | ........ |
| Sylhet .. .. | 14,027 | 7,976 | 6,051 | 6,888 | 4,255 | 2,633 | 7,020 | 3,632 | 3,388 | 74 | 46 | 28 |
| Habiganj .. .. | 4,161 | 2,709 | 1,452 | 3,176 | 2,097 | 1,079 | 980 | 607 | 373 | 1 | 1 | ........ |
| Sunamganj .. .. | 3,139 | 2,124 | 1,015 | 1,326 | 1,088 | 238 | 1,812 | 1,035 | 777 | 1 | 1 | ........ |
| Karimganj .. .. | 3,349 | 2,144 | 1,205 | 1,634 | 1,106 | 528 | 1,705 | 1,030 | 675 | 8 | 6 | 2 |
| Maulvi Bazar .. .. | 2,629 | 1,725 | 904 | 1,226 | 889 | 337 | 1,368 | 795 | 573 | 13 | 9 | 4 |
| Dhubri .. .. | 4,825 | 3,688 | 1,137 | 2,715 | 2,161 | 554 | 1,929 | 1,411 | 518 | 63 | 34 | 29 |
| Goalpara .. .. | 5,440 | 3,605 | 1,835 | 3,481 | 2,349 | 1,132 | 1,712 | 1,062 | 650 | 11 | 9 | 2 |
| Gauhati .. .. | 10,817 | 6,552 | 4,265 | 7,773 | 4,704 | 3,069 | 2,405 | 1,422 | 983 | 99 | 58 | 41 |
| Barpeta .. .. | 11,887 | 5,787 | 6,100 | 11,696 | 5,641 | 6,055 | 141 | 102 | 39 | ........ | ........ | ........ |
| Tezpur .. .. | 4,011 | 2,672 | 1,339 | 2,653 | 1,736 | 917 | 760 | 536 | 224 | 81 | 49 | 32 |
| Mangaldai .. .. | 699 | 488 | 211 | 457 | 307 | 150 | 137 | 78 | 59 | ........ | ........ | ........ |
| Nowgong .. .. | 4,815 | 2,838 | 1,977 | 3,195 | 1,880 | 1,315 | 1,150 | 663 | 487 | 145 | 65 | 80 |
| Sibsagar .. .. | 5,249 | 3,078 | 2,171 | 3,587 | 2,167 | 1,420 | 1,453 | 801 | 652 | 111 | 56 | 55 |
| Jorhat .. .. | 2,159 | 1,387 | 772 | 1,248 | 843 | 405 | 841 | 485 | 356 | 6 | 3 | 3 |
| Golaghat .. .. | 2,211 | 1,318 | 893 | 1,278 | 801 | 477 | 843 | 463 | 380 | 24 | 16 | 8 |
| Dibrugarh .. .. | 9,876 | 6,100 | 3,776 | 7,101 | 4,504 | 2,597 | 2,395 | 1,404 | 991 | 90 | 55 | 35 |
| North Lakhimpur .. | 1,244 | 712 | 532 | 757 | 442 | 315 | 421 | 224 | 197 | 1 | 1 | ........ |
| Kohima .. .. | 1,781 | 1,247 | 534 | 1,152 | 873 | 279 | 121 | 88 | 33 | 25 | 15 | 10 |
| Shillong .. .. | 6,720 | 4,060 | 2,660 | 3,095 | 2,303 | 792 | 566 | 388 | 178 | 540 | 258 | 282 |
| Jowai .. .. | 3,500 | 1,862 | 1,638 | 20 | 19 | 1 | 7 | 7 | ............ | 441 | 187 | 254 |
| Tura .. .. .. | 1,046 | 686 | 360 | 547 | 376 | 171 | 39 | 35 | 4 | 193 | 123 | 70 |
| Total for the Province.. | 111,758 | 68,686 | 43,072 | 70,648 | 44,857 | 25,791 | 30,180 | 18,098 | 12,082 | 2,011 | 1,047 | 964 |

# PROVINCIAL TABLE II.

## *COMPULSORY REGISTRATION CIRCLES BY RELIGION.*

| TOWN. | *BUDDHIST.* | | | *JAIN.* | | | *SIKH.* | | | *ANIMISTIC.* | | | *OTHERS.* | | |
|---|---|---|---|---|---|---|---|---|---|---|---|---|---|---|---|
| | Total. | Males. | Females. | Total. | Males. | Females. | Total. | Males. | Females. | Total. | Males. | Females. | Total. | Males. | Females. |
| | 14 | 15 | 16 | 17 | 18 | 19 | 20 | 21 | 22 | 23 | 24 | 25 | 26 | 27 | 28 |
| Silchar .. .. | 1 | 1 | ........ | 5 | 5 | ........ | .... | ........ | ........ | 63 | 29 | 34 | 2 | 2 | ........ |
| Hailakandi .. .. | .... | ...... | ........ | ........ | ........ | ........ | .... | ........ | ........ | ........ | ........ | ........ | .... | ........ | ........ |
| Sylhet .. .. .. | .... | ...... | ........ | 36 | 36 | ........ | .... | ........ | ........ | 9 | 7 | 2 | .... | ........ | ........ |
| Habiganj .. .. | .... | ...... | ........ | 3 | 3 | ........ | .... | ........ | ........ | 1 | 1 | ........ | .... | ........ | ........ |
| Sunamganj .. . | .... | ...... | ........ | ........ | ........ | ........ | .... | ........ | ........ | ........ | ........ | ........ | .... | ........ | ........ |
| Karimganj .. .. | .... | ...... | ........ | ........ | ........ | ........ | .... | ........ | ........ | 2 | 2 | ........ | .... | ........ | ........ |
| Maulvi Bazar .. .. | .... | ...... | ........ | 22 | 22 | ........ | .... | ........ | ........ | ........ | ........ | ........ | .... | ........ | ........ |
| Dhubri.. .. .. | 1 | 1 | ........ | 26 | 22 | 4 | 20 | 13 | 7 | 70 | 45 | 25 | 1 | 1 | ........ |
| Goalpara .. .. | .... | ...... | ........ | 114 | 109 | 5 | .... | ........ | ........ | 121 | 75 | 46 | 1 | 1 | ........ |
| Gauhati .. .. | .... | ...... | ........ | 23 | 18 | 5 | .... | ........ | ........ | 517 | 350 | 167 | .... | ........ | ........ |
| Barpeta .. .. | .... | ...... | ........ | 14 | 14 | ........ | .... | ........ | ........ | 36 | 30 | 6 | .... | ........ | ........ |
| Tezpur .. .. | 1 | 1 | ........ | 42 | 39 | 3 | .... | ........ | ........ | 469 | 308 | 161 | 5 | 3 | 2 |
| Mangaldai .. .. | 1 | 1 | ........ | 23 | 23 | ........ | .... | ........ | ........ | 81 | 79 | 2 | .... | ........ | ........ |
| Nowgong .. .. | 1 | 1 | ........ | 35 | 33 | 2 | .... | ........ | ........ | 289 | 196 | 93 | .... | ........ | ........ |
| Sibsagar .. .. | .... | ...... | ........ | 3 | 1 | 2 | .... | ........ | ........ | 90 | 51 | 39 | 5 | 2 | 3 |
| Jorhat .. .. | .... | ...... | ........ | 57 | 49 | 8 | .... | ........ | ........ | 7 | 7 | ........ | .... | ........ | ........ |
| Golaghat .. .. | .... | ...... | ........ | 9 | 6 | 3 | .... | ........ | ........ | 57 | 32 | 25 | .... | ........ | ........ |
| Dibrugarh .. .. | 4 | 3 | 1 | 47 | 36 | 11 | .... | ........ | ........ | 238 | 97 | 141 | 1 | 1 | ........ |
| North Lakhimpur .. | .... | ...... | ........ | ........ | ........ | ........ | .... | ........ | ........ | 65 | 45 | 20 | .... | ........ | ........ |
| Kohima .. .. | 2 | 1 | 1 | 16 | 15 | 1 | .... | ........ | ........ | 463 | 254 | 209 | 2 | 1 | 1 |
| Shillong .. .. | 1 | 1 | ........ | ........ | ........ | ........ | .... | ........ | ........ | 2,511 | 1,104 | 1,407 | 7 | 6 | 1 |
| Jowai .. .. | .... | ...... | ........ | ........ | ........ | ........ | .... | ........ | ........ | 3,032 | 1,349 | 1,683 | .... | ........ | ........ |
| Tura .. .. .. | 3 | 2 | 1 | ........ | ........ | ........ | .... | ........ | ........ | 264 | 150 | 114 | .... | ........ | ........ |
| Total for the Province.. | 15 | 12 | 3 | 475 | 431 | 44 | 20 | 13 | 7 | 8,385 | 4,211 | 4,174 | 24 | 17 | 7 |

# PROVINCIAL TABLE III.

## Towns, with Population by Religion and Age.

# PROVINCIAL TABLE III.

## TOWNS, WITH POPULATION BY RELIGION AND AGE.

## PART A.—ALL RELIGIONS.

| TOWN. | DISTRICT. | MUNICIPALITY, SUBURB, OR CANTONMENT. | TOTAL POPULATION. | | | AGE PERIODS. | | | | | | | | | | | | | | | |
|---|---|---|---|---|---|---|---|---|---|---|---|---|---|---|---|---|---|---|---|---|---|
| | | | | | | Under 1 year. | | 1 year. | | 2 years. | | 3 years. | | 4 years. | | Total 0–4. | | 5–9. | | 10–14. | |
| | | | Total. | Males. | Females. | Males. | Females. | Males. | Females. | Males. | Females. | Males. | Females. | Males. | Females. | Males. | Females. | Males. | Females. | Males. | Females. |
| 1 | 2 | 3 | 4 | 5 | 6 | 7 | 8 | 9 | 10 | 11 | 12 | 13 | 14 | 15 | 16 | 17 | 18 | 19 | 20 | 21 | 22 |
| Silchar .. .. .. | Cachar Plains. | Station .. | 7,523 | 5,738 | 1,785 | 43 | 57 | 49 | 32 | 46 | 63 | 61 | 52 | 49 | 51 | 248 | 255 | 364 | 197 | 498 | 126 |
| Sylhet .. .. .. | Sylhet .. | Municipality .. | 14,027 | 7,976 | 6,051 | 199 | 163 | 91 | 88 | 175 | 150 | 203 | 209 | 167 | 198 | 835 | 814 | 929 | 817 | 1,045 | 652 |
| Habiganj .. .. | Ditto .. | Union .. | 4,161 | 2,709 | 1,452 | 34 | 49 | 17 | 21 | 39 | 44 | 31 | 47 | 34 | 44 | 155 | 205 | 215 | 189 | 382 | 120 |
| Sunamganj .. .. | Ditto .. | Ditto .. | 3,139 | 2,124 | 1,015 | 64 | 51 | 17 | 16 | 49 | 38 | 34 | 34 | 33 | 35 | 189 | 174 | 179 | 170 | 263 | 109 |
| Maulvi Bazar .. .. | Ditto .. | ........ | 2,629 | 1,725 | 904 | 27 | 33 | 19 | 16 | 33 | 32 | 31 | 27 | 26 | 31 | 128 | 139 | 179 | 172 | 238 | 94 |
| Karimganj .. .. | Ditto .. | ........ | 3,349 | 2,144 | 1,205 | 26 | 52 | 21 | 21 | 35 | 28 | 41 | 49 | 39 | 37 | 161 | 187 | 217 | 201 | 269 | 88 |
| Dhubri .. .. | Goalpara .. | Municipality .. | 4,825 | 3,688 | 1,137 | 31 | 28 | 23 | 28 | 41 | 38 | 41 | 25 | 36 | 31 | 172 | 153 | 178 | 167 | 373 | 96 |
| Goalpara .. .. | Ditto .. | Ditto .. | 5,440 | 3,605 | 1,835 | 53 | 59 | 36 | 33 | 49 | 32 | 59 | 51 | 45 | 51 | 225 | 226 | 266 | 226 | 298 | 159 |
| Gauhati .. .. | Kamrup .. | Ditto .. | 10,817 | 6,552 | 4,265 | 140 | 148 | 71 | 80 | 121 | 148 | 187 | 163 | 149 | 120 | 611 | 659 | 694 | 578 | 698 | 434 |
| Barpeta .. .. | Ditto .. | Ditto .. | 9,342 | 4,544 | 4,798 | 198 | 182 | 93 | 107 | 118 | 151 | 177 | 182 | 174 | 172 | 760 | 794 | 748 | 734 | 656 | 486 |
| Tezpur .. .. | Darrang .. | ........ | 4,011 | 2,672 | 1,339 | 61 | 50 | 37 | 37 | 40 | 44 | 50 | 62 | 37 | 34 | 225 | 227 | 179 | 157 | 189 | 93 |
| Nowgong .. .. | Nowgong .. | ........ | 4,815 | 2,838 | 1,971 | 65 | 110 | 33 | 41 | 55 | 88 | 71 | 61 | 74 | 63 | 298 | 363 | 361 | 322 | 337 | 191 |
| Sibsagar .. .. | Sibsagar .. | Station .. | 5,249 | 3,078 | 2,171 | 109 | 101 | 48 | 48 | 111 | 89 | 99 | 94 | 77 | 79 | 437 | 411 | 409 | 335 | 390 | 232 |
| Jorhat .. .. | Ditto .. | Union .. | 2,159 | 1,387 | 772 | 38 | 34 | 15 | 14 | 29 | 28 | 20 | 37 | 18 | 22 | 120 | 135 | 128 | 111 | 138 | 62 |
| Golaghat .. .. | Ditto .. | Ditto .. | 2,211 | 1,318 | 893 | 31 | 30 | 22 | 23 | 29 | 35 | 41 | 28 | 31 | 24 | 154 | 150 | 147 | 137 | 104 | 84 |
| Dibrugarh .. .. | Lakhimpur .. | Municipality .. | 9,876 | 6,100 | 3,776 | 167 | 136 | 86 | 102 | 139 | 159 | 153 | 160 | 120 | 148 | 666 | 702 | 596 | 531 | 460 | 379 |
| Shillong .. .. | Khasi and Jaintia Hills. | Station .. | 6,720 | 4,060 | 2,660 | 106 | 103 | 81 | 68 | 86 | 77 | 78 | 80 | 80 | 90 | 431 | 418 | 383 | 371 | 811 | 266 |
| Kohima .. .. | Naga Hills .. | ........ | 1,781 | 1,197 | 584 | 17 | 30 | 11 | 12 | 21 | 18 | 12 | 16 | 14 | 10 | 75 | 86 | 63 | 51 | 79 | 35 |
| Total for the Province. | ........ | ........ | 102,074 | 63,495 | 38,579 | 1,401 | 1,424 | 753 | 787 | 1,202 | 1,262 | 1,338 | 1,380 | 1,196 | 1,245 | 5,890 | 6,098 | 6,032 | 5,456 | 6,522 | 3,696 |

# PROVINCIAL TABLE III.—*TOWNS, WITH POPULATION BY RELIGION AND AGE.*

## PART A.—ALL RELIGIONS—*continued.*

| TOWN. | DISTRICT. | MUNICIPALITY, SUBURB, OR CANTONMENT. | AGE PERIODS. 15–19. Males. | 15–19. Females. | 20–24. Males. | 20–24. Females. | 25–29. Males. | 25–29. Females. | 30–34. Males. | 30–34. Females. | 35–39. Males. | 35–39. Females. | 40–44. Males. | 40–44. Females. | 45–49. Males. | 45–49. Females. | 50–54. Males. | 50–54. Females. | 55–59. Males. | 55–59. Females. | 60 and over. Males. | 60 and over. Females. |
|---|---|---|---|---|---|---|---|---|---|---|---|---|---|---|---|---|---|---|---|---|---|---|
| | | | 23 | 24 | 25 | 26 | 27 | 28 | 29 | 30 | 31 | 32 | 33 | 34 | 35 | 36 | 37 | 38 | 39 | 40 | 41 | 42 |
| Silchar .. .. | Cachar Plains. | Station .. | 572 | 170 | 396 | 220 | 381 | 204 | 747 | 192 | 551 | 123 | 404 | 109 | 183 | 57 | 176 | 65 | 43 | 15 | 185 | 63 |
| Sylhet .. .. | Sylhet .. | Municipality.. | 988 | 696 | 868 | 635 | 738 | 536 | 704 | 529 | 440 | 273 | 486 | 385 | 398 | 140 | 296 | 254 | 91 | 66 | 339 | 324 |
| Habiganj .. .. | Ditto .. | Union .. | 390 | 137 | 398 | 142 | 330 | 153 | 247 | 116 | 196 | 93 | 169 | 90 | 97 | 56 | 80 | 54 | 34 | 22 | 86 | 74 |
| Sunamganj .. .. | Ditto .. | Ditto .. | 213 | 96 | 240 | 123 | 298 | 97 | 240 | 71 | 188 | 35 | 136 | 47 | 47 | 24 | 61 | 29 | 17 | 10 | 63 | 31 |
| Maulvi Bazar .. .. | Ditto .. | ........ | 176 | 86 | 189 | 85 | 237 | 81 | 185 | 68 | 180 | 47 | 98 | 43 | 56 | 15 | 40 | 20 | 18 | 16 | 61 | 39 |
| Karimganj .. .. | Ditto .. | ........ | 238 | 140 | 230 | 120 | 276 | 102 | 249 | 117 | 147 | 44 | 139 | 74 | 64 | 21 | 71 | 50 | 21 | 13 | 80 | 48 |
| Dhubri .. .. | Goalpara .. | Municipality.. | 815 | 88 | 511 | 113 | 636 | 136 | 588 | 126 | 351 | 66 | 314 | 76 | 113 | 32 | 130 | 39 | 23 | 14 | 84 | 44 |
| Goalpara .. .. | Ditto .. | Ditto .. | 316 | 213 | 481 | 187 | 551 | 161 | 461 | 155 | 295 | 122 | 297 | 126 | 121 | 60 | 147 | 82 | 33 | 35 | 190 | 84 |
| Gauhati .. .. | Kamrup .. | Ditto .. | 667 | 410 | 727 | 436 | 784 | 406 | 738 | 347 | 519 | 270 | 463 | 220 | 348 | 122 | 263 | 166 | 87 | 80 | 129 | 131 |
| Barpeta .. .. | Ditto .. | Ditto .. | 314 | 404 | 317 | 414 | 409 | 426 | 363 | 354 | 268 | 306 | 368 | 279 | 197 | 162 | 133 | 169 | 68 | 51 | 161 | 217 |
| Tezpur .. .. | Darrang .. | ........ | 301 | 134 | 301 | 138 | 436 | 161 | 362 | 147 | 261 | 75 | 317 | 84 | 139 | 33 | 110 | 47 | 33 | 14 | 43 | 39 |
| Nowgong .. .. | Nowgong .. | ........ | 294 | 181 | 239 | 199 | 305 | 206 | 294 | 125 | 260 | 114 | 182 | 107 | 128 | 58 | 116 | 53 | 40 | 14 | 66 | 45 |
| Sibsagar .. .. | Sibsagar .. | Station .. | 289 | 233 | 315 | 219 | 299 | 188 | 261 | 165 | 176 | 90 | 160 | 112 | 97 | 48 | 126 | 67 | 42 | 24 | 84 | 62 |
| Jorhat .. .. | Ditto .. | Union .. | 174 | 92 | 180 | 72 | 157 | 70 | 147 | 76 | 114 | 45 | 89 | 36 | 44 | 16 | 43 | 32 | 29 | 6 | 39 | 19 |
| Golaghat .. .. | Ditto .. | Ditto .. | 120 | 83 | 136 | 91 | 154 | 75 | 164 | 85 | 113 | 71 | 77 | 48 | 61 | 13 | 49 | 21 | 13 | 6 | 37 | 29 |
| Dibrugarh .. .. | Lakhimpur .. | Municipality.. | 434 | 369 | 840 | 423 | 843 | 416 | 719 | 301 | 564 | 190 | 395 | 169 | 187 | 79 | 174 | 90 | 54 | 31 | 196 | 96 |
| Shillong .. .. | Khasi and Jaintia Hills. | Station .. | 407 | 304 | 657 | 319 | 603 | 263 | 489 | 206 | 312 | 141 | 185 | 135 | 130 | 59 | 103 | 76 | 36 | 28 | 63 | 74 |
| Kohima .. .. | Naga Hills .. | ........ | 173 | 78 | 289 | 102 | 296 | 70 | 164 | 38 | 83 | 15 | 45 | 26 | 14 | 5 | 23 | 8 | 4 | 3 | 11 | 17 |
| Total for the Province. | ........ | ........ | 6,221 | 3,839 | 7,819 | 4,038 | 8,265 | 3,743 | 7,054 | 3,218 | 4,958 | 2,120 | 4,100 | 2,163 | 2,126 | 1,002 | 2,129 | 1,322 | 676 | 448 | 1,703 | 1,436 |

# PROVINCIAL TABLE III.—*TOWNS, WITH POPULATION BY RELIGION AND AGE.*

## PART B.—HINDU.

| TOWN. | DISTRICT. | MUNICIPALITY, SUBURB, OR CANTONMENT. | TOTAL HINDU. | | | AGE PERIODS. | | | | | | | | | | | | | | | |
|---|---|---|---|---|---|---|---|---|---|---|---|---|---|---|---|---|---|---|---|---|---|
| | | | | | | Under 1 year. | | 1 year. | | 2 years. | | 3 years. | | 4 years. | | Total 0–4. | | 5–9. | | 10–14. | |
| | | | Total. | Males. | Females. | Males. | Females. | Males. | Females. | Males. | Females. | Males. | Females. | Males. | Females. | Males. | Females. | Males. | Females. | Males. | Females. |
| 1 | 2 | 3 | 4 | 5 | 6 | 7 | 8 | 9 | 10 | 11 | 12 | 13 | 14 | 15 | 16 | 17 | 18 | 19 | 20 | 21 | 22 |
| Silchar .. .. | Cachar Plains. | Station .. | 5,144 | 3,911 | 1,233 | 33 | 45 | 33 | 26 | 32 | 48 | 46 | 35 | 36 | 38 | 180 | 192 | 190 | 139 | 298 | 83 |
| Sylhet .. .. | Sylhet .. | Municipality. | 6,888 | 4,355 | 2,533 | 81 | 73 | 38 | 29 | 66 | 52 | 61 | 58 | 58 | 63 | 314 | 325 | 358 | 314 | 519 | 225 |
| Habiganj .. .. | Ditto .. | Union .. | 3,176 | 2,097 | 1,079 | 22 | 33 | 19 | 17 | 34 | 28 | 23 | 25 | 24 | 28 | 115 | 141 | 161 | 133 | 306 | 84 |
| Sunamganj .. .. | Ditto .. | Ditto .. | 1,326 | 1,038 | 288 | 12 | 15 | 2 | 4 | 8 | 11 | 8 | 5 | 8 | 8 | 38 | 43 | 56 | 34 | 138 | 20 |
| Maulvi Bazar .. .. | Ditto .. | ........ | 1,226 | 899 | 327 | 11 | 8 | 4 | 5 | 12 | 14 | 6 | 5 | 6 | 13 | 39 | 44 | 54 | 48 | 186 | 34 |
| Karimganj .. .. | Ditto .. | ........ | 1,634 | 1,106 | 528 | 15 | 19 | 8 | 4 | 13 | 12 | 18 | 16 | 16 | 14 | 70 | 65 | 109 | 74 | 138 | 39 |
| Dhubri .. .. | Goalpara .. | Municipality. | 2,715 | 2,161 | 554 | 21 | 15 | 11 | 16 | 19 | 18 | 26 | 12 | 12 | 15 | 89 | 76 | 108 | 69 | 186 | 40 |
| Goalpara .. .. | Ditto .. | Ditto .. | 3,481 | 2,349 | 1,132 | 33 | 30 | 16 | 17 | 34 | 19 | 34 | 27 | 26 | 27 | 131 | 120 | 189 | 131 | 207 | 89 |
| Gauhati .. .. | Kamrup .. | Ditto .. | 7,773 | 4,704 | 3,069 | 107 | 112 | 53 | 59 | 95 | 108 | 101 | 137 | 106 | 86 | 461 | 492 | 463 | 420 | 531 | 304 |
| Barpeta .. .. | Ditto .. | Ditto .. | 9,191 | 4,419 | 4,772 | 197 | 182 | 92 | 107 | 118 | 149 | 172 | 182 | 174 | 171 | 753 | 791 | 743 | 727 | 651 | 485 |
| Tezpur .. .. | Darrang .. | ........ | 2,653 | 1,736 | 917 | 41 | 37 | 29 | 23 | 30 | 27 | 38 | 48 | 27 | 25 | 165 | 160 | 131 | 39 | 126 | 53 |
| Nowgong .. .. | Nowgong .. | ........ | 3,195 | 1,880 | 1,315 | 40 | 78 | 23 | 31 | 38 | 58 | 42 | 41 | 51 | 46 | 194 | 255 | 240 | 206 | 236 | 113 |
| Sibsagar .. .. | Sibsagar .. | Station .. | 3,587 | 2,167 | 1,420 | 70 | 76 | 30 | 32 | 84 | 44 | 71 | 72 | 49 | 48 | 304 | 286 | 277 | 210 | 266 | 137 |
| Jorhat .. .. | Ditto .. | Union .. | 1,248 | 843 | 405 | 20 | 18 | 9 | 9 | 13 | 8 | 12 | 22 | 8 | 8 | 62 | 65 | 66 | 59 | 79 | 36 |
| Golaghat .. .. | Ditto .. | Ditto .. | 1,278 | 801 | 477 | 16 | 17 | 16 | 9 | 17 | 19 | 23 | 16 | 17 | 19 | 87 | 80 | 77 | 71 | 63 | 44 |
| Dibrugarh .. .. | Lakhimpur .. | Municipality. | 7,101 | 4,504 | 2,597 | 117 | 85 | 68 | 71 | 97 | 112 | 107 | 109 | 91 | 91 | 480 | 468 | 405 | 364 | 302 | 262 |
| Shillong .. .. | Khasi and Jaintia Hills. | Station .. | 3,095 | 2,303 | 792 | 34 | 36 | 33 | 24 | 31 | 33 | 28 | 21 | 27 | 30 | 153 | 144 | 146 | 110 | 104 | 76 |
| Kohima .. .. | Naga Hills .. | ........ | 1,152 | 873 | 279 | 8 | 22 | 9 | 8 | 19 | 12 | 10 | 6 | 7 | 6 | 53 | 54 | 27 | 31 | 35 | 8 |
| **Total for the Province.** | ........ | ........ | 65,863 | 42,096 | 23,767 | 897 | 893 | 474 | 491 | 750 | 704 | 826 | 869 | 741 | 754 | 3,688 | 3,801 | 3,715 | 3,247 | 4,308 | 2,122 |

# PROVINCIAL TABLE III.—*TOWNS, WITH POPULATION BY RELIGION AND AGE.*

## PART B.—HINDU—*continued.*

| TOWN. | DISTRICT. | MUNICIPALITY, SUBURB, OR CANTONMENT. | AGE PERIODS. 15–19. Males. | 15–19. Females. | 20–24. Males. | 20–24. Females. | 25–29. Males. | 25–29. Females. | 30–34. Males. | 30–34. Females. | 35–39. Males. | 35–39. Females. | 40–44. Males. | 40–44. Females. | 45–49. Males. | 45–49. Females. | 50–54. Males. | 50–54. Females. | 55–59. Males. | 55–59. Females. | 60 and over. Males. | 60 and over. Females. |
|---|---|---|---|---|---|---|---|---|---|---|---|---|---|---|---|---|---|---|---|---|---|---|
| | | | 23 | 24 | 25 | 26 | 27 | 28 | 29 | 30 | 31 | 32 | 33 | 34 | 35 | 36 | 37 | 38 | 39 | 40 | 41 | 42 |
| Silchar .. .. .. | Cachar Plains. | Station .. | 393 | 111 | 726 | 160 | 638 | 147 | 477 | 126 | 370 | 81 | 267 | 61 | 128 | 41 | 120 | 39 | 30 | 13 | 94 | 41 |
| Sylhet .. .. .. | Sylhet .. | Municipality .. | 575 | 247 | 529 | 278 | 441 | 228 | 408 | 239 | 264 | 132 | 278 | 203 | 180 | 84 | 168 | 136 | 61 | 51 | 170 | 171 |
| Habiganj .. .. | Ditto .. | Union .. | 316 | 101 | 256 | 103 | 263 | 100 | 177 | 88 | 148 | 71 | 128 | 73 | 74 | 50 | 65 | 45 | 30 | 18 | 68 | 62 |
| Sunamganj .. .. | Ditto .. | Ditto .. | 142 | 19 | 157 | 28 | 158 | 23 | 126 | 19 | 105 | 13 | 73 | 16 | 27 | 5 | 39 | 2 | 8 | 5 | 22 | 13 |
| Maulvi Bazar .. .. | Ditto .. | ........ | 112 | 33 | 111 | 35 | 124 | 26 | 106 | 24 | 89 | 19 | 48 | 24 | 39 | 9 | 17 | 6 | 13 | 9 | 36 | 16 |
| Karimganj .. .. | Ditto .. | ........ | 121 | 69 | 123 | 64 | 163 | 51 | 133 | 43 | 73 | 24 | 60 | 35 | 39 | 13 | 41 | 24 | 14 | 8 | 41 | 28 |
| Dhubri .. .. | Goalpara .. | Municipality .. | 192 | 50 | 300 | 53 | 358 | 70 | 343 | 58 | 192 | 33 | 185 | 31 | 66 | 19 | 87 | 20 | 15 | 6 | 46 | 29 |
| Goalpara .. .. | Ditto .. | Ditto .. | 204 | 146 | 330 | 105 | 362 | 102 | 302 | 90 | 174 | 73 | 215 | 90 | 81 | 46 | 106 | 63 | 19 | 20 | 79 | 57 |
| Gauhati .. .. | Kamrup .. | Ditto .. | 512 | 204 | 512 | 303 | 549 | 268 | 503 | 254 | 343 | 190 | 315 | 156 | 174 | 84 | 177 | 111 | 72 | 65 | 103 | 100 |
| Barpeta .. .. | Ditto .. | Ditto .. | 307 | 400 | 308 | 413 | 376 | 423 | 396 | 252 | 241 | 305 | 261 | 279 | 119 | 162 | 130 | 167 | 85 | 51 | 148 | 217 |
| Tezpur .. .. | Darrang .. | ........ | 122 | 87 | 196 | 94 | 279 | 118 | 216 | 111 | 169 | 47 | 131 | 60 | 86 | 22 | 77 | 33 | 21 | 8 | 28 | 26 |
| Nowgong .. .. | Nowgong .. | ........ | 151 | 108 | 153 | 138 | 206 | 137 | 188 | 87 | 160 | 76 | 131 | 72 | 87 | 45 | 75 | 40 | 26 | 10 | 44 | 29 |
| Sibsagar .. .. | Sibsagar .. | Station .. | 205 | 143 | 229 | 152 | 214 | 120 | 197 | 115 | 116 | 56 | 120 | 84 | 59 | 26 | 91 | 44 | 34 | 12 | 55 | 35 |
| Jorhat .. .. .. | Ditto .. | Union .. | 102 | 37 | 122 | 41 | 107 | 46 | 98 | 49 | 78 | 24 | 53 | 19 | 22 | 6 | 23 | 12 | 14 | 5 | 15 | 6 |
| Golaghat .. .. | Ditto .. | Ditto .. | 72 | 34 | 98 | 57 | 102 | 40 | 104 | 53 | 63 | 29 | 44 | 34 | 42 | 4 | 26 | 13 | 8 | 4 | 20 | 15 |
| Dibrugarh .. .. | Lakhimpur .. | Municipality .. | 388 | 259 | 696 | 303 | 671 | 280 | 532 | 209 | 404 | 127 | 299 | 116 | 123 | 56 | 129 | 64 | 34 | 21 | 78 | 69 |
| Shillong .. .. | Khasi and Jaintia Hills. | Station .. | 256 | 92 | 491 | 111 | 413 | 73 | 290 | 65 | 174 | 33 | 105 | 35 | 70 | 14 | 52 | 19 | 15 | 4 | 35 | 16 |
| Kohima .. .. | Naga Hills .. | ........ | 111 | 45 | 233 | 56 | 190 | 38 | 180 | 22 | 69 | 7 | 34 | 6 | 7 | 3 | 10 | 2 | 1 | 2 | 6 | 3 |
| Total for the Province. | ........ | ........ | 4,251 | 2,285 | 5,566 | 2,496 | 5,593 | 2,299 | 4,654 | 2,004 | 3,206 | 1,358 | 2,717 | 1,363 | 1,417 | 688 | 1,432 | 839 | 471 | 312 | 1,078 | 933 |

## PROVINCIAL TABLE III.—*TOWNS, WITH POPULATION BY RELIGION AND AGE.*

## PART C.—MUSALMAN.

| TOWN. | DISTRICT. | MUNICIPALITY, SUBURB, OR CANTONMENT. | TOTAL MUSALMAN. | | | AGE PERIODS. | | | | | | | | | | | | | | | |
|---|---|---|---|---|---|---|---|---|---|---|---|---|---|---|---|---|---|---|---|---|---|
| | | | Total. | Males. | Females. | Under 1 year. | | 1 year. | | 2 years. | | 3 years. | | 4 years. | | Total 0—4. | | 5—9. | | 10—14. | |
| | | | | | | Males. | Females. | Males. | Females. | Males. | Females. | Males. | Females. | Males. | Females. | Males. | Females. | Males. | Females. | Males. | Females. |
| 1 | 2 | 3 | 4 | 5 | 6 | 7 | 8 | 9 | 10 | 11 | 12 | 13 | 14 | 15 | 16 | 17 | 18 | 19 | 20 | 21 | 22 |
| Silchar ... ... | Cachar Plains ... | Station ... | 2,224 | 1,725 | 499 | 9 | 12 | 11 | 5 | 13 | 14 | 14 | 15 | 13 | 11 | 60 | 57 | 70 | 51 | 123 | 39 |
| Sylhet ... ... | Sylhet ... ... | Municipality . | 7,020 | 3,632 | 3,388 | 106 | 96 | 52 | 59 | 108 | 98 | 139 | 120 | 107 | 114 | 512 | 487 | 555 | 494 | 521 | 425 |
| Habiganj ... ... | Ditto ... ... | Union ... | 980 | 607 | 373 | 12 | 16 | 5 | 4 | 5 | 16 | 8 | 12 | 10 | 16 | 40 | 64 | 54 | 56 | 75 | 36 |
| Sunamganj ... ... | Ditto ... ... | Ditto ... | 1,812 | 1,035 | 777 | 52 | 36 | 15 | 12 | 34 | 27 | 26 | 29 | 24 | 27 | 151 | 131 | 123 | 136 | 115 | 89 |
| Maulvi Bazar ... | Ditto ... ... | ......... | 1,368 | 795 | 573 | 16 | 26 | 8 | 11 | 20 | 16 | 25 | 22 | 18 | 19 | 87 | 94 | 118 | 124 | 99 | 60 |
| Karimganj ... ... | Ditto ... ... | ......... | 1,705 | 1,030 | 675 | 10 | 33 | 13 | 17 | 22 | 16 | 22 | 33 | 23 | 23 | 90 | 122 | 115 | 127 | 126 | 58 |
| Dhubri ... ... | Goalpara ... ... | Municipality... | 1,929 | 1,411 | 518 | 9 | 12 | 10 | 11 | 19 | 18 | 13 | 14 | 20 | 14 | 71 | 69 | 65 | 79 | 77 | 47 |
| Goalpara ... ... | Ditto ... ... | Ditto ... | 1,712 | 1,062 | 650 | 18 | 26 | 9 | 15 | 16 | 11 | 21 | 22 | 19 | 19 | 83 | 93 | 116 | 92 | 64 | 65 |
| Gauhati ... ... | Kamrup ... ... | Ditto ... | 2,405 | 1,422 | 983 | 24 | 25 | 13 | 17 | 22 | 37 | 30 | 28 | 31 | 29 | 120 | 136 | 145 | 129 | 148 | 116 |
| Barpeta ... ... | Ditto ... ... | Ditto ... | 102 | 82 | 20 | 1 | ... | 1 | ... | ... | 1 | 3 | ... | ... | 1 | 5 | 2 | 3 | 7 | 5 | 3 |
| Tezpur ... ... | Darrang ... ... | ......... | 760 | 536 | 224 | 10 | 7 | 6 | 6 | 5 | 13 | 6 | 4 | 7 | 5 | 34 | 35 | 36 | 29 | 38 | 21 |
| Nowgong ... ... | Nowgong ... ... | ......... | 1,150 | 663 | 487 | 15 | 22 | 8 | 8 | 12 | 25 | 19 | 15 | 16 | 12 | 70 | 82 | 91 | 88 | 77 | 57 |
| Sibsagar ... ... | Sibsagar ... ... | Station ... | 1,453 | 801 | 652 | 30 | 27 | 15 | 16 | 23 | 23 | 23 | 15 | 24 | 27 | 115 | 108 | 110 | 107 | 113 | 73 |
| Jorhat ... ... | Ditto ... ... | Union ... | 841 | 485 | 356 | 18 | 16 | 6 | 5 | 15 | 19 | 8 | 15 | 9 | 12 | 56 | 67 | 58 | 51 | 57 | 26 |
| Golaghat ... ... | Ditto ... ... | Ditto ... | 843 | 463 | 380 | 15 | 12 | 6 | 13 | 11 | 15 | 17 | 10 | 13 | 15 | 62 | 65 | 64 | 62 | 39 | 37 |
| Dibrugarh ... ... | Lakhimpur ... | Municipality . | 2,395 | 1,404 | 991 | 33 | 43 | 24 | 24 | 33 | 36 | 35 | 39 | 27 | 45 | 152 | 187 | 168 | 139 | 145 | 107 |
| Shillong ... ... | Khasi and Jaintia Hills. | Station ... | 566 | 388 | 178 | 13 | 2 | 8 | 3 | 8 | 11 | 4 | 7 | 1 | 2 | 34 | 25 | 23 | 25 | 22 | 14 |
| Kobima ... ... | Naga Hills ... | ......... | 121 | 88 | 33 | 2 | 2 | ... | 2 | 1 | ... | 1 | ... | 1 | 2 | 5 | 6 | 7 | 5 | 6 | 4 |
| Total for the Province . | .............. | ......... | 29,386 | 17,629 | 11,757 | 393 | 413 | 210 | 228 | 367 | 396 | 414 | 400 | 363 | 393 | 1,747 | 1,830 | 1,921 | 1,801 | 1,850 | 1,277 |

# PROVINCIAL TABLE III.—*TOWNS, WITH POPULATION BY RELIGION AND AGE.*

## PART C.—MUSALMAN—*continued.*

| TOWN. | DISTRICT. | MUNICIPALITY, SUBURB, OR CANTONMENT. | AGE PERIODS. 15–19. Males. | 15–19. Females. | 20–24. Males. | 20–24. Females. | 25–29. Males. | 25–29. Females. | 30–34. Males. | 30–34. Females. | 35–39. Males. | 35–39. Females. | 40–44. Males. | 40–44. Females. | 45–49. Males. | 45–49. Females. | 50–54. Males. | 50–54. Females. | 55–59. Males. | 55–59. Females. | 60 and over. Males. | 60 and over. Females. |
|---|---|---|---|---|---|---|---|---|---|---|---|---|---|---|---|---|---|---|---|---|---|---|
| | | | 23 | 24 | 25 | 26 | 27 | 28 | 29 | 30 | 31 | 32 | 33 | 34 | 35 | 36 | 37 | 38 | 39 | 40 | 41 | 42 |
| Silchar ... ... | Cachar Plains ... | Station ... | 176 | 51 | 262 | 54 | 320 | 51 | 254 | 57 | 174 | 33 | 126 | 44 | 53 | 14 | 54 | 24 | 12 | 2 | 41 | 22 |
| Sylhet ... ... | Sylhet .. ... | Municipality . | 348 | 378 | 317 | 356 | 287 | 305 | 285 | 284 | 184 | 136 | 202 | 181 | 109 | 56 | 122 | 118 | 30 | 15 | 160 | 153 |
| Habiganj ... ... | Ditto ... ... | Union ... | 73 | 36 | 72 | 39 | 75 | 43 | 70 | 28 | 47 | 22 | 41 | 17 | 23 | 8 | 15 | 9 | 4 | 4 | 18 | 11 |
| Sunamganj ... ... | Ditto ... ... | Ditto ... | 71 | 76 | 83 | 95 | 140 | 74 | 115 | 52 | 83 | 23 | 63 | 32 | 20 | 19 | 21 | 27 | 9 | 5 | 41 | 18 |
| Maulvi Bazar ... | Ditto ... ... | ......... | 60 | 53 | 66 | 49 | 105 | 54 | 76 | 43 | 67 | 28 | 43 | 18 | 23 | 6 | 21 | 14 | 5 | 7 | 25 | 23 |
| Karimganj ... ... | Ditto ... ... | ......... | 117 | 71 | 106 | 56 | 121 | 50 | 114 | 74 | 74 | 20 | 67 | 39 | 25 | 7 | 29 | 26 | 7 | 5 | 39 | 20 |
| Dhubri ... ... | Goalpara ... ... | Muncipality . | 116 | 31 | 196 | 55 | 263 | 56 | 235 | 62 | 149 | 28 | 117 | 38 | 39 | 11 | 40 | 19 | 7 | 8 | 36 | 15 |
| Goalpara ... ... | Ditto ... ... | Ditto ... | 78 | 64 | 126 | 77 | 161 | 52 | 140 | 59 | 110 | 47 | 71 | 29 | 36 | 13 | 33 | 18 | 11 | 15 | 33 | 26 |
| Gauhati ... ... | Kamrup ... ... | Ditto ... | 123 | 89 | 154 | 99 | 164 | 109 | 172 | 76 | 136 | 57 | 110 | 54 | 52 | 30 | 56 | 50 | 10 | 13 | 32 | 25 |
| Barpeta ... ... | Ditto ... ... | Ditto ... | 2 | 1 | 7 | 1 | 19 | 2 | 9 | 1 | 8 | 1 | 11 | .. | 5 | ... | 3 | 2 | 2 | ... | 3 | ... |
| Tezpur ... ... | Darrang ... ... | ......... | 44 | 16 | 72 | 26 | 94 | 22 | 79 | 20 | 37 | 16 | 45 | 13 | 21 | 3 | 19 | 9 | 5 | 4 | 12 | 10 |
| Nowgong ... ... | Nowgong... ... | ......... | 63 | 52 | 55 | 42 | 68 | 46 | 58 | 29 | 56 | 26 | 42 | 30 | 21 | 9 | 31 | 10 | 11 | 3 | 20 | 13 |
| Sibsagar ... ... | Sibsagar ... ... | Station ... | 76 | 83 | 78 | 59 | 70 | 56 | 56 | 41 | 50 | 29 | 33 | 23 | 34 | 21 | 30 | 21 | 8 | 12 | 28 | 19 |
| Jorhat ... ... | Ditto ... ... | Union ... | 65 | 55 | 45 | 29 | 44 | 21 | 38 | 26 | 32 | 20 | 25 | 17 | 18 | 10 | 16 | 20 | 14 | 1 | 17 | 13 |
| Golaghat ... ... | Ditto ... ... | Ditto ... | 47 | 45 | 37 | 29 | 46 | 34 | 53 | 29 | 39 | 27 | 28 | 20 | 8 | 8 | 21 | 9 | 3 | 2 | 16 | 13 |
| Dibrugarh ... ... | Lakhimpur ... | Municipality . | 113 | 86 | 123 | 107 | 148 | 108 | 148 | 67 | 147 | 58 | 90 | 50 | 58 | 23 | 49 | 25 | 18 | 10 | 45 | 24 |
| Shillong ... ... | Khasi and Jaintia Hills. | Station ... | 28 | 18 | 48 | 23 | 55 | 21 | 60 | 22 | 38 | 5 | 27 | 10 | 18 | 3 | 17 | 6 | 12 | 2 | 6 | 4 |
| Kohima ... ... | Naga Hills ... | ......... | 5 | 5 | 10 | 3 | 12 | 3 | 16 | 4 | 10 | 2 | 7 | 1 | 4 | ... | 3 | ... | 3 | ... | ... | ... |
| **Total for the Province...** | ........... | ......... | **1,605** | **1,210** | **1,857** | **1,199** | **2,192** | **1 107** | **1,978** | **974** | **1,441** | **578** | **1,148** | **616** | **567** | **241** | **580** | **407** | **171** | **108** | **572** | **409** |

# PROVINCIAL TABLE III.—*TOWNS, WITH POPULATION BY RELIGION AND AGE.*

## PART D.—OTHERS.

| TOWN. | DISTRICT. | MUNICIPALITY, SUBURB, OR CANTONMENT. | TOTAL OTHERS. | | | AGE PERIODS. | | | | | | | | | | | | | | | |
|---|---|---|---|---|---|---|---|---|---|---|---|---|---|---|---|---|---|---|---|---|---|
| | | | | | | Under 1 year. | | 1 year. | | 2 years. | | 3 years. | | 4 years. | | Total 0—4. | | 5—9. | | 10—14. | |
| | | | Total. | Males. | Females. | Males. | Females. | Males. | Females. | Males. | Females. | Males. | Females. | Males. | Females. | Males. | Females. | Males. | Females. | Males. | Females. |
| 1 | 2 | 3 | 4 | 5 | 6 | 7 | 8 | 9 | 10 | 11 | 12 | 13 | 14 | 15 | 16 | 17 | 18 | 19 | 20 | 21 | 22 |
| Silchar ... ... | Cachar Plains ... | Station ... | 155 | 92 | 63 | 1 | ... | 5 | 1 | 1 | 1 | 1 | 2 | ... | 2 | 8 | 6 | 4 | 7 | 7 | 4 |
| Sylhet ... ... | Sylhet ... ... | Municipality . | 119 | 89 | 30 | 2 | ... | 1 | ... | 1 | ... | 3 | 1 | 2 | 1 | 9 | 2 | 9 | 9 | 5 | 2 |
| Habiganj ... ... | Ditto ... ... | Union ... | 5 | 5 | ...... | ... | ... | ... | ... | ... | ... | ... | ... | ... | ... | ... | ... | ... | ... | 1 | ... |
| Sunamganj ... .. | Ditto ... ... | Ditto ... | 1 | 1 | ...... | ... | ... | ... | ... | ... | ... | ... | ... | ... | ... | ... | ... | ... | ... | ... | ... |
| Maulvi Bazar ... | Ditto ... ... | ......... | 35 | 31 | 4 | ... | 1 | ... | ... | 1 | ... | ... | ... | 1 | ... | 2 | 1 | ... | ... | 3 | ... |
| Karimganj ... ... | Ditto ... ... | ......... | 10 | 8 | 2 | ... | ... | ... | ... | ... | ... | 1 | ... | ... | .. | 1 | ... | ... | ... | ... | ... |
| Dhubri ... ... | Goalpara ... ... | Municipality . | 181 | 116 | 65 | 1 | 1 | 2 | 1 | 3 | 2 | 2 | 2 | 4 | 2 | 12 | 8 | 11 | 9 | 10 | 8 |
| Goalpara ... ... | Ditto ... ... | Ditto ... | 247 | 194 | 53 | 2 | 3 | 2 | 1 | 2 | 2 | 4 | 2 | 1 | 5 | 11 | 13 | 11 | 3 | 21 | 5 |
| Gauhati ... ... | Kamrup ... ... | Ditto ... | 639 | 426 | 213 | 9 | 11 | 5 | 4 | 4 | 3 | 6 | 8 | 6 | 5 | 30 | 31 | 27 | 20 | 14 | 14 |
| Barpeta ... ... | Ditto ... ... | Ditto ... | 49 | 43 | 6 | ... | ... | ... | ... | ... | 1 | 2 | ... | ... | ... | 2 | 1 | 2 | ... | ... | ... |
| Tezpur ... ... | Darrang ... ... | ......... | 598 | 400 | 198 | 10 | 6 | 2 | 8 | 5 | 4 | 6 | 10 | 3 | 4 | 26 | 32 | 22 | 29 | 19 | 19 |
| Nowgong ... ... | Nowgong ... ... | ......... | 470 | 295 | 175 | 10 | 10 | 2 | 2 | 5 | 5 | 10 | 3 | 7 | 6 | 34 | 26 | 30 | 29 | 24 | 21 |
| Sibsagar ... ... | Sibsagar ... ... | Station ... | 209 | 110 | 99 | 2 | 4 | 3 | ... | 4 | 2 | 5 | 7 | 4 | 4 | 18 | 17 | 15 | 18 | 11 | 12 |
| Jorhat ... ... | Ditto ... ... | Union ... | 70 | 59 | 11 | ... | ... | ... | ... | 1 | 1 | ... | ... | 1 | 2 | 2 | 3 | 4 | 1 | 2 | ... |
| Golaghat ... ... | Ditto ... ... | Ditto ... | 90 | 54 | 36 | 1 | 1 | 1 | 1 | 1 | 1 | 1 | 2 | 1 | ... | 5 | 5 | 6 | 4 | 2 | 3 |
| Dibrugarh ... ... | Lakhimpur ... | Municipality . | 380 | 192 | 188 | 7 | 10 | 4 | 7 | 9 | 11 | 10 | 12 | 4 | 7 | 34 | 47 | 22 | 28 | 13 | 10 |
| Shillong ... ... | Khasi and Jaintia Hills. | Station ... | 3,059 | 1,369 | 1,690 | 59 | 65 | 40 | 41 | 47 | 33 | 46 | 52 | 52 | 58 | 244 | 249 | 215 | 236 | 185 | 176 |
| Kohima ... ... | Naga Hills ... | ......... | 508 | 286 | 222 | 7 | 6 | 2 | 2 | 1 | 6 | 1 | 10 | 6 | 2 | 17 | 26 | 18 | 15 | 47 | 23 |
| Total for the Province ... | ......... | ......... | 6,825 | 3,770 | 3,055 | 111 | 118 | 69 | 68 | 85 | 72 | 98 | 111 | 92 | 98 | 455 | 467 | 396 | 408 | 364 | 297 |

# PROVINCIAL TABLE III.—*TOWNS, WITH POPULATION BY RELIGION AND AGE.*

## PART D.—OTHERS—*continued.*

| TOWN. | DISTRICT. | MUNICIPALITY, SUBURB, OR CANTONMENT. | AGE PERIODS. | | | | | | | | | | | | | | | | | | | |
|---|---|---|---|---|---|---|---|---|---|---|---|---|---|---|---|---|---|---|---|---|---|---|
| | | | 15–19. | | 20–24. | | 25–29. | | 30–34. | | 35–39. | | 40–44. | | 45–49. | | 50–54. | | 55–59. | | 60 and over. | |
| | | | Males. | Females. | Males. | Females. | Males. | Females. | Males. | Females. | Males. | Females. | Males. | Females. | Males. | Females. | Males. | Females. | Males. | Females. | Males. | Females. |
| | | | 23 | 24 | 25 | 26 | 27 | 28 | 29 | 30 | 31 | 32 | 33 | 34 | 35 | 36 | 37 | 38 | 39 | 40 | 41 | 42 |
| Silchar ... ... | Cachar Plains ... | Station ... | 3 | 8 | 8 | 6 | 23 | 6 | 16 | 9 | 7 | 9 | 11 | 4 | 2 | 2 | 2 | 2 | 1 | ... | ... | ... |
| Sylhet ... ... | Sylhet ... ... | Municipality. | 15 | 1 | 12 | 1 | 10 | 3 | 11 | 6 | 2 | 5 | 5 | 1 | 3 | ... | 6 | ... | ... | ... | 2 | ... |
| Habiganj ... ... | Ditto ... ... | Union ... | 1 | ... | ... | ... | 2 | ... | ... | ... | 1 | ... | ... | ... | ... | ... | ... | ... | ... | ... | ... | ... |
| Sunamganj ... ... | Ditto ... ... | Ditto ... | ... | ... | ... | ... | ... | ... | ... | ... | ... | ... | ... | ... | ... | ... | 1 | ... | ... | ... | ... | ... |
| Maulvi Bazar ... | Ditto ... ... | ......... | 4 | ... | 5 | 1 | 8 | 1 | 4 | 1 | 1 | ... | 1 | ... | 1 | ... | 2 | ... | ... | ... | ... | ... |
| Karimganj ... ... | Ditto ... ... | ......... | ... | ... | 1 | ... | 1 | 1 | 2 | ... | ... | ... | 2 | ... | ... | 1 | 1 | ... | ... | ... | ... | ... |
| Dhubri ... ... | Goalpara... ... | Municipality. | 7 | 7 | 15 | 5 | 15 | 9 | 10 | 6 | 10 | 5 | 12 | 6 | 8 | 2 | 3 | ... | 1 | ... | 2 | ... |
| Goalpara ... ... | Ditto ... ... | Ditto ... | 34 | 3 | 25 | 5 | 28 | 7 | 19 | 6 | 11 | 2 | 11 | 6 | 4 | 1 | 8 | 1 | 3 | ... | 8 | 1 |
| Gauhati ... ... | Kamrup ... ... | Ditto ... | 32 | 23 | 61 | 34 | 71 | 29 | 63 | 17 | 40 | 14 | 38 | 10 | 22 | 8 | 19 | 5 | 5 | 2 | 4 | 6 |
| Barpeta ... ... | Ditto ... ... | Ditto ... | 5 | 3 | 2 | ... | 7 | 1 | 7 | 1 | 9 | ... | 6 | ... | 3 | ... | ... | ... | ... | ... | ... | ... |
| Tezpur ... ... | Darrang ... | ......... | 35 | 21 | 33 | 18 | 63 | 21 | 67 | 16 | 45 | 12 | 41 | 11 | 25 | 8 | 14 | 5 | 7 | 2 | 3 | 4 |
| Nowgong ... ... | Nowgong ... | ......... | 20 | 21 | 24 | 19 | 32 | 22 | 48 | 9 | 34 | 12 | 19 | 5 | 15 | 4 | 10 | 3 | 3 | 1 | 2 | 3 |
| Sibsagar ... ... | Sibsagar ... ... | Station ... | 8 | 7 | 8 | 8 | 15 | 7 | 8 | 9 | 10 | 5 | 7 | 5 | 4 | 1 | 5 | 2 | ... | ... | 1 | 8 |
| Jorhat ... ... | Ditto ... ... | Union ... | 7 | ... | 12 | 2 | 6 | 3 | 11 | 1 | 4 | 1 | 4 | ... | 3 | ... | 3 | ... | 1 | ... | ... | ... |
| Golaghat ... ... | Ditto ... ... | Ditto ... | 1 | 4 | 5 | 5 | 6 | 1 | 7 | 3 | 11 | 5 | 5 | 4 | 1 | 1 | 2 | ... | 2 | ... | 1 | 1 |
| Dibrugarh ... ... | Lakhimpur ... | Municipality. | 13 | 24 | 21 | 13 | 24 | 28 | 32 | 25 | 13 | 5 | 6 | 3 | 6 | 1 | 3 | 1 | 2 | ... | 3 | 3 |
| Shillong ... ... | Khasi and Jaintia Hills | Station ... | 123 | 194 | 118 | 185 | 135 | 169 | 89 | 119 | 100 | 103 | 53 | 90 | 42 | 42 | 34 | 51 | 9 | 22 | 22 | 54 |
| Kohima ... ... | Naga Hills ... | ......... | 57 | 28 | 46 | 41 | 34 | 29 | 28 | 12 | 13 | 6 | 14 | 19 | 3 | 2 | 4 | 6 | ... | 1 | 5 | 14 |
| **Total for the Province...** | .................... | ......... | **365** | **344** | **396** | **343** | **480** | **337** | **422** | **240** | **311** | **184** | **235** | **164** | **142** | **73** | **117** | **76** | **34** | **28** | **53** | **94** |

# PROVINCIAL TABLE IV.

## Compulsory Registration Circles by Religion and Age.

# PROVINCIAL TABLE IV.

## *CIVIL CONDITION, BY RELIGION AND AGE.*

## PART A.—ALL RELIGIONS.—UNMARRIED, MARRIED, AND WIDOWED.

| COMPULSORY REGISTRATION CIRCLES. | TOTAL POPULATION. | | | TOTAL UNMARRIED. | | AGE PERIODS. | | | | | | | | TOTAL MARRIED. | |
|---|---|---|---|---|---|---|---|---|---|---|---|---|---|---|---|
| | | | | | | 0–14. | | 15–24. | | 25–39. | | 40 and over. | | | |
| | Total. | Males. | Females. | Males. | Females. | Males. | Females. | Males. | Females. | Males. | Females. | Males. | Females. | Males. | Females. |
| 1 | 2 | 3 | 4 | 5 | 6 | 7 | 8 | 9 | 10 | 11 | 12 | 13 | 14 | 15 | 16 |
| Silchar ... ... | 7,523 | 5,728 | 1,795 | 2,532 | 548 | 915 | 518 | 1,069 | 18 | 507 | 11 | 41 | 1 | 3,000 | 932 |
| Hailakandi... ... | 650 | 500 | 150 | 246 | 48 | 75 | 47 | 124 | 1 | 41 | ...... | 6 | ...... | 240 | 77 |
| Sylhet ... ... | 14,027 | 7,976 | 6,051 | 4,616 | 2,077 | 2,787 | 1,995 | 1,354 | 53 | 370 | 19 | 105 | 10 | 3,107 | 2,446 |
| Habiganj ... | 4,161 | 2,709 | 1,452 | 1,413 | 425 | 740 | 418 | 515 | 6 | 135 | 1 | 23 | ...... | 1,201 | 604 |
| Sunamganj ... | 3,139 | 2,124 | 1,015 | 1,081 | 411 | 612 | 406 | 336 | 1 | 126 | 2 | 7 | 2 | 979 | 453 |
| Maulvi Bazar ... | 2,629 | 1,725 | 904 | 900 | 362 | 530 | 353 | 255 | 5 | 104 | ...... | 11 | 4 | 770 | 371 |
| Karimganj ... | 3,349 | 2,144 | 1,205 | 1,123 | 422 | 636 | 414 | 347 | 5 | 128 | 2 | 13 | 1 | 962 | 508 |
| Dhubri ... ... | 4,825 | 3,688 | 1,137 | 1,213 | 377 | 592 | 362 | 407 | 10 | 194 | 5 | 20 | ...... | 2,350 | 529 |
| Goalpara ... ... | 5,440 | 3,605 | 1,835 | 1,437 | 579 | 767 | 530 | 463 | 29 | 189 | 13 | 18 | 7 | 2,038 | 741 |
| Gauhati ... ... | 10,817 | 6,552 | 4,265 | 3,230 | 1,744 | 1,893 | 1,587 | 943 | 113 | 353 | 31 | 41 | 13 | 2,946 | 1,589 |
| Barpeta ... ... | 11,887 | 5,787 | 6,100 | 3,573 | 2,432 | 2,760 | 2,350 | 546 | 57 | 208 | 23 | 59 | 2 | 1,996 | 2,038 |
| Tezpur ... ... | 4,011 | 2,672 | 1,339 | 1,204 | 494 | 579 | 458 | 343 | 30 | 261 | 5 | 21 | 1 | 1,319 | 662 |
| Mangaldai ... ... | 699 | 488 | 211 | 192 | 70 | 92 | 60 | 63 | 9 | 37 | 1 | ...... | ...... | 264 | 97 |
| Nowgong ... ... | 4,815 | 2,838 | 1,977 | 1,553 | 945 | 993 | 847 | 346 | 87 | 182 | 9 | 32 | 2 | 1,158 | 766 |
| Sibsagar ... ... | 5,249 | 3,078 | 2,171 | 1,908 | 1,052 | 1,225 | 938 | 482 | 97 | 178 | 15 | 23 | 2 | 1,037 | 859 |
| Jorhat ... ... | 2,159 | 1,387 | 772 | 696 | 337 | 383 | 303 | 244 | 33 | 60 | ...... | 9 | 1 | 601 | 323 |
| Golaghat ... ... | 2,211 | 1,318 | 893 | 674 | 377 | 403 | 358 | 168 | 15 | 94 | 4 | 9 | ...... | 553 | 389 |
| Dibrugarh ... ... | 9,876 | 6,100 | 3,776 | 2,898 | 1,575 | 1,691 | 1,496 | 763 | 66 | 400 | 11 | 44 | 2 | 2,951 | 1,753 |
| North Lakhimpur ... | 1,244 | 712 | 532 | 391 | 236 | 239 | 211 | 106 | 24 | 43 | 1 | 3 | ...... | 268 | 217 |
| Shillong ... ... | 6,720 | 4,060 | 2,660 | 2,146 | 1,121 | 1,118 | 1,003 | 673 | 97 | 327 | 18 | 28 | 3 | 1,807 | 1,241 |
| Jowai ... ... | 3,500 | 1,562 | 1,938 | 918 | 826 | 704 | 723 | 186 | 97 | 24 | 3 | 4 | 3 | 556 | 644 |
| Kohima ... ... | 1,781 | 1,247 | 534 | 694 | 184 | 203 | 164 | 323 | 11 | 158 | 8 | 10 | 1 | 528 | 305 |
| Tura ... ... | 1,046 | 686 | 360 | 360 | 152 | 139 | 131 | 170 | 18 | 51 | 3 | ...... | ...... | 296 | 178 |
| **Total for the Province** | 111,758 | 68,686 | 43,072 | 34,998 | 16,794 | 20,075 | 15,672 | 10,226 | 882 | 4,170 | 185 | 527 | 55 | 30,927 | 17,722 |

PROVINCIAL TABLE IV.—*CIVIL CONDITION, BY RELIGION AND AGE.*

## PART A.—ALL RELIGIONS.—UNMARRIED, MARRIED, AND WIDOWED—*continued.*

| COMPULSORY REGISTRATION CIRCLES. | AGE PERIODS. | | | | | | | | TOTAL WIDOWED. | | AGE PERIODS. | | | | | | | |
|---|---|---|---|---|---|---|---|---|---|---|---|---|---|---|---|---|---|---|
| | 0–14. | | 15–24. | | 25–39. | | 40 and over. | | | | 0–14. | | 15–24. | | 25–39. | | 40 and over. | |
| | Males. | Females. | Males. | Females. | Males. | Females. | Males. | Females. | Males. | Females. | Males. | Females. | Males. | Females. | Males. | Females. | Males. | Females. |
| | 17 | 18 | 19 | 20 | 21 | 22 | 23 | 24 | 25 | 26 | 27 | 28 | 29 | 30 | 31 | 32 | 33 | 34 |
| Silchar ... ... | 24 | 57 | 482 | 350 | 1,703 | 415 | 791 | 110 | 196 | 315 | 1 | 2 | 17 | 22 | 69 | 93 | 109 | 198 |
| Hailakandi ... ... | ...... | 6 | 23 | 37 | 152 | 27 | 65 | 7 | 14 | 25 | 1 | ... | ... | 1 | 5 | 11 | 8 | 13 |
| Sylhet ... ... | 14 | 270 | 428 | 1,088 | 1,459 | 860 | 1,206 | 228 | 253 | 1,528 | 1 | 18 | 14 | 120 | 53 | 459 | 185 | 931 |
| Habiganj ... ... | 12 | 92 | 200 | 237 | 610 | 230 | 379 | 45 | 95 | 423 | ... | 4 | 3 | 36 | 28 | 130 | 64 | 253 |
| Sunamganj ... | 9 | 46 | 115 | 206 | 578 | 153 | 277 | 48 | 64 | 151 | ... | 1 | 2 | 11 | 22 | 48 | 40 | 91 |
| Maulvi Bazar ... | 8 | 52 | 101 | 149 | 452 | 142 | 209 | 28 | 55 | 171 | ... | ... | 2 | 17 | 16 | 54 | 37 | 100 |
| Karimganj ... ... | 3 | 61 | 118 | 226 | 530 | 175 | 311 | 46 | 59 | 275 | 2 | 1 | 3 | 29 | 13 | 86 | 41 | 159 |
| Dhubri ... ... | 30 | 39 | 404 | 177 | 1,325 | 249 | 591 | 64 | 125 | 231 | 1 | 4 | 15 | 14 | 56 | 73 | 53 | 140 |
| Goalpara ... ... | 15 | 76 | 318 | 317 | 1,076 | 275 | 629 | 73 | 130 | 515 | 1 | 5 | 16 | 54 | 42 | 150 | 71 | 306 |
| Gauhati ... ... | 22 | 80 | 430 | 668 | 1,555 | 680 | 939 | 161 | 376 | 932 | 13 | 4 | 21 | 71 | 133 | 312 | 209 | 545 |
| Barpeta ... ... | 16 | 194 | 216 | 823 | 996 | 811 | 768 | 210 | 218 | 1,630 | 3 | 20 | 11 | 162 | 57 | 542 | 147 | 906 |
| Tezpur ... ... | 6 | 19 | 149 | 216 | 730 | 340 | 434 | 87 | 149 | 183 | 1 | ... | 10 | 16 | 58 | 38 | 80 | 129 |
| Mangaldai ... ... | ...... | 2 | 39 | 35 | 160 | 52 | 65 | 8 | 32 | 44 | ... | ... | 1 | 4 | 13 | 7 | 18 | 33 |
| Nowgong ... ... | 2 | 26 | 117 | 272 | 627 | 355 | 412 | 113 | 127 | 266 | 1 | 3 | 3 | 21 | 40 | 80 | 83 | 162 |
| Sibsagar ... ... | 3 | 30 | 120 | 340 | 514 | 354 | 400 | 135 | 133 | 260 | 1 | ... | 2 | 15 | 44 | 69 | 86 | 176 |
| Jorhat ... ... | 3 | 5 | 99 | 122 | 327 | 154 | 172 | 42 | 90 | 112 | ... | ... | 11 | 9 | 31 | 37 | 46 | 66 |
| Golaghat ... ... | 2 | 13 | 83 | 153 | 299 | 186 | 169 | 37 | 91 | 127 | ... | ... | 4 | 6 | 38 | 41 | 49 | 80 |
| Dibrugarh ... ... | 30 | 114 | 545 | 710 | 1,621 | 773 | 755 | 156 | 251 | 448 | ... | 2 | 16 | 16 | 98 | 123 | 137 | 307 |
| North Lakhimpur ... | 4 | 10 | 26 | 107 | 174 | 94 | 64 | 6 | 53 | 79 | ... | ... | 2 | 4 | 28 | 27 | 23 | 48 |
| Shillong ... ... | 7 | 51 | 385 | 495 | 978 | 515 | 437 | 180 | 107 | 298 | ... | 1 | 6 | 31 | 49 | 77 | 52 | 189 |
| Jowai ... ... | ...... | 10 | 112 | 253 | 213 | 201 | 231 | 180 | 88 | 468 | ... | 3 | 16 | 56 | 33 | 86 | 39 | 323 |
| Kohima ... ... | 2 | 8 | 138 | 165 | 306 | 104 | 82 | 28 | 25 | 45 | ... | ... | 1 | 4 | 19 | 11 | 5 | 30 |
| Tura ... ... | 1 | 16 | 74 | 64 | 160 | 76 | 61 | 22 | 30 | 30 | ... | ... | 3 | 4 | 21 | 10 | 6 | 16 |
| **Total for the Province.** | 213 | 1,277 | 4,722 | 7,210 | 16,545 | 7,221 | 9,447 | 2,014 | 2,761 | 8,556 | 26 | 68 | 179 | 723 | 966 | 2,564 | 1,590 | 5,201 |

## PROVINCIAL TABLE IV.—*CIVIL CONDITION, BY RELIGION AND AGE.*

## PART B.—HINDU.—UNMARRIED, MARRIED AND WIDOWED.

| COMPULSORY REGISTRATION CIRCLES. | TOTAL POPULATION. | | | TOTAL UNMARRIED. | | AGE PERIODS. | | | | | | | | TOTAL MARRIED. | |
|---|---|---|---|---|---|---|---|---|---|---|---|---|---|---|---|
| | | | | | | 0—14. | | 15—24. | | 25—39. | | 40 and over. | | | |
| | Total. | Males. | Females. | Males. | Females. | Males. | Females. | Males. | Females. | Males. | Females. | Males. | Females. | Males. | Females. |
| 1 | 2 | 3 | 4 | 5 | 6 | 7 | 8 | 9 | 10 | 11 | 12 | 13 | 14 | 15 | 16 |
| Silchar ... ... | 5,144 | 3,911 | 1,233 | 1,820 | 389 | 646 | 369 | 765 | 14 | 370 | 5 | 39 | 1 | 1,949 | 642 |
| Hailakandi ... | 499 | 395 | 104 | 205 | 33 | 59 | 32 | 111 | 1 | 30 | ...... | 5 | ...... | 180 | 51 |
| Sylhet ... ... | 6,888 | 4,255 | 2,633 | 2,420 | 765 | 1,179 | 727 | 877 | 20 | 276 | 9 | 88 | 9 | 1,682 | 1,013 |
| Habiganj ... ... | 3,176 | 2,097 | 1,079 | 1,136 | 290 | 571 | 287 | 424 | 2 | 119 | 1 | 22 | ...... | 881 | 429 |
| Sunamganj ... | 1,326 | 1,088 | 238 | 541 | 83 | 224 | 82 | 224 | ...... | 87 | ...... | 6 | 1 | 515 | 98 |
| Maulvi Bazar ... | 1,226 | 899 | 327 | 463 | 100 | 223 | 95 | 158 | 1 | 72 | ...... | 10 | 4 | 405 | 130 |
| Karimganj... ... | 1,634 | 1,106 | 528 | 590 | 143 | 306 | 142 | 192 | ...... | 80 | ...... | 12 | 1 | 480 | 229 |
| Dhubri ... ... | 2,715 | 2,161 | 554 | 737 | 167 | 350 | 162 | 249 | 3 | 124 | 2 | 14 | ...... | 1,344 | 255 |
| Goalpara ... ... | 3,481 | 2,349 | 1,132 | 941 | 325 | 465 | 290 | 315 | 20 | 143 | 8 | 18 | 7 | 1,325 | 428 |
| Gauhati ... ... | 7,773 | 4,704 | 3,069 | 2,407 | 1,257 | 1,418 | 1,164 | 708 | 68 | 250 | 18 | 31 | 7 | 2,025 | 1,122 |
| Barpeta ... ... | 11,696 | 5,641 | 6,055 | 3,522 | 2,413 | 2,738 | 2,331 | 533 | 57 | 192 | 23 | 59 | 2 | 1,906 | 2,015 |
| Tezpur ... ... | 2,653 | 1,736 | 917 | 817 | 323 | 407 | 301 | 221 | 17 | 175 | 4 | 14 | 1 | 809 | 468 |
| Mangaldai ... ... | 457 | 307 | 150 | 140 | 53 | 63 | 45 | 48 | 7 | 29 | 1 | ...... | ...... | 146 | 72 |
| Nowgong ... ... | 3,195 | 1,880 | 1,315 | 1,056 | 625 | 668 | 555 | 237 | 63 | 124 | 6 | 27 | 1 | 743 | 506 |
| Sibsagar ... ... | 3,587 | 2,167 | 1,420 | 1,317 | 673 | 844 | 607 | 334 | 51 | 122 | 13 | 17 | 2 | 754 | 577 |
| Jorhat ... ... | 1,248 | 843 | 405 | 423 | 169 | 205 | 156 | 161 | 13 | 52 | ...... | 5 | ...... | 366 | 181 |
| Golaghat ... ... | 1,278 | 801 | 477 | 400 | 195 | 225 | 188 | 107 | 5 | 62 | 2 | 6 | ...... | 348 | 216 |
| Dibrugarh ... ... | 7,101 | 4,504 | 2,597 | 2,106 | 1,054 | 1,162 | 1,005 | 598 | 40 | 316 | 8 | 30 | 1 | 2,204 | 1,236 |
| North Lakhimpur ... | 757 | 442 | 315 | 232 | 143 | 133 | 130 | 69 | 13 | 27 | ...... | 3 | ...... | 176 | 127 |
| Shillong ... ... | 3,095 | 2,303 | 792 | 1,112 | 307 | 396 | 297 | 462 | 8 | 236 | 2 | 18 | ...... | 1,124 | 420 |
| Jowai ... ... | 20 | 19 | 1 | 8 | ...... | ...... | ...... | 1 | ...... | 6 | ...... | 1 | ...... | 8 | 1 |
| Kohima ... ... | 1,152 | 873 | 279 | 456 | 92 | 103 | 89 | 220 | 1 | 128 | 1 | 5 | 1 | 405 | 179 |
| Tura ... ... | 547 | 376 | 171 | 176 | 58 | 73 | 57 | 70 | 1 | 33 | ...... | ...... | ...... | 182 | 100 |
| **Total for the Province.** | **70,648** | **44,857** | **25,791** | **23,025** | **9,657** | **12,458** | **9,111** | **7,084** | **405** | **3,053** | **103** | **430** | **38** | **19,957** | **10,495** |

# PROVINCIAL TABLE IV.—*CIVIL CONDITION, BY RELIGION AND AGE.*

## PART B.—HINDU.—UNMARRIED, MARRIED, AND WIDOWED.

| COMPULSORY REGISTRATION CIRCLES. | AGE PERIODS. | | | | | | | | TOTAL WIDOWED. | | AGE PERIODS. | | | | | | | |
|---|---|---|---|---|---|---|---|---|---|---|---|---|---|---|---|---|---|---|
| | 0–14. | | 15–24. | | 25–39. | | 40 and over. | | | | 0–14. | | 15–24. | | 25–39. | | 40 and over. | |
| | Males. | Females. | Males. | Females. | Males. | Females. | Males. | Females. | Males. | Females. | Males. | Females. | Males. | Females. | Males. | Females. | Males. | Females. |
| | 17 | 18 | 19 | 20 | 21 | 22 | 23 | 24 | 25 | 26 | 27 | 28 | 29 | 30 | 31 | 32 | 33 | 34 |
| Silchar ... ... | 22 | 42 | 340 | 241 | 1,065 | 288 | 522 | 71 | 142 | 202 | ... | 2 | 14 | 16 | 50 | 61 | 78 | 123 |
| Hailakandi ... | ... | 5 | 18 | 25 | 115 | 17 | 47 | 4 | 10 | 20 | ... | ...... | ... | 1 | 3 | 8 | 7 | 11 |
| Sylhet ... ... | 11 | 132 | 223 | 441 | 798 | 334 | 650 | 106 | 153 | 855 | 1 | 5 | 4 | 64 | 29 | 256 | 119 | 530 |
| Habiganj ... ... | 11 | 68 | 147 | 168 | 437 | 158 | 286 | 35 | 80 | 360 | ... | 3 | 1 | 34 | 22 | 109 | 57 | 214 |
| Sunamganj ... | 8 | 15 | 74 | 45 | 291 | 34 | 142 | 4 | 32 | 57 | ... | ...... | 1 | 2 | 10 | 20 | 21 | 35 |
| Maulvi Bazar ... | 6 | 31 | 64 | 55 | 231 | 33 | 104 | 11 | 31 | 97 | ... | ...... | 1 | 12 | 8 | 36 | 22 | 49 |
| Karimganj... ... | 1 | 26 | 49 | 114 | 272 | 68 | 158 | 21 | 36 | 156 | 1 | 1 | 3 | 19 | 7 | 50 | 25 | 86 |
| Dhubri ... ... | 26 | 22 | 233 | 90 | 735 | 119 | 350 | 24 | 80 | 132 | 1 | 1 | 10 | 10 | 34 | 40 | 35 | 81 |
| Goalpara ... ... | 12 | 46 | 209 | 191 | 673 | 148 | 431 | 43 | 83 | 379 | ... | 4 | 10 | 40 | 22 | 109 | 51 | 226 |
| Gauhati ... ... | 16 | 58 | 303 | 492 | 1,051 | 459 | 655 | 113 | 272 | 690 | 10 | 3 | 13 | 47 | 94 | 244 | 155 | 396 |
| Barpeta ... ... | 15 | 193 | 210 | 814 | 950 | 801 | 731 | 207 | 213 | 1,627 | 3 | 19 | 10 | 161 | 54 | 542 | 146 | 905 |
| Tezpur ... ... | 4 | 11 | 88 | 153 | 445 | 245 | 272 | 59 | 110 | 126 | ... | ...... | 9 | 11 | 44 | 27 | 57 | 88 |
| Mangaldai... ... | ... | ...... | 15 | 23 | 96 | 43 | 35 | 6 | 21 | 25 | ... | ...... | 1 | 3 | 9 | 5 | 11 | 17 |
| Nowgong ... ... | 1 | 15 | 64 | 167 | 407 | 242 | 271 | 82 | 81 | 184 | 1 | 3 | 3 | 16 | 22 | 52 | 55 | 113 |
| Sibsagar ... ... | 2 | 26 | 99 | 234 | 371 | 232 | 282 | 85 | 96 | 170 | 1 | ...... | 1 | 10 | 34 | 46 | 60 | 114 |
| Jorhat ... ... | 2 | 4 | 58 | 62 | 211 | 99 | 95 | 16 | 54 | 55 | ... | ...... | 6 | 3 | 20 | 20 | 28 | 32 |
| Golaghat ... ... | 2 | 7 | 55 | 83 | 192 | 107 | 99 | 19 | 53 | 66 | ... | ...... | 3 | 3 | 15 | 23 | 35 | 40 |
| Dibrugarh... ... | 25 | 88 | 444 | 509 | 1,217 | 527 | 518 | 112 | 194 | 307 | ... | 1 | 12 | 13 | 74 | 81 | 108 | 212 |
| North Lakhimpur ... | ... | 10 | 19 | 60 | 115 | 54 | 42 | 3 | 34 | 45 | ... | ...... | 2 | 2 | 18 | 15 | 14 | 28 |
| Shillong ... ... | 6 | 32 | 282 | 191 | 606 | 161 | 230 | 36 | 67 | 65 | ... | 1 | 3 | 4 | 35 | 8 | 29 | 52 |
| Jowai ... ... | ... | ...... | ... | ...... | 3 | 1 | 5 | ...... | 3 | ...... | ... | ...... | 1 | ...... | 2 | ... | ... | ... |
| Kohima ... ... | 2 | 4 | 124 | 102 | 231 | 63 | 48 | 10 | 12 | 8 | ... | ...... | ... | ...... | 11 | 3 | 1 | 5 |
| Tura ... ... | ... | 10 | 47 | 35 | 97 | 42 | 38 | 13 | 18 | 13 | ... | ...... | 2 | 1 | 13 | 5 | 3 | 7 |
| **Total for the Province.** | **172** | **845** | **3,165** | **4,295** | **10,609** | **4,275** | **6,011** | **1,080** | **1,875** | **5,639** | **18** | **43** | **110** | **472** | **630** | **1,760** | **1,117** | **3,384** |

# PROVINCIAL TABLE IV.—*CIVIL CONDITION, BY RELIGION AND AGE.*

## PART C.—MUSALMAN.—UNMARRIED, MARRIED, AND WIDOWED.

| COMPULSORY REGISTRATION CIRCLES. | TOTAL POPULATION. | | | TOTAL UNMARRIED. | | AGE PERIODS. | | | | | | | | TOTAL MARRIED. | |
|---|---|---|---|---|---|---|---|---|---|---|---|---|---|---|---|
| | | | | | | 0-14 | | 15-24 | | 25-39 | | 40 and over. | | | |
| | Total. | Males. | Females. | Males. | Females. | Males. | Females. | Males. | Females. | Males. | Females. | Males. | Females. | Males. | Females. |
| 1 | 2 | 3 | 4 | 5 | 6 | 7 | 8 | 9 | 10 | 11 | 12 | 13 | 14 | 15 | 16 |
| Silchar ... ... | 2,224 | *1,725* | 499 | 669 | 140 | *250* | 133 | *296* | 3 | *121* | 4 | *2* | ...... | 1,003 | 259 |
| Hailakandi ... | 151 | *105* | 46 | 41 | 15 | *16* | 15 | *13* | ...... | *11* | ...... | *1* | ...... | 60 | 26 |
| Sylhet ... ... | 7,020 | *3,632* | 3,388 | 2,147 | 1,295 | *1,585* | 1,255 | *458* | 31 | *91* | 8 | *13* | 1 | 1,386 | 1,421 |
| Habiganj ... ... | 980 | *607* | 373 | 273 | 135 | *168* | 131 | *90* | 4 | *14* | ...... | *1* | ...... | 319 | 175 |
| Sunamganj ... | 1,812 | *1,035* | 777 | 539 | 328 | *388* | 324 | *112* | 1 | *39* | 2 | ...... | 1 | 464 | 355 |
| Maulvi Bazar ... | 1,368 | *795* | 573 | 420 | 261 | *302* | 257 | *92* | 4 | *26* | ...... | ...... | ...... | 351 | 339 |
| Karimganj ... | 1,705 | *1,030* | 675 | 529 | 279 | *328* | 272 | *154* | 5 | *46* | 2 | *1* | ...... | 478 | 279 |
| Dhubri ... ... | 1,929 | *1,411* | 518 | 417 | 182 | *210* | 176 | *145* | 4 | *59* | 2 | *3* | ...... | 953 | 240 |
| Goalpara ... ... | 1,712 | *1,062* | 650 | 411 | 232 | *259* | 220 | *115* | 8 | *37* | 4 | ...... | ...... | 612 | 285 |
| Gauhati ... ... | 2,405 | *1,422* | 983 | 677 | 398 | *404* | 362 | *187* | 29 | *79* | 6 | *7* | 1 | 675 | 375 |
| Barpeta ... ... | 141 | *102* | 39 | 34 | 18 | *18* | 18 | *8* | ...... | *8* | ...... | ...... | ...... | 65 | 18 |
| Tezpur ... ... | 760 | *536* | 224 | 216 | 80 | *105* | 80 | *76* | ...... | *34* | ...... | *1* | ...... | 297 | 105 |
| Mangaldai ... ... | 137 | *78* | 59 | 39 | 16 | *24* | 14 | *11* | 2 | *4* | ...... | ...... | ...... | 34 | 24 |
| Nowgong ... ... | 1,150 | *663* | 487 | 363 | 232 | *237* | 218 | *82* | 11 | *42* | 2 | *2* | 1 | 269 | 197 |
| Sibsagar ... ... | 1,453 | *801* | 652 | 517 | 328 | *337* | 284 | *133* | 42 | *41* | 2 | *6* | ...... | 252 | 247 |
| Jorhat ... ... | 841 | *485* | 356 | 254 | 164 | *171* | 143 | *75* | 20 | *5* | ...... | *3* | 1 | 197 | 175 |
| Golaghat ... ... | 843 | *463* | 380 | 250 | 170 | *165* | 159 | *57* | 9 | *26* | 2 | *2* | ...... | 179 | 155 |
| Dibrugarh ... ... | 2,395 | *1,404* | 991 | 671 | 431 | *460* | 407 | *139* | 22 | *63* | 2 | *9* | ...... | 684 | 425 |
| North Lakhimpur ... | 421 | *224* | 197 | 140 | 91 | *95* | 79 | *33* | 11 | *12* | 1 | ...... | ...... | 67 | 75 |
| Shillong ... ... | 566 | *388* | 178 | 162 | 61 | *79* | 59 | *46* | 2 | *34* | ...... | *3* | ...... | 210 | 100 |
| Jowai ... ... | 7 | *7* | ...... | 4 | ...... | *1* | ...... | *1* | ...... | *1* | ...... | *1* | ...... | 3 | ........ |
| Kohima ... ... | 121 | *88* | 33 | 40 | 17 | *18* | 15 | *11* | 2 | *11* | ...... | ...... | ...... | 43 | 14 |
| Tura ... ... | 39 | *35* | 4 | 11 | 1 | *3* | 1 | *4* | ...... | *4* | ...... | ...... | ...... | 22 | 2 |
| Total for the Province | 30,180 | 18,098 | 12,082 | 8,824 | 4,874 | 5,623 | 4,622 | 2,338 | 210 | 808 | 37 | 55 | 5 | 8,623 | 5,151 |

## PROVINCIAL TABLE IV.—*CIVIL CONDITION BY RELIGION AND AGE.*

## PART C.—MUSALMAN.—UNMARRIED, MARRIED, AND WIDOWED—*continued.*

| COMPULSORY REGISTRATION CIRCLES. | AGE PERIODS. | | | | | | | | TOTAL WIDOWED. | | AGE PERIODS. | | | | | | | |
|---|---|---|---|---|---|---|---|---|---|---|---|---|---|---|---|---|---|---|
| | 0–14. | | 15–24. | | 25–39. | | 40 and over. | | | | 0–14. | | 15–24. | | 25–39. | | 40 and over. | |
| | Males. | Females. | Males. | Females. | Males. | Females. | Males. | Females. | Males. | Females. | Males. | Females. | Males. | Females. | Males. | Females. | Males. | Females. |
| | 17 | 18 | 19 | 20 | 21 | 22 | 23 | 24 | 25 | 26 | 27 | 28 | 29 | 30 | 31 | 32 | 33 | 34 |
| Silchar ... ... | 2 | 14 | 139 | 98 | 608 | 110 | 254 | 37 | 53 | 100 | 1 | ...... | 3 | 4 | 19 | 27 | 30 | 69 |
| Hailakandi... ... | ... | 1 | 5 | 12 | 37 | 10 | 18 | 3 | 4 | 5 | 1 | ...... | ... | ...... | 2 | 3 | 1 | 2 |
| Sylhet ... ... | 3 | 138 | 197 | 647 | 641 | 515 | 545 | 121 | 99 | 672 | ... | 13 | 10 | 56 | 24 | 202 | 65 | 401 |
| Habiganj ... ... | 1 | 24 | 53 | 69 | 172 | 72 | 93 | 10 | 15 | 63 | ... | 1 | 2 | 2 | 6 | 21 | 7 | 39 |
| Sunamganj ... | 1 | 31 | 41 | 161 | 287 | 119 | 135 | 44 | 32 | 94 | ... | 1 | 1 | 9 | 12 | 28 | 19 | 56 |
| Maulvi Bazar ... | 2 | 21 | 33 | 93 | 214 | 108 | 102 | 17 | 24 | 73 | ... | ...... | 1 | 5 | 8 | 17 | 15 | 51 |
| Karimganj ... ... | 2 | 35 | 69 | 112 | 257 | 107 | 150 | 25 | 23 | 117 | 1 | ...... | ... | 10 | 6 | 35 | 16 | 72 |
| Dhubri ... ... | 3 | 16 | 163 | 78 | 567 | 113 | 220 | 33 | 41 | 96 | ... | 3 | 4 | 4 | 21 | 31 | 16 | 58 |
| Goalpara ... ... | 3 | 29 | 86 | 120 | 355 | 113 | 168 | 23 | 39 | 133 | 1 | 1 | 3 | 13 | 19 | 41 | 16 | 78 |
| Gauhati ... ... | 6 | 18 | 90 | 137 | 367 | 179 | 212 | 41 | 70 | 210 | 3 | 1 | ... | 22 | 26 | 57 | 41 | 130 |
| Barpeta ... ... | 1 | 1 | 4 | 6 | 32 | 8 | 28 | 3 | 3 | 3 | ... | 1 | 1 | 1 | 1 | ... | 1 | 1 |
| Tezpur ... ... | 2 | 5 | 39 | 38 | 168 | 47 | 88 | 15 | 23 | 39 | 1 | ...... | 1 | 4 | 8 | 11 | 13 | 24 |
| Mangaldai ... ... | ... | 2 | 8 | 12 | 16 | 8 | 10 | 2 | 5 | 19 | ... | ...... | ... | 1 | 1 | 2 | 4 | 16 |
| Nowgong ... ... | 1 | 9 | 36 | 81 | 129 | 82 | 103 | 25 | 31 | 58 | ... | ...... | ... | 2 | 11 | 17 | 20 | 39 |
| Sibsagar ... ... | 1 | 4 | 20 | 95 | 127 | 104 | 104 | 44 | 32 | 77 | ... | ...... | 1 | 5 | 8 | 20 | 23 | 52 |
| Jorhat ... ... | ... | 1 | 30 | 58 | 98 | 50 | 69 | 26 | 34 | 57 | ... | ...... | 5 | 6 | 11 | 17 | 18 | 34 |
| Golaghat ... ... | ... | 5 | 26 | 62 | 92 | 72 | 61 | 16 | 34 | 55 | ... | ...... | 1 | 3 | 20 | 16 | 13 | 36 |
| Dibrugarh ... ... | 5 | 25 | 93 | 168 | 361 | 192 | 225 | 40 | 49 | 135 | ... | 1 | 4 | 3 | 19 | 39 | 26 | 92 |
| North Lakhimpur ... | ... | ...... | 4 | 37 | 42 | 36 | 21 | 2 | 17 | 31 | ... | ...... | ... | 2 | 8 | 10 | 9 | 19 |
| Shillong ... ... | ... | 5 | 28 | 38 | 114 | 45 | 68 | 12 | 16 | 17 | ... | ...... | 2 | 1 | 5 | 3 | 9 | 13 |
| Jowai ... ... | ... | ...... | 1 | ...... | 2 | ...... | ... | ...... | ... | ...... | ... | ...... | ... | ...... | ... | ... | ... | ... |
| Kohima ... ... | ... | ...... | 4 | 6 | 24 | 8 | 15 | ...... | 5 | 2 | ... | ...... | ... | ...... | 3 | 1 | 2 | 1 |
| Tura ... ... | ... | ...... | 2 | 1 | 15 | ...... | 5 | 1 | 2 | 1 | ... | ...... | ... | ...... | 1 | ... | 1 | 1 |
| **Total for the Province** | 33 | 384 | 1,171 | 2,129 | 4,725 | 2,098 | 2,694 | 540 | 651 | 2,057 | 8 | 22 | 39 | 153 | 239 | 598 | 365 | 1,284 |

## PROVINCIAL TABLE IV.—*CIVIL CONDITION BY RELIGION AND AGE.*

## PART D.—OTHERS.—UNMARRIED, MARRIED, AND WIDOWED.

| COMPULSORY REGISTRATION CIRCLES. | TOTAL OTHERS. | | | TOTAL UNMARRIED. | | AGE PERIODS. | | | | | | | | TOTAL MARRIED. | |
|---|---|---|---|---|---|---|---|---|---|---|---|---|---|---|---|
| | | | | | | 0—14. | | 15—24. | | 25—39. | | 40 and over. | | | |
| | Total. | Males. | Females. | Males. | Females. | Males. | Females. | Males. | Females. | Males. | Females. | Males. | Females. | Males. | Females. |
| 1 | 2 | 3 | 4 | 5 | 6 | 7 | 8 | 9 | 10 | 11 | 12 | 13 | 14 | 15 | 16 |
| Silchar ... ... | 155 | *92* | 63 | 43 | 19 | *19* | 16 | *8* | 1 | *16* | 2 | ...... | ...... | 48 | 31 |
| Hailakandi ... | ...... | ...... | ...... | ...... | ...... | ...... | ...... | ...... | ...... | ...... | ...... | ...... | ...... | ...... | ...... |
| Sylhet ... ... | 119 | *89* | 30 | 49 | 17 | *23* | 13 | *19* | 2 | *3* | 2 | *4* | ...... | 39 | 12 |
| Habiganj ... ... | 5 | *5* | ...... | 4 | ...... | *1* | ...... | *1* | ...... | *2* | ...... | ...... | ...... | 1 | ...... |
| Sunamganj ... | 1 | *1* | ...... | 1 | ...... | ... | ...... | ...... | ...... | ...... | ...... | *1* | ...... | ...... | ...... |
| Maulvi Bazar ... | 35 | *31* | 4 | 17 | 1 | *5* | 1 | *5* | ...... | *6* | ...... | *1* | ...... | 14 | 2 |
| Karimganj ... | 10 | *8* | 2 | 4 | ...... | *1* | ...... | *1* | ...... | *2* | ...... | ...... | ...... | 4 | ...... |
| Dhubri ... ... | 181 | *116* | 65 | 59 | 28 | *32* | 24 | *13* | 3 | *11* | 1 | *3* | ...... | 53 | 34 |
| Goalpara ... ... | 247 | *194* | 53 | 85 | 22 | *43* | 20 | *33* | 1 | *9* | 1 | ...... | ...... | 101 | 28 |
| Gauhati ... ... | 639 | *426* | 213 | 146 | 89 | *71* | 61 | *48* | 16 | *24* | 7 | *3* | 5 | 246 | 92 |
| Barpeta ... ... | 50 | *44* | 6 | 17 | 1 | *4* | 1 | *5* | ..... | *8* | ...... | ...... | ...... | 25 | 5 |
| Tezpur ... ... | 598 | *400* | 198 | 171 | 91 | *67* | 77 | *46* | 13 | *52* | 1 | *6* | ...... | 213 | 89 |
| Mangaldai ... | 105 | *103* | 2 | 13 | 1 | *5* | 1 | *4* | ...... | *4* | ...... | ...... | ...... | 84 | 1 |
| Nowgong ... ... | 470 | *295* | 175 | 134 | 88 | *88* | 74 | *27* | 13 | *16* | 1 | *3* | ...... | 146 | 63 |
| Sibsagar ... ... | 209 | *110* | 99 | 74 | 51 | *44* | 47 | *15* | 4 | *15* | ...... | ...... | ...... | 31 | 35 |
| Jorhat ... ... | 70 | *59* | 11 | 19 | 4 | *7* | 4 | *8* | ...... | *3* | ...... | *1* | ...... | 38 | 7 |
| Golaghat ... ... | 90 | *54* | 36 | 24 | 12 | *13* | 11 | *4* | 1 | *6* | ...... | *1* | ...... | 28 | 18 |
| Dibrugarh ... | 380 | *192* | 188 | 121 | 90 | *69* | 84 | *26* | 4 | *21* | 1 | *5* | 1 | 63 | 92 |
| North Lakhimpur ... | 66 | *46* | 20 | 19 | 2 | *11* | 2 | *4* | ..... | *4* | ...... | ...... | ...... | 25 | 15 |
| Shillong ... ... | 3,059 | *1,369* | 1,690 | 872 | 753 | *643* | 647 | *165* | 87 | *57* | 16 | *7* | 3 | 473 | 721 |
| Jowai ... ... | 3,473 | *1,536* | 1,937 | 906 | 828 | *703* | 723 | *184* | 97 | *17* | 3 | *2* | 3 | 545 | 643 |
| Kohima ... ... | 508 | *286* | 222 | 198 | 75 | *82* | 60 | *92* | 8 | *19* | 7 | *5* | ...... | 80 | 112 |
| Tura ... ... | 460 | *275* | 185 | 173 | 93 | *63* | 73 | *96* | 17 | *14* | 3 | ...... | ...... | 92 | 76 |
| **Total for the Province** | **10,930** | **5,731** | **5,199** | **3,149** | **2,263** | **1,994** | **1,939** | **804** | **267** | **309** | **45** | **42** | **12** | **2,347** | **2,076** |

## PROVINCIAL TABLE IV.—*CIVIL CONDITION, BY RELIGION AND AGE.*

## PART D.—OTHERS.—UNMARRIED, MARRIED, AND WIDOWED—*concluded.*

| COMPULSORY REGISTRATION CIRCLES. | AGE PERIODS. | | | | | | | | TOTAL WIDOWED. | | AGE PERIODS. | | | | | | | |
|---|---|---|---|---|---|---|---|---|---|---|---|---|---|---|---|---|---|---|
| | 0—14. | | 15—24. | | 25—39. | | 40 and over. | | | | 0—14. | | 15—24. | | 25—39. | | 40 and over. | |
| | Males. | Females. | Males. | Females. | Males. | Females. | Males. | Females. | Males. | Females. | Males. | Females. | Males. | Females. | Males. | Females. | Males. | Females. |
| | 17 | 18 | 19 | 20 | 21 | 22 | 23 | 24 | 25 | 26 | 27 | 28 | 29 | 30 | 31 | 32 | 33 | 34 |
| Silchar ... ... | ... | 1 | 3 | 11 | 30 | 17 | 15 | 2 | 1 | 13 | ... | ...... | ... | 2 | ... | 5 | 1 | 6 |
| Hailakandi ... | ... | ...... | ... | ...... | ...... | ...... | ... | ...... | ... | ...... | ... | ...... | ... | ...... | ... | ...... | ... | ... |
| Sylhet ... ... | ... | ...... | 8 | ...... | 20 | 11 | 11 | 1 | 1 | 1 | ... | ...... | ... | ...... | ... | 1 | 1 | ... |
| Habiganj ... ... | .. | ...... | ... | ...... | 1 | ...... | ... | ...... | ... | ...... | ... | ...... | ... | ...... | ... | ...... | ... | ... |
| Sunamganj ... | ... | ...... | ... | ...... | ...... | ...... | ... | ...... | ... | ...... | ... | ...... | ... | ...... | ... | ...... | ... | ... |
| Maulvi Bazar ... | ... | ...... | 4 | 1 | 7 | 1 | 3 | ...... | ... | 1 | ... | ...... | ... | ...... | ... | 1 | ... | ... |
| Karimganj ... | ... | ...... | ... | ...... | 1 | ...... | 3 | ...... | ... | 2 | ... | ...... | ... | ...... | ... | 1 | ... | 1 |
| Dhubri ... ... | 1 | 1 | 8 | 9 | 23 | 17 | 21 | 7 | 4 | 3 | ... | ...... | 1 | ...... | 1 | 2 | 2 | 1 |
| Goalpara ... | ... | 1 | 23 | 6 | 48 | 14 | 30 | 7 | 8 | 3 | ... | ...... | 3 | 1 | 1 | ...... | 4 | 2 |
| Gauhati ... ... | ... | 4 | 37 | 39 | 137 | 42 | 72 | 7 | 34 | 32 | ... | ...... | 8 | 2 | 13 | 11 | 13 | 19 |
| Barpeta ... ... | ... | ...... | 2 | 3 | 14 | 2 | 9 | ...... | 2 | ...... | ... | ...... | ... | ...... | 2 | ...... | ... | ... |
| Tezpur ... ... | ... | 3 | 22 | 25 | 117 | 48 | 74 | 13 | 16 | 18 | ... | ...... | ... | 1 | 6 | ...... | 10 | 17 |
| Mangaldai ... | ... | ...... | 16 | ...... | 48 | 1 | 20 | ...... | 6 | ...... | ... | ...... | ... | ...... | 3 | ...... | 3 | ... |
| Nowgong ... ... | ... | 2 | 17 | 24 | 91 | 31 | 38 | 6 | 15 | 24 | ... | ...... | ... | 3 | 7 | 11 | 8 | 10 |
| Sibsagar ... ... | ... | ...... | 1 | 11 | 16 | 18 | 14 | 6 | 5 | 13 | ... | ...... | ... | ...... | 2 | 3 | 3 | 10 |
| Jorhat ... ... | 1 | ...... | 11 | 2 | 18 | 5 | 8 | ...... | 2 | ...... | ... | ...... | ... | ...... | ...... | ...... | 2 | ... |
| Golaghat ... ... | ... | 1 | 2 | 8 | 15 | 7 | 9 | 2 | 4 | 6 | ... | ...... | ... | ...... | 3 | 2 | 1 | 4 |
| Dibrugarh ... ... | ... | 1 | 8 | 33 | 43 | 54 | 12 | 4 | 8 | 6 | ... | ...... | ... | ...... | 5 | 3 | 3 | 3 |
| North Lakhimpur ... | 4 | ...... | 3 | 10 | 17 | 4 | 1 | 1 | 2 | 3 | ... | ...... | ... | ...... | 2 | 2 | ... | 1 |
| Shillong ... ... | 1 | 14 | 75 | 266 | 258 | 309 | 139 | 132 | 24 | 216 | ... | ...... | 1 | 26 | 9 | 66 | 14 | 124 |
| Jowai ... ... | ... | 10 | 111 | 253 | 208 | 200 | 226 | 180 | 85 | 468 | ... | 3 | 15 | 56 | 31 | 86 | 39 | 323 |
| Kohima ... ... | ... | 4 | 10 | 57 | 51 | 33 | 19 | 18 | 8 | 35 | ... | ...... | 1 | 4 | 5 | 7 | 2 | 24 |
| Tura ... ... | 1 | 6 | 25 | 28 | 48 | 34 | 18 | 8 | 10 | 16 | ... | ...... | 1 | 3 | 7 | 5 | 2 | 8 |
| **Total for the Province** | 8 | 48 | 386 | 786 | 1,211 | 848 | 742 | 394 | 235 | 860 | ... | 3 | 30 | 98 | 97 | 206 | 108 | 553 |

# PROVINCIAL TABLE V.

## Brahmos by Civil Condition and Age.

REMARKS.

The details for Brahmos who have been included under Hindu in Imperial Tables VI., VII., and VIII. are here shown separately.

# PROVINCIAL TABLE V.

## *SHOWING CIVIL CONDITION AND AGE FOR BRAHMOS.*

## UNMARRIED, MARRIED, AND WIDOWED.

| DISTRICT. | TOTAL BRAHMO. | | | TOTAL UNMARRIED. | | AGE PERIODS. | | | | | | | | TOTAL MARRIED. | | AGE PERIODS. | | | | | | | | TOTAL WIDOWED. | | AGE PERIODS. | | | | | | | |
|---|---|---|---|---|---|---|---|---|---|---|---|---|---|---|---|---|---|---|---|---|---|---|---|---|---|---|---|---|---|---|---|---|---|
| | | | | | | 0–14. | | 15–24. | | 25–39. | | 40 & over. | | | | 0–14. | | 15–24. | | 25–39. | | 40 & over. | | | | 0–14. | | 15–24. | | 25–39. | | 40 & over. | |
| | Total. | Males. | Females. | Males. | Females. | Males. | Females. | Males. | Females. | Males. | Females. | Males. | Females. | Males. | Females. | Males. | Females. | Males. | Females. | Males. | Females. | Males. | Females. | Males. | Females. | Males. | Females. | Males. | Females. | Males. | Females. | Males. | Females. |
| 1 | 2 | 3 | 4 | 5 | 6 | 7 | 8 | 9 | 10 | 11 | 12 | 13 | 14 | 15 | 16 | 17 | 18 | 19 | 20 | 21 | 22 | 23 | 24 | 25 | 26 | 27 | 28 | 29 | 30 | 31 | 32 | 33 | 34 |
| Cachar Plains ... | 37 | *21* | 16 | 11 | 9 | *9* | 9 | *2* | ... | ... | | ... | ... | 10 | 7 | ... | ... | ... | 4 | *7* | 3 | *3* | ... | ... | ... | ... | ... | ... | ... | ... | ... | ... | ... |
| Sylhet ... ... ... | 6 | *3* | 3 | 2 | 1 | *1* | 1 | ... | ... | *1* | ... | ... | ... | 1 | 1 | ... | 1 | *1* | ... | ... | ... | ... | ... | ... | 1 | ... | ... | ... | ... | ... | 1 | ... | ... |
| *Total Surma Valley* ... ... | *43* | *24* | *19* | *13* | *10* | *10* | *10* | *2* | ... | *1* | ... | ... | ... | *11* | *8* | ... | *1* | *1* | *4* | *7* | *3* | *3* | ... | ... | *1* | ... | ... | ... | ... | ... | *1* | ... | ... |
| Goalpara ... ... ... | 45 | *28* | 17 | 16 | 10 | *14* | 9 | *2* | 1 | ... | ... | ... | ... | 12 | 7 | ... | 1 | ... | 3 | *8* | 3 | *4* | ... | ... | ... | ... | ... | ... | ... | ... | ... | ... | ... |
| Kamrup ... ... ... | 2 | *2* | ... | ... | ... | ... | ... | ... | ... | ... | ... | ... | ... | 1 | ... | ... | ... | ... | ... | ... | ... | *1* | ... | *1* | ... | ... | ... | ... | ... | *1* | ... | ... | ... |
| Darrang ... ... ... | 26 | *17* | 9 | 10 | 4 | *6* | 4 | *3* | ... | *1* | ... | ... | ... | 6 | 4 | ... | ... | ... | ... | *4* | 4 | *2* | ... | *1* | 1 | ... | ... | *1* | 1 | ... | ... | ... | ... |
| Nowgong ... ... ... | 15 | *7* | 8 | 4 | 5 | *3* | 5 | ... | ... | *1* | ... | ... | ... | 3 | 3 | ... | ... | ... | 1 | *2* | 2 | *1* | ... | ... | ... | ... | ... | ... | ... | ... | ... | ... | ... |
| Sibsagar ... ... ... | 6 | *4* | 2 | 3 | 1 | *3* | 1 | ... | ... | ... | ... | ... | ... | 1 | 1 | ... | ... | ... | 1 | *1* | ... | ... | ... | ... | ... | ... | ... | ... | ... | ... | ... | ... | ... |
| Lakhimpur ... ... | 2 | ... | 2 | ... | 1 | ... | 1 | ... | ... | ... | ... | ... | ... | ... | 1 | ... | ... | ... | 1 | ... | ... | ... | ... | ... | ... | ... | ... | ... | ... | ... | ... | ... | ... |
| *Total Brahmaputra Valley* ... | *96* | *58* | *38* | *33* | *21* | *26* | *20* | *5* | *1* | *2* | ... | ... | ... | *23* | *16* | ... | *1* | ... | *6* | *15* | *9* | *8* | ... | *2* | *1* | ... | ... | *1* | *1* | *1* | ... | ... | ... |
| *Total Plains* ... ... | *139* | *82* | *57* | *46* | *31* | *36* | *30* | *7* | *1* | *3* | ... | ... | ... | *34* | *24* | ... | *2* | *1* | *10* | *22* | *12* | *11* | ... | *2* | *2* | ... | ... | *1* | *1* | *1* | *1* | ... | ... |
| North Cachar ... ... | ... | ... | ... | ... | ... | ... | ... | ... | ... | ... | ... | ... | ... | ... | ... | ... | ... | ... | ... | ... | ... | ... | ... | ... | ... | ... | ... | ... | ... | ... | ... | ... | ... |
| Naga Hills ... ... | ... | ... | ... | ... | ... | ... | ... | ... | ... | ... | ... | ... | ... | ... | ... | ... | ... | ... | ... | ... | ... | ... | ... | ... | ... | ... | ... | ... | ... | ... | ... | ... | ... |
| Khasi and Jaintia Hills ... | 95 | *64* | 31 | 26 | 19 | *10* | 19 | *10* | ... | *6* | ... | ... | ... | 35 | 12 | ... | ... | *2* | 7 | *26* | 5 | *7* | ... | *3* | ... | ... | ... | *1* | ... | ... | ... | *2* | ... |
| Garo Hills ... ... | 5 | *2* | 3 | 1 | 2 | ... | 2 | ... | ... | *1* | ... | ... | ... | 1 | 1 | ... | ... | ... | 1 | *1* | ... | ... | ... | ... | ... | ... | ... | ... | ... | ... | ... | ... | ... |
| North Lushai (Civil and Military) | ... | ... | ... | ... | ... | ... | ... | ... | ... | ... | ... | ... | ... | ... | ... | ... | ... | ... | ... | ... | ... | ... | ... | ... | ... | ... | ... | ... | ... | ... | ... | ... | ... |
| *Total Hill Districts* ... ... | *100* | *66* | *34* | *27* | *21* | *10* | *21* | *10* | ... | *7* | ... | ... | ... | *36* | *13* | ... | ... | *2* | *8* | *27* | *5* | *7* | ... | *3* | ... | ... | ... | *1* | ... | ... | ... | *2* | ... |
| **Total for the Province** ... | **239** | **148** | **91** | **73** | **52** | **46** | **51** | **17** | **1** | **10** | ... | ... | ... | **70** | **37** | ... | **2** | **3** | **18** | **49** | **17** | **18** | ... | **5** | **2** | ... | ... | **2** | **1** | **1** | **1** | **2** | ... |

# PROVINCIAL TABLE VI.

---

## Brahmos by Education and Age.

# PROVINCIAL TABLE VI.

## *EDUCATION BY RELIGION AND AGE.*

| DISTRICT. | TOTAL BRAHMO. | | | TOTAL BY EDUCATION. | | | | | | AGE PERIODS. | | | | | | | |
|---|---|---|---|---|---|---|---|---|---|---|---|---|---|---|---|---|---|
| | | | | Learning. | | Literate. | | Illiterate. | | 0-14. | | | | | | | |
| | | | | | | | | | | Total. | | Learning. | | Literate. | | Illiterate. | |
| | Total. | Males. | Females. | Males. | Females. | Males. | Females. | Males. | Females. | Males. | Females. | Males. | Females. | Males. | Females. | Males. | Females. |
| 1 | 2 | 3 | 4 | 5 | 6 | 7 | 8 | 9 | 10 | 11 | 12 | 13 | 14 | 15 | 16 | 17 | 18 |
| Cachar Plains ... ... | 37 | *21* | 16 | *7* | 2 | *11* | 8 | *3* | 6 | 9 | 9 | *6* | 2 | ... | 1 | *3* | 6 |
| Sylhet ... ... | 6 | *3* | 3 | ... | ...... | *2* | 1 | *1* | 2 | 1 | 2 | ... | ...... | ... | 1 | *1* | 1 |
| *Total Surma Valley* ... | *43* | *24* | *19* | *7* | *2* | *13* | *9* | *4* | *8* | *10* | *11* | *6* | *2* | ... | *2* | *4* | *7* |
| Goalpara ... ... | 45 | *28* | 17 | *9* | 1 | *6* | 2 | *13* | 14 | 14 | 10 | *8* | 1 | ... | ...... | *6* | 9 |
| Kamrup ... ... | 2 | *2* | ...... | ... | ...... | *2* | ...... | ... | ...... | ... | ...... | ... | ...... | ... | ...... | ... | ...... |
| Darrang ... ... | 26 | *17* | 9 | *5* | 1 | *11* | 3 | *1* | 5 | 6 | 4 | *4* | 1 | *1* | ...... | *1* | 3 |
| Nowgong ... ... | 15 | *7* | 8 | *2* | 1 | *3* | 2 | *2* | 5 | 3 | 5 | *2* | 1 | ... | ...... | *1* | 4 |
| Sibsagar ... ... | 6 | *4* | 2 | *1* | 1 | *1* | 1 | *2* | ...... | 3 | 1 | *1* | 1 | ... | ...... | *2* | ...... |
| Lakhimpur ... ... | 2 | ... | 2 | ... | ...... | ... | 1 | ... | 1 | ... | 1 | ... | ...... | ... | ...... | ... | 1 |
| *Total Brahmaputra Valley* ... | *96* | *58* | *38* | *17* | *4* | *23* | *9* | *18* | *25* | *26* | *21* | *15* | *4* | *1* | ...... | *10* | *17* |
| *Total Plains* ... ... | *139* | *82* | *57* | *24* | *6* | *36* | *18* | *22* | *33* | *36* | *32* | *21* | *6* | *1* | *2* | *14* | *24* |
| North Cachar ... ... | ...... | ... | ...... | ... | ...... | ... | ...... | ... | ...... | ... | ...... | ... | ...... | ... | ...... | ... | ...... |
| Naga Hills ... ... | ...... | ... | ...... | ... | ...... | ... | ...... | ... | ...... | ... | ...... | ... | ...... | ... | ...... | ... | ...... |
| Khasi and Jaintia Hills ... | 95 | *64* | 31 | *5* | 8 | *44* | 10 | *15* | 13 | 10 | 19 | *5* | 8 | *1* | 1 | *4* | 10 |
| Garo Hills ... ... | 5 | *2* | 3 | ... | ...... | *2* | 1 | ... | 2 | ... | 2 | ... | ...... | ... | ...... | ... | 2 |
| North Lushai (Civil & Military) | ...... | ... | ...... | ... | ...... | ... | ...... | ... | ...... | ... | ...... | ... | ...... | ... | ...... | ... | ...... |
| *Total Hill Districts* ... | *100* | *66* | *34* | *5* | *8* | *46* | *11* | *15* | *15* | *10* | *21* | *5* | *8* | *1* | *1* | *4* | *12* |
| **Total for the Province** ... | **239** | **148** | **91** | **29** | **14** | **82** | **29** | **37** | **48** | **46** | **53** | **26** | **14** | **2** | **3** | **18** | **36** |

# PROVINCIAL TABLE VI.—*EDUCATION BY RELIGION AND AGE.*

| DISTRICT. | AGE PERIODS. | | | | | | | | | | | | | | | |
|---|---|---|---|---|---|---|---|---|---|---|---|---|---|---|---|---|
| | 15–24. | | | | | | | | 25 and over. | | | | | | | |
| | Total. | | Learning. | | Literate. | | Illiterate. | | Total. | | Learning. | | Literate. | | Illiterate. | |
| | Males. | Females. | Males. | Females. | Males. | Females. | Males. | Females. | Males. | Females. | Males. | Females. | Males. | Females. | Males. | Females. |
| | 19 | 20 | 21 | 22 | 23 | 24 | 25 | 26 | 27 | 28 | 29 | 30 | 31 | 32 | 33 | 34 |
| Cachar Plains ... ... | 2 | 4 | *1* | ...... | *1* | 4 | ...... | ...... | 10 | 3 | ... | ...... | *10* | 3 | ... | ...... |
| Sylhet ... ... | 1 | ...... | ...... | ...... | *1* | ...... | ...... | ...... | 1 | 1 | ... | ...... | *1* | ...... | ... | 1 |
| *Total Surma Valley* ... | *3* | *4* | *1* | ...... | *2* | *4* | ...... | ...... | *11* | *4* | ... | ...... | *11* | *3* | ... | *1* |
| Goalpara ... ... | 2 | 4 | *1* | ...... | ...... | 1 | *1* | 3 | 12 | 3 | ... | ...... | *6* | 1 | *6* | 2 |
| Kamrup ... ... | ...... | ...... | ...... | ...... | ...... | ...... | ...... | ...... | 2 | ...... | ... | ...... | *2* | ...... | ... | ...... |
| Darrang ... ... | 4 | 1 | *1* | ...... | *3* | 1 | ...... | ...... | 7 | 4 | ... | ...... | *7* | 2 | ... | 2 |
| Nowgong ... ... | ...... | 1 | ...... | ...... | ...... | 1 | ...... | ...... | 4 | 2 | ... | ...... | *3* | 1 | *1* | 1 |
| Sibsagar ... ... | ...... | 1 | ...... | ...... | ...... | 1 | ...... | ...... | 1 | ...... | ... | ...... | *1* | ...... | ... | ...... |
| Lakhimpur ... ... | ...... | 1 | ...... | ...... | ...... | 1 | ...... | ...... | ... | ...... | ... | ...... | ... | ...... | ... | ...... |
| *Total Brahmaputra Valley* ... | *6* | *8* | *2* | ...... | *3* | *5* | *1* | *3* | *26* | *9* | ... | ...... | *19* | *4* | *7* | *5* |
| *Total Plains* ... ... | *9* | *12* | *3* | ...... | *5* | *9* | *1* | *3* | *37* | *13* | ... | ...... | *30* | *7* | *7* | *6* |
| North Cachar ... ... | ...... | ...... | ...... | ...... | ...... | ...... | ...... | ...... | ... | ...... | ... | ...... | ... | ...... | ... | ...... |
| Naga Hills ... ... | ...... | ...... | ...... | ...... | ...... | ...... | ...... | ...... | ... | ...... | ... | ...... | ... | ...... | ... | ...... |
| Khasi and Jaintia Hills ... | 13 | 7 | ...... | ...... | *11* | 7 | *2* | ...... | 41 | 5 | ... | ...... | *32* | 2 | *9* | 3 |
| Garo Hills ... ... | ...... | 1 | ...... | ...... | ...... | 1 | ...... | ...... | 2 | ...... | ... | ...... | *2* | ...... | ... | ...... |
| North Lushai (Civil & Military). | ...... | ...... | ...... | ...... | ...... | ...... | ...... | ...... | ... | ...... | ... | ...... | ... | ...... | ... | ...... |
| *Total Hill Districts* ... | *13* | *8* | ...... | ...... | *11* | *8* | *2* | ...... | *43* | *5* | ... | ...... | *34* | *2* | *9* | *3* |
| **Total for the Province** ... | **22** | **20** | **3** | ...... | **16** | **17** | **3** | **3** | **80** | **18** | ... | ...... | **64** | **9** | **16** | **9** |

# PROVINCIAL TABLE VII.

## Age Statistics of the Tea Garden Population.

### Ages by Religions.



REMARKS.

The tea garden population is shown by subdivisions in this table.

# PROVINCIAL TABLE VII.—*AGE STATISTICS OF TEA GARDEN POPULATION.*

## *AGES BY RELIGIONS.*—PART A.—ALL RELIGIONS.

| DISTRICT. | TOTAL TEA GARDEN POPULATION. | | | AGE PERIODS. | | | | | | | | | | | | | | | |
|---|---|---|---|---|---|---|---|---|---|---|---|---|---|---|---|---|---|---|---|
| | Total. | Males. | Females. | Under 1 year. | | 1 year. | | 2 years. | | 3 years. | | 4 years. | | Total 0—4. | | 5—9. | | 10—14. | |
| | | | | Males. | Females. | Males. | Females. | Males. | Females. | Males. | Females. | Males. | Females. | Males. | Females. | Males. | Females. | Males. | Females. |
| 1 | 2 | 3 | 4 | 5 | 6 | 7 | 8 | 9 | 10 | 11 | 12 | 13 | 14 | 15 | 16 | 17 | 18 | 19 | 20 |
| Silchar ... ... | 95,668 | 50,722 | 44,946 | 1,233 | 1,254 | 604 | 679 | 1,350 | 1,496 | 1,432 | 1,401 | 1,271 | 1,257 | 5,890 | 6,087 | 6,813 | 6,565 | 5,461 | 4,498 |
| Hailakandi ... ... | 22,513 | 11,966 | 10,547 | 383 | 367 | 136 | 254 | 287 | 313 | 318 | 367 | 319 | 329 | 1,443 | 1,630 | 1,597 | 1,584 | 1,266 | 934 |
| North Sylhet ... ... | 13,763 | 7,215 | 6,548 | 210 | 204 | 75 | 82 | 161 | 169 | 198 | 205 | 187 | 190 | 831 | 850 | 933 | 975 | 889 | 724 |
| South Sylhet ... ... | 47,603 | 25,101 | 22,502 | 626 | 582 | 341 | 331 | 683 | 676 | 697 | 746 | 684 | 714 | 3,031 | 3,049 | 3,535 | 3,358 | 2,926 | 2,319 |
| Habiganj ... ... | 5,390 | 2,850 | 2,540 | 84 | 106 | 36 | 29 | 53 | 59 | 76 | 78 | 69 | 67 | 318 | 339 | 390 | 439 | 334 | 264 |
| Karimganj ... ... | 26,135 | 14,133 | 12,002 | 380 | 388 | 169 | 196 | 371 | 427 | 382 | 423 | 428 | 417 | 1,730 | 1,851 | 2,022 | 1,700 | 1,690 | 1,217 |
| *Total Surma Valley* ... | 211,072 | 111,987 | 99,085 | 2,916 | 2,901 | 1,361 | 1,571 | 2,905 | 3,140 | 3,103 | 3,220 | 2,958 | 2,974 | 13,243 | 13,806 | 15,290 | 14,621 | 12,566 | 9,956 |
| Dhubri ... ... | 555 | 340 | 215 | 5 | 5 | 4 | 3 | 8 | 5 | 7 | 6 | 3 | 1 | 27 | 20 | 29 | 25 | 15 | 28 |
| Goalpara ... ... | 16 | 10 | 6 | ... | ... | ... | ... | ... | 1 | ... | ... | ... | 1 | ... | 2 | ... | ... | ... | ... |
| Gauhati ... ... | 6,423 | 3,393 | 3,030 | 86 | 110 | 25 | 45 | 72 | 91 | 105 | 121 | 77 | 95 | 365 | 462 | 488 | 461 | 324 | 256 |
| Tezpur ... ... | 34,683 | 20,023 | 14,660 | 326 | 360 | 228 | 230 | 299 | 302 | 371 | 381 | 426 | 378 | 1,650 | 1,651 | 1,914 | 1,882 | 1,700 | 1,420 |
| Mangaldai ... ... | 13,178 | 7,952 | 5,226 | 161 | 206 | 91 | 91 | 133 | 142 | 177 | 187 | 168 | 169 | 730 | 795 | 817 | 705 | 666 | 391 |
| Nowgong ... ... | 17,642 | 9,579 | 8,063 | 233 | 208 | 139 | 150 | 219 | 237 | 243 | 263 | 217 | 239 | 1,051 | 1,097 | 1,152 | 992 | 853 | 814 |
| Sibsagar ... ... | 37,171 | 20,189 | 16,982 | 492 | 518 | 289 | 299 | 434 | 458 | 551 | 532 | 453 | 460 | 2,219 | 2,267 | 2,159 | 2,143 | 1,922 | 1,524 |
| Jorhat ... ... | 36,916 | 20,176 | 16,740 | 529 | 496 | 235 | 238 | 424 | 393 | 438 | 497 | 478 | 490 | 2,104 | 2,114 | 2,300 | 2,264 | 1,929 | 1,559 |
| Golaghat ... ... | 25,475 | 13,830 | 11,645 | 359 | 372 | 195 | 224 | 307 | 334 | 382 | 387 | 327 | 339 | 1,570 | 1,656 | 1,651 | 1,643 | 1,357 | 1,106 |
| Dibrugarh ... ... | 61,090 | 32,724 | 28,366 | 779 | 812 | 403 | 420 | 638 | 626 | 837 | 826 | 780 | 781 | 3,437 | 3,465 | 3,533 | 3,473 | 3,186 | 2,647 |
| North Lakhimpur ... | 10,574 | 5,954 | 4,620 | 123 | 133 | 73 | 90 | 89 | 101 | 114 | 112 | 146 | 151 | 545 | 587 | 656 | 669 | 509 | 478 |
| *Total Brahmaputra Valley* ... | 243,723 | 134,170 | 109,553 | 3,093 | 3,220 | 1,682 | 1,790 | 2,623 | 2,690 | 3,225 | 3,312 | 3,075 | 3,104 | 13,698 | 14,116 | 14,699 | 14,257 | 12,461 | 10,223 |
| *Total Plains* ... ... | 454,795 | 246,157 | 208,638 | 6,009 | 6,121 | 3,043 | 3,361 | 5,528 | 5,830 | 6,328 | 6,532 | 6,033 | 6,078 | 26,941 | 27,922 | 29,989 | 28,878 | 25,027 | 20,179 |
| Jowai ... ... | 34 | 15 | 19 | 4 | ... | ... | ... | 1 | 1 | ... | ... | ... | ... | 5 | 1 | 1 | 2 | 2 | 5 |
| *Total Hill Districts* ... | 34 | 15 | 19 | 4 | ... | ... | ... | 1 | 1 | ... | ... | ... | ... | 5 | 1 | 1 | 2 | 2 | 5 |
| **Total for the Province** ... | **454,829** | **246,172** | **208,657** | **6,013** | **6,121** | **3,043** | **3,361** | **5,529** | **5,831** | **6,328** | **6,532** | **6,033** | **6,078** | **26,946** | **27,923** | **29,990** | **28,880** | **25,029** | **20,184** |

# PROVINCIAL TABLE VII.—*AGE STATISTICS OF TEA GARDEN POPULATION.*

## *AGES BY RELIGIONS.*—PART A.—ALL RELIGIONS—*continued.*

| DISTRICT. | AGE PERIODS. 15—19. Males. | 15—19. Females. | 20—24. Males. | 20—24. Females. | 25—29. Males. | 25—29. Females. | 30—34. Males. | 30—34. Females. | 35—39. Males. | 35—39. Females. | 40—44. Males. | 40—44. Females. | 45—49. Males. | 45—49. Females. | 50—54. Males. | 50—54. Females. | 55—59. Males. | 55—59. Females. | 60 and over. Males. | 60 and over. Females. |
|---|---|---|---|---|---|---|---|---|---|---|---|---|---|---|---|---|---|---|---|---|
| | 21 | 22 | 23 | 24 | 25 | 26 | 27 | 28 | 29 | 30 | 31 | 32 | 33 | 34 | 35 | 36 | 37 | 38 | 39 | 40 |
| Silchar ... ... | *2,944* | 3,156 | *3,763* | 4,433 | *5,468* | 5,567 | *6,025* | 5,137 | *5,299* | 3,235 | *3,825* | 2,467 | *1,952* | 1,066 | *1,614* | 1,238 | *502* | 387 | *1,166* | 1,110 |
| Hailakandi ... ... | *695* | 677 | *907* | 1,108 | *1,386* | 1,289 | *1,308* | 1,145 | *1,241* | 733 | *894* | 541 | *482* | 242 | *347* | 295 | *99* | 65 | *301* | 304 |
| North Sylhet ... | *433* | 461 | *500* | 629 | *701* | 806 | *914* | 801 | *747* | 431 | *577* | 374 | *278* | 154 | *229* | 152 | *59* | 36 | *124* | 155 |
| South Sylhet ... | *1,546* | 1,427 | *1,938* | 2,328 | *2,945* | 3,042 | *2,776* | 2,453 | *2,471* | 1,491 | *1,609* | 1,088 | *951* | 612 | *670* | 588 | *218* | 204 | *485* | 543 |
| Habiganj ... ... | *178* | 185 | *216* | 276 | *294* | 303 | *381* | 289 | *271* | 141 | *193* | 106 | *85* | 66 | *97* | 51 | *19* | 18 | *74* | 63 |
| Karimganj ... ... | *952* | 786 | *1,228* | 1,209 | *1,684* | 1,538 | *1,557* | 1,306 | *1,112* | 715 | *921* | 674 | *457* | 279 | *419* | 356 | *117* | 86 | *244* | 285 |
| *Total Surma Valley* ... | *6,748* | *6,692* | *8,552* | *9,983* | *12,478* | *12,545* | *12,961* | *11,131* | *11,141* | *6,746* | *8,019* | *5,250* | *4,205* | *2,419* | *3,376* | *2,680* | *1,014* | *796* | *2,394* | *2,460* |
| Dhubri ... ... | *42* | 32 | *39* | 28 | *41* | 26 | *37* | 13 | *34* | 14 | *20* | 13 | *20* | 6 | *19* | 5 | *5* | 4 | *12* | 1 |
| Goalpara ... ... | .... | ...... | *1* | 2 | *1* | 1 | ... | ... | *1* | ... | *3* | ... | *3* | ... | ... | ... | ... | 1 | *1* | ... |
| Gauhati ... ... | *203* | 195 | *222* | 254 | *387* | 426 | *395* | 369 | *304* | 195 | *273* | 161 | *132* | 74 | *142* | 85 | *75* | 49 | *83* | 43 |
| Tezpur ... ... | *1,026* | 922 | *1,634* | 1,672 | *2,976* | 2,526 | *3,152* | 2,111 | *2,418* | 1,028 | *1,734* | 660 | *699* | 237 | *628* | 281 | *222* | 104 | *270* | 166 |
| Mangaldai ... ... | *470* | 286 | *607* | 476 | *973* | 796 | *1,142* | 720 | *931* | 445 | *692* | 278 | *394* | 123 | *319* | 131 | *114* | 24 | *97* | 56 |
| Nowgong ... ... | *548* | 627 | *722* | 913 | *1,219* | 1,060 | *1,162* | 1,008 | *1,019* | 588 | *763* | 398 | *456* | 175 | *333* | 187 | *142* | 64 | *159* | 140 |
| Sibsagar ... ... | *1,177* | 1,238 | *1,574* | 2,135 | *2,528* | 2,524 | *2,970* | 2,045 | *2,368* | 1,237 | *1,508* | 758 | *748* | 380 | *576* | 333 | *215* | 138 | *225* | 260 |
| Jorhat ... ... | *1,214* | 1,166 | *1,678* | 1,953 | *2,507* | 2,422 | *2,769* | 2,053 | *2,245* | 1,207 | *1,493* | 815 | *849* | 432 | *623* | 404 | *219* | 154 | *246* | 197 |
| Golaghat ... ... | *836* | 758 | *1,035* | 1,357 | *1,559* | 1,523 | *1,839* | 1,378 | *1,632* | 851 | *1,049* | 618 | *529* | 246 | *413* | 270 | *160* | 96 | *200* | 143 |
| Dibrugarh ... ... | *1,780* | 1,937 | *2,864* | 3,824 | *4,760* | 5,015 | *4,833* | 3,552 | *3,704* | 1,759 | *2,251* | 1,147 | *914* | 483 | *812* | 523 | *246* | 206 | *404* | 335 |
| North Lakhimpur ... | *298* | 342 | *478* | 624 | *866* | 809 | *1,000* | 506 | *781* | 222 | *430* | 190 | *176* | 73 | *131* | 69 | *32* | 24 | *52* | 27 |
| *Total Brahmaputra Valley* | *7,594* | *7,503* | *10,854* | *13,238* | *17,817* | *17,128* | *19,299* | *13,755* | *15,437* | *7,546* | *10,216* | *5,038* | *4,920* | *2,229* | *3,996* | *2,288* | *1,430* | *864* | *1,749* | *1,368* |
| *Total Plains* ... ... | *14,342* | *14,195* | *19,406* | *23,221* | *30,295* | *29,673* | *32,260* | *24,886* | *26,578* | *14,292* | *18,235* | *10,288* | *9,125* | *4,648* | *7,372* | *4,968* | *2,444* | *1,660* | *4,143* | *3,828* |
| Jowai ... ... | *1* | 2 | *1* | 1 | *1* | 1 | ... | 1 | *1* | 3 | *1* | ... | *1* | 1 | ... | 1 | *1* | 1 | ... | ... |
| *Total Hill Districts* ... | *1* | *2* | *1* | *1* | *1* | *1* | ... | *1* | *1* | *3* | *1* | ... | *1* | *1* | ... | *1* | *1* | *1* | ... | ... |
| **Total for the Province** | **14,343** | **14,197** | **19,407** | **23,222** | **30,296** | **29,674** | **32,260** | **24,887** | **26,579** | **14,295** | **18,236** | **10,288** | **9,126** | **4,649** | **7,372** | **4,969** | **2,445** | **1,661** | **4,143** | **3,828** |

PROVINCIAL TABLE VII.—*AGE STATISTICS OF TEA GARDEN POPULATION.*

*AGES BY RELIGIONS.*—PART B.—HINDU.

| DISTRICT. | TOTAL HINDU. | | | AGE PERIODS. | | | | | | | | | | | | | | | |
|---|---|---|---|---|---|---|---|---|---|---|---|---|---|---|---|---|---|---|---|
| | Total. | Males. | Females. | Under 1 year. | | 1 year. | | 2 years. | | 3 years. | | 4 years. | | Total 0—4. | | 5—9. | | 10—14. | |
| | | | | Males. | Females. | Males. | Females. | Males. | Females. | Males. | Females. | Males. | Females. | Males. | Females. | Males. | Females. | Males. | Females. |
| 1 | 2 | 3 | 4 | 5 | 6 | 7 | 8 | 9 | 10 | 11 | 12 | 13 | 14 | 15 | 16 | 17 | 18 | 19 | 20 |
| Silchar ... ... | 85,775 | *45,348* | 40,427 | *1,136* | 1,125 | *547* | 585 | *1,211* | 1,335 | *1,285* | 1,276 | *1,159* | 1,140 | 5,338 | 5,461 | *6,198* | 5,935 | *4,975* | 4,047 |
| Hailakandi ... ... | 20,090 | *10,619* | 9,471 | *356* | 330 | *115* | 235 | *258* | 275 | *288* | 326 | *281* | 288 | 1,298 | 1,454 | *1,439* | 1,448 | *1,125* | 850 |
| North Sylhet ... ... | 12,827 | *6,679* | 6,148 | *201* | 198 | *74* | 80 | *148* | 162 | *188* | 194 | *173* | 176 | 784 | 810 | *877* | 924 | *821* | 681 |
| South Sylhet ... ... | 43,908 | *23,022* | 20,886 | *581* | 532 | *320* | 317 | *632* | 632 | *654* | 704 | *635* | 677 | 2,822 | 2,862 | *3,299* | 3,129 | *2,708* | 2,134 |
| Habiganj ... ... | 4,681 | *2,457* | 2,224 | *75* | 92 | *27* | 26 | *47* | 50 | *68* | 66 | *65* | 60 | 282 | 294 | *343* | 386 | *284* | 235 |
| Karimganj ... ... | 22,891 | *12,279* | 10,612 | *325* | 339 | *149* | 174 | *340* | 381 | *332* | 372 | *382* | 372 | 1,528 | 1,638 | *1,789* | 1,490 | *1,505* | 1,085 |
| *Total Surma Valley* ... | *190,172* | *100,404* | *89,768* | *2,674* | *2,616* | *1,232* | *1,417* | *2,636* | *2,835* | *2,815* | *2,938* | *2,695* | *2,713* | *12,052* | *12,519* | *13,945* | *13,312* | *11,418* | *9,032* |
| Dhubri ... ... | 239 | *132* | 107 | ...... | 2 | *3* | 2 | *4* | 4 | *3* | 4 | *2* | ... | 12 | 12 | *19* | 20 | *5* | 13 |
| Goalpara ... ... | 1 | *1* | ...... | ...... | ... | ... | ... | ... | ... | ... | ... | ... | ... | ... | ... | ... | ... | ... | ... |
| Gauhati ... ... | 3,575 | *1,893* | 1,682 | *34* | 59 | *14* | 25 | *34* | 37 | *47* | 61 | *45* | 53 | 174 | 235 | *280* | 230 | *172* | 146 |
| Tezpur ... ... | 25,772 | *14,384* | 11,388 | *262* | 253 | *162* | 188 | *217* | 205 | *250* | 269 | *310* | 276 | 1,201 | 1,191 | *1,430* | 1,392 | *1,315* | 1,107 |
| Mangaldai ... ... | 8,217 | *4,811* | 3,406 | *94* | 109 | *49* | 53 | *71* | 71 | *101* | 112 | *104* | 97 | 419 | 442 | *548* | 451 | *437* | 254 |
| Nowgong ... ... | 7,638 | *4,108* | 3,530 | *103* | 74 | *48* | 51 | *84* | 95 | *108* | 92 | *95* | 84 | 438 | 396 | *464* | 422 | *366* | 352 |
| Sibsagar ... ... | 32,765 | *17,464* | 15,301 | *447* | 469 | *251* | 267 | *392* | 413 | *489* | 474 | *392* | 416 | 1,971 | 2,039 | *1,930* | 1,912 | *1,729* | 1,364 |
| Jorhat ... ... | 34,679 | *18,629* | 16,050 | *505* | 469 | *221* | 226 | *401* | 369 | *419* | 477 | *453* | 467 | 1,999 | 2,008 | *2,209* | 2,173 | *1,864* | 1,503 |
| Golaghat ... ... | 23,531 | *12,575* | 10,956 | *338* | 341 | *176* | 205 | *286* | 326 | *360* | 358 | *306* | 323 | 1,466 | 1,553 | *1,548* | 1,540 | *1,266* | 1,051 |
| Dibrugarh ... ... | 56,577 | *30,131* | 26,446 | *731* | 744 | *373* | 388 | *594* | 588 | *791* | 769 | *729* | 715 | 3,218 | 3,204 | *3,286* | 3,225 | *2,957* | 2,487 |
| North Lakhimpur ... | 6,608 | *3,797* | 2,811 | *74* | 89 | *35* | 44 | *61* | 64 | *67* | 68 | *94* | 103 | 331 | 368 | *394* | 408 | *314* | 273 |
| *Total Brahmaputra Valley* . | *199,602* | *107,925* | *91,677* | *2,588* | *2,609* | *1,332* | *1,449* | *2,144* | *2,172* | *2,635* | *2,684* | *2,530* | *2,534* | *11,229* | *11,448* | *12,108* | *11,773* | *10,425* | *8,550* |
| *Total Plains* ... ... | *389,774* | *208,329* | *181,445* | *5,262* | *5,225* | *2,564* | *2,866* | *4,780* | *5,007* | *5,450* | *5,622* | *5,225* | *5,247* | *23,281* | *23,967* | *26,053* | *25,085* | *21,843* | *17,582* |
| Jowai ... ... | ...... | ...... | ...... | ...... | ... | ... | ... | ... | ... | ... | ... | ... | ... | ... | ... | ... | ... | ... | ... |
| *Total Hill Districts* ... | ...... | ...... | ...... | ...... | ... | ... | ... | ... | ... | ... | ... | ... | ... | ... | ... | ... | ... | ... | ... |
| **Total for the Province** ... | **389,774** | **208,329** | **181,445** | **5,262** | **5,225** | **2,564** | **2,866** | **4,780** | **5,007** | **5,450** | **5,622** | **5,225** | **5,247** | **23,281** | **23,967** | **26,053** | **25,085** | **21,843** | **17,582** |

# PROVINCIAL TABLE VII.—*AGE STATISTICS OF TEA GARDEN POPULATION.*

## *AGES BY RELIGIONS.*—PART B.—HINDU—*continued.*

| DISTRICT. | AGE-PERIODS. 15—19. Males. | 15—19. Females. | 20—24. Males. | 20—24. Females. | 25—29. Males. | 25—29. Females. | 30—34. Males. | 30—34. Females. | 35—39. Males. | 35—39. Females. | 40—44. Males. | 40—44. Females. | 45—49. Males. | 45—49. Females. | 50—54. Males. | 50—54. Females. | 55—59. Males. | 55—59. Females. | 60 and over. Males. | 60 and over. Females. |
|---|---|---|---|---|---|---|---|---|---|---|---|---|---|---|---|---|---|---|---|---|
| | 21 | 22 | 23 | 24 | 25 | 26 | 27 | 28 | 29 | 30 | 31 | 32 | 33 | 34 | 35 | 36 | 37 | 38 | 39 | 40 |
| Silchar ... ... | *2,602* | 2,788 | *3,324* | 3,951 | *4,774* | 5,033 | *5,361* | 4,663 | *4,800* | 2,925 | *3,386* | 2,218 | *1,738* | 976 | *1,397* | 1,111 | *451* | 342 | *1,004* | 977 |
| Hailakandi ... ... | *619* | 608 | *798* | 989 | *1,204* | 1,143 | *1,170* | 1,029 | *1,109* | 670 | *790* | 487 | *419* | 212 | *298* | 263 | *87* | 59 | *263* | 259 |
| North Sylhet ... ... | *400* | 428 | *455* | 582 | *645* | 748 | *837* | 752 | *684* | 411 | *529* | 348 | *268* | 147 | *204* | 139 | *56* | 35 | *119* | 143 |
| South Sylhet ... ... | *1,416* | 1,313 | *1,733* | 2,140 | *2,665* | 2,812 | *2,508* | 2,274 | *2,249* | 1,379 | *1,479* | 1,012 | *880* | 575 | *610* | 556 | *197* | 186 | *456* | 514 |
| Habiganj ... ... | *149* | 165 | *186* | 233 | *247* | 259 | *315* | 258 | *245* | 125 | *165* | 92 | *71* | 59 | *83* | 45 | *16* | 18 | *71* | 55 |
| Karimganj ... ... | *810* | 670 | *1,048* | 1,099 | *1,450* | 1,364 | *1,345* | 1,140 | *961* | 637 | *783* | 609 | *405* | 249 | *349* | 312 | *101* | 72 | *205* | 247 |
| *Total Surma Valley* ... | *5,996* | *5,972* | *7,544* | *8,994* | *10,985* | *11,359* | *11,536* | *10,116* | *10,048* | *6,147* | *7,132* | *4,766* | *3,781* | *2,218* | *2,941* | *2,426* | *908* | *712* | *2,118* | *2,195* |
| Dhubri ... ... | *8* | 7 | *14* | 13 | *16* | 13 | *18* | 9 | *14* | 8 | *9* | 3 | *7* | 1 | *5* | 4 | *1* | 3 | *4* | 1 |
| Goalpara ... ... | ...... | ... | ... | ... | ... | ... | ... | ... | ... | ... | *1* | ... | ... | ... | ... | ... | ... | ... | ... | ... |
| Gauhati ... ... | *111* | 93 | *124* | 143 | *229* | 263 | *235* | 226 | *178* | 124 | *171* | 94 | *58* | 36 | *84* | 41 | *26* | 23 | *51* | 28 |
| Tezpur ... ... | *752* | 742 | *1,149* | 1,321 | *2,075* | 1,981 | *2,247* | 1,699 | *1,768* | 826 | *1,187* | 523 | *464* | 169 | *458* | 220 | *145* | 74 | *193* | 143 |
| Mangaldai ... ... | *307* | 203 | *360* | 320 | *574* | 555 | *695* | 494 | *522* | 276 | *409* | 184 | *229* | 89 | *186* | 82 | *69* | 17 | *56* | 39 |
| Nowgong ... ... | *233* | 281 | *324* | 447 | *566* | 468 | *534* | 418 | *442* | 282 | *290* | 207 | *192* | 84 | *139* | 88 | *50* | 26 | *70* | 59 |
| Sibsagar ... ... | *1,029* | 1,122 | *1,302* | 1,947 | *2,153* | 2,267 | *2,537* | 1,846 | *2,017* | 1,113 | *1,285* | 691 | *634* | 347 | *497* | 305 | *187* | 122 | *193* | 226 |
| Jorhat ... ... | *1,113* | 1,105 | *1,496* | 1,860 | *2,245* | 2,336 | *2,514* | 1,970 | *2,066* | 1,154 | *1,345* | 786 | *771* | 422 | *574* | 391 | *204* | 152 | *229* | 190 |
| Golaghat ... ... | *782* | 725 | *922* | 1,249 | *1,382* | 1,427 | *1,642* | 1,305 | *1,457* | 819 | *945* | 584 | *471* | 236 | *375* | 243 | *141* | 89 | *178* | 135 |
| Dibrugarh ... ... | *1,655* | 1,800 | *2,620* | 3,574 | *4,283* | 4,668 | *4,416* | 3,323 | *3,418* | 1,645 | *2,086* | 1,088 | *836* | 455 | *755* | 485 | *224* | 185 | *377* | 307 |
| North Lakhimpur ... | *190* | 180 | *318* | 352 | *547* | 515 | *665* | 324 | *520* | 138 | *258* | 125 | *117* | 48 | *87* | 42 | *17* | 19 | *39* | 19 |
| *Total Brahmaputra Valley* | *6,180* | *6,258* | *8,629* | *11,226* | *14,070* | *14,493* | *15,503* | *11,614* | *12,402* | *6,385* | *7,986* | *4,285* | *3,779* | *1,887* | *3,160* | *1,901* | *1,064* | *710* | *1,390* | *1,147* |
| *Total Plains* ... ... | *12,176* | *12,230* | *16,173* | *20,220* | *25,055* | *25,852* | *27,039* | *21,730* | *22,450* | *12,532* | *15,118* | *9,051* | *7,560* | *4,105* | *6,101* | *4,327* | *1,972* | *1,422* | *3,508* | *3,342* |
| Jowai ... ... | ...... | ... | ... | ... | ... | ... | ... | ... | ... | ... | ... | ... | ... | ... | ... | ... | ... | ... | ... | ... |
| *Total Hill Districts* ... | ...... | ... | ... | ... | ... | ... | ... | ... | ... | ... | ... | ... | ... | ... | ... | ... | ... | ... | ... | ... |
| **Total for the Province** ... | **12,176** | **12,230** | **16,173** | **20,220** | **25,055** | **25,852** | **27,039** | **21,730** | **22,450** | **12,532** | **15,118** | **9,051** | **7,560** | **4,105** | **6,101** | **4,327** | **1,972** | **1,422** | **3,508** | **3,342** |

# PROVINCIAL TABLE VII.—*AGE STATISTICS OF TEA GARDEN POPULATION.*

## *AGES BY RELIGIONS.*—PART C.—MUSALMAN.

| DISTRICT. | TOTAL MUSALMAN. | | | AGE PERIODS. | | | | | | | | | | | | | | | |
|---|---|---|---|---|---|---|---|---|---|---|---|---|---|---|---|---|---|---|---|
| | | | | Under 1 year. | | 1 year. | | 2 years. | | 3 years. | | 4 years. | | Total 0—4. | | 5—9. | | 10—14. | |
| | Total. | Males. | Females. | Males. | Females. | Males. | Females. | Males. | Females. | Males. | Females. | Males. | Females. | Males. | Females. | Males. | Females. | Males. | Females. |
| 1 | 2 | 3 | 4 | 5 | 6 | 7 | 8 | 9 | 10 | 11 | 12 | 13 | 14 | 15 | 16 | 17 | 18 | 19 | 20 |
| Silchar ... ... | 3,802 | *2,334* | 1,468 | *35* | 36 | *11* | 19 | *39* | 48 | *45* | 38 | *24* | 35 | 154 | 176 | *210* | 227 | *190* | 139 |
| Hailakandi ... ... | 1,800 | *1,030* | 770 | *20* | 23 | *12* | 11 | *19* | 24 | *13* | 23 | *23* | 29 | 87 | 110 | *120* | 99 | *109* | 63 |
| North Sylhet ... ... | 431 | *271* | 160 | *2* | 2 | *1* | 2 | *2* | 2 | *5* | 2 | *5* | 3 | 15 | 11 | *23* | 23 | *29* | 20 |
| South Sylhet ... ... | 2,201 | *1,284* | 917 | *22* | 26 | *14* | 7 | *25* | 29 | *20* | 24 | *19* | 13 | 100 | 99 | *132* | 115 | *149* | 102 |
| Habiganj ... ... | 160 | *109* | 51 | ...... | 2 | *1* | 1 | *1* | 1 | *2* | 3 | ... | 1 | 4 | 8 | *7* | 5 | *7* | 4 |
| Karimganj ... ... | 1,630 | *1,006* | 624 | *27* | 23 | *8* | 11 | *18* | 21 | *20* | 18 | *23* | 19 | 96 | 92 | *99* | 86 | *81* | 63 |
| *Total Surma Valley* ... | *10,024* | *6,034* | *3,990* | *106* | *112* | *47* | *51* | *104* | *125* | *105* | *108* | *94* | *100* | *456* | *496* | *591* | *555* | *565* | *391* |
| Dhubri ... ... | 8 | *6* | 2 | ...... | ... | ... | ... | ... | ... | *1* | ... | ... | ... | 1 | ... | *1* | ... | ... | ... |
| Goalpara ... ... | ...... | ...... | ...... | ...... | ... | ... | ... | ... | ... | ... | ... | ... | ... | ... | ... | ... | ... | ... | ... |
| Gauhati ... ... | 81 | *50* | 31 | ...... | ... | ... | ... | *1* | 1 | ... | 1 | ... | ... | 1 | 2 | *2* | 7 | *3* | 3 |
| Tezpur ... ... | 610 | *392* | 218 | *4* | 7 | *1* | 3 | *3* | 3 | *7* | 5 | *4* | 5 | 19 | 23 | *24* | 25 | *22* | 11 |
| Mangaldai ... ... | 324 | *198* | 126 | ...... | 7 | *2* | 1 | *3* | 7 | *2* | 1 | *3* | 4 | 10 | 20 | *15* | 12 | *15* | 18 |
| Nowgong ... ... | 284 | *172* | 112 | *1* | 2 | *1* | 3 | *2* | 4 | *2* | 2 | *2* | 10 | 8 | 21 | *12* | 6 | *9* | 7 |
| Sibsagar ... ... | 1,530 | *852* | 678 | *19* | 18 | *18* | 13 | *18* | 17 | *24* | 25 | *32* | 17 | 111 | 90 | *85* | 107 | *80* | 68 |
| Jorhat ... ... | 919 | *541* | 378 | *14* | 16 | *7* | 6 | *15* | 7 | *14* | 14 | *17* | 10 | 67 | 53 | *46* | 57 | *35* | 30 |
| Golaghat ... ... | 717 | *415* | 302 | *5* | 7 | *10* | 8 | *6* | ... | *6* | 8 | *8* | 5 | 35 | 28 | *50* | 45 | *49* | 36 |
| Dibrugarh ... ... | 1,106 | *636* | 470 | *12* | 16 | *8* | 10 | *12* | 8 | *10* | 10 | *10* | 15 | 52 | 59 | *46* | 43 | *47* | 32 |
| North Lakhimpur ... | 168 | *110* | 58 | *1* | 2 | *1* | ... | ... | 3 | *2* | 2 | *1* | ... | 5 | 7 | *8* | 5 | *10* | 6 |
| *Total Brahmaputra Valley*.. | *5,747* | *3,372* | *2,375* | *56* | *75* | *48* | *44* | *60* | *50* | *68* | *68* | *77* | *66* | *309* | *303* | *289* | *307* | *270* | *211* |
| *Total Plains* ... ... | *15,771* | *9,406* | *6,365* | *162* | *187* | *95* | *95* | *164* | *175* | *173* | *176* | *171* | *166* | *765* | *799* | *880* | *862* | *835* | *602* |
| Jowai ... ... | ...... | ...... | ...... | ...... | ... | ... | ... | ... | ... | ... | ... | ... | ... | ... | ... | ... | ... | ... | ... |
| *Total Hill Districts* ... | ...... | ...... | ...... | ...... | ... | ... | ... | ... | ... | ... | ... | ... | ... | ... | ... | ... | ... | ... | ... |
| **Total for the Province...** | **15,771** | **9,406** | **6,365** | **162** | **187** | **95** | **95** | **164** | **175** | **173** | **176** | **171** | **166** | **765** | **799** | **880** | **862** | **835** | **602** |

# PROVINCIAL TABLE VII.—*AGE STATISTICS OF TEA GARDEN POPULATION.*

## *AGES BY RELIGIONS.*—PART C.—MUSALMAN—*continued.*

| DISTRICT. | AGE PERIODS. | | | | | | | | | | | | | | | | | | | |
|---|---|---|---|---|---|---|---|---|---|---|---|---|---|---|---|---|---|---|---|---|
| | 15—19. | | 20—24. | | 25—29. | | 30—34. | | 35—39. | | 40—44. | | 45—49. | | 50—54. | | 55—59. | | 60 and over. | |
| | Males. | Females. | Males. | Females. | Males. | Females. | Males. | Females. | Males. | Females. | Males. | Females. | Males. | Females. | Males. | Females. | Males. | Females. | Males. | Females. |
| | 21 | 22 | 23 | 24 | 25 | 26 | 27 | 28 | 29 | 30 | 31 | 32 | 33 | 34 | 35 | 36 | 37 | 38 | 39 | 40 |
| Silchar ... ... | *162* | 97 | *199* | 142 | *360* | 200 | *341* | 170 | *258* | 125 | *188* | 76 | *103* | 44 | *88* | 34 | *26* | 14 | *55* | 24 |
| Hailakandi ... ... | *57* | 49 | *88* | 74 | *145* | 106 | *101* | 98 | *109* | 53 | *79* | 42 | *57* | 20 | *41* | 20 | *10* | 6 | *27* | 30 |
| North Sylhet ... ... | *23* | 12 | *27* | 12 | *31* | 21 | *38* | 23 | *28* | 8 | *31* | 9 | *8* | 6 | *15* | 6 | *2* | ... | *1* | 9 |
| South Sylhet ... ... | *103* | 82 | *135* | 108 | *168* | 126 | *157* | 90 | *125* | 72 | *90* | 46 | *49* | 23 | *43* | 19 | *13* | 10 | *20* | 25 |
| Habiganj ... ... | *14* | 4 | *15* | 8 | *20* | 7 | *20* | 4 | *3* | 3 | *8* | 3 | *4* | ... | *3* | 4 | *2* | ... | *2* | 1 |
| Karimganj ... ... | *96* | 60 | *102* | 46 | *141* | 77 | *137* | 89 | *81* | 32 | *88* | 28 | *26* | 10 | *38* | 20 | *5* | 4 | *16* | 17 |
| *Total Surma Valley* ... | *455* | *304* | *566* | *390* | *865* | *537* | *794* | *474* | *604* | *293* | *484* | *204* | *247* | *103* | *228* | *103* | *58* | *34* | *121* | *106* |
| Dhubri ... ... | ...... | ... | *1* | 2 | *2* | ... | *1* | ... | ... | ... | ... | ... | ... | ... | ... | ... | ... | ... | ... | ... |
| Goalpara ... ... | ...... | ... | ... | ... | ... | ... | ... | ... | ... | ... | ... | ... | ... | ... | ... | ... | ... | ... | ... | ... |
| Gauhati ... ... | *4* | 3 | *3* | 4 | *7* | 6 | *12* | 2 | *3* | 1 | *10* | ... | *3* | 2 | *1* | 1 | *1* | ... | ... | ... |
| Tezpur ... ... | *11* | 11 | *29* | 31 | *49* | 47 | *52* | 31 | *55* | 19 | *97* | 3 | *14* | 9 | *11* | 6 | *5* | 2 | *4* | ... |
| Mangaldai ... ... | *17* | 7 | *29* | 16 | *29* | 23 | *30* | 13 | *25* | 4 | *8* | 9 | *9* | 2 | *2* | 2 | *3* | ... | *6* | ... |
| Nowgong ... ... | *10* | 6 | *21* | 16 | *28* | 19 | *24* | 14 | *27* | 10 | *14* | 5 | *9* | 3 | *5* | 4 | *4* | ... | *1* | 1 |
| Sibsagar ... ... | *58* | 55 | *77* | 62 | *95* | 98 | *110* | 61 | *94* | 44 | *57* | 35 | *39* | 17 | *24* | 16 | *9* | 8 | *13* | 17 |
| Jorhat ... ... | *30* | 36 | *52* | 48 | *79* | 45 | *75* | 47 | *64* | 27 | *42* | 15 | *27* | 4 | *15* | 10 | *3* | 2 | *6* | 4 |
| Golaghat ... ... | *24* | 18 | *18* | 38 | *33* | 43 | *62* | 25 | *51* | 22 | *36* | 20 | *20* | 6 | *17* | 9 | *10* | 6 | *10* | 6 |
| Dibrugarh ... ... | *26* | 36 | *62* | 59 | *117* | 102 | *114* | 63 | *66* | 34 | *56* | 10 | *23* | 8 | *14* | 12 | *5* | 5 | *8* | 7 |
| North Lakhimpur ... | *7* | 5 | *10* | 9 | *18* | 12 | *24* | 6 | *14* | 3 | *11* | 3 | ... | 2 | *3* | ... | ... | ... | ... | ... |
| *Total Brahmaputra Valley* | *187* | *177* | *302* | *285* | *457* | *395* | *504* | *262* | *399* | *164* | *331* | *100* | *144* | *53* | *92* | *60* | *40* | *23* | *48* | *35* |
| *Total Plains* ... ... | *642* | *481* | *868* | *675* | *1,322* | *932* | *1,298* | *736* | *1,003* | *457* | *815* | *304* | *391* | *156* | *320* | *163* | *98* | *57* | *169* | *141* |
| Jowai ... ... | ...... | ... | ... | ... | ... | ... | ... | ... | ... | ... | ... | ... | ... | ... | ... | ... | ... | ... | ... | ... |
| *Total Hill Districts* ... | ...... | ... | ... | ... | ... | ... | ... | ... | ... | ... | ... | ... | ... | ... | ... | ... | ... | ... | ... | ... |
| **Total for the Province** ... | **642** | **481** | **868** | **675** | **1,322** | **932** | **1,298** | **736** | **1,003** | **457** | **815** | **304** | **391** | **156** | **320** | **163** | **98** | **57** | **169** | **141** |

## PROVINCIAL TABLE VII.—*AGE STATISTICS OF TEA GARDEN POPULATION.*

## *AGES BY RELIGIONS.*—PART D.—CHRISTIAN.

| DISTRICT. | TOTAL CHRISTIAN. | | | AGE PERIODS. | | | | | | | | | | | | | | | |
|---|---|---|---|---|---|---|---|---|---|---|---|---|---|---|---|---|---|---|---|
| | | | | Under 1 year. | | 1 year. | | 2 years. | | 3 years. | | 4 years. | | Total 0—4. | | 5—9. | | 10—14. | |
| | Total. | Males. | Females. | Males. | Females. | Males. | Females. | Males. | Females. | Males. | Females. | Males. | Females. | Males. | Females. | Males. | Females. | Males. | Females. |
| 1 | 2 | 3 | 4 | 5 | 6 | 7 | 8 | 9 | 10 | 11 | 12 | 13 | 14 | 15 | 16 | 17 | 18 | 19 | 20 |
| Silchar ... ... | 627 | 261 | 266 | 8 | 13 | 6 | 7 | 12 | 10 | 3 | 5 | 9 | 11 | 38 | 46 | 44 | 48 | 31 | 35 |
| Hailakandi ... ... | 57 | 38 | 19 | 1 | 1 | 1 | 1 | ... | 3 | 1 | 1 | 1 | 2 | 4 | 8 | 1 | 3 | ... | 1 |
| North Sylhet ... ... | 114 | 70 | 44 | 1 | 1 | ... | ... | 1 | 1 | 1 | 1 | 3 | 5 | 6 | 8 | 14 | 6 | 6 | 8 |
| South Sylhet ... ... | 160 | 116 | 45 | 1 | 2 | 3 | 2 | 3 | 2 | 1 | ... | 3 | 1 | 11 | 7 | 1 | 5 | 3 | ... |
| Habiganj ... ... | 19 | 13 | 6 | 1 | ... | 1 | 1 | ... | ... | ... | 1 | ... | ... | 2 | 2 | ... | ... | ... | ... |
| Karimganj ... ... | 128 | 80 | 48 | ...... | ... | 2 | ... | ... | 4 | 1 | ... | 3 | 3 | 6 | 7 | 6 | 4 | 7 | 5 |
| *Total Surma Valley* ... | 1,105 | 677 | 428 | 12 | 17 | 13 | 11 | 16 | 20 | 7 | 8 | 19 | 22 | 67 | 78 | 66 | 66 | 47 | 49 |
| Dhubri ... ... | 96 | 54 | 42 | ...... | 1 | ... | 1 | 1 | 1 | 3 | 1 | 1 | ... | 5 | 4 | 5 | ... | 2 | 6 |
| Goalpara ... ... | ...... | ...... | ...... | ...... | ... | ... | ... | ... | ... | ... | ... | ... | ... | ... | ... | ... | ... | ... | ... |
| Gauhati ... ... | 16 | 11 | 5 | ...... | ... | ... | ... | ... | ... | ... | ... | ... | ... | ... | ... | ... | 2 | 1 | 1 |
| Tezpur ... ... | 366 | 214 | 152 | 5 | 9 | 7 | 2 | 4 | 9 | 4 | 4 | 4 | 4 | 24 | 28 | 16 | 20 | 16 | 10 |
| Mangaldai ... ... | 61 | 46 | 15 | ...... | 1 | ... | ... | ... | ... | ... | ... | ... | 2 | ... | 3 | 2 | 2 | 6 | 2 |
| Nowgong ... ... | 95 | 60 | 35 | 3 | 1 | ... | ... | ... | 1 | 2 | ... | 1 | 1 | 6 | 3 | 5 | 5 | 2 | 4 |
| Sibsagar ... ... | 220 | 136 | 84 | 3 | 3 | 2 | 4 | 4 | 4 | 5 | 5 | 2 | 3 | 16 | 19 | 10 | 5 | 4 | 3 |
| Jorhat ... ... | 490 | 281 | 209 | 7 | 7 | 7 | 4 | 7 | 16 | 4 | 5 | 6 | 11 | 31 | 43 | 33 | 25 | 16 | 15 |
| Golaghat ... ... | 105 | 71 | 34 | 1 | 4 | 1 | 1 | 3 | 2 | ... | 2 | 2 | 2 | 7 | 11 | 5 | 5 | 2 | ... |
| Dibrugarh ... ... | 660 | 377 | 283 | 5 | 14 | 10 | 5 | 8 | 7 | 10 | 6 | 5 | 13 | 38 | 45 | 41 | 40 | 37 | 26 |
| North Lakhimpur ... | 89 | 54 | 35 | 2 | 3 | ... | ... | 2 | ... | 1 | 1 | ... | 2 | 5 | 6 | 3 | 7 | 5 | 5 |
| *Total Brahmaputra Valley* ... | 2,198 | 1,304 | 894 | 26 | 43 | 27 | 17 | 29 | 40 | 29 | 24 | 21 | 38 | 132 | 162 | 120 | 111 | 91 | 72 |
| *Total Plains* ... ... | 3,303 | 1,981 | 1,322 | 38 | 60 | 40 | 28 | 45 | 60 | 36 | 32 | 40 | 60 | 199 | 240 | 186 | 177 | 138 | 121 |
| Jowai ... ... | 11 | 4 | 7 | 1 | ... | ... | ... | ... | ... | ... | ... | ... | ... | 1 | ... | ... | 1 | ... | 1 |
| *Total Hill Districts* ... | 11 | 4 | 7 | 1 | ... | ... | ... | ... | ... | ... | ... | ... | ... | 1 | ... | ... | 1 | ... | 1 |
| **Total for the Province** ... | **3,314** | **1,985** | **1,329** | **39** | **60** | **40** | **28** | **45** | **60** | **36** | **32** | **40** | **60** | **200** | **240** | **186** | **178** | **138** | **122** |

# PROVINCIAL TABLE VII.—*AGE STATISTICS OF TEA GARDEN POPULATION.*

## *AGES BY RELIGIONS*—PART D.—CHRISTIAN—*continued.*

| DISTRICT. | AGE PERIODS. | | | | | | | | | | | | | | | | | | | |
|---|---|---|---|---|---|---|---|---|---|---|---|---|---|---|---|---|---|---|---|---|
| | 15—19. | | 20—24. | | 25—29. | | 30—34. | | 35—39. | | 40—44. | | 45—49. | | 50—54. | | 55—59. | | 60 and over. | |
| | Males. | Females. | Males. | Females. | Males. | Females. | Males. | Females. | Males. | Females. | Males. | Females. | Males. | Females. | Males. | Females. | Males. | Females. | Males. | Females. |
| | 21 | 22 | 23 | 24 | 25 | 26 | 27 | 28 | 29 | 30 | 31 | 32 | 33 | 34 | 35 | 36 | 37 | 38 | 39 | 40 |
| Silchar ... ... | 16 | 16 | 34 | 20 | 54 | 23 | 49 | 29 | 29 | 23 | 24 | 13 | 20 | 2 | 13 | 5 | 3 | 2 | 6 | 4 |
| Hailakandi ... ... | 1 | ... | 3 | 1 | 10 | 3 | 9 | ... | 7 | 3 | 3 | ... | ... | ... | ... | ... | ... | ... | ... | ... |
| North Sylhet ... ... | 2 | 2 | 4 | 2 | 9 | 4 | 11 | 7 | 11 | 5 | 4 | 1 | 2 | ... | 1 | 1 | ... | ... | ... | ... |
| South Sylhet ... ... | 1 | 1 | 12 | 11 | 32 | 9 | 36 | 6 | 12 | 3 | 5 | 2 | 2 | ... | ... | ... | ... | 1 | ... | ... |
| Habiganj ... ... | ...... | ... | 2 | 1 | 1 | 1 | 5 | 1 | ... | 1 | 3 | ... | ... | ... | ... | ... | ... | ... | ... | ... |
| Karimganj ... ... | 3 | 1 | 13 | 3 | 14 | 10 | 17 | 9 | 8 | 4 | 6 | 4 | ... | 1 | ... | ... | ... | ... | ... | ... |
| *Total Surma Valley* ... | 23 | 20 | 68 | 38 | 120 | 50 | 127 | 52 | 67 | 39 | 45 | 20 | 24 | 3 | 14 | 6 | 3 | 3 | 6 | 4 |
| Dhubri ... ... | 10 | 8 | 6 | 2 | 2 | 6 | 3 | 4 | 6 | 4 | 3 | 4 | 5 | 3 | 2 | ... | 1 | 1 | 4 | ... |
| Goalpara ... ... | ...... | ... | ... | ... | ... | ... | ... | ... | ... | ... | ... | ... | ... | ... | ... | ... | ... | ... | ... | ... |
| Gauhati ... ... | 1 | ... | 1 | ... | ... | ... | 1 | 1 | 5 | 1 | ... | ... | 2 | ... | ... | ... | ... | ... | ... | ... |
| Tezpur ... ... | 3 | 16 | 30 | 20 | 27 | 20 | 34 | 22 | 31 | 8 | 15 | 4 | 13 | 2 | 1 | 2 | 2 | ... | 2 | ... |
| Mangaldai ... ... | 1 | ... | 5 | 1 | 5 | 3 | 5 | 2 | 11 | 1 | 2 | ... | 3 | ... | 2 | 1 | 4 | ... | ... | ... |
| Nowgong ... ... | 2 | 1 | 6 | 5 | 4 | 2 | 8 | 7 | 7 | 4 | 13 | 1 | ... | 2 | 3 | 1 | 1 | ... | 3 | ... |
| Sibsagar ... ... | 4 | 8 | 8 | 11 | 25 | 21 | 26 | 4 | 20 | 6 | 7 | ... | 9 | 2 | 5 | 2 | 1 | 2 | 1 | 1 |
| Jorhat ... ... | 12 | 13 | 34 | 34 | 48 | 30 | 32 | 21 | 23 | 15 | 26 | 8 | 14 | 4 | 7 | 1 | 3 | ... | 2 | ... |
| Golaghat ... ... | 2 | ... | 6 | 7 | 11 | 6 | 12 | 4 | 14 | ... | 5 | 1 | 2 | ... | 3 | ... | 1 | ... | 1 | ... |
| Dibrugarh ... ... | 8 | 13 | 34 | 38 | 67 | 42 | 62 | 34 | 45 | 18 | 17 | 8 | 10 | 6 | 11 | 8 | 3 | 2 | 4 | 3 |
| North Lakhimpur ... | 5 | 2 | 10 | 4 | 8 | 8 | 6 | 1 | 5 | ... | 4 | ... | ... | ... | 3 | 2 | ... | ... | ... | ... |
| *Total Brahmaputra Valley.* | 48 | 61 | 140 | 122 | 197 | 138 | 189 | 100 | 167 | 57 | 92 | 26 | 58 | 19 | 37 | 17 | 16 | 5 | 17 | 4 |
| *Total Plains* ... ... | 71 | 81 | 208 | 160 | 317 | 188 | 316 | 152 | 234 | 96 | 137 | 46 | 82 | 22 | 51 | 23 | 19 | 8 | 23 | 8 |
| Jowai ... ... | ...... | 2 | ... | ... | 1 | 1 | ... | ... | ... | 1 | 1 | ... | ... | 1 | ... | ... | 1 | ... | ... | ... |
| *Total Hill Districts* ... | ...... | 2 | ... | ... | 1 | 1 | ... | ... | ... | 1 | 1 | ... | ... | 1 | ... | ... | 1 | ... | ... | ... |
| **Total for the Province ...** | **71** | **83** | **208** | **160** | **318** | **189** | **316** | **152** | **234** | **97** | **138** | **46** | **82** | **23** | **51** | **23** | **20** | **8** | **23** | **8** |

## PROVINCIAL TABLE VII.—*AGE STATISTICS OF TEA GARDEN POPULATION.*

### *AGES BY RELIGIONS.*—PART E.—ANIMISTIC.

| DISTRICT. | TOTAL ANIMISTIC. | | | AGE PERIODS. | | | | | | | | | | | | | | | |
|---|---|---|---|---|---|---|---|---|---|---|---|---|---|---|---|---|---|---|---|
| | | | | Under 1 year. | | 1 year. | | 2 years. | | 3 years. | | 4 years. | | Total 0—4. | | 5—9. | | 10—14. | |
| | Total. | Males. | Females. | Males. | Females. | Males. | Females. | Males. | Females. | Males. | Females. | Males. | Females. | Males. | Females. | Males. | Females. | Males. | Females. |
| 1 | 2 | 3 | 4 | 5 | 6 | 7 | 8 | 9 | 10 | 11 | 12 | 13 | 14 | 15 | 16 | 17 | 18 | 19 | 20 |
| Silchar ... ... | 5,460 | 2,675 | 2,785 | 54 | 80 | 40 | 68 | 88 | 103 | 99 | 82 | 79 | 71 | 360 | 404 | 361 | 355 | 265 | 277 |
| Hailakandi ... ... | 563 | 277 | 286 | 6 | 13 | 8 | 7 | 10 | 11 | 16 | 17 | 14 | 10 | 54 | 58 | 37 | 34 | 32 | 20 |
| North Sylhet ... ... | 391 | 195 | 196 | 6 | 3 | ... | ... | 10 | 4 | 4 | 8 | 6 | 6 | 26 | 21 | 19 | 22 | 33 | 15 |
| South Sylhet ... .. | 1,327 | 673 | 654 | 22 | 22 | 4 | 5 | 23 | 13 | 22 | 18 | 27 | 23 | 98 | 81 | 103 | 109 | 66 | 83 |
| Habiganj ... ... | 530 | 271 | 259 | 8 | 12 | 7 | 1 | 5 | 8 | 6 | 8 | 4 | 6 | 30 | 35 | 40 | 48 | 43 | 25 |
| Karimganj ... ... | 1,485 | 767 | 718 | 28 | 26 | 10 | 11 | 13 | 21 | 29 | 33 | 20 | 23 | 100 | 114 | 128 | 120 | 97 | 64 |
| *Total Surma Valley* ... | 9,756 | 4,858 | 4,898 | 124 | 156 | 69 | 92 | 149 | 160 | 176 | 166 | 150 | 139 | 668 | 713 | 688 | 688 | 536 | 484 |
| Dhubri ... ... | 212 | 148 | 64 | 5 | 2 | 1 | ... | 3 | ... | ... | 1 | ... | 1 | 9 | 4 | 4 | 5 | 8 | 9 |
| Goalpara ... ... | 15 | 9 | 6 | ...... | ... | ... | ... | ... | 1 | ... | ... | ... | 1 | ... | 2 | ... | ... | ... | ... |
| Gauhati ... ... | 2,748 | 1,436 | 1,312 | 52 | 51 | 11 | 20 | 37 | 53 | 58 | 59 | 32 | 42 | 190 | 225 | 206 | 222 | 148 | 106 |
| Tezpur ... ... | 7,882 | 4,993 | 2,889 | 55 | 91 | 58 | 37 | 75 | 84 | 110 | 102 | 108 | 93 | 406 | 407 | 442 | 443 | 347 | 292 |
| Mangaldai ... ... | 4,552 | 2,877 | 1,675 | 67 | 89 | 40 | 37 | 59 | 63 | 74 | 74 | 61 | 66 | 301 | 329 | 251 | 240 | 208 | 117 |
| Nowgong ... ... | 9,625 | 5,239 | 4,386 | 126 | 131 | 90 | 96 | 133 | 137 | 131 | 169 | 119 | 144 | 599 | 677 | 671 | 559 | 476 | 451 |
| Sibsagar ... ... | 2,644 | 1,726 | 918 | 23 | 28 | 18 | 15 | 20 | 24 | 33 | 28 | 27 | 24 | 121 | 119 | 134 | 119 | 107 | 89 |
| Jorhat ... ... | 814 | 712 | 102 | 3 | 4 | ... | 2 | 1 | 1 | 1 | 1 | 2 | 2 | 7 | 10 | 12 | 9 | 13 | 11 |
| Golaghat ... ... | 1,104 | 756 | 348 | 15 | 20 | 7 | 10 | 12 | 6 | 15 | 19 | 11 | 9 | 60 | 64 | 47 | 52 | 39 | 19 |
| Dibrugarh ... ... | 2,714 | 1,549 | 1,165 | 31 | 38 | 12 | 17 | 24 | 23 | 26 | 41 | 36 | 38 | 129 | 157 | 160 | 165 | 144 | 102 |
| North Lakhimpur ... | 3,708 | 1,992 | 1,716 | 46 | 39 | 37 | 46 | 26 | 34 | 44 | 41 | 51 | 46 | 204 | 206 | 251 | 249 | 180 | 194 |
| *Total Brahmaputra Valley.* | 36,018 | 21,437 | 14,581 | 423 | 493 | 274 | 280 | 390 | 426 | 492 | 535 | 447 | 466 | 2,026 | 2,200 | 2,178 | 2,063 | 1,670 | 1,390 |
| *Total Plains* ... ... | 45,774 | 26,295 | 19,479 | 547 | 649 | 343 | 372 | 539 | 586 | 668 | 701 | 597 | 605 | 2,694 | 2,913 | 2,866 | 2,751 | 2,206 | 1,874 |
| Jowai ... ... | 23 | 11 | 12 | 3 | ... | ... | ... | 1 | 1 | ... | ... | ... | ... | 4 | 1 | 1 | 1 | 2 | 4 |
| *Total Hill Districts* ... | 23 | 11 | 12 | 3 | ... | ... | ... | 1 | 1 | ... | ... | ... | ... | 4 | 1 | 1 | 1 | 2 | 4 |
| **Total for the Province** ... | **45,797** | **26,306** | **19,491** | **550** | **649** | **343** | **372** | **540** | **587** | **668** | **701** | **597** | **605** | **2,698** | **2,914** | **2,867** | **2,752** | **2,208** | **1,878** |

# PROVINCIAL TABLE VII.—*AGE STATISTICS OF TEA GARDEN POPULATION.*

## *AGES BY RELIGIONS.*—PART E.—ANIMISTIC—*continued.*

| DISTRICT. | AGE PERIODS. 15—19. | | 20—24. | | 25—29. | | 30—34. | | 35—39. | | 40—44. | | 45—49. | | 50—54. | | 55—59. | | 60 and over. | |
|---|---|---|---|---|---|---|---|---|---|---|---|---|---|---|---|---|---|---|---|---|
| | Males. | Females. | Males. | Females. | Males. | Females. | Males. | Females. | Males. | Females. | Males. | Females. | Males. | Females. | Males. | Females. | Males. | Females. | Males. | Females. |
| | 21 | 22 | 23 | 24 | 25 | 26 | 27 | 28 | 29 | 30 | 31 | 32 | 33 | 34 | 35 | 36 | 37 | 38 | 39 | 40 |
| Silchar ... ... | *164* | 255 | *205* | 320 | *279* | 311 | *274* | 275 | *212* | 162 | *226* | 160 | *91* | 44 | *115* | 88 | *22* | 29 | *101* | 105 |
| Hailakandi ... ... | *18* | 20 | *18* | 44 | *26* | 37 | *27* | 17 | *16* | 7 | *22* | 12 | *6* | 10 | *8* | 12 | *2* | ... | *11* | 15 |
| North Sylhet ... ... | *8* | 19 | *14* | 33 | *16* | 33 | *28* | 19 | *24* | 7 | *13* | 16 | ... | 1 | *9* | 6 | *1* | 1 | *4* | 3 |
| South Sylhet ... ... | *26* | 31 | *57* | 69 | *79* | 95 | *73* | 83 | *83* | 37 | *35* | 28 | *20* | 14 | *17* | 15 | *7* | 7 | *9* | 4 |
| Habiganj ... ... | *15* | 16 | *13* | 34 | *26* | 36 | *41* | 26 | *23* | 12 | *17* | 11 | *10* | 7 | *11* | 2 | *1* | ... | *1* | 7 |
| Karimganj ... ... | *43* | 55 | *64* | 61 | *79* | 87 | *58* | 68 | *62* | 42 | *44* | 33 | *26* | 19 | *32* | 24 | *11* | 19 | *23* | 21 |
| *Total Surma Valley* ... | *274* | *396* | *371* | *561* | *505* | *599* | *501* | *488* | *420* | *267* | *357* | *260* | *153* | *95* | *192* | *145* | *44* | *47* | *149* | *155* |
| Dhubri ... ... | *24* | 17 | *18* | 11 | *21* | 7 | *15* | ... | *14* | 2 | *8* | 6 | *8* | 2 | *12* | 1 | *3* | ... | *4* | ... |
| Goalpara ... ... | ... | ... | *1* | 2 | *1* | 1 | ... | ... | *1* | ... | *2* | ... | *3* | ... | ... | ... | ... | 1 | *1* | ... |
| Gauhati ... ... | *87* | 99 | *94* | 107 | *149* | 157 | *146* | 140 | *118* | 69 | *92* | 67 | *69* | 36 | *57* | 43 | *48* | 26 | *32* | 15 |
| Tezpur ... ... | *255* | 151 | *419* | 298 | *816* | 476 | *817* | 357 | *558* | 174 | *432* | 130 | *204* | 57 | *157* | 53 | *70* | 28 | *70* | 23 |
| Mangaldai ... ... | *144* | 76 | *211* | 139 | *361* | 214 | *407* | 210 | *371* | 163 | *270* | 85 | *153* | 32 | *127* | 46 | *38* | 7 | *35* | 17 |
| Nowgong ... ... | *303* | 339 | *371* | 445 | *621* | 571 | *596* | 569 | *543* | 292 | *446* | 185 | *255* | 86 | *186* | 94 | *87* | 38 | *85* | 80 |
| Sibsagar ... ... | *82* | 53 | *186* | 115 | *254* | 137 | *296* | 134 | *235* | 74 | *159* | 32 | *66* | 14 | *50* | 10 | *18* | 6 | *18* | 16 |
| Jorhat ... ... | *58* | 12 | *91* | 10 | *134* | 11 | *146* | 15 | *91* | 11 | *79* | 6 | *36* | 2 | *27* | 2 | *9* | ... | *9* | 3 |
| Golaghat ... ... | *28* | 14 | *88* | 63 | *131* | 44 | *123* | 44 | *108* | 10 | *61* | 13 | *35* | 4 | *17* | 18 | *8* | 1 | *11* | 2 |
| Dibrugarh ... ... | *89* | 87 | *138* | 152 | *282* | 203 | *241* | 132 | *173* | 62 | *91* | 41 | *45* | 14 | *30* | 18 | *13* | 14 | *14* | 18 |
| North Lakhimpur ... | *96* | 155 | *140* | 259 | *293* | 274 | *304* | 175 | *242* | 81 | *157* | 62 | *59* | 23 | *38* | 25 | *15* | 5 | *13* | 8 |
| *Total Brahmaputra Valley* ... | *1,166* | *1,003* | *1,757* | *1,601* | *3,063* | *2,095* | *3,091* | *1,776* | *2,454* | *938* | *1,797* | *627* | *933* | *270* | *701* | *310* | *309* | *126* | *292* | *182* |
| *Total Plains* ... ... | *1,440* | *1,399* | *2,128* | *2,162* | *3,568* | *2,694* | *3,592* | *2,264* | *2,874* | *1,205* | *2,154* | *887* | *1,086* | *365* | *893* | *455* | *353* | *173* | *441* | *337* |
| Jowai ... ... | *1* | ... | *1* | 1 | ... | ... | ... | 1 | *1* | 2 | ... | ... | *1* | ... | ... | 1 | ... | 1 | ... | ... |
| *Total Hill Districts* ... | *1* | ... | *1* | *1* | ... | ... | ... | *1* | *1* | *2* | ... | ... | *1* | ... | ... | *1* | ... | *1* | ... | ... |
| **Total for the Province** ... | **1,441** | **1,399** | **2,129** | **2,163** | **3,568** | **2,694** | **3,592** | **2,265** | **2,875** | **1,207** | **2,154** | **887** | **1,087** | **365** | **893** | **456** | **353** | **174** | **441** | **337** |

# PROVINCIAL TABLE VII.—*AGE STATISTICS OF TEA GARDEN POPULATION.*

## *AGES BY RELIGIONS.*—PART F.—OTHERS.

| DISTRICT. | TOTAL OTHERS. | | | AGE PERIODS. | | | | | | | | | | | | | | | |
|---|---|---|---|---|---|---|---|---|---|---|---|---|---|---|---|---|---|---|---|
| | | | | Under 1 year. | | 1 year. | | 2 years. | | 3 years. | | 4 years. | | Total 0–4. | | 5–9. | | 10–14. | |
| | Total. | Males. | Females. | Males. | Females. | Males. | Females. | Males. | Females. | Males. | Females. | Males. | Females. | Males. | Females. | Males. | Females. | Males. | Females. |
| 1 | 2 | 3 | 4 | 5 | 6 | 7 | 8 | 9 | 10 | 11 | 12 | 13 | 14 | 15 | 16 | 17 | 18 | 19 | 20 |
| Silchar ... ... | 4 | 4 | ...... | ... | ... | ... | ... | ... | ... | ... | ... | ... | ... | ... | ... | ... | ... | ... | ... |
| Hailakandi ... ... | 3 | 2 | 1 | ... | ... | ... | ... | ... | ... | ... | ... | ... | ... | ... | ... | ... | ... | ... | ... |
| Sylhet ... ... | ...... | ...... | ...... | ... | ... | ... | ... | ... | ... | ... | ... | ... | ... | ... | ... | ... | ... | ... | ... |
| Habiganj ... ... | ...... | ...... | ...... | ... | ... | ... | ... | ... | ... | ... | ... | ... | ... | ... | ... | ... | ... | ... | ... |
| Maulvi Bazar ... ... | 7 | 7 | ...... | ... | ... | ... | ... | ... | ... | ... | ... | ... | ... | ... | ... | ... | ... | ... | ... |
| Karimganj ... ... | 1 | 1 | ...... | ... | ... | ... | ... | ... | ... | ... | ... | ... | ... | ... | ... | ... | ... | ... | ... |
| *Total Surma Valley* ... | *15* | *14* | *1* | ... | ... | ... | ... | ... | ... | ... | ... | ... | ... | ... | ... | ... | ... | ... | ... |
| Dhubri ... ... | ...... | ...... | ...... | ... | ... | ... | ... | ... | ... | ... | ... | ... | ... | ... | ... | ... | ... | ... | ... |
| Goalpara ... ... | ...... | ...... | ...... | ... | ... | ... | ... | ... | ... | ... | ... | ... | ... | ... | ... | ... | ... | ... | ... |
| Gauhati ... ... | 3 | 3 | ...... | ... | ... | ... | ... | ... | ... | ... | ... | ... | ... | ... | ... | ... | ... | ... | ... |
| Tezpur ... ... | 53 | 40 | 13 | ... | ... | ... | ... | ... | 1 | ... | 1 | ... | ... | ... | 2 | 2 | 2 | ... | ... |
| Mangaldai ... ... | 24 | 20 | 4 | ... | ... | ... | ... | ... | 1 | ... | ... | ... | ... | ... | 1 | 1 | ... | ... | ... |
| Nowgong ... ... | ...... | ...... | ...... | ... | ... | ... | ... | ... | ... | ... | ... | ... | ... | ... | ... | ... | ... | ... | ... |
| Sibsagar ... ... | 12 | 11 | 1 | ... | ... | ... | ... | ... | ... | ... | ... | ... | ... | ... | ... | ... | ... | 2 | ... |
| Jorhat ... ... | 14 | 13 | 1 | ... | ... | ... | ... | ... | ... | ... | ... | ... | ... | ... | ... | ... | ... | 1 | ... |
| Golaghat ... ... | 18 | 13 | 5 | ... | ... | 1 | ... | ... | ... | 1 | ... | ... | ... | 2 | ... | 1 | 1 | 1 | ... |
| Dibrugarh ... ... | 33 | 31 | 2 | ... | ... | ... | ... | ... | ... | ... | ... | ... | ... | ... | ... | ... | ... | 1 | ... |
| North Lakhimpur ... | 1 | 1 | ...... | ... | ... | ... | ... | ... | ... | ... | ... | ... | ... | ... | ... | ... | ... | ... | ... |
| *Total Brahmaputra Valley* .. | *158* | *132* | *26* | ... | ... | *1* | ... | ... | *2* | *1* | *1* | ... | ... | *2* | *3* | *4* | *3* | *5* | ... |
| *Total Plains* ... ... | *173* | *146* | *27* | ... | ... | *1* | ... | ... | *2* | *1* | *1* | ... | ... | *2* | *3* | *4* | *3* | *5* | ... |
| Jowai ... ... | ...... | ...... | ...... | ... | ... | ... | ... | ... | ... | ... | ... | ... | ... | ... | ... | ... | ... | ... | ... |
| *Total Hill Districts* ... | ...... | ...... | ...... | ... | ... | ... | ... | ... | ... | ... | ... | ... | ... | ... | ... | ... | ... | ... | ... |
| **Total for the Province** ... | **173** | **146** | **27** | ... | ... | **1** | ... | ... | **2** | **1** | **1** | ... | ... | **2** | **3** | **4** | **3** | **5** | ... |

# PROVINCIAL TABLE VII.—*AGE STATISTICS OF TEA GARDEN POPULATION.*

## *AGES BY RELIGIONS.*—PART F.—OTHERS—*continued.*

| DISTRICT. | AGE PERIODS. | | | | | | | | | | | | | | | | | | | |
|---|---|---|---|---|---|---|---|---|---|---|---|---|---|---|---|---|---|---|---|---|
| | 15—19. | | 20—24. | | 25—29. | | 30—34. | | 35—39. | | 40—44. | | 45—49. | | 50—54. | | 55—59. | | 60 and over. | |
| | Males. | Females. | Males. | Females. | Males. | Females. | Males. | Females. | Males. | Females. | Males. | Females. | Males. | Females. | Males. | Females. | Males. | Females. | Males. | Females. |
| | 21 | 22 | 23 | 24 | 25 | 26 | 27 | 28 | 29 | 30 | 31 | 32 | 33 | 34 | 35 | 36 | 37 | 38 | 39 | 40 |
| Silchar ... ... | ...... | ... | 1 | ... | 1 | ... | ... | ... | ... | ... | 1 | ... | ... | ... | ... | ... | 1 | ... | ... | ... |
| Hailakandi ... ... | ...... | ... | ... | ... | 1 | ... | 1 | 1 | ... | ... | ... | ... | ... | ... | ... | ... | ... | ... | ... | ... |
| Sylhet ... ... | ...... | ... | ... | ... | ... | ... | ... | ... | ... | ... | ... | ... | ... | ... | ... | ... | ... | ... | ... | ... |
| Habiganj ... ... | ...... | ... | ... | ... | ... | ... | ... | ... | ... | ... | ... | ... | ... | ... | ... | ... | ... | ... | ... | ... |
| Maulvi Bazar ... ... | ...... | ... | 1 | ... | 1 | ... | 2 | ... | 2 | ... | ... | ... | ... | ... | ... | ... | 1 | ... | ... | ... |
| Karimganj ... ... | ...... | ... | 1 | ... | ... | ... | ... | ... | ... | ... | ... | ... | ... | ... | ... | ... | ... | ... | ... | ... |
| *Total Surma Valley* ... | ...... | ... | 3 | ... | 3 | ... | 3 | 1 | 2 | ... | 1 | ... | ... | ... | ... | ... | 2 | ... | ... | ... |
| Dhubri ... ... | ...... | ... | ... | ... | ... | ... | ... | ... | ... | ... | ... | ... | ... | ... | ... | ... | ... | ... | ... | ... |
| Goalpara ... ... | ...... | ... | ... | ... | ... | ... | ... | ... | ... | ... | ... | ... | ... | ... | ... | ... | ... | ... | ... | ... |
| Gauhati ... ... | ...... | ... | ... | ... | 2 | ... | 1 | ... | ... | ... | ... | ... | ... | ... | ... | ... | ... | ... | ... | ... |
| Tezpur ... ... | 5 | 2 | 7 | 2 | 9 | 2 | 2 | 2 | 6 | 1 | 3 | ... | 4 | ... | 1 | ... | ... | ... | 1 | ... |
| Mangaldai ... ... | 1 | ... | 2 | ... | 4 | 1 | 5 | 1 | 2 | 1 | 3 | ... | ... | ... | 2 | ... | ... | ... | ... | ... |
| Nowgong ... ... | ...... | ... | ... | ... | ... | ... | ... | ... | ... | ... | ... | ... | ... | ... | ... | ... | ... | ... | ... | ... |
| Sibsagar ... ... | 4 | ... | 1 | ... | 1 | 1 | 1 | ... | 2 | ... | ... | ... | ... | ... | ... | ... | ... | ... | ... | ... |
| Jorhat ... ... | 1 | ... | 5 | 1 | 1 | ... | 2 | ... | 1 | ... | 1 | ... | 1 | ... | ... | ... | ... | ... | ... | ... |
| Golaghat ... ... | ...... | 1 | 1 | ... | 2 | 3 | ... | ... | 2 | ... | 2 | ... | 1 | ... | 1 | ... | ... | ... | ... | ... |
| Dibrugarh ... ... | 2 | 1 | 10 | 1 | 11 | ... | ... | ... | 2 | ... | 1 | ... | ... | ... | 2 | ... | 1 | ... | 1 | ... |
| North Lakhimpur ... | ...... | ... | ... | ... | ... | ... | 1 | ... | ... | ... | ... | ... | ... | ... | ... | ... | ... | ... | ... | ... |
| *Total Brahmaputra Valley* | 13 | 4 | 26 | 4 | 30 | 7 | 12 | 3 | 15 | 2 | 10 | ... | 6 | ... | 6 | ... | 1 | ... | 2 | ... |
| *Total Plains* ... ... | 13 | 4 | 29 | 4 | 33 | 7 | 15 | 4 | 17 | 2 | 11 | ... | 6 | ... | 6 | ... | 3 | ... | 2 | ... |
| Jowai ... ... | ...... | ... | ... | ... | ... | ... | ... | ... | ... | ... | ... | ... | ... | ... | ... | ... | ... | ... | ... | ... |
| *Total Hill Districts* ... | ...... | ... | ... | ... | ... | ... | ... | ... | ... | ... | ... | ... | ... | ... | ... | ... | ... | ... | ... | ... |
| **Total for the Province** ... | **13** | **4** | **29** | **4** | **33** | **7** | **15** | **4** | **17** | **2** | **11** | ... | **6** | ... | **6** | ... | **3** | ... | **2** | ... |

# PROVINCIAL TABLE VIII.

## Birth Places of the Tea Garden Population in Assam.

# PROVINCIAL TABLE VIII.

## *BIRTH PLACES OF THE TEA GARDEN POPULATION.*

| DISTRICT. | TOTAL POPULATION. | | | I. BIRTH PLACE.—DISTRICTS WITHIN THE PROVINCE. | | | | | | | | | | | |
|---|---|---|---|---|---|---|---|---|---|---|---|---|---|---|---|
| | | | | *TOTAL BORN IN THE PROVINCE.* | | | SURMA VALLEY. | | | | | | | | |
| | | | | | | | CACHAR. | | | SYLHET. | | | TOTAL SURMA VALLEY. | | |
| | Total. | Males. | Females. | Total. | Males. | Females. | Total. | Males. | Females. | Total. | Males. | Females. | Total. | Males. | Females. |
| 1 | 2 | 3 | 4 | 5 | 6 | 7 | 8 | 9 | 10 | 11 | 12 | 13 | 14 | 15 | 16 |
| Cachar Plains ... | **118,181** | *62,688* | 55,493 | **41,064** | *22,587* | 18,477 | **37,584** | *19,771* | 17,813 | **2,524** | *2,345* | 179 | **40,108** | *22,116* | 17,992 |
| Sylhet ... ... | **92,891** | *49,299* | 43,592 | **19,253** | *10,877* | 8,376 | **2,465** | *1,295* | 1,170 | **16,554** | *9,453* | 7,101 | **19,019** | *10,748* | 8,271 |
| *Total Surma Valley* ... | *211,072* | *111,987* | *99,085* | *60,317* | *33,464* | *26,853* | *40,049* | *21,066* | *18,983* | *19,078* | *11,798* | *7,280* | *59,127* | *32,864* | *26,263* |
| Goalpara ... ... | **571** | *350* | 221 | **108** | *54* | 54 | ...... | ...... | ...... | ...... | ... | ... | ...... | ... | ... |
| Kamrup ... ... | **6,423** | *3,393* | 3,030 | **3,279** | *1,782* | 1,497 | **1** | ...... | 1 | **5** | *4* | 1 | **6** | *4* | 2 |
| Darrang ... ... | **47,861** | *27,975* | 19,886 | **15,491** | *10,604* | 4,887 | **13** | *7* | 6 | **20** | *11* | 9 | **33** | *18* | 15 |
| Nowgong ... ... | **17,642** | *9,579* | 8,063 | **6,468** | *3,808* | 2,660 | **5** | *3* | 2 | **17** | *9* | 8 | **22** | *12* | 10 |
| Sibsagar ... ... | **99,562** | *54,195* | 45,367 | **27,684** | *16,009* | 11,675 | **35** | *20* | 15 | **16** | *13* | 3 | **51** | *33* | 18 |
| Lakhimpur ... ... | **71,664** | *38,678* | 32,986 | **15,363** | *8,711* | 6,652 | **9** | *5* | 4 | **26** | *23* | 3 | **35** | *28* | 7 |
| *Total Brahmaputra Valley* | *243,723* | *134,170* | *109,553* | *68,393* | *40,968* | *27,425* | *63* | *35* | *28* | *84* | *60* | *24* | *147* | *95* | *52* |
| *Total Plains* ... ... | *454,795* | *246,157* | *208,638* | *128,710* | *74,432* | *54,278* | *40,112* | *21,101* | *19,011* | *19,162* | *11,858* | *7,304* | *59,274* | *32,959* | *26,315* |
| Khasi and Jaintia Hills ... | **34** | *15* | 19 | **33** | *14* | 19 | ...... | ...... | ...... | ...... | ... | ... | ...... | ... | ... |
| **Total for the Province ...** | **454,829** | **246,172** | **208,657** | **128,743** | **74,446** | **54,297** | **40,112** | **21,101** | **19,011** | **19,162** | **11,858** | **7,304** | **59,274** | **32,959** | **26,315** |

# PROVINCIAL TABLE VIII.—*BIRTH PLACES OF THE TEA GARDEN POPULATION.*

| DISTRICT. | I. BIRTH PLACE.—DISTRICTS WITHIN THE PROVINCE—*continued.* | | | | | | | | | | | | | | |
|---|---|---|---|---|---|---|---|---|---|---|---|---|---|---|---|
| | BRAHMAPUTRA VALLEY. | | | | | | | | | | | | | | |
| | GOALPARA. | | | KAMRUP. | | | DARRANG. | | | NOWGONG. | | | SIBSAGAR. | | |
| | Total. | Males. | Females. | Total. | Males. | Females. | Total. | Males. | Females. | Total. | Males | Females. | Total. | Males. | Females. |
| | 17 | 18 | 19 | 20 | 21 | 22 | 23 | 24 | 25 | 26 | 27 | 28 | 29 | 30 | 31 |
| Cachar Plains ... ... | 20 | 12 | 8 | 5 | 3 | 2 | 3 | 3 | ...... | 77 | 31 | 46 | 2 | ...... | 2 |
| Sylhet ... ... | 3 | 1 | 2 | 62 | 32 | 30 | 4 | 2 | 2 | 10 | 6 | 4 | 1 | ...... | 1 |
| *Total Surma Valley* ... | 23 | 13 | 10 | 67 | 35 | 32 | 7 | 5 | 2 | 87 | 37 | 50 | 3 | ...... | 3 |
| Goalpara ... ... | 103 | 53 | 50 | ...... | ...... | ...... | 2 | ...... | 2 | 3 | 1 | 2 | ...... | ...... | ...... |
| Kamrup ... ... | 254 | 126 | 128 | 2,880 | 1,564 | 1,316 | 48 | 30 | 18 | 50 | 33 | 17 | 6 | 3 | 3 |
| Darrang ... ... | 468 | 276 | 192 | 2,029 | 1,543 | 486 | 12,263 | 8,406 | 3,857 | 67 | 48 | 19 | 152 | 74 | 78 |
| Nowgong ... ... | 879 | 484 | 395 | 971 | 754 | 217 | 160 | 125 | 35 | 3,873 | 2,114 | 1,759 | 62 | 29 | 33 |
| Sibsagar ... ... | 843 | 613 | 230 | 2,876 | 2,667 | 209 | 484 | 386 | 98 | 56 | 37 | 19 | 22,858 | 11,957 | 10,901 |
| Lakhimpur ... ... | 259 | 216 | 43 | 553 | 505 | 48 | 74 | 56 | 18 | 25 | 17 | 8 | 671 | 402 | 269 |
| *Total Brahmaputra Valley* | 2,806 | 1,768 | 1,038 | 9,309 | 7,033 | 2,276 | 13,031 | 9,003 | 4,028 | 4,074 | 2,250 | 1,824 | 23,749 | 12,465 | 11,284 |
| *Total Plains* ... | 2,829 | 1,781 | 1,048 | 9,376 | 7,068 | 2,308 | 13,038 | 9,008 | 4,030 | 4,161 | 2,287 | 1,874 | 23,752 | 12,465 | 11,287 |
| Khasi and Jaintia Hills ... | ...... | ...... | ...... | 1 | ...... | 1 | ...... | ...... | ...... | ...... | ...... | ...... | ...... | ...... | ...... |
| **Total for the Province ...** | **2,829** | **1,781** | **1,048** | **9,377** | **7,068** | **2,309** | **13,038** | **9,008** | **4,030** | **4,161** | **2,287** | **1,874** | **23,752** | **12,465** | **11,287** |

# PROVINCIAL TABLE VIII.—*BIRTH PLACES OF THE TEA GARDEN POPULATION.*

| DISTRICT. | I. BIRTH PLACE.—DISTRICTS WITHIN THE PROVINCE—*continued.* | | | | | | | | | | | | | | |
|---|---|---|---|---|---|---|---|---|---|---|---|---|---|---|---|
| | BRAHMAPUTRA VALLEY—*continued.* | | | | | | *TOTAL PLAINS.* | | | HILL DISTRICTS. | | | | | |
| | LAKHIMPUR. | | | TOTAL BRAHMAPUTRA VALLEY. | | | | | | NAGA HILLS. | | | KHASI AND JAINTIA HILLS. | | |
| | Total. | Males. | Females. | Total. | Males. | Females. | Total. | Males. | Females. | Total. | Males. | Females. | Total. | Males. | Females. |
| | 32 | 33 | 34 | 35 | 36 | 37 | 38 | 39 | 40 | 41 | 42 | 43 | 44 | 45 | 46 |
| Cachar Plains ... ... | 267 | *148* | 119 | 374 | *197* | 177 | 40,482 | *22,313* | 18,169 | ...... | ...... | ...... | 456 | *208* | 248 |
| Sylhet ... ... | 33 | *19* | 14 | 113 | *60* | 53 | 19,132 | *10,808* | 8,324 | ...... | ...... | ...... | 102 | *58* | 44 |
| *Total Surma Valley* ... | *300* | *167* | *133* | *487* | *257* | *230* | *59,614* | *33,121* | *26,493* | ...... | ...... | ...... | *558* | *266* | *292* |
| Goalpara ... ... | ...... | ...... | ...... | 108 | *54* | 54 | 108 | *54* | 54 | ...... | ...... | ...... | ...... | ...... | ...... |
| Kamrup ... ... | 6 | *3* | 3 | 3,244 | *1,759* | 1,485 | 3,250 | *1,763* | 1,487 | ...... | ...... | ...... | 7 | *3* | 4 |
| Darrang ... ... | 187 | *77* | 110 | 15,166 | *10,424* | 4,742 | 15,199 | *10,442* | 4,757 | 1 | ...... | 1 | 32 | *27* | 5 |
| Nowgong ... ... | 28 | *16* | 12 | 5,973 | *3,522* | 2,451 | 5,995 | *3,534* | 2,461 | ...... | ...... | ...... | 7 | *5* | 1 |
| Sibsagar ... ... | 317 | *177* | 140 | 27,434 | *15,837* | 11,597 | 27,485 | *15,870* | 11,615 | 100 | *84* | 16 | 3 | *2* | 2 |
| Lakhimpur ... ... | 13,694 | *7,441* | 6,253 | 15,276 | *8,637* | 6,639 | 15,311 | *8,665* | 6,646 | 39 | *39* | ...... | 4 | *1* | 3 |
| *Total Brahmaputra Valley* | *14,232* | *7,714* | *6,518* | *67,201* | *40,233* | *26,968* | *67,348* | *40,328* | *27,020* | *140* | *123* | *17* | *53* | *38* | *15* |
| *Total Plains* ... ... | *14,532* | *7,881* | *6,651* | *67,688* | *40,490* | *27,198* | *126,962* | *73,449* | *53,513* | *140* | *123* | *17* | *611* | *304* | *307* |
| Khasi and Jaintia Hills ... | ...... | ...... | ...... | 1 | ...... | 1 | 1 | ...... | 1 | ...... | ...... | ...... | 32 | *14* | 18 |
| **Total for the Province ...** | **14,532** | **7,881** | **6,651** | **67,689** | **40,490** | **27,199** | **126,963** | **73,449** | **53,514** | **140** | **123** | **17** | **643** | **318** | **325** |

# PROVINCIAL TABLE VIII.—*BIRTH PLACES OF THE TEA GARDEN POPULATION.*

| DISTRICT. | I. BIRTH PLACE.—DISTRICTS WITHIN THE PROVINCE—*concluded.* | | | | | | | | | | | | II. BIRTH PLACE.—PROVINCES OR STATES IN INDIA BEYOND THE PROVINCE. | | |
|---|---|---|---|---|---|---|---|---|---|---|---|---|---|---|---|
| | HILL DISTRICTS—*continued.* | | | | | | | | | MANIPUR. | | | *TOTAL BORN IN OTHER PROVINCES.* | | |
| | GARO HILLS. | | | NORTH LUSHAI. | | | *TOTAL HILL DISTRICTS.* | | | | | | | | |
| | Total. | Males. | Females. | Total. | Males. | Females. | Total. | Males. | Females. | Total. | Males. | Females. | Total. | Males. | Females. |
| | 47 | 48 | 49 | 50 | 51 | 52 | 53 | 54 | 55 | 56 | 57 | 58 | 59 | 60 | 61 |
| Cachar Plains ... ... | ...... | ...... | ...... | 39 | *17* | 22 | 495 | *225* | 270 | 87 | *49* | 38 | 76,846 | *39,877* | 36,969 |
| Sylhet ... ... | 1 | *1* | ...... | ...... | ...... | ...... | 103 | *59* | 44 | 18 | *10* | 8 | 73,407 | *38,236* | 35,171 |
| *Total Surma Valley* ... | *1* | *1* | ...... | *39* | *17* | *22* | *598* | *284* | *314* | *105* | *59* | *46* | *150,253* | *78,113* | *72,140* |
| Goalpara ... ... | ...... | ...... | ...... | ...... | ...... | ...... | ...... | ...... | ...... | ...... | ...... | ...... | 458 | *294* | 164 |
| Kamrup ... ... | 22 | *16* | 6 | ...... | ...... | ...... | 29 | *19* | 10 | ...... | ...... | ...... | 3,128 | *1,597* | 1,531 |
| Darrang ... ... | 251 | *130* | 121 | ...... | ...... | ...... | 284 | *157* | 127 | 8 | *5* | 3 | 31,715 | *16,802* | 14,913 |
| Nowgong ... ... | 461 | *264* | 197 | ...... | ...... | ...... | 468 | *269* | 199 | 5 | *5* | ...... | 11,111 | *5,721* | 5,390 |
| Sibsagar ... ... | 85 | *43* | 42 | ...... | ...... | ...... | 188 | *129* | 59 | 11 | *10* | 1 | 71,618 | *37,966* | 33,652 |
| Lakhimpur ... ... | 3 | *2* | 1 | ...... | ...... | ...... | 46 | *42* | 4 | 6 | *4* | 2 | 56,079 | *29,787* | 26,292 |
| *Total Brahmaputra Valley* | *822* | *455* | *367* | ...... | ...... | ...... | *1,015* | *616* | *399* | *30* | *24* | *6* | *174,109* | *92,167* | *81,942* |
| *Total Plains* ... | *823* | *456* | *367* | *39* | *17* | *22* | *1,613* | *900* | *713* | *135* | *83* | *52* | *324,362* | *170,280* | *154,082* |
| Khasi and Jaintia Hills ... | ...... | ...... | ...... | ...... | ...... | ...... | 32 | *14* | 18 | ...... | ...... | ...... | 1 | *1* | ......... |
| **Total for the Province ...** | **823** | **456** | **367** | **39** | **17** | **22** | **1,645** | **914** | **731** | **135** | **83** | **52** | **324,363** | **170,281** | **154,082** |

# PROVINCIAL TABLE VIII.—*BIRTH PLACES OF THE TEA GARDEN POPULATION.*

| DISTRICT. | II. BIRTH PLACE.—PROVINCES OR STATES IN INDIA BEYOND THE PROVINCE—*continued.* | | | | | | | | | | | | | | | | | |
|---|---|---|---|---|---|---|---|---|---|---|---|---|---|---|---|---|---|---|
| | NEIGHBOURING DISTRICTS OF BENGAL. | | | | | | | | | | | | | | | | | |
| | TIPPERAH. | | | MYMENSINGH. | | | DACCA. | | | RANGPUR. | | | KUCH BEHAR. | | | JALPAIGURI. | | |
| | Total. | Males. | Females. | Total. | Males. | Females. | Total. | Males. | Females. | Total. | Males. | Females. | Total. | Males. | Females. | Total. | Males. | Females. |
| | 62 | 63 | 64 | 65 | 66 | 67 | 68 | 69 | 70 | 71 | 72 | 73 | 74 | 75 | 76 | 77 | 78 | 79 |
| Cachar Plains ... | 86 | *70* | 16 | 58 | *43* | 15 | 215 | *164* | 51 | 6 | *4* | 2 | ... | ... | ...... | ... | ... | ...... |
| Sylhet ... ... | 75 | *57* | 18 | 77 | *6* | 71 | 193 | *127* | 66 | 4 | *1* | 3 | 1 | *1* | ...... | 1 | *1* | ...... |
| *Total Surma Valley* ... | *161* | *127* | *34* | *135* | *49* | *86* | *408* | *291* | *117* | *10* | *5* | *5* | *1* | *1* | ...... | *1* | *1* | ...... |
| Goalpara ... ... | ...... | ...... | ...... | 1 | *1* | ...... | 1 | *1* | ...... | ... | ... | ...... | ... | ... | ...... | 2 | *2* | ...... |
| Kamrup ... ... | ...... | ...... | ...... | 1 | ... | 1 | 5 | *3* | 2 | 4 | *4* | ...... | ... | ... | ...... | ... | ... | ...... |
| Darrang ... ... | 3 | *1* | 2 | 7 | *4* | 3 | 59 | *37* | 22 | 10 | *9* | 1 | 37 | *37* | ...... | 4 | *2* | 2 |
| Nowgong ... ... | ...... | ...... | ...... | 1 | *1* | ...... | 40 | *32* | 8 | 2 | *2* | ...... | 1 | *1* | ...... | ... | ... | ...... |
| Sibsagar ... ... | 1 | *1* | ...... | 62 | *60* | 2 | 140 | *98* | 42 | 40 | *28* | 12 | 4 | *4* | ...... | 2 | *2* | ...... |
| Lakhimpur ... ... | 4 | *2* | 2 | 4 | *4* | ...... | 55 | *45* | 10 | 2 | *1* | 1 | 2 | *2* | ...... | ... | ... | ...... |
| *Total Brahmaputra Valley* | *8* | *4* | *4* | *76* | *70* | *6* | *300* | *216* | *84* | *58* | *44* | *14* | *44* | *44* | ...... | *8* | *6* | *2* |
| *Total Plains* ... ... | *169* | *131* | *38* | *211* | *119* | *92* | *708* | *507* | *201* | *68* | *49* | *19* | *45* | *45* | ...... | *9* | *7* | *2* |
| Khasi and Jaintia Hills ... | ...... | ...... | ...... | ... | ... | ...... | ... | ... | ...... | ... | ... | ...... | ... | ... | ...... | ... | ... | ...... |
| **Total for the Province ...** | **169** | **131** | *38* | **211** | **119** | **92** | **708** | **507** | **201** | **68** | **49** | **19** | **45** | **45** | ...... | **9** | *7* | **2** |

# PROVINCIAL TABLE VIII.—*BIRTH PLACES OF THE TEA GARDEN POPULATION.*

| DISTRICT. | II. BIRTH PLACE.—PROVINCES OR STATES IN INDIA BEYOND THE PROVINCE—*continued.* | | | | | | | | | | | | | | |
|---|---|---|---|---|---|---|---|---|---|---|---|---|---|---|---|
| | NEIGHBOURING DISTRICTS OF BENGAL—*continued.* | | | OTHER PARTS OF BENGAL. | | | | | | | | | | | |
| | Total Neighbouring Districts of Bengal. | | | Santhal Parganas. | | | Chota Nagpur. | | | Behar. | | | Orissa. | | |
| | Total. | Males. | Females. | Total. | Males. | Females. | Total. | Males. | Females. | Total. | Males. | Females. | Total. | Males. | Females. |
| | 80 | 81 | 82 | 83 | 84 | 85 | 86 | 87 | 88 | 89 | 90 | 91 | 92 | 93 | 94 |
| Cachar Plains ... ... | 365 | 281 | 84 | 2,765 | 1,418 | 1,347 | 25,043 | 12,293 | 12,750 | 18,836 | 10,473 | 8,363 | 694 | 369 | 325 |
| Sylhet ... ... | 351 | 193 | 158 | 3,168 | 1,607 | 1,561 | 18,753 | 9,399 | 9,354 | 9,236 | 4,985 | 4,251 | 753 | 405 | 348 |
| *Total Surma Valley* ... | 716 | 474 | 242 | 5,933 | 3,025 | 2,908 | 43,796 | 21,692 | 22,104 | 28,072 | 15,458 | 12,614 | 1,447 | 774 | 673 |
| Goalpara ... ... | 4 | 4 | ..... | 317 | 205 | 112 | 109 | 66 | 43 | 14 | 10 | 4 | ...... | ...... | ...... |
| Kamrup ... ... | 10 | 7 | 3 | 765 | 375 | 390 | 1,233 | 643 | 590 | 440 | 218 | 222 | 8 | 6 | 2 |
| Darrang ... ... | 120 | 90 | 30 | 1,215 | 610 | 605 | 21,756 | 11,370 | 10,386 | 2,075 | 1,249 | 826 | 220 | 126 | 94 |
| Nowgong ... ... | 44 | 36 | 8 | 686 | 352 | 334 | 7,613 | 3,924 | 3,689 | 581 | 323 | 258 | 154 | 104 | 50 |
| Sibsagar ... ... | 249 | 193 | 56 | 2,891 | 1,486 | 1,405 | 45,140 | 24,193 | 20,947 | 8,831 | 4,973 | 3,858 | 366 | 213 | 153 |
| Lakhimpur ... ... | 67 | 54 | 13 | 3,326 | 1,786 | 1,540 | 40,286 | 20,999 | 19,287 | 3,352 | 2,166 | 1,186 | 410 | 246 | 164 |
| *Total Brahmaputra Valley* | 494 | 384 | 110 | 9,200 | 4,814 | 4,386 | 116,137 | 61,195 | 54,942 | 15,293 | 8,939 | 6,354 | 1,158 | 695 | 463 |
| *Total Plains* ... ... | 1,210 | 858 | 352 | 15,133 | 7,839 | 7,294 | 159,933 | 82,887 | 77,046 | 43,365 | 24,397 | 18,968 | 2,605 | 1,469 | 1,136 |
| Khasi and Jaintia Hills ... | ...... | ...... | ...... | ......... | ...... | ...... | ......... | ...... | ...... | ...... | ...... | ...... | ...... | ...... | ...... |
| **Total for the Province** ... | **1,210** | **858** | **352** | **15,133** | **7,839** | **7,294** | **159,933** | **82,887** | **77,046** | **43,365** | **24,397** | **18,968** | **2,605** | **1,469** | **1,136** |

## PROVINCIAL TABLE VIII.—*BIRTH PLACES OF THE TEA GARDEN POPULATION.*

| DISTRICT. | II. BIRTH PLACE.—PROVINCES OR STATES IN INDIA BEYOND THE PROVINCE—*continued.* | | | | | | | | | | | | | | |
|---|---|---|---|---|---|---|---|---|---|---|---|---|---|---|---|
| | OTHER PARTS OF BENGAL—*continued.* | | | | | | | | | *TOTAL BENGAL.* | | | ANDAMANS. | | |
| | CHANDERNAGORE. | | | OTHER DISTRICTS. | | | TOTAL OTHER PARTS OF BENGAL. | | | | | | | | |
| | Total. | Males. | Females. | Total. | Males. | Females. | Total. | Males. | Females. | Total. | Males. | Females. | Total. | Males. | Females. |
| | 95 | 96 | 97 | 98 | 99 | 100 | 101 | 102 | 103 | 104 | 105 | 106 | 107 | 108 | 109 |
| Cachar Plains ... ... | ...... | ...... | ...... | 17,506 | *7,970* | 9,536 | 64,844 | *32,523* | 32,321 | 65,209 | *32,804* | 32,405 | ...... | ...... | ...... |
| Sylhet ... ... | 1 | *1* | ...... | 9,009 | *4,198* | 4,811 | 40,920 | *20,595* | 20,325 | 41,271 | *20,788* | 20,483 | ...... | ...... | ...... |
| *Total Surma Valley* ... | *1* | *1* | ...... | *26,515* | *12,168* | *14,347* | *105,764* | *53,118* | *52,646* | *106,480* | *53,592* | *52,888* | ...... | ...... | ...... |
| Goalpara ... ... | ...... | ...... | ...... | 13 | *8* | 5 | 453 | *289* | 164 | 457 | *293* | 164 | ...... | ...... | ...... |
| Kamrup ... ... | ...... | ...... | ...... | 439 | *234* | 205 | 2,885 | *1,476* | 1,409 | 2,895 | *1,483* | 1,412 | ...... | ...... | ...... |
| Darrang ... ... | ...... | ...... | ...... | 4,148 | *2,121* | 2,027 | 29,414 | *15,476* | 13,938 | 29,534 | *15,566* | 13,968 | ...... | ...... | ...... |
| Nowgong ... ... | ...... | ...... | ...... | 1,204 | *533* | 671 | 10,238 | *5,236* | 5,002 | 10,282 | *5,272* | 5,010 | ...... | ...... | ...... |
| Sibsagar ... ... | 2 | *1* | 1 | 9,927 | *4,521* | 5,406 | 67,157 | *35,387* | 31,770 | 67,406 | *35,580* | 31,826 | ...... | ...... | ...... |
| Lakhimpur ... ... | ...... | ...... | ...... | 5,171 | *2,469* | 2,702 | 52,545 | *27,666* | 24,879 | 52,612 | *27,720* | 24,892 | 2 | ...... | 2 |
| *Total Brahmaputra Valley* | *2* | *1* | *1* | *20,902* | *9,886* | *11,016* | *162,692* | *85,530* | *77,162* | *163,186* | *85,914* | *77,272* | *2* | ...... | *2* |
| *Total Plains* ... | *3* | *2* | *1* | *47,417* | *22,054* | *25,363* | *268,456* | *138,648* | *129,808* | *269,666* | *139,506* | *130,160* | *2* | ...... | *2* |
| Khasi and Jaintia Hills ... | ...... | ...... | ...... | 1 | *1* | ...... | 1 | *1* | ...... | 1 | *1* | ........ | ...... | ...... | ...... |
| **Total for the Province** ... | **3** | **2** | **1** | **47,418** | **22,055** | **25,363** | **268,457** | **138,649** | **129,808** | **269,667** | **139,507** | **130,160** | **2** | ...... | **2** |

# PROVINCIAL TABLE VIII.—*BIRTH PLACES OF THE TEA GARDEN POPULATION.*

| DISTRICT. | II. BIRTH PLACE.—PROVINCES OR STATES IN INDIA BEYOND THE PROVINCE—*continued.* | | | | | | | | | | | | | | |
|---|---|---|---|---|---|---|---|---|---|---|---|---|---|---|---|
| | BOMBAY. | | | BURMA. | | | CASHMERE. | | | CENTRAL PROVINCES. | | | HYDERABAD. | | |
| | Total. | Males. | Females. | Total. | Males. | Females. | Total. | Males. | Females. | Total. | Males. | Females. | Total. | Males. | Females. |
| | 110 | 111 | 112 | 113 | 114 | 115 | 116 | 117 | 118 | 119 | 120 | 121 | 122 | 123 | 124 |
| Cachar Plains ... | 54 | *32* | 22 | 3 | *2* | 1 | 15 | *7* | 8 | 449 | *256* | 193 | 1 | *1* | ...... |
| Sylhet ... ... | 19 | *12* | 7 | ...... | ...... | ...... | ...... | ...... | ...... | 400 | *205* | 195 | ...... | ...... | ...... |
| *Total Surma Valley* ... | *73* | *44* | *29* | *3* | *2* | *1* | *15* | *7* | *8* | *849* | *461* | *388* | *1* | *1* | ...... |
| Goalpara ... ... | ...... | ...... | ...... | ...... | ...... | ...... | ...... | ...... | ...... | ...... | ...... | ...... | ...... | ...... | ...... |
| Kamrup ... ... | 16 | *5* | 11 | ...... | ...... | ...... | ...... | ...... | ...... | 28 | *19* | 9 | 1 | *1* | ...... |
| Darrang ... ... | 27 | *16* | 11 | ...... | ...... | ...... | ...... | ...... | ...... | 349 | *162* | 187 | ...... | ...... | ...... |
| Nowgong ... ... | 1 | ...... | 1 | ...... | ...... | ...... | ...... | ...... | ...... | 176 | *97* | 79 | ...... | ...... | ...... |
| Sibsagar ... ... | 64 | *35* | 29 | 4 | *1* | 3 | ...... | ...... | ...... | 497 | *274* | 223 | ...... | ...... | ...... |
| Lakhimpur ... ... | 10 | *4* | 6 | 2 | *1* | 1 | ...... | ...... | ...... | 1,008 | *566* | 442 | ...... | ...... | ...... |
| *Total Brahmaputra Valley* | *118* | *60* | *58* | *6* | *2* | *4* | ...... | ...... | ...... | *2,058* | *1,118* | *940* | *1* | *1* | ...... |
| *Total Plains* ... | *191* | *104* | *87* | *9* | *4* | *5* | *15* | *7* | *8* | *2,907* | *1,579* | *1,328* | *2* | *2* | ...... |
| Khasi and Jaintia Hills ... | ...... | ...... | ...... | ...... | ...... | ...... | ...... | ...... | ...... | ...... | ...... | ...... | ...... | ...... | ...... |
| **Total for the Province ...** | **191** | **104** | **87** | **9** | **4** | **5** | **15** | **7** | **8** | **2,907** | **1,579** | **1,328** | **2** | **2** | ...... |

## PROVINCIAL TABLE VIII.—*BIRTH PLACES OF THE TEA GARDEN POPULATION.*

| DISTRICT. | II. BIRTH PLACE.—PROVINCES OR STATES IN INDIA BEYOND THE PROVINCE—*continued.* | | | | | | | | | | | | | | |
|---|---|---|---|---|---|---|---|---|---|---|---|---|---|---|---|
| | MADRAS. | | | NORTH-WEST PROVINCES. | | | PUNJAB. | | | RAJPUTANA. | | | INDIA UNSPECIFIED. | | |
| | Total. | Males. | Females. | Total. | Males. | Females. | Total. | Males. | Females. | Total. | Males. | Females. | Total. | Males. | Females. |
| | 125 | 126 | 127 | 128 | 129 | 130 | 131 | 132 | 133 | 134 | 135 | 136 | 137 | 138 | 139 |
| Cachar Plains ... | 992 | *504* | 488 | 10,107 | *6,266* | 3,841 | 1 | *1* | ...... | 10 | *4* | 6 | 5 | ...... | 5 |
| Sylhet ... ... | 5,601 | *2,821* | 2,780 | 26,098 | *14,399* | 11,699 | 1 | *1* | ...... | 16 | *9* | 7 | 1 | *1* | ...... |
| *Total Surma Valley* ... | *6,593* | *3,325* | *3,268* | *36,205* | *20,665* | *15,540* | *2* | *2* | ...... | *26* | *13* | *13* | *6* | *1* | *5* |
| Goalpara ... ... | ......... | ......... | ......... | 1 | *1* | ......... | ...... | ...... | ...... | ...... | ...... | ...... | ...... | ...... | ...... |
| Kamrup ... ... | 5 | *4* | 1 | 161 | *67* | 94 | ...... | ...... | ...... | 22 | *18* | 4 | ...... | ...... | ...... |
| Darrang ... ... | 875 | *436* | 439 | 779 | *506* | 273 | ...... | ...... | ...... | 151 | *116* | 35 | ...... | ...... | ...... |
| Nowgong ... ... | 336 | *166* | 170 | 295 | *173* | 122 | ...... | ...... | ...... | 21 | *13* | 8 | ...... | ...... | ...... |
| Sibsagar ... ... | 1,386 | *709* | 677 | 1,790 | *1,016* | 774 | 1 | *1* | ...... | 470 | *350* | 120 | ...... | ...... | ...... |
| Lakhimpur ... ... | 954 | *554* | 400 | 1,257 | *747* | 510 | 9 | *6* | 3 | 225 | *189* | 36 | ...... | ...... | ...... |
| *Total Brahmaputra Valley* | *3,556* | *1,869* | *1,687* | *4,283* | *2,510* | *1,773* | *10* | *7* | *3* | *889* | *686* | *203* | ...... | ...... | ...... |
| *Total Plains* ... ... | *10,149* | *5,194* | *4,955* | *40,488* | *23,175* | *17,313* | *12* | *9* | *3* | *915* | *699* | *216* | *6* | *1* | *5* |
| Khasi and Jaintia Hills ... | ......... | ......... | ......... | ......... | ......... | ......... | ...... | ...... | ...... | ...... | ...... | ...... | ...... | ...... | ...... |
| **Total for the Province** ... | **10,149** | **5,194** | **4,955** | **40,488** | **23,175** | **17,313** | **12** | **9** | **3** | **915** | **699** | **216** | *6* | **1** | **5** |

# PROVINCIAL TABLE VIII.—*BIRTH PLACES OF THE TEA GARDEN POPULATION.*

| DISTRICT. | II. BIRTH PLACE.—PROVINCES OR STATES IN INDIA BEYOND THE PROVINCE—*concluded.* | | | III. BIRTH PLACE.—COUNTRIES IN ASIA BEYOND INDIA. | | | | | | | | | | | |
|---|---|---|---|---|---|---|---|---|---|---|---|---|---|---|---|
| | *TOTAL OTHER PROVINCES, EXCLUDING BENGAL.* | | | *TOTAL BORN IN ASIA BEYOND INDIA.* | | | AFGHANISTAN. | | | ARABIA. | | | BHUTAN. | | |
| | Total. | Males. | Females. | Total. | Males. | Females. | Total. | Males. | Females. | Total. | Males. | Females. | Total. | Males. | Females. |
| | 140 | 141 | 142 | 143 | 144 | 145 | 146 | 147 | 148 | 149 | 150 | 151 | 152 | 153 | 154 |
| Cachar Plains ... ... | 11,637 | 7,073 | 4,564 | 120 | 93 | 27 | 36 | 32 | 4 | 2 | 1 | 1 | ...... | ... | ...... |
| Sylhet ... ... | 32,136 | 17,448 | 14,688 | 89 | 63 | 26 | 21 | 21 | ...... | ...... | ...... | ...... | 1 | ... | 1 |
| *Total Surma Valley* ... | *43,773* | *24,521* | *19,252* | *209* | *156* | *53* | *57* | *53* | *4* | *2* | *1* | *1* | *1* | ... | *1* |
| Goalpara ... ... | 1 | 1 | ......... | 4 | 2 | 2 | ...... | ...... | ...... | ...... | ...... | ...... | ...... | ... | ...... |
| Kamrup ... ... | 233 | 114 | 119 | 11 | 9 | 2 | ...... | ...... | ...... | ...... | ...... | ...... | ...... | ... | ...... |
| Darrang ... ... | 2,181 | 1,236 | 945 | 576 | 504 | 72 | 20 | 20 | ...... | ...... | ...... | ...... | ...... | ... | ...... |
| Nowgong ... ... | 829 | 449 | 380 | 31 | 24 | 7 | 4 | 4 | ...... | ...... | ...... | ...... | 4 | 1 | 3 |
| Sibsagar ... ... | 4,212 | 2,386 | 1,826 | 130 | 108 | 22 | 16 | 16 | ...... | ...... | ...... | ...... | ...... | ... | ...... |
| Lakhimpur ... ... | 3,467 | 2,067 | 1,400 | 102 | 85 | 17 | 13 | 12 | 1 | 1 | 1 | ...... | ...... | ... | ...... |
| *Total Brahmaputra Valley.* | *10,923* | *6,253* | *4,670* | *854* | *732* | *122* | *53* | *52* | *1* | *1* | *1* | ...... | *4* | *1* | *3* |
| *Total Plains* ... ... | *54,696* | *30,774* | *23,922* | *1,063* | *888* | *175* | *110* | *105* | *5* | *3* | *2* | *1* | *5* | *1* | *4* |
| Khasi and Jaintia Hills ... | ......... | ......... | ......... | ...... | ...... | ...... | ...... | ...... | ...... | ...... | ...... | ...... | ...... | ... | ...... |
| **Total for the Province ...** | **54,696** | **30,774** | **23,922** | **1,063** | **888** | **175** | **110** | **105** | **5** | **3** | **2** | **1** | **5** | **1** | **4** |

# PROVINCIAL TABLE VIII.—*BIRTH PLACES OF THE TEA GARDEN POPULATION.*

| DISTRICT. | III. BIRTH PLACE.—COUNTRIES IN ASIA BEYOND INDIA—*continued.* | | | | | | | | | | | | | | |
|---|---|---|---|---|---|---|---|---|---|---|---|---|---|---|---|
| | CEYLON. | | | CHINA. | | | NIPAL. | | | STRAITS SETTLEMENTS. | | | TIBET. | | |
| | Total. | Males. | Females. | Total. | Males. | Females. | Total. | Males. | Females. | Total. | Males. | Females. | Total. | Males. | Females. |
| | 155 | 156 | 157 | 158 | 159 | 160 | 161 | 162 | 163 | 164 | 165 | 166 | 167 | 168 | 169 |
| Cachar Plains ... | 2 | 2 | ...... | ...... | ...... | ...... | 80 | 58 | 22 | ...... | ...... | ...... | ...... | ... | ...... |
| Sylhet ... ... | ...... | ...... | ...... | ...... | ...... | ...... | 67 | 42 | 25 | ...... | ...... | ...... | ...... | ... | ...... |
| *Total Surma Valley* ... | 2 | 2 | ...... | ...... | ...... | ...... | 147 | 100 | 47 | ...... | ...... | ...... | ...... | ... | ...... |
| Goalpara ... ... | ...... | ...... | ...... | ...... | ...... | ...... | 4 | 2 | 2 | ...... | ...... | ...... | ...... | ... | ...... |
| Kamrup ... ... | ...... | ...... | ...... | ...... | ...... | ...... | 11 | 9 | 2 | ...... | ...... | ...... | ...... | ... | ...... |
| Darrang ... ... | ...... | ...... | ...... | 10 | 10 | ...... | 542 | 473 | 69 | ...... | ...... | ...... | ...... | ... | ...... |
| Nowgong ... ... | ...... | ...... | ...... | ...... | ...... | ...... | 27 | 20 | 7 | ...... | ...... | ...... | ...... | ... | ...... |
| Sibsagar ... ... | ...... | ...... | ...... | 4 | 4 | ...... | 108 | 86 | 22 | 1 | 1 | ...... | 1 | 1 | ...... |
| Lakhimpur ... ... | ...... | ...... | ...... | 1 | 1 | ...... | 87 | 71 | 16 | ...... | ...... | ...... | ...... | ... | ...... |
| *Total Brahmaputra Valley.* | ...... | ...... | ...... | 15 | 15 | ...... | 779 | 661 | 118 | 1 | 1 | ...... | 1 | 1 | ...... |
| *Total Plains* ... ... | 2 | 2 | ...... | 15 | 15 | ...... | 926 | 761 | 165 | 1 | 1 | ...... | 1 | 1 | ...... |
| Khasi and Jaintia Hills ... | ...... | ...... | ...... | ...... | ...... | ...... | ......... | ......... | ...... | ...... | ...... | ...... | ...... | ... | ...... |
| **Total for the Province ...** | **2** | **2** | ...... | **15** | **15** | ...... | **926** | **761** | **165** | 1 | 1 | ...... | 1 | 1 | ...... |

# PROVINCIAL TABLE VIII.—*BIRTH PLACES OF THE TEA GARDEN POPULATION.*

## IV. BIRTH PLACE.—COUNTRIES IN EUROPE.

| DISTRICT. | *TOTAL BORN IN EUROPE.* | | | UNITED KINGDOM. | | | | | | | | | | | |
|---|---|---|---|---|---|---|---|---|---|---|---|---|---|---|---|
| | | | | ENGLAND. | | | SCOTLAND. | | | WALES. | | | IRELAND. | | |
| | Total. | Males. | Females. | Total. | Males. | Females. | Total. | Males. | Females. | Total. | Males. | Females. | Total. | Males. | Females. |
| | 170 | 171 | 172 | 173 | 174 | 175 | 176 | 177 | 178 | 179 | 180 | 181 | 182 | 183 | 184 |
| Cachar Plains ... | 150 | 130 | 20 | 78 | 69 | 9 | 46 | 39 | 7 | 2 | 2 | ...... | 23 | 19 | 4 |
| Sylhet ... ... | 140 | 121 | 19 | 47 | 41 | 6 | 88 | 75 | 13 | ...... | ...... | ...... | 2 | 2 | ...... |
| *Total Surma Valley* ... | 290 | 251 | 39 | 125 | 110 | 15 | 134 | 114 | 20 | 2 | 2 | ...... | 25 | 21 | 4 |
| Goalpara ... ... | 1 | ......... | 1 | ...... | ...... | ...... | ...... | ...... | ...... | ...... | ...... | ...... | ...... | ...... | ...... |
| Kamrup ... ... | 5 | 5 | ...... | 4 | 4 | ...... | 1 | 1 | ...... | ...... | ...... | ...... | ...... | ...... | ...... |
| Darrang ... ... | 79 | 65 | 14 | 41 | 35 | 6 | 32 | 26 | 6 | 1 | 1 | ...... | 4 | 2 | 2 |
| Nowgong ... ... | 32 | 26 | 6 | 20 | 16 | 4 | 8 | 7 | 1 | ...... | ...... | ...... | 4 | 3 | 1 |
| Sibsagar ... ... | 122 | 105 | 17 | 71 | 59 | 12 | 39 | 35 | 4 | 2 | 2 | ...... | 10 | 9 | 1 |
| Lakhimpur ... ... | 118 | 93 | 25 | 76 | 61 | 15 | 31 | 28 | 3 | ...... | ...... | ...... | 11 | 4 | 7 |
| *Total Brahmaputra Valley* | 357 | 294 | 63 | 212 | 175 | 37 | 111 | 97 | 14 | 3 | 3 | ...... | 29 | 18 | 11 |
| *Total Plains* ... ... | 647 | 545 | 102 | 337 | 285 | 52 | 245 | 211 | 34 | 5 | 5 | ...... | 54 | 39 | 15 |
| Khasi and Jaintia Hills ... | ......... | ......... | ...... | ...... | ...... | ...... | ...... | ...... | ...... | ...... | ...... | ...... | ...... | ...... | ...... |
| **Total for the Province ...** | **647** | **545** | **102** | **337** | **285** | **52** | **245** | **211** | **34** | **5** | **5** | ...... | **54** | **39** | **15** |

PROVINCIAL TABLE VIII.—*BIRTH PLACES OF THE TEA GARDEN POPULATION.*

| DISTRICT. | IV. BIRTH PLACE.—COUNTRIES IN EUROPE—*continued.* | | | | | | | | | | | | | | |
|---|---|---|---|---|---|---|---|---|---|---|---|---|---|---|---|
| | UNITED KINGDOM—*continued.* Total British Isles. | | | BELGIUM. | | | GERMAN EMPIRE. | | | GIBRALTAR. | | | SWEDEN. | | |
| | Total. | Males. | Females. | Total. | Males. | Females. | Total. | Males. | Females. | Total. | Males. | Females. | Total. | Males. | Females. |
| | 185 | 186 | 187 | 188 | 189 | 190 | 191 | 192 | 193 | 194 | 195 | 196 | 197 | 198 | 199 |
| achar Plains ... ... | 149 | *129* | 20 | ...... | ...... | ...... | 1 | *1* | ...... | ...... | ...... | ...... | ...... | ...... | ...... |
| Sylhet ... ... | 137 | *118* | 19 | 1 | *1* | ...... | 1 | *1* | ...... | 1 | *1* | ...... | ...... | ...... | ...... |
| *Total Surma Valley* ... | *286* | *247* | *39* | *1* | *1* | ...... | *2* | *2* | ...... | *1* | *1* | ...... | ...... | ...... | ...... |
| Goalpara ... ... | ...... | ...... | ...... | ...... | ...... | ...... | 1 | ...... | 1 | ...... | ...... | ...... | ...... | ...... | ...... |
| Kamrup ... ... | 5 | *5* | ...... | ...... | ...... | ...... | ...... | ...... | ...... | ...... | ...... | ...... | ...... | ...... | ...... |
| Darrang ... ... | 78 | *64* | 14 | ...... | ...... | ...... | ...... | ...... | ...... | ...... | ...... | ...... | 1 | *1* | ...... |
| Nowgong ... ... | 32 | *26* | 6 | ...... | ...... | ...... | ...... | ...... | ...... | ...... | ...... | ...... | ...... | ...... | ...... |
| Sibsagar ... ... | 122 | *105* | 17 | ...... | ...... | ...... | ...... | ...... | ...... | ...... | ...... | ...... | ...... | ...... | ...... |
| Lakhimpur ... ... | 118 | *93* | 25 | ...... | ...... | ...... | ...... | ...... | ...... | ...... | ...... | ...... | ...... | ...... | ...... |
| *Total Brahmaputra Valley* | *355* | *293* | *62* | ...... | ...... | ...... | *1* | ...... | *1* | ...... | ...... | ...... | *1* | *1* | ...... |
| *Total Plains* ... ... | *641* | *540* | *101* | *1* | *1* | ...... | *3* | *2* | *1* | *1* | *1* | ...... | *1* | *1* | ...... |
| Khasi and Jaintia Hills ... | ...... | ...... | ...... | ...... | ...... | ...... | ...... | ...... | ...... | ...... | ...... | ...... | ...... | ...... | ...... |
| **Total for the Province** ... | **641** | **540** | **101** | **1** | **1** | ...... | **3** | **2** | **1** | **1** | **1** | ...... | **1** | **1** | ...... |

# PROVINCIAL TABLE VIII.—*BIRTH PLACES OF THE TEA GARDEN POPULATION.*

| DISTRICT. | V. BIRTH PLACE.—COUNTRIES IN AFRICA. | | | | | | VI. BIRTH PLACE.—COUNTRIES IN AMERICA. | | | | | | | | |
|---|---|---|---|---|---|---|---|---|---|---|---|---|---|---|---|
| | *TOTAL BORN IN AFRICA.* | | | AFRICA UNSPECIFIED. | | | *TOTAL BORN IN AMERICA.* | | | WEST INDIES. | | | SOUTH AMERICA. | | |
| | Total. | Males. | Females. | Total. | Males. | Females. | Total. | Males. | Females. | Total. | Males. | Females. | Total. | Males. | Females. |
| | 200 | 201 | 202 | 203 | 204 | 205 | 206 | 207 | 208 | 209 | 210 | 211 | 212 | 213 | 214 |
| Cachar Plains ... | ...... | ...... | ...... | ...... | ...... | ...... | 1 | 1 | ...... | ...... | ...... | ...... | 1 | 1 | ...... |
| Sylhet ... ... | ...... | ...... | ...... | ...... | ...... | ...... | 2 | 2 | ...... | 1 | 1 | ...... | 1 | 1 | ...... |
| *Total Surma Valley* ... | ...... | ...... | ...... | ...... | ...... | ...... | 3 | 3 | ...... | 1 | 1 | ...... | 2 | 2 | ...... |
| Goalpara ... ... | ...... | ...... | ...... | ...... | ...... | ...... | ...... | ...... | ...... | ...... | ...... | ...... | ...... | ...... | ...... |
| Kamrup ... ... | ...... | ...... | ...... | ...... | ...... | ...... | ...... | ...... | ...... | ...... | ...... | ...... | ...... | ...... | ...... |
| Darrang ... ... | ...... | ...... | ...... | ...... | ...... | ...... | ...... | ...... | ...... | ...... | ...... | ...... | ...... | ...... | ...... |
| Nowgong ... ... | ...... | ...... | ...... | ...... | ...... | ...... | ...... | ...... | ...... | ...... | ...... | ...... | ...... | ...... | ...... |
| Sibsagar ... ... | ...... | ...... | ...... | ...... | ...... | ...... | 4 | 3 | 1 | 1 | 1 | ...... | ...... | ...... | ...... |
| Lakhimpur ... ... | 1 | 1 | ...... | 1 | 1 | ...... | 1 | 1 | ...... | 1 | 1 | ...... | ...... | ...... | ...... |
| *Total Brahmaputra Valley* | 1 | 1 | ...... | 1 | 1 | ...... | 5 | 4 | 1 | 2 | 2 | ...... | ...... | ...... | ...... |
| *Total Plains* ... | 1 | 1 | ...... | 1 | 1 | ...... | 8 | 7 | 1 | 3 | 3 | ...... | 2 | 2 | ...... |
| Khasi and Jaintia Hills ... | ...... | ...... | ...... | ...... | ...... | ...... | ...... | ...... | ...... | ...... | ...... | ...... | ...... | ...... | ...... |
| **Total for the Province** ... | 1 | 1 | ...... | 1 | 1 | ...... | 8 | 7 | 1 | 3 | 3 | ...... | 2 | 2 | ...... |

# PROVINCIAL TABLE VIII.—*BIRTH PLACES OF THE TEA GARDEN POPULATION.*

| DISTRICT. | VI. BIRTH PLACE.—COUNTRIES IN AMERICA—*continued.* | | | VII. BIRTH PLACE.—COUNTRIES IN AUSTRALASIA. | | | | | | | | |
|---|---|---|---|---|---|---|---|---|---|---|---|---|
| | AMERICA UNSPECIFIED. | | | *TOTAL BORN IN AUSTRALASIA.* | | | AUSTRALIA UNSPECIFIED. | | | NEW SOUTH WALES. | | |
| | Total. | Males. | Females. | Total. | Males. | Females. | Total. | Males. | Females. | Total. | Males. | Females. |
| | 215 | 216 | 217 | 218 | 219 | 220 | 221 | 222 | 223 | 224 | 225 | 226 |
| Cachar Plains ... | ...... | ...... | ...... | ...... | ...... | ...... | ...... | ...... | ...... | ...... | ...... | ...... |
| Sylhet ... ... | ...... | ...... | ...... | ...... | ...... | ...... | ...... | ...... | ...... | ...... | ...... | ...... |
| *Total Surma Valley* ... | ...... | ...... | ...... | ...... | ...... | ...... | ...... | ...... | ...... | ...... | ...... | ...... |
| Goalpara ... ... | ...... | ...... | ...... | ...... | ...... | ...... | ...... | ...... | ...... | ...... | ...... | ...... |
| Kamrup ... ... | ...... | ...... | ...... | ...... | ...... | ...... | ...... | ...... | ...... | ...... | ...... | ...... |
| Darrang ... ... | ...... | ...... | ...... | ...... | ...... | ...... | ...... | ...... | ...... | ...... | ...... | ...... |
| Nowgong ... ... | ...... | ...... | ...... | ...... | ...... | ...... | ...... | ...... | ...... | ...... | ...... | ...... |
| Sibsagar ... ... | 3 | 2 | 1 | 4 | 4 | ...... | 3 | 3 | ...... | 1 | 1 | ...... |
| Lakhimpur ... ... | ...... | ...... | ...... | ...... | ...... | ...... | ...... | ...... | ...... | ...... | ...... | ...... |
| *Total Brahmaputra Valley* | 3 | 2 | 1 | 4 | 4 | ...... | 3 | 3 | ...... | 1 | 1 | ...... |
| *Total Plains* ... ... | 3 | 2 | 1 | 4 | 4 | ...... | 3 | 3 | ...... | 1 | 1 | ...... |
| Khasi and Jaintia Hills ... | ...... | ...... | ...... | ...... | ...... | ...... | ...... | ...... | ...... | ...... | ...... | ...... |
| **Total for the Province ...** | **3** | **2** | **1** | **4** | **4** | ...... | **3** | **3** | ...... | **1** | **1** | ...... |

# PROVINCIAL TABLE IX.

## Showing the Age Distribution of 50,000 persons abstracted in Annual Periods.

REMARKS.

The enumeration books from which this table was prepared were selected at random from the different charges in the province, excluding the hill districts and other tracts where the age return was likely to be more than usually inaccurate.

The actual number of persons dealt with in the table is 50,005.

# PROVINCIAL TABLE IX.

## *AGE DISTRIBUTION OF 50,000 PERSONS ABSTRACTED IN ANNUAL PERIODS.*

| Age. | Males. | Females. | Age. | Males. | Females. |
|---|---|---|---|---|---|
| Infant ... | 854 | 757 | *60* .. | *515* | *524* |
| 1 ... | 425 | 485 | 61 ... | 25 | 19 |
| 2 ... | 831 | 847 | 62 ... | 28 | 24 |
| 3 ... | 850 | 878 | 63 ... | 5 | 3 |
| 4 ... | 783 | 891 | 64 ... | 23 | 9 |
| *5* ... | *914* | *865* | *65* ... | *75* | *79* |
| 6 ... | 795 | 791 | 66 ... | 6 | 6 |
| 7 ... | 732 | 794 | 67 ... | 11 | 14 |
| 8 ... | 909 | 855 | 68 ... | 21 | 11 |
| 9 ... | 491 | 491 | 69 ... | 5 | 7 |
| *10* ... | *972* | *733* | *70* ... | *160* | *140* |
| 11 ... | 284 | 378 | 71 ... | 4 | 7 |
| 12 ... | 981 | 600 | 72 ... | 5 | 12 |
| 13 ... | 240 | 302 | 73 ... | 2 | ... |
| 14 ... | 399 | 848 | 74 ... | 4 | 3 |
| *15* ... | *426* | *379* | *75* ... | *32* | *20* |
| 16 ... | 493 | 555 | 76 ... | .. | 1 |
| 17 ... | 192 | 209 | 77 ... | 3 | 2 |
| 18 ... | 550 | 576 | 78 ... | 4 | 8 |
| 19 ... | 149 | 250 | 79 ... | 1 | 2 |
| *20* ... | *948* | *1,049* | *80* ... | *109* | *197* |
| 21 ... | 159 | 252 | 81 ... | 1 | 1 |
| 22 ... | 460 | 436 | 82 ... | 1 | 2 |
| 23 ... | 267 | 177 | 83 ... | .. | ... |
| 24 ... | 306 | 267 | 84 ... | 2 | 1 |
| *25* ... | *1,142* | *1,092* | *85* ... | *8* | *4* |
| 26 ... | 288 | 350 | 86 ... | 1 | ... |
| 27 ... | 301 | 252 | 87 ... | 2 | 1 |
| 28 ... | 677 | 497 | 88 ... | 2 | ... |
| 29 ... | 227 | 201 | 89 ... | ... | 1 |
| *30* ... | *1,621* | *1,317* | *90* ... | *27* | *16* |
| 31 ... | 75 | 261 | 91 ... | ... | ... |
| 32 ... | 510 | 281 | 92 .. | ... | ... |
| 33 ... | 135 | 127 | 93 ... | .. | ... |
| 34 ... | 190 | 107 | 94 ... | 1 | 1 |
| *35* ... | *1,108* | *602* | *95* ... | *2* | ... |
| 36 ... | 271 | 212 | 96 ... | .. | ... |
| 37 ... | 133 | 88 | 97 ... | 1 | 1 |
| 38 ... | 314 | 197 | 98 ... | ... | ... |
| 39 ... | 135 | 129 | 99 ... | ... | 1 |
| *40* ... | *1,314* | *1,024* | *100* ... | *2* | *8* |
| 41 ... | 61 | 44 | 101 ... | ... | ... |
| 42 ... | 185 | 100 | 102 ... | ... | ... |
| 43 ... | 54 | 21 | 103 ... | ... | ... |
| 44 ... | 57 | 47 | 104 ... | ... | ... |
| *45* ... | *557* | *319* | *105* ... | *1* | ... |
| 46 ... | 54 | 33 | 106 ... | ... | ... |
| 47 ... | 52 | 28 | 107 ... | ... | ... |
| 48 ... | 160 | 90 | 108 ... | ... | ... |
| 49 ... | 28 | 39 | 109 ... | ... | ... |
| *50* ... | *821* | *653* | *110* ... | *1* | ... |
| 51 ... | 25 | 26 | 111 ... | ... | ... |
| 52 ... | 73 | 61 | 112 ... | 1 | ... |
| 53 ... | 18 | 22 | | | |
| 54 ... | 33 | 25 | | | |
| *55* ... | *163* | *135* | Total ... | 26,328 | 23,677 |
| 56 ... | 61 | 33 | | | |
| 57 ... | 22 | 20 | | 50,005 | |
| 58 ... | 48 | 35 | | | |
| 59 ... | 21 | 13 | | | |

# PROVINCIAL TABLE X.

## Provincial Caste Index.

### REMARKS.

This Index, which is arranged alphabetically, is divided into two parts. In the first are shown the subdivisions of Assam castes, &c., and in the second the sub-divisions of castes foreign to the province. The sub-divisions here shown are those entered in column 5 of the enumeration schedules. In the case of foreign castes, a nominal list only is given, but for the sub-divisions of Assam castes an attempt has been made, so far as possible, to add explanations showing the exact force of the different terms recorded.

# Assam Castes with their Sub-divisions.

## ABOR.

| | | |
|---|---|---|
| Dámbuk | ... ... ... ... ... | ...... |
| Netûm | ... ... ... ... ... | (Lakhimpur). |
| Taikdiá | ... ... ... ... ... | ( „ ). |

## AHOM.

| Serial No. | Sub-caste. | Remarks (explanation of terms). |
|---|---|---|
| | **CHAMUAS.** | |
| 1 | Bájuálkuor ... | Title (kuor = prince). Not descended from the royal family, but so called by royal favour. |
| 2 | Bargohain ... ... | Descendants of the Bargohain family of ministers. |
| 3 | Burágohain ... ... | Ditto Burágohain ditto. |
| 4 | Chetiyá ... ... | A khel of Chamuas. |
| 5 | Gohain ... ... | Title. Descendants of the royal family and ministers who have no special titles. They are called Gogai in the Rájdarbár. |
| 6 | Kálugáyá ... ... | Dependents of the Bargohain family of ministers, so called from Kalugaon, the name of the place where they lived. |
| 7 | Khaman ... ... | A khel of Chamuas. |
| 8 | Kuor ... ... | Descendants of the royal family. |
| 9 | Láchhit ... ... | A Chamua khel. Descendants of a man named Láchhit. |
| 10 | Láhon ... ... | A Chamua khel. |
| 11 | Lekerá ... ... | A Chamua khel. Descendants of a man named Lekerá. |
| 12 | Lukhurakhan ... | Ditto. Ditto ditto Lukhura. |
| 13 | Nohatiyá Chetiyá ... | Chetiyás who lived near Newhát ; a Chamua khel. |
| 14 | Pator ... ... | A Chamua khel. |
| 15 | Sándikai ... ... | Ditto. |
| | **KHELUAS.** | |
| 1 | Abhoypuriá ... ... | A khel both of soldiers (काड़ी) and labourers (हजुवा) Hajowá. |
| 2 | Ahom Tekela ... | Functional khel ; peons who used to keep the king informed about the affairs of the princes. |
| 3 | Arandhora ... ... | A khel whose functions were the holding of the *Aran*, or big leaf umbrella for kings and officers of State. |
| 4 | Bachá ... ... | Soldiers' khel. |
| 5 | Báhakári ... ... | Bamboo takers. |
| 6 | Bájimorá ... ... | Race runners. |
| 7 | Bánhoriá ... ... | Care-takers of bamboos for preparing king's houses. |
| 8 | Bakalluthiri ... ... | Soldiers' khel. |
| 9 | Barbaruatekela ... | Khel of Tekelas (peons). |
| 10 | Bárudhorá ... ... | Shield bearers. |
| 11 | Bebejiyá ... ... | Khel of soldiers and camp followers, so called because they were taken from different castes and settled in one village. *Bebij* means a village inhabited by different castes. |
| 12 | Bárdhorá ... ... | Provision bearers. |
| 13 | Bhogboria ... ... | Purveyors to kings. |
| 14 | Bhoráli ... ... | Occupational. Storekeepers. |
| 15 | Chábukdhorá ... | A whip bearer. |
| 16 | Chángmai ... ... | Royal cooks. |
| 17 | Chángmaibothákátiya ... | Oar-cutter (from *bothá*=oar). |
| 18 | Cháorak ... ... | Those who used to catch animals for sacrifice. |
| 19 | Charaisungi ... ... | Bird catchers. |
| 20 | Cháubachá ... ... | Khel of *Karis* (soldiers). |
| 21 | Chaudang ... ... | Guards or executioners living in court precincts. Number censused, 3,553. |

| Serial No. | Sub-caste. | Remarks (explanation of terms). |
|---|---|---|
| | | **KHELUAS—*continued.*** |
| 22 | Cháulkaria ... ... | Rice cleaners. |
| 23 | Dádhará ... ... | Sword carriers. |
| 24 | Dekábarbará... ... | Descendants of Barbará, an officer presiding over the Public Works Department. |
| 25 | Dekiál ... ... | Goldsmiths and soldiers. |
| 26 | Dhumurádeká ... | Nickname. Dhumura = Rammers of earth. Descendants of a Dhumura. |
| 27 | Dolákhoriá ... ... | A khel of Tekelas or peons. |
| 28 | Duyari ... ... | Gatekeepers of forts. |
| 29 | Edabariá ... ... | Ginger suppliers. |
| 30 | Gajpuriá ... ... | Descendants of the officers who had the supervision of elephants. |
| 31 | Gandhiá ... ... | Preparers and suppliers of sandal, incense, &c. |
| 32 | Gáyan ... ... | Singers. |
| 33 | Ghardhandi ... ... | Provision suppliers. |
| 34 | Gharfaliá ... ... | Care-takers of houses. |
| 35 | Ghoráchoá ... ... | Grooms, keepers of horses. |
| 36 | Hatimuriá ... .. | A khel of minister's dependants. Descendants of one whose head resembled that of an elephant. |
| 37 | Hiuldari ... ... | Soldiers carrying gun. |
| 38 | Holoyá ... ... | Soldiers of labourers' khel. |
| 39 | Japisajia ... ... | Makers of the jhápi or leaf umbrella. |
| 40 | Káhomorá ... ... | Bell ringers. |
| 41 | Kákaidhorá ... ... | Holders of the king's comb. |
| 42 | Kanthalbaria... ... | Jack fruit garden keepers. |
| 43 | Kapahuyá ... ... | Cotton suppliers. |
| 44 | Kataki ... ... | Interpreters, &c. |
| 45 | Khanikar ... ... | Painters. |
| 46 | Khargboriá ... ... | Gunpowder makers and keepers. Evidently a khel. |
| 47 | Khonokará ... ... | Undertakers. |
| 48 | Kukurachoá ... | Process-servers, &c. |
| 49 | Lekeliyál ... ... | A khel of soldiers and labourers. |
| 50 | Loupuria ... ... | Occupation. Salt makers. |
| 51 | Lukhurágaj ... ... | Nickname. Descendants of Lukhurá, who was big and strong like a *gaj* (elephant). |
| 52 | Madghoriá ... ... | Liquor distillers. |
| 53 | Maliá ... ... | Flower suppliers. |
| 54 | Malakhubachá ... | Suppliers of cleaned rice to the royal family (*malakhu* = whole rice as opposed to broken rice). |
| 55 | Malakhubej . . ... | Descendants of a physician named Malakhu. |
| 56 | Marangir Chaodang ... | Soldiers and labourers from Morang, name of a place. |
| 57 | Maribuya ... ... | Pipers. |
| 58 | Mati Ahom ... ... | Royal grave keepers. |
| 59 | Máut ... ... | Elephant drivers. |
| 60 | Mothadangiá ... | Khel of soldiers and labourers. |
| 61 | Naharkatiya ... ... | Cutters of Nahar tree. |
| 62 | Námdangia ... ... | Soldiers living near the Namdang river. |
| 63 | Náosaliyá ... ... | Boat makers. |
| 64 | Pahusungi ... ... | Catchers of game by net. |
| 65 | Paniabhoypuria ... | A local khel of *Karis* (soldiers). |
| 66 | Papangiya ... | Soldiers' khel. |
| 67 | Patmahut ... ... | King's elephant drivers. |
| 68 | Sadiyál ... ... | Local khel of soldiers' labourers living in or near Sadiya. |
| 69 | Salguriyá ... ... | Local khel (from Sologuri, name of a place) of soldiers. |
| 70 | Senchoá ... ... | Falconers. |
| 71 | Senuruá ... ... | Ditto falcon. |
| 72 | Sukanhatiya ... ... | Occupational. Dried fish suppliers to Nágas. The supply was made by the Ahom Kings as friendly presents. |
| 73 | Sungi ... ... | Khel of soldiers. |
| 74 | Sutiyahilaidari ... | Gun-bearing soldiers. |
| 75 | Sutiakári ... ... | Khel of soldiers. |
| 76 | Tamuli ... ... | Betel-nut suppliers and cutters. |
| 77 | Tinikariá ... ... | Soldiers' khel. |
| 78 | Tipamiya ... ... | A section of people assigned for the service of the king's relatives. |
| | | **MELUAS.** |
| 1 | Auriá ... ... | Family name. Descendants of one subject to epileptic fits (Aor) |
| 2 | Cháringia ... ... | A section of people assigned to the Jubráj or king's son. |
| 3 | Dihingia ... ... | These were people assigned to the different officers of State. Their occupations were various. |

| Serial No. | Sub caste. | Remarks (explanation of terms). |
|---|---|---|
| | **MELUAS**—*concluded.* | |
| 4 | Khangia ... | ... A section of people assigned to the king's mother, whose duty it was to supply her with all sorts of necessaries. |
| 5 | Kuligaya ... | ... Coolies living in villages especially assigned for coolies. |
| 6 | Likchan ... | ... Persons engaged in the personal service of ministers and officers. |
| 7 | Máhimeliá ... | ... A section of people assigned to the king's *mahi* (step-mother.) |
| 8 | Majumelia ... | ... A section of people assigned to the king's male relatives of the middle branch. |
| 9 | Ráidangia ... | ... A section of people assigned for the service of the first queen. |
| 10 | Tairai ... | ... Khatual Paiks, or soldiers on feudal tenure. |
| | **SECTARIAN GROUPS.** | |
| 1 | Matak ... | ... Followers of Matak Gohain. |
| 2 | Saraniya ... | ... New converts. |
| | **PRIESTS.** | |
| 1 | Bailung ... | ... Astrologers. |
| 2 | Dasambalimora | ... Sacrificers on the *Dasami* day, or the day of the immersion ceremony of Goddess Durga. |
| 3 | Deodhai ... | ... Priests. Number censused, 1,775. |
| 4 | Mohon ... | ... A section of the Deodhais. |

## ANGAMI NAGA.

### EXOGAMOUS CLANS.*

| | |
|---|---|
| Chaletsuma. | Mekroma. |
| Chalsuma. | Meralitsuma. |
| Cherama. | Mayasatsuma. |
| Chitonoma. | Nisonoma. |
| Dakkotsuma. | Pavoma. |
| Dzinionoma. | Phetsuma. |
| Dzirama. | Puchátsuma. |
| Guezonolsuma. | Puphetsuma. |
| Hepfoma. | Rotsoma. |
| Kamima. | Sema. |
| Kezanuma. | Tama. |
| Kipfoma. | Tekrenoma. |
| Kizhazuma. | Tenginuma. |
| Kotolsuma. | Toloma. |
| Kotsuma. | Tseama. |
| Kwoma. | Viama. |
| Levisonoma. | Vihutsama. |

* This list does not profess to be exhaustive.

## AO NAGA.

*Sub-tribes*—

Chungli or Zungi.
Mongsen.

*Exogamous Sections**—

(*a*) *Of Chungli*—

Mungatungmen.
Pungen.
Uonkam.

(*b*) *Of Mongsen*—

Ai.
Char.
Mongsentsung.
Uchi.
Yemchen.

* These are all that appeared in the schedules. There are of course many others.

## BAIDYA.

*Sub-Castes—*

| | |
|---|---|
| Banguja ... ... ... ... ... | Endogamous. |
| Bárendra ... ... ... ... ... | " |
| Rárhi ... ... ... ... ... | " |

*Miscellaneous Sections—*

| | |
|---|---|
| Balláli ... ... ... ... ... | ...... |
| Dás ... ... ... ... ... | Family title of Siddha Baidya. |
| Datta ... ... ... ... ... | Ditto Sádhya " |
| Dhanvantari ... ... ... ... ... | An exogamous section. |
| Gupta ... ... ... ... ... | Family title of Siddha Baidya. |
| Kulin ... ... ... ... | Hypergamous group. |
| Madhukiliya ... ... ... ... ... | Exogamous section. |
| Sádhya ... ... ... ... ... | Family group. |
| Saktri ... ... ... ... ... | Exogamous section. |
| Sen ... ... ... ... ... | Family title of Siddha Baidya. |
| Sen Gupta ... ... ... ... ... | Ditto ditto. |
| Soma ... ... ... ... ... | Family title of Kashta Baidya. |

---

## BAIRAGI.

*Miscellaneous Sections—*

| | |
|---|---|
| Achárjya ... .. ... ... ... | ...... |
| Bául ... ... ... ... ... | ...... |
| Chaitanya ... ... ... ... ... | ...... |
| Gauria ... ... ... ... ... | ...... |
| Grihadhari ... ... ... ... ... | ...... |
| Kapindhari ... ... ... ... ... | ...... |
| Madhabacharjya ... .. ... ... | ...... |
| Madhyamacharjya ... ... ... ... | ...... |
| Nimavat ... ... ... ... ... | ...... |
| Nityánanda ... ... ... ... ... | ...... |

---

## BARUI.

*Miscellaneous Sections—*

| | |
|---|---|
| Tik Bárui ... ... ... ... ... | ...... |
| Kunda ... ... ... ... ... | A title. |
| Latabaidya ... ... ... ... ... | Ditto. |

---

## BHAT.

| | |
|---|---|
| Rájbhát ... ... ... ... ... | ...... |
| Dasanudi ... ... ... ... ... | A title. |

---

## BHUINMALI.

| | |
|---|---|
| Bhumisundar ... ... ... ... | A title meaning dresser of earth assumed by the Mális who think it a degradation to be called Mális. |

---

## BORIA (SUT).

| | |
|---|---|
| Ganak ... ... ... ... | Offspring of a Ganak widow, &c. |
| Chutiya ... ... ... ... ... | Said to be the offspring of illicit unions of persons of these castes. It is, however, generally stated that the Borias are recruited from two castes only, *viz.*, from Brahmans and Ganaks. |
| Dom ... ... ... ... ... | |
| Káyastha ... ... ... ... ... | |
| Kewat ... ... ... ... ... | |
| Koch ... ... ... ... ... | |
| Sonári ... ... ... ... ... | |

# BRAHMAN.

***Sub-divisions.—***

| | | | |
|---|---|---|---|
| Agradáni ... | ... | ... | ......... |
| Baidik ... | ... | ... | Number censused, 25,074. |
| Bárendra ... | ... | ... | ......... |
| Barna Bráhman (Total number 5,568.) | ... | ... | 1. Chandal Bráhman. 2. Dhoba ,, 3. Gandapál ,, 4. Hálwá Dás ,, 5. Kaibartta ,, 6. Káwáli ,, 7. Madak ,, 8. Máhárá ,, 9. Málo (Jhálo) ,, 10. Nat ,, 11. Pátni ,, 12. Sháhá ,, |
| Madyasreni | ... | ... | ......... |
| Páschátya | ... | ... | ......... |
| Rárhi | ... | ... | ......... |

***Miscellaneous Sections.—***

| | | | |
|---|---|---|---|
| Acharjya | ... | ... | ......... |
| Adhikári | ... | ... | ......... |
| Advaita | ... | ... | ......... |
| Agastya | ... | ... | ......... |
| Arya | ... | ... | ......... |
| Atri | ... | ... | ......... |
| Babaji | ... | ... | ......... |
| Bágchi | ... | ... | ......... |
| Bajapeyí | ... | ... | A title of Kanaujiá Bráhmans. |
| Balaram | ... | ... | A section of the Asrotriyas. |
| Bandopadhyaya | ... | ... | A title of Kulin Bráhmans. |
| Bángál | ... | ... | *Mel* or endogamous ; sub-group of Rárhi Bráhmans. |
| Barthákur | ... | ... | ......... |
| Basistha | ... | ... | ......... |
| Bátsya | ... | ... | ......... |
| Behari | ... | ... | ......... |
| Bhagatí | ... | ... | ......... |
| Bharadwája | ... | ... | ......... |
| Bhargava | ... | ... | ......... |
| Bhattacharjya | ... | ... | A title. |
| Bhera | ... | ... | A title of Bárendra Bráhman. |
| Bhuri | ... | ... | One of the Gáins of the Rárhi sub-caste of the Kasyapa Gotra. |
| Brahmachari | ... | ... | ......... |
| Chakrabarttí | ... | ... | A title. |
| Chakradhar | ... | ... | ......... |
| Champati | ... | ... | A Gáin of Uttar Bárendras of the Sándilya Gotra. |
| Chattopádhyáya | ... | ... | A title. |
| Chaube ... | ... | ... | A title of Kanaujiá Bráhmans. |
| Chaudri ... | ... | ... | A title. |
| Daibajna ... | ... | ... | ......... |
| Dakshin Rárhi | ... | ... | ......... |
| Deuliya ... | ... | ... | Debal. |
| Dhungial ... | ... | ... | A sub-section of the Agasti Gotra. |
| Diksit ... | ... | ... | A title of Kanaujiá Bráhmans. |
| Dobe ... | ... | ... | Ditto ditto. |
| Dohal ... | ... | ... | ......... |
| Dráviri ... | ... | ... | Territorial division. |
| Gangopádhyáya | ... | ... | A titlo of Bráhmans in Bengal. |
| Gaura ... | ... | ... | Territorial division. |
| Gayáwál ... | ... | ... | Ditto. |
| Goswami ... | ... | ... | ......... |
| Jaimini ... | ... | ... | ......... |
| Jájaki ... | ... | ... | A class of up-country Bráhmans who came to Bengal in search of employment as priests. |
| Japiyá ... | ... | ... | ......... |
| Jansi ... | ... | ... | Territorial. |
| Johsi ... | ... | ... | A group of Adigaura sub-caste of the Gaura Bráhmans. |
| Kanaujiá ... | ... | ... | Territorial. |
| Kausik ... | ... | ... | ......... |
| Kányakubja | ... | ... | Territorial. |
| Kapali Bráhman | ... | ... | ... ......... |

*Sub-division—*

|  |  |
|---|---|
| Kásyapa | |
| Kátyáyan | |
| Khandelvála | A group of the Sanádhya sub-caste of Gaura Bráhmans. |
| Kulabhi | A Gáin of the Sándilya Gotra of Rárhi Bráhmans. |
| Kulin | A hypergamous division of Rárhi Bráhmans in Bengal. |
| Láhiri | A title of Bárendra Bráhmans in Bengal. |
| Mádhái | A *mel* or hypergamous sub-group of Rárhi Bráhmans in Bengal. |
| Maithil | A territorial division. |
| Manipuri | Number censused, 1,700 |
| Márwár | |
| Matak | |
| Misra | A title. |
| Mukhati | Ditto. |
| Mukhopádhyáya | A title of Kulin Bráhman. |
| Nipáli | Territorial. Number censused, 26. |
| Niragnik | |
| Ojhá | A sub-group of the Adigaura sub-caste of Gaura Bráhmans. |
| Pancha Drávira | One of the two main divisions of Bráhmans dwelling in the south of the Peninsula. |
| Pancha Gauriya | One of the two main divisions of Bráhmans dwelling in the valley of the Ganges and the Jumna. |
| Panchuria | An endogamous division of the Bárendra Bráhmans. |
| Pándá | A title of the Utkal Bráhmans. |
| Pánde | A title of Gaura Kanaujiá Bráhmans. |
| Pandit | A title of Sáraswat Bráhmans in Behar. |
| Panre | Same as Pánde. |
| Parájuli | A thar of the Kanudin Gotra of Nipáli Bráhmans. |
| Parásar | |
| Parich | A *mel* of the Kásyapa section of the Maithil Bráhmans. |
| Parihasta | A title of Maithil Bráhmans. |
| Pariár | A section of Sákadwipi Bráhmans. |
| Páschátya Baidik | A sub-caste of Baidik Bráhmans in Bengal. |
| Paschim Rárhi | |
| Páthak | A title of Kanaujiá Bráhmans. |
| Pujári-Brahmans | |
| Purba-Baidik | |
| Rai | A Gáin of the Bharadwaja Gotra of Bárendra Bráhmans. |
| Risyál | A section of Nipáli Bráhmans. |
| Rudraja Baidik | |
| Sabhápandit | |
| Sabitri Bráhman | |
| Sacchidananda | |
| Ságnika | |
| Sákadwipi | A division of Bráhmans in Behar. |
| Sándilya | |
| Sarangi | A section of Utkal Bráhmans. |
| Sáraswat | A territorial division of the Panchagaura Bráhmans found in Behar. |
| Sarbbanandi | A hypergamous sub-group of Rárhi Bráhmans. |
| Sariyál | A Gáin of the Bharadwája Gotra. |
| Shamvedi | |
| Shastri | A title. |
| Soniyár | A section of Sákadwipi Bráhmans. |
| Srotriya | A hypergamous division of the Rárhi and the Bárendra Bráhmans in Bengal. |
| Sukul | A title of Kanaujiá Brahmans. |
| Suta | Miscellaneous division. |
| Tántrik | |
| Tewari | A title of Bráhmans in Behar. |
| Thákur | A synonym for Bráhman. |
| Trivedi | A title of Kanaujiá Bráhmans. |
| Ulluk | A Gáin of Saptasati. |
| Upádhyáya | An endogamous division of Nipáli Bráhmans. |
| Utkal | Territorial division. |
| Uttar Sreni | Territorial group of Bráhmans in Orissa. |
| Vyása | A section of Gaura Bráhmans in Behar. |
| Yajurvedi | |

## CHAMAR.

*Sub-castes—*

|  |  |
|---|---|
| Dhárh | |
| Dhusia | |

## CHAMAR—*concluded*.

*Sub-castes*—Continued.

| | | | | |
|---|---|---|---|---|
| Goria | ... | ... | ... | ........., |
| Jaiswar | ... | ... | ... | ........., |

*Miscellaneous Sections*—

| | | | | |
|---|---|---|---|---|
| Deswali | ... | ... | ... | ........., |
| Kanaujiá | ... | ... | ... | ........., |
| Máhariá | .. | ... | ... | A title, |
| Mehtaria | ... | ... | ... | Ditto, |
| Rabi Dás | ... | ... | ... | A synonym, |
| Ruhi Dás | ... | ... | ... | Ditto, |

---

## CHUTIYA.

*Sub-Castes*—

| | | | | |
|---|---|---|---|---|
| Hindu | ... | ... | ... | Fully Hinduized. Earliest converts. Number censused, 27,109. |
| Ahom | ... | ... | ... | Ditto. More recent converts. Ditto, 12,225 |
| Borahi, | ... | ... | ... | In process of conversion. Still eat pork and drink liquor, Number censused, 92. |
| Deori | ... | ... | ... | Unconverted, or purely nominal converts. This was the priestly class before the Chutiyas accepted Hinduism. Number censused, 3,994, |

*Khels of the Deori Chutiyas*—

| | | | | |
|---|---|---|---|---|
| Dibongia | ... | ... | ... | Worship Buraburi. |
| Borgonia | ... | ... | ... | „ Kesayikhati. |
| Tengapania | ... | ... | ... | „ Bolia Hemota and Tameswari Mai, who was formerly worshipped by the Patargonia before they became extinct. |

Patargonia (extinct).

*Clans of the Dibongia Khel of Deori Chutiyas*—

| | | | | | |
|---|---|---|---|---|---|
| Sundari | ... | ... | ... | ... | Clan of the Bar Deoris. |
| Patir | ... | ... | ... | ... | „ „ „ Saru Deoris. |
| Airio } Komota } | ... | ... | ... | ... | Clan of the Bar and Saru Bharátis, |
| Shitigá | ... | ... | ... | ... | ......... |
| Morá | ... | ... | ... | ... | ......... |
| Tehário | ... | ... | ... | ... | ......... |
| Ligáso | ... | ... | ... | ... | ......... |
| Lupai | ... | ... | ... | ... | ......... |
| Kumár | ... | ... | ... | ... | ......... |
| Koliasoko | ... | ... | ... | ... | ......... |
| Sukrang | ... | ... | ... | ... | ......... |

*Clans of the Borgonia Khel of Deori Chutiyas*—

| | | | | | |
|---|---|---|---|---|---|
| Ikusaru | ... | ... | ... | ... | Clan of the Bar Deoris. |
| Lufaru | ... | ... | ... | ... | „ „ „ Saru „ |
| Hijoro | ... | ... | ... | ... | „ „ „ Bar Bharáli. |
| Busaro | ... | ... | ... | ... | „ „ „ Sacrificers. |

*Clans of the Tengapania Khel of Deori Chutiyas*—

| | | | | | |
|---|---|---|---|---|---|
| Muchayo | ... | ... | ... | ... | Clan of the Bar Deoris. |
| Khemasu | ... | ... | ... | ... | „ „ „ Saru „ |
| Khutia Tika | ... | ... | ... | ... | „ „ „ Bar Bharáli, |
| Chana Barik Tika | | ... | ... | ... | |
| Faji Maguraon | | ... | ... | ... | |
| Tapuyo | ... | ... | ... | ... | |
| Chaku Churogia Tika | | ... | ... | ... | |

---

## DAFLA.

*Exagamous Sections**—

| | |
|---|---|
| Báto-olia. | Tabu olia. |
| Jama-olia. | Taning olia. |
| Kala-olia. | Tá olia. |
| Lagu-olia. | Tara olia. |
| Nari olia. | Tasi olia. |
| Nebhi olia. | Tesing olia. |
| Niri olia. | Tesung olia. |
| Rafa olia. | Yabu olia. |
| Ralo olia. | |

* The names of these clans are said to be those of the original founder.

*Titles*—

| | |
|---|---|
| Gam ... ... ... | The name of a Dafla chief or freeman. |
| Hatimoria ... ... ... | A Dafla serf. |
| Ni-Hatimoria ... ... | A slave procured from the plains and his descendants. |

## DOANIA.

*Sub-divisions.*

| | | |
|---|---|---|
| Ahom ... ... ... | Number censused, | 113. |
| Káchári ... ... ... | Ditto, | 247. |
| Khámti ... ... ... | Ditto, | 137. |
| Matak ... ... ... | Ditto, | 9. |

*Miscellaneous Sections.*

Abaidariya.
Babariyá.
Bangsowal.
Bikdong.
Birpuriya.
Cháikar.
Chimphen.
Dariya.
Deodár.
Deoghariya.
Dimeh.
Kalabariyá.
Khengkheng.
Khiromiyá.
Máláo.
Mánán.
Mánáti.
Mánthi.
Mohang.
Mohibhoriya.
Mûnghûng.
Mûnglang.
Nungkhongsyam.
Pátheki.
Phuliyamatiya.
Poháim.
Rongá.
Syring.
Telpiyá.
Urangiya.

## DOM, PATNI, or NADIYAL.

*Sub-castes*—

| | |
|---|---|
| Ankuriyá ... ... ... | Basket makers. |
| Aturá ... ... ... | ...... |
| Bájunia ... ... ... | Musician. |
| Bánsphor ... ... ... | Basket makers. |
| Dhárkar ... ... ... | Workers in cane. |
| Ghasora ... ... ... | Grass cutters for sale (Sibsagar). |
| Há[illegible]á ... ... ... | Agriculturalists. Number censused, 234. |
| Kal[illegible]i ... ... ... | Cultivators and basket makers (Lakhimpur). |
| Ka[illegible] ... ... ... | Pig breeders and scavengers (Cachar). |
| M[illegible]iya ... ... ... | Musicians and basket makers (Lakhimpur). |

***Miscellaneous Sections—***

**Bachhakhel** ... ... (Sibsagar).
**Bamuniyá** ... ... Sectarian (Lakhimpur).
**Biradhya** ... ... (Cachar).
**Birbansi** ... ... (Sylhet).
**Brittiyal** ... ... ......
**Chamdha** ... ... (Sibsagar).
**Chaukiya** ... ... ( „ ).
**Chhenuai** ... ... (Lakhimpur).
**Daridiyál** ... .. (Sibsagar).
**Dariya** ... ... (Lakhimpur).
**Deswar** ... ... A section (Darrang).
**Dhekiyal** ... ... (Darrang).
**Dholi** ... ... A section.
**Dihingiá** ... ... (Nowgong).
**Domai** ... ... (Lakhimpur).
**Domkeuli** ... ... (Kamrup).
**Duliya** ... ... Palki-bearer (Lakhimpur).
**Dura** ... ... ... (Cachar).
**Gayá** ... ... ... (South Sylhet).
**Gabariyá** ... ... (Cachar).
**Jajaná** ... ... (Cachar).
**Jál** ... ... ... (Sylhet).
**Jáluá** ... ... ... Fisherman.
**Juginir** ... ... (Sibsagar).
**Kachari Pariya** ... ... ( „ ).
**Kachh Moriya** ... ... (Lakhimpur).
**Kampa** ... ... (Sylhet).
**Kanaujiá** ... .. (Kamrup and Lakhimpur).
**Kaphará** ... ... (Lakhimpur).
**Karatiyál** ... ... (Sibsagar).
**Kathalguria** ... ... ......
**Kheuli** ... ... Doms who fish with the *kheuli jal* (Kamrup).
**Máchhuá** ... ... Fish seller (Darrang and Lakhimpur).
**Mánjhi** ... ... A section (Darrang).
**Mánki** ... ... (Darrang).
**Mát** ... ... ... (Cachar).
**Matak** ... ... (Nowgong).
**Matak Nadiyál** ... ... (Lakhimpur).
**Mátiyá** ... ... (Sibsagar).
**Meri** ... ... ... (Kamrup).
**Mijá** ... ... ... (Lakhimpur).
**Mirdaha** ... ... A section (Darrang).
**Miri** ... ... ... (Lakhimpur).
**Miriyá** ... ... (Cachar).
**Moamariá** ... ... Same as Matak.
**Monsaru** ... ... (Lakhimpur).
**Murwá** ... ... A section (Cachar).
**Nodom** ... ... (Sibsagar).
**Pachhambaja** ... ... (Cachar).
**Palganju** ... ... (Lakhimpur).
**Panikakoriya** ... ... (Nowgong).
**Páringi** ... ... (Cachar).
**Pariyá** ... ... (Sibsagar).
**Patwa** ... ... (Lakhimpur).
**Poál** ... ... ( „ ).
**Pusá** ... ... A section (Sylhet).
**Raghubansi** ... ... (Cachar).
**Rájkar** ... ... (Sibsagar).
**Sabdakar** ... ... (Cachar).
**Sadarbangsa** ... ... ( „ ).
**Samaguriya** ... ... ......
**Sási** ... ... ... (Sylhet).
**Sibadha** ... ... (Lakhimpur).
**Silimár** ... ... (Cachar).
**Sonadir** ... ... (Sibsagar).
**Supabhakat** ... ... ( „ ).
**Supath** ... ... ( „ ).
**Tatirapuriyá** ... ... ( „ ).
**Tomarakhongra** ... ... (Lakhimpur).
**Turi** ... ... Number censused, 116 (Sibsagar).
**Turiya** ... ... (Sibsagar).
**Uriya** ... ... ... ( „ ).

## DYKO.

*Exogamous Clans.*

Abarkiri.
Adabkiri.
Bakuram.
Barengkiri.
Barmuram.
Damut.
Danar.
Darbot.
Darukiri.
Dogukiri.
Domangkiri.
Donal.
Dongrangkiri.
Duhlew.
Kabrei.
Kubur.
Khaknár.
Mangoang.
Marák.
Mejakiri.
Mihkhen.
Momin.
Monkiri.
Narangkiri.
Nerek.
Niangiardong.
Niangkhrah.
Niangmija.
Niangshar.
Nobdome.
Nongbak.
Nongsauriang.
Nongwar.
Rakksam.
Rashil.
Rengshek.
Riangshang.
Ryngbengkiri.
Sangmá.
Sawangkiri.
Shamlengong.
Sheran.
Shibangkiri.
Shimángkiri.
Shongbiang.
Snal.
Synál.
Syngsah.
Syngsok.
Tanal.
Tannar.
Thambangeng.
Thambugenes.
Thaphah.
Thehkdi.
Thehkeli.
Thein.
Thiankiri.
Thamakiri.
Tyngsok.
Wakuram.

## GANAK.

| | |
|---|---|
| Achárya ... ... ... | Astrologers. |
| Bardalai ... ... ... | A title. |
| Brahmansutradhar ... ... | ... |
| Daibajna ... ... | A synonym. |
| Dalai ... ... | A title. |
| Grahabipra ... ... | A synonym. |
| Jyotishi ... ... | Ditto. |
| Lagnáchárya ... ... | Ditto. |
| Maju Ganak ... ... | Name of a khel (Darrang). |
| Suryabipra ... ... | A synonym. |
| Vyas Ganak ... ... | (Darrang). |
| Yajurvedi ... ... | ( „ ). |

## GARO.

*Tribes—*

Abeng ... Number censused, 951 | Awi.
Atong ... ... ... | Machi.

*Main exogamous groups—*

Marak ... ... Number censused, 45,461.
Momin ... ... Ditto, 5,958.
Sangma ... ... Ditto, 48,012.

*Sub-divisions of Marak.*

| Main sub-division. | Minor sub-division. | Explanation. |
|---|---|---|
| Bolowari ... ... | Amak ... ... | Monkey. |
| | Dioaj ... ... | ...... |
| | Diringro ... ... | ...... |
| | Gishim ... ... | Black. |
| | Khilap ... ... | ...... |
| | Malchada ... ... | A place where a tiger dwells. |
| | Mijenga ... ... | ...... |
| Chambugang ... ... | Abolkhok ... ... | ...... |
| | Aje ... ... | ...... |
| | Akhilokhi ... ... | ...... |
| | Akho ... ... | ...... |
| | Amphangdam ... ... | ...... |
| | Arnakdinojik ... ... | ...... |
| | Bangal ... ... | Bengali. |
| | Dimak ... ... | ...... |
| | Dofith ... ... | ...... |
| | Gora ... ... | Horse. |
| | Gramnang ... ... | ...... |
| | Makhil ... ... | Bear. |
| | Masuhigil ... ... | ...... |
| | Na-kharek ... ... | ...... |
| | Owagi ... ... | ...... |
| | Owanang ... ... | Owanangkoch. |

*Sub-divisions of Marak*—continued.

| Main sub-division. | Minor sub-division. | Explanation. |
|---|---|---|
| Dio ... ... | Abaka ... ... | ...... |
| | Adighar ... ... | ...... |
| | Gangaıa ... ... | ...... |
| | Rambora ... ... | ...... |
| Fadang ... ... | Gance ... ... | ...... |
| | Sibok ... ... | ...... |
| Khobi ... ... | Rual ... ... | ...... |
| Mangseng ... ... | Bangal ... ... | Bengali. |
| | Dangmaru ... ... | ...... |
| | Dangkhong ... ... | ...... |
| | Durai ... ... | ...... |
| | Dwathey ... ... | Tarai bamboos. |
| | Gangchi ... ... | ...... |
| | Khadap ... ... | ...... |
| | Khadep ... ... | ...... |
| | Khalcheng ... ... | ...... |
| | Megadop ... ... | ...... |
| | Megaru ... ... | ...... |
| | Rongon ... ... | ...... |
| | Salaram ... ... | Garos of the east part of the district. |
| | Sansang ... ... | ...... |
| | Soasak ... ... | ...... |
| | Thisop ... ... | ...... |
| Mrang ... ... | Aril ... ... | ...... |
| | Awaknot ... ... | ...... |
| | Boldok ... ... | Sal makri tree. |
| | Dagil ... ... | ...... |
| | Dangkhong ... ... | ...... |
| | Dochi ... ... | ...... |
| | Mashugowi ... ... | Cow. |
| | Owathre ... ... | Tarai bamboo. |
| | Raba ... ... | ...... |
| | Samthi ... ... | A kind of fruit. |
| Rangdik ... ... | Bangal ... ... | ...... |
| | Dagep ... ... | ...... |
| | Ganjil ... ... | ...... |
| | Rangthop ... ... | ...... |
| | Reshing ... ... | ...... |
| | Ruga ... ... | ...... |
| | Sanga ... ... | ...... |
| Recil ... ... | Abodi ... ... | ...... |
| | Amok ... ... | ...... |
| | Machagram ... ... | ...... |
| | Maydotham ... ... | ...... |
| | Nakar ... ... | ...... |
| Siran ... ... | Agol ... ... | ...... |
| | Aduma ... ... | ...... |
| | Amak ... ... | Monkey. |
| | Awalucy ... ... | ...... |
| | Balus ... ... | Simul tree. |
| | Bongal ... ... | Bengali. |
| | Darath ... ... | ...... |
| | Demfang ... ... | ...... |
| | Gangchi ... ... | ...... |
| | Khokship ... ... | ...... |
| | Sibok ... ... | ...... |
| | Sisham ... ... | ...... |

## GARO—*continued.*

*Sub-divisions of Sangma.*

| Main sub-division. | Minor sub-division. | Explanation. |
|---|---|---|
| Agidak ... ... | Awahayak ... ... | ...... |
| | Doba ... ... | Means *malmal* cloth. |
| | Donal ... ... | A kind of small tree. |
| | Jamdam ... ... | Temporary house in fields. |
| | Kantawakso ... ... | ...... |
| | Khokship ... ... | Cage. |
| | Khokshey ... ... | ...... |
| | Nungshang ... ... | ...... |
| | Rangshang ... ... | ...... |
| Dalboth ... ... | Aldi ... ... | ...... |
| | Awafang ... ... | Root of *thoba* bamboos. |
| | Balkharu ... ... | Name of a tree. |
| | Dapa ... ... | Fowl cage. |
| | Duju ... ... | A kind of tree. |
| | Fadek ... ... | ...... |
| | Fasek ... ... | ...... |
| | Khokshep ... ... | ...... |
| | Manfu ... ... | Iguana. |
| | Rangbrak ... ... | Frog. |
| | Rangsi ... ... | ...... |
| | Siboth ... ... | ...... |
| Daps ... ... | Bangal ... ... | Bengali. |
| | Gamiûda ... ... | Sweet *kumra* (giant gourd). |
| | Mengsi ... ... | Small mouse. |
| | Nangwa ... ... | Potters. |
| | Raba ... ... | ...... |
| | Rongak ... ... | ...... |
| | Ransing ... ... | ...... |
| | Thothing ... ... | ...... |
| Fira ... ... | Fira ... ... | ...... |
| Manda ... ... | Akhabanda ... ... | ...... |
| | Ashini ... ... | ...... |
| | Fakram ... ... | A kind of tree. |
| | Khama ... ... | ...... |
| | Khasi ... ... | A kind of tree. |
| | Ranghok ... ... | ...... |
| | Rongi ... ... | An instrument for making boats. |
| | Songdik ... ... | ...... |
| Mankhim ... ... | Arinang ... ... | ...... |
| | Dahokmasil ... ... | ...... |
| | Dakhini ... ... | ...... |
| | Dofalong ... ... | ...... |
| | Owadru ... ... | ...... |
| | Sra ... ... | ...... |
| | Thimthimbek ... ... | ...... |
| Nengmenja ... | Doshik ... ... | *Tia* bird. |
| | Matshi ... ... | Grass of the interior. |
| | Mikloth ... ... | ...... |
| | Rori ... ... | Bengali. |
| | Rowsapra ... ... | One who sells *láü* (pumpkin). |
| Seshim ... ... | Randol ... ... | ...... |
| Sinal ... ... | Ano ... ... | ...... |
| | Bangal ... ... | Bengali. |
| | Bolong ... ... | Name of a tree. |
| | Dokhi ... ... | ...... |
| | Domesal ... ... | Wild fowl. |
| | Glam ... ... | ...... |
| | Kachir ... ... | Koch tribe. |
| | Matawal ... ... | ...... |
| | Sibok ... ... | ...... |

*Sub-divisions of Sangma*—continued.

| Main sub-division. | Minor sub-division. | Explanation. |
|---|---|---|
| Sishik ... | Asik ... | ...... |
| | Dokha ... | Crow. |
| | Mokasak ... | Deer. |
| | Rongrini ... | ...... |
| | Sivimoint ... | ...... |
| Thegitey ... | Dádok ... | ...... |
| | Dinajik ... | ...... |
| | Donusal ... | ...... |
| | Ganchi ... | ...... |
| | Mangal ... | Wild fowl. |
| | Megam ... | ...... |

*Miscellaneous Sections.*

Ajong.
Amiráh.
Amudedhá.
Bagdang.
Bagunmaher.
Bakchak.
Bakdam.
Bakhlam.
Baksang.
Baknare.
Balahem.
Bangma.
Bangsa.
Bangsam.
Banjemmaheri.
Barangdukhangsi.
Barangkhangsi.
Barlai.
Báro.
Baroghoriá ... (In Kamrup). The descendants of the 12 families of Gáros who were employed by the Khairim Rája to sell fowls at different stations or chowkis.
Barpati.
Bay.
Beban.
Bebungat.
Beral.
Bema.
Bidar.
Bochin.
Borang.
Bujan ... Family of the king's interpreters.
Bukchham.
Chada.
Chakrá.
Chamgáoeá.
Charchhan.
Chareng.
Chasal.
Chhilál.
Chhinam.
Chhira.
Chhiram.
Chhirangma.
Chisik.
Chuimiret.
Chungniang.
Dabar.
Dabong.
Daheri.
Dajan.
Dajan.
Dak.
Dalangdapang.
Dalemaheri.
Dameliya ... A sub-division of Gáros in Kamrup who eat the flesh of cows. Number censused, 100.
Dandami.
Dangsa.
Dangsu.
Darir.
Darrangnari.
Datbá.
Dekghami.
Dikar.
Dikkhoni.
Dimárjong.
Disimbakda.
Dumuri.
Gabime.
Gabondeya.
Gabong.
Ganggiri ... The descendants of the village collector.
Gomatái.
Habeng.
Halid.
Háná ... The descendants of a man who killed an elephant with a spear. Number censused, 800.
Hisik.
Jakuramahiri.
Jengkhra.
Jichlan.
Kaknáh.
Kamángkhá.
Kángsthál.
Kánkha.
Kathang.
Kerá.
Khágár.
Khamreh.
Khandama.
Khangkála.
Khátá.
Khedita.
Khongkhálá.
Khundi.
Khuribákdong.
Kirá.
Lakrákbákdong.
Landok.

## GARO—*concluded.*

***Miscellaneous Sections*—continued.**

| | | |
|---|---|---|
| Langatiya | ... | The naked Gáros of the higher Hills. |
| Lasambha. | | |
| Lehotiya | ... | Same as Langotiya above. |
| Májok. | | |
| Manakhan. | | |
| Mállong. | | |
| Maramá. | | |
| Másan. | | |
| Mekhim. | | |
| Melá. | | |
| Memak. | | |
| Methin. | | |
| Michi. | | |
| Mingrama. | | |
| Mokam. | | |
| Moladi. | | |
| Mondá. | | |
| Mora. | | |
| Mritu. | | |
| Namdangiyá. | | |
| Napak. | | |
| Noram. | | |
| Nedasá. | | |
| Notminjá. | | |
| Newra. | | |
| Nichham. | | |
| Panjan. | | |
| Parbatiyá. | | |
| Patchareng. | | |
| Phaphasi. | | |
| Radik. | | |
| Raighawá. | | |
| Rajbandaniá. | | |
| Rakchamgorhá. | | |
| Rákmák. | | |
| Rákuchang. | | |
| Ramá. | | |
| Rámshá. | | |
| Rangdani | ... | Number censused, 95. |
| Rangmuli | ... | The descendants of a man who played a *kali* or flute. |
| Rangmatoo. | | |
| Rapchanachap. | | |

Rihmá.
Riksam.
Ringsa.
Riwáh.
Radinbákdongmorak.
Rokehá.
Roksam.
Ronchhemári.
Rongchik.
Rongchu.
Rongdasi.
Rongkha.
Rongkheng.
Rongmá.
Rongsideh.
Rupakhu.
Sabdáng.
Sakhan.
Salma.
Samil.
Samkan.
Sanakim.
Sangma Chokas.
Sánkhá.
Sánkhá Chamki.
Sansá Bákchám.
Saomá.
Sáos.
Sarak.
Shaiman.
Shirá.
Shonshikhol.
Shuda.
Sikim.
Sinsang.
Sukani.
Tagoo.
Takhmadi.
Tangilama.
Tánkoo.
Tarehan Morak.
Temahari.
Thamakong.
Tichh.
Thikdoo.
Ubhará.

## GOALA.

***Sub-castes*—**

| | | | |
|---|---|---|---|
| Ahir | ... | ... | Number censused, 3,855. |
| Bárendra | ... | ... | (Goalpara). |
| Gaura Goálá | ... | ... | ...... |
| Kanaujiá | ... | ... | (Cachar, Kamrup, Goalpara, Nágá Hills, & Lakhimpur.) |
| Krishnaut | ... | ... | (Darrang). |
| Lári | ... | ... | (Cachar). |
| Majraut | ... | ... | (Sylhet). |
| Maghayá | ... | ... | (Sibsagar). |
| Maghdá | ... | ... | ...... |
| Mahisha Goálá | ... | ... | (Darrang). |
| Nandabansi | ... | ... | ...... |
| Pallab | ... | ... | ...... |
| Sádá | ... | ... | (Cachar). |

***Miscellaneous Sections*—**

| | | | |
|---|---|---|---|
| Asi Goál | ... | ... | (Darrang). |
| Atriya | ... | ... | (Goalpara). |
| Bogwár | ... | ... | A section (Nowgong and Lakhimpur). |
| Bahugoál | ... | ... | (Garo Hills). |
| Barik | ... | ... | A title (Cachar). |
| Bharahoar | ... | ... | (Cachar). |
| Bhindwár | ... | ... | ( „ ). |

## GOALA—*continued*.

*Miscellaneous Sections*—continued—

| | |
|---|---|
| Chaila | (Sylhet). |
| Chaját | (Goalpara). |
| Chowaniá | (Sept=field rat) (Sibsagar). |
| Charkhiá | A section (Lakhimpur). |
| Dudhiá | (Sylhet). |
| Dahút | (Cachar). |
| Deshwál | A section (Sibsagar). |
| Durjhár | Ditto (Sylhet). |
| Ghasial | (Sibsagar). |
| Ghori | ( ,, ). |
| Ghosh | A title (Darrang). |
| Ghumla | A section (Sibsagar). |
| Ghusing Goál | (Darrang). |
| Gop | A synonym for Goálá. |
| Gadhária | A section (Lakhimpur). |
| Hansi | (Lakhimpur). |
| Kabirdás | (Goalpara). |
| Kanak | (Cachar). |
| Khalbad | A section (Sylhet). |
| Khandáwár | Ditto (Sibsagar). |
| Khero | Ditto (Nowgong). |
| Krishna Goálá | (Goalpara and Lakhimpur), |
| Maliya Goál | (Darrang). |
| Mulkhanda | (Sylhet). |
| Mukhia | A section. |
| Nagh | Ditto. |
| Nagasan | Ditto (Goalpara). |
| Nániá | Ditto. |
| Rai | A title in Behar. |
| Ráj Goál | (Lakhimpur). |
| Ráut | A section of Kanaujiá Goálás (Lakhimpur). |
| Uriya | (Kamrup and Nowgong). |

## HAJONG.

*Sub-castes*—

| | |
|---|---|
| Byabahári | (Garo Hills). |
| Paramarthi | ( ,, ). |
| Rajbansi | Number censused, 232. |

*Miscellaneous Section*—

| | |
|---|---|
| Dhira Chiyá | (Goalpara). |

## HARI.

| | |
|---|---|
| Bar Hári | (Cachar). |
| Brittiyál | Functional (Kamrup, Darrang, Nowgong, and Lakhimpur). Number censused, 1,507. |
| Deoliya Hári | (Lakhimpur). |
| Dhaluá Hári | Functional (Nowgong). |
| Dhekar Hatiya | (Sibsagar). |
| Dom | Number censused, 4. |
| Durá Hári | (Sibsagar). |
| Hajurá | (Cachar). |
| Jáluá Hári | (Darrang). |
| Kandiyál | (Nowgong). |
| Kauthalguria | Local section (Lakhimpur). |
| Maghaya | ...... |
| Matak | (Lakhimpur). |
| Máti Hári | (Sibsagar). |
| Narámi | (Nowgong). |
| Ráj Hári | (Lakhimpur). |
| Sonári | Number censused, 479. |

## JUGI.

| | | | |
|---|---|---|---|
| Adhikári | ... | ... | A title. |
| Atithi | ... | ... | ...... |
| Bárendra | ... | ... | ...... |
| Debanath | ... | ... | ...... |
| Duli | ... | ... | ...... |
| Duliya | ... | ... | Palki bearers. Number censused, 874. |
| Ekálasi | ... | ... | ...... |
| Goraknath | ... | ... | ...... |
| Háluá | ... | ... | Functional. |
| Kanphuráli | ... | ... | A section socially inferior to the Kátanis. |
| Kátani | ... | ... | Weavers of silk and cotton thread. Number censused, 61,074. |
| Kendraboá | ... | ... | ...... |
| Kendramárá | ... | ... | A section who still eat pork. |
| Mahanta | ... | ... | A title. |
| Matak | ... | ... | ...... |
| Nath | ... | ... | A synonym. |
| Palupobá | ... | ... | Rearers of particular kind of silkworm. |
| Pat Kátani | ... | ... | ...... |
| Patpalu | ... | ... | ...... |
| Patwa Jugi | ... | ... | ...... |
| Rárhi | ... | ... | ...... |
| Sika „ | ... | ... | ...... |
| Sivabangsa | ... | ... | ...... |
| Ţhiyápotá | ... | ... | A section who bury their dead in a standing posture. |

---

## KACHARI.

*Sub-castes—*

| | | | |
|---|---|---|---|
| Hojai | ... | ... | The Hill Kácháris of South Nowgong (Kachari-Haju-hill), where Tularam Senapati formerly held sway. Number censused, 3,752. In Darrang the Kácháris of the Chaporis are also said to be called Hojais, but these are not included in the number given above. |
| Kshetriya | ... | ... | Hinduized Kácháris who claim to be descended from Bhim (North Cachar). Number censused, 1,788. |
| Rámshá | ... | ... | Kácháris who originally came from Rámshá mauza in Kamrup. The real number of this sub-division is considerably greater than has been returned at the census. Number so returned, 185. |
| Sonowál | ... | ... | Gold dust washers, also called Sadiola. Endogamous (Sibsagar and Lakhimpur). Number censused, 15,001. |
| Thengál | ... | ... | Endogamous sub-caste. Silver collectors for the Assam Rájas (Lakhimpur). In Sibsagar they are said to derive their name from its having formerly been their business to wash the King's feet. Number censused, 4,566. |

*Clans of Hojai (mostly exogamous)—*

| | | | |
|---|---|---|---|
| Aobenyá | ... | ... | A clan formerly employed as messengers or sepoys (Nowgong). |
| Aochencha | ... | ... | ...... |
| Ausenári | ... | ... | A priestly clan (Nowgong). |
| Baborkechha | ... | ... | A clan formerly employed as sepoys (Nowgong). |
| Baibachha | ... | ... | Formerly sepoys (Nowgong). |
| Bajieungchhá | ... | ... | ...... |
| Barchhá | ... | ... | A priestly clan (Nowgong). |
| Bhatungchhá | ... | ... | A clan formerly employed as village officers (Nowgong). |
| Chaikadi | ... | ... | ...... |
| Chauchenchá | ... | ... | Formerly oil suppliers (Nowgong). |
| Chaudungphá | ... | ... | ...... |
| Chaumáluli | ... | ... | ...... |
| Chenmá | ... | ... | ...... |
| Dachangcha | ... | ... | ...... |
| Deberagede | ... | ... | ...... |
| Deurijo | ... | ... | ...... |

*Clans of Hojai (mostly exogamous)*—continued—

| | |
|---|---|
| Dikchhá | Formerly messengers (Nowgong). |
| Gairila Baracha | ...... |
| Ghummragicha | Formerly village officers (Nowgong). |
| Gibitathari | ...... |
| Girilátamba | Formerly ferrymen (Nowgong). |
| Habakhacha | Formerly slaves ,, |
| Hacherari | Said to be exogamous ,, |
| Hajmaya | ...... |
| Hakera | Said to be exogamous ,, |
| Hálái | Formerly scavengers ,, |
| Hálchás | ...... |
| Haramcha | Said to be exogamous (Nowgong). |
| Herembakul | ...... |
| Juhurisa | Formerly attendants of the Rájas (Nowgong). |
| Kharikapachh | Food suppliers (Nowgong). |
| Khelsa | ...... |
| Khonraiya | Formerly sepoys (Nowgong). |
| Khumgraichha | Formerly cultivators ,, |
| Khumricha | ...... |
| Khurachha | A clan of the Nalisa sub-division (Nowgong). |
| Kura | ...... |
| Kurubaiji | Formerly messengers (Nowgong). |
| Lalichha | An exogamous clan of the Nalisa sub-division (Nowgong). |
| Ledera | An exogamous clan; cultivators (Nowgong). |
| Longtádauchha | Diviners (Nowgong). |
| Majuna | ...... |
| Merongsajind | Formerly gáoburáhs (Nowgong). |
| Miunkakul | ...... |
| Nagariya | Royal clan, also called Bárman or Dimámá (Nowgong). |
| Naobongdim | Royal boatmen (Nowgong). |
| Nelisa | A clan under the orders of the Prime Minister (Nowgong). |
| Padachhá | A priestly clan (Nowgong). |
| Panglaicha | ...... |
| Pánguaikhá | An exogamous clan, formerly dancers (Nowgong). |
| Phurechhe | ...... |
| Saraniá | ...... |
| Totolaphuksong | ...... |
| Tháochengchhá | Formerly officers of the court (Nowgong). |

*Clans of Rámshá*—

| | |
|---|---|
| Dehidár | A priestly clan said to be exogamous (Kamrup). |
| Khakal | An exogamous clan (Nowgong). |
| Khangclang | Ditto ,, |
| Mergaharai | Ditto ,, |
| Sáinári or Háinári | A synonym for Rámshá Káchári (Nowgong). These people look down on the people living near the hills, and will not eat with them, as having eaten Bhutiya food, *i.e.*, as being slaves of the Bhutiyas (Darrang). |

*Miscellaneous Clans, &c.*—

[Many are exogamous, and others were so doubtless in former times, but the distinctions in respect of marriage are rapidly disappearing.]

| | |
|---|---|
| Asaraniya Káchári | Simply means not Hinduized (Darrang). |
| Bághowári | Same as Bághumátiyál below. Apparently totemistic. If a man of this clan kills, or hears of the death of, a tiger, he has to make atonement (Darrang). |
| Bághuá | Descendants of the persons employed by the Rájas to catch tigers (Nowgong). |
| Bághumátiyal | Appears to be totemistic, and much the same as Bághowári. They throw away their earthen utensils when a tiger is killed (Nowgong). |
| Barádhaliyá | Formerly supplied Bará rice and the liquor prepared therefrom (Nowgong). |
| Barchengá | The chief attendant on the Rája (Nowgong). |
| Basumatiyá | The men of Basumati (mother earth) (Darrang).* |
| Báthoghoniyá | So called from *Batho* (= Siju, the chief Káchári God) and *Ghoniyá* (= worshippers) (Darrang). |

* See also Kumrari below.

*Miscellaneous Clans, &c.*—continued—

| | |
|---|---|
| Betiyákari ... | ... Archers (Sibsagar). |
| Bhakatiyá ... | ... Kácháris who have taken a Gosein (Nowgong). |
| Bitaliyá ... | ... Outcastes (Nowgong). |
| Chaidoriya ... | ... Immigrants from Chardûár in Darrang. |
| Chákilágá ... | ... Formerly lamp lighters. Said to be exogamous (Darrang). |
| Chenga or Shenga ... | ... Formerly suppliers of the Shenga fish (Nowgong). A Káchári with Hindu proclivities (Darrang). |
| Dimári (Duimâri) ... | ... Sons of the river, *i.e.*, the plains Kácháris as distinguished from those in the hills. They are really the Doms of Káchári life, and are not held in much account (Darrang). |
| Deori ... | ... Priests (Nowgong). |
| Dhadumiya ... | ... Local name (Sibsagar). |
| Dhuliyá Ag ... | ... Functional khel. Drummers (Sibsagar). |
| Dihadar ... | ... Attendants. Exogamous khel (Nowgong). |
| Dimabári ... | ... People living near rivers, said to be exogamous (Nowgong). |
| Dimurali ... | ... Immigrants from Dimarua in Kamrup (Nowgong). |
| Gandletári ... | ... Men of the Gandlet or tree snail. Apparently totemistic (Darrang). |
| Ghorábajiyá ... | ... Formerly grooms of the Rájas (Nowgong). |
| Jaladhá ... | ... Káchári outcastes (Nowgong and Darrang). |
| Kári ... | ... Archers (Nowgong). A despised family said to have been *shikaris* (Darrang). |
| Khakluhari ... | ... The pumpkin clan. Apparently totemistic, although the pumpkin is no longer taboo (Nowgong). |
| Khangkláhári ... | ... The seed clan. Possibly totemistic (Nowgong and Darrang). |
| Kháukholow-árui ... | ... The men of the khaukhla tree (Darrang). |
| Khangmal Harei ... | ... *Ekra* suppliers (Nowgong). |
| Khormiyá ... | ... Gold washers (Sibsagar). |
| Kumrári ... | ... Men of the Kumrá or giant gourd. Apparently totemistic (Darrang).<br>In Kamrup there is a tradition that there were originally twelve Káchári families, who were one day attacked by a Rakshasa. To escape from him, one family ascended to heaven (*Swarga*), one hid behind a gourd (*Kumrá*), one took shelter under the earth (*Basumati*), another in the river (*Duima* or *Nadi*), another under some pulse (*Sibing*), and the rest in other places. The descendants of these families are named after the hiding places resorted to by their ancestors.<br>In the Gáro Hills there seems to be a trace of the totemistic *taboo* remaining, in the fact that the Kumráris do not eat the *kumrá* or gourd until after the *Durgapuja*. |
| Láumasala ... | ... Exogamous section. Formerly supplied gourds and condiments to the Rájas (Nowgong). |
| Mádaliyá ... | ... Trumpeters (Kamrup). |
| Mahamatiyal ... | ... Buffalo keepers (Nowgong). |
| Mohang ... | ... Number censused, 3. |
| Mugá-árui ... | ... Men of the Muga insect (Darrang). |
| Nadiyál ... | ... See Kumrári and Duimâri above. |
| Najaihari ... | ... Sweeper (Nowgong). |
| Phádámári ... | ... Men of the Phádám or paharan tree (Darrang). |
| Rájbansi ... | ... Number censused, 8. |
| Ságarápáriyá ... | ... Suppliers of wood to the Rája (*Ságará*=wood and *Páriyá*=suppliers) (Nowgong). |
| Sákchengá ... | ... Vegetable growers and suppliers (Nowgong). |
| Saraniyá ... | ... Kácháris who have become disciples of Goseins. Endogamous sub-caste (Sibsagar). |
| Sargasári ... | ... A section supposed to have descended from heaven. The most respectable of all Kácháris (Nowgong). See Kumrári (Kamrup). |
| Sarpahari ... | ... Snake catchers (Nowgong). |
| Sibingali ... | ... See Kumrári (Kamrup). |
| Sibingharai ... | ... The men of the sesamum plant; a somewhat despised family (Darrang). Formerly supplied sesamum to the Rája (Nowgong). For Kamrup, see Kumrári above. |
| Swargia Káchári ... | ... See Kumrári above. |
| Ujaniá Káchári ... | ... Kácháris who live near the hills, and are looked down on by their neighbours as having formerly been slaves of the Bhutiyás (Darrang). |

## KAIBARTTA.

*Sub-castes—*

| | | |
|---|---|---|
| Chásá, Hálwá, Dás ... | ... | Number censused, 15,162. |
| Jalia, Nadial, Machhua, or Mecho | | Ditto, 18,594. |

*Miscellaneous Sections—*

| | | | |
|---|---|---|---|
| Adhikári | ... | ... | (Sylhet). |
| Bara Kaibartta | ... | ... | (Darrang). |
| Bhásaniyá | ... | ... | (Goalpara). |
| Borichutiyá | ... | ... | (Lakhimpur). |
| Dhobá ... | ... | ... | (Darrang). |
| Duliá ... | ... | ... | (Sibsagar and Sylhet). |
| Jaimirá | ... | ... | (Lakhimpur). |
| Kathuá | ... | ... | (Kamrup). |
| Mánjhi | ... | ... | (Goalpara). |
| Málkaibartta | ... | ... | (Cachar). |
| Mallah | ... | ... | (Darrang). |
| Matsyagop | ... | ... | (Sibsagar). |
| Newli ... | ... | ... | (Kamrup). |
| Pakshya | ... | ... | (Sylhet). |
| Sardár | ... | ... | (Goalpara). |
| Sákhi | ... | ... | " |

## KALITA.

*Sub-castes—*

| | | | |
|---|---|---|---|
| Bar Kalitá | ... | ... | Social sub-caste. The highest class of Kalitás. Number censused, 47,388. |
| Bez or Nápit Kalitá | | ... | Functional sub-caste. Barbers. Number censused, 2,137. |
| Kumár Kalitá | ... | ... | Ditto. Potters. Ditto, 4,081. |
| Máli Kalitá | ... | ... | Ditto. Gardeners. Ditto, 505. |
| Nat Kalitá | ... | ... | Ditto. Singers and dancers. Number censused, 2,602. |
| Saru Kalitá | ... | ... | Social sub-caste. Kalitás who have degraded themselves by becoming artizans, &c. Number censused, 6,522. |

*Local and Miscellaneous Sections or Khels—*

| | | | |
|---|---|---|---|
| Atgayan | ... | ... | Local section. Formerly inhabitants of a village named Atgaon (Lakhimpur). |
| Bangrábári | ... | ... | (Lakhimpur). |
| Bárobhuiyan | ... | ... | ...... |
| Barbaidik | ... | ... | (Goalpara). |
| Bhuiya Háridiya | ... | ... | (Lakhimpur). |
| Bhuiyan | ... | ... | Title. The princes who preceded the Koch dynasty called themselves Bhuiyans. The right to use this appellation was sold by the late Káchári rulers at Khaspur to any one willing to purchase it. |
| Bináwá | ... | ... | (Lakhimpur). |
| Bindhanikalitá | ... | ... | (Sibsagar). |
| Chakiyal | ... | ... | Guards at outposts (*Chakis*) in the time of the Ahom Kings (Sibsagar). |
| Chámár Kalitá | ... | ... | ...... |
| Chamuá | ... | ... | ...... |
| Charingia | ... | ... | Formerly inhabitants of a village of that name (Lakhimpur). |
| Dás ... | ... | ... | ...... |
| Deká ... | ... | ... | A title. |
| Dhenudhari | ... | ... | Bowmen. |
| Dighaliyál | ... | ... | (Lakhimpur). |
| Dolkhariyá | ... | ... | Sirdar. Palkibearer. |
| Duliyá | ... | ... | Palkibearer. |
| Dusiá | ... | ... | (Lakhimpur). |
| Dihingia | ... | ... | Formerly residents in the country near the Dihing river (Sibsagar). |

*Local and Miscellaneous Sections, &c.*—concluded.—

| | | |
|---|---|---|
| Gajpuria | ... | ... Formerly residents of Gajpur (Lakhimpur). |
| Garaká Kalitá | ... | ... (Sibsagar). |
| Gargayan | ... | ... Inhabitants of a place of that name (Sibsagar). |
| Gayan | ... | ... Singers, possibly the same as Nat Kalitá (Lakhimpur). |
| Hálwá | ... | ... Occupational. Plough-driver (Tezpur). |
| Jengoniján | ... | ... Local section (Lakhimpur). |
| Kákati | ... | ... Occupational. Clerks and accountants (Sibsagar). |
| Kakayan Saidia | ... | ... ...... |
| Káhár Kalitá | ... | ... Occupational. Braziers (Lakhimpur). |
| Kari | ... | ... Formerly soldiers and arrow-makers (Lakhimpur). |
| Kath Kalitá | ... | ... Kath is said to be a corruption of Káyastha and to be used to designate persons of that caste who settled in Assam during the time of the Ahom Rájas, and intermarried with Kalitás (Lakhimpur). |
| Káyastha | ... | ... A name sometimes assumed by Kalitás who have abandoned agriculture and been invested with the sacred thread (Nowgong). |
| Kámal | ... | ... ...... |
| Kámár | ... | ... Occupational. Blacksmiths (Sibsagar). |
| Lahaniyal | ... | ... (Lakhimpur). |
| Lahowanjolál | ... | ... (Sibsagar). |
| Matak | ... | ... Sectarian. Disciples of the Matak Goseins. |
| Mergbariá | ... | ... (Lakhimpur). |
| Mudai | ... | ... Shopkeeper. |
| Ṇaṇuá | ... | ... (Nowgong). |
| Ṇaosaliya | ... | ... (Sibsagar). |
| Pangáon | ... | ... (Lakhimpur). |
| Pani Kalitá | ... | ... (Darrang). |
| Pathak | ... | ... (Goalpara). |
| Sonári | ... | ... Occupational. Goldsmiths. |
| Tailiharia Barkalitá | | ... (Lakhimpur). |
| Ṭeliya | ... | ... Occupational. Oil-pressers. |

---

## KAMAR.

*Sub-castes.*

Basuna.
Belási.
Chandkámár.
Dhákái.
Dhákáwál.
Dhokrá.
Khottá.
Magahiyá.
Rárhi.

*Miscellaneous Sections.*

Barkámár.
Chháprái.
Kachhuá.
Kanaujyá.
Nág.
Sarukámár.
Sonákasákámár.

---

## KAYASTHA.

*Sub-castes.*

Bárendra.
Dakshin Rárhi.
Gaur.
Rárhi.
Sribástab.
Uttar Rárhi.

*Miscellaneous Sections—*

| | | | |
|---|---|---|---|
| Aditya | ... | ... | A title of the Sádhya Maulik group of the Dakshin Rárhí Káyastha. |
| Bangaja | ... | ... | ...... |
| Basu | ... | ... | A title of the Kulin Bangaja Káyastha. |
| Bhándári | ... | ... | Honorary title. |
| Bhaumik | ... | ... | A title of the Achal group of the Bangaja Káyastha. |
| Biswás | ... | ... | Honorary title. |
| Chálibá | ... | ... | A title. |
| Chandra | ... | ... | A title of the Mahápátra group of the Bangaja Káyastha. |
| Chaudhuri | ... | ... | Honorary t'tle. |
| Dás ... | ... | ... | A title of the Mahápátra group of the Bangaja Káyastha. |
| Datta ... | ... | ... | A title. |
| Datta Purkáyastha | ... | ... | Ditto. |
| De ... | ... | ... | Ditto. |
| Deb ... | ... | ... | Ditto. |
| Dhar ... | ... | ... | Ditto. |
| Ghar ... | ... | ... | Ditto. |
| Ghosh ... | ... | ... | A title of the Kulin Bangaja Káyastha. |
| Kar ... | ... | ... | Sádhya Maulik title. |
| Karániyá | ... | ... | A title of Achal group Bangaja. |
| Kasyapa | ... | ... | ...... |
| Kshám | ... | ... | A title of Achal group Bangaja. |
| Kunda | ... | ... | Sádhya Maulik group of Dakshin Rárhi. |
| Lodh ... | ... | ... | A title of Achal group Bangaja. |
| Mahipál | ... | ... | A title. |
| Maulik | ... | ... | Name of a group of Dakshin Rárhi. |
| Mitra | ... | ... | Kulin, Dakshin Rárhi. |
| Mullik | .. | ... | Honorary title. |
| Nalu | ... | ... | A title. |
| Nandi | ... | ... | Ditto. |
| Pál | ... | ... | Ditto. |
| Rái | ... | ... | Honorary title. |
| Sanga | ... | ... | A title. |
| Sarkár | ... | ... | Honorary title. |
| Sen ... | ... | ... | A title. |
| Sil ... | ... | ... | Ditto. |
| Sinha ... | ... | ... | Ditto. |
| Som ... | ... | ... | Ditto. |
| Thákur... | ... | ... | A section of the Sribastaba sub-caste. |
| Uttori ... | ... | ... | ...... |

---

## KEWAT.

*Sub-castes—*

| | | | | | | |
|---|---|---|---|---|---|---|
| Dhobá Kewat | ... | ... | Functional. | Washermen. | Number censused, | 258. |
| Hálwá „ | ... | ... | Ditto. | Cultivators. | Ditto, | 31,329. |
| Jálwá „ | ... | ... | Ditto. | Fishermen. | Ditto, | 1,676. |
| Kumár „ | ... | ... | Ditto. | Potters. | Ditto, | 381. |
| Máli „ | ... | ... | Ditto. | Gardners. | Ditto, | 596. |
| Nat „ | ... | ... | Ditto. | Dancers. | Ditto, | 53. |
| Saru „ | ... | ... | Social. | Inferior. | Ditto, | 54. |
| Teli „ | ... | ... | Functional | Oilpressers | Ditto, | 18. |

*Miscellaneous Sections—*

| | | | |
|---|---|---|---|
| Athakatiya | ... | ... | Rubber cutter. |
| Baghoriya | ... | ... | (Darrang). |
| Bámát | ... | ... | (Sibsagar). |
| Banchási | ... | ... | (Darrang). |
| Baniyá | ... | ... | (Sibsagar). |
| Batusara | ... | ... | „ |
| Bez | ... | ... | (Darrang). |
| Bhaganiyá | .. | ... | (Lakhimpur). |
| Bhoinorá | ... | ... | (Sibsagar). |
| Bil | ... | ... | (Goalpara). |

## KEWAT—*concluded.*

*Miscellaneous Sections*—concluded—

| | | | |
|---|---|---|---|
| Bintiyá | ... | ... | (Lakhimpur). |
| Chaukiál | ... | ... | „ |
| Dadhiyá | ... | ... | (Sibsagar). |
| Dangri | ... | ... | „ |
| Debon | ... | ... | „ |
| Duliá | ... | ... | ...... |
| Gaiya Kewat | ... | ... | ...... |
| Haniyá | ... | ... | (Lakhimpur). |
| Hatimoriá | ... | ... | (Sibsagar). |
| Hutai | ... | ... | (Nowgong). |
| Jorá Kewat | ... | ... | ...... |
| Julá | ... | ... | (Sibsagar). |
| Kachhomoria | ... | ... | (Lakhimpur). |
| Kaibartta | ... | ... | ...... |
| Kámár | ... | ... | (Sibsagar). |
| Kari | ... | ... | Personal service. |
| Kapali | ... | ... | (Darrang). |
| Lesai | ... | ... | (Lakhimpur). |
| Maghaiya Kewat | ... | ... | „ |
| Makhaura | ... | ... | „ |
| Málál | ... | ... | „ |
| Mallah | ... | ... | Boatman. |
| Matak | ... | ... | (Lakhimpur). |
| Mati Kewat | ... | ... | (Sibsagar). |
| Mudai khel | ... | ... | „ |
| Nágbansi | ... | ... | „ |
| Náobaisa | ... | ... | Men belonging to Náobaisa khel (Lakhimpur). |
| Náosaliya | ... | ... | Boat cutters (Lakhimpur). |
| Náráyanpur | ... | ... | (Sibsagar). |
| Neuli | ... | ... | (Kamrup). |
| Páni Kewat | ... | | (Sibsagar). |
| Puttron Kewat | ... | ... | (Lakhimpur). |
| Sheuli „ | ... | ... | (Kamrup). |
| Sonári | ... | ... | (Lakhimpur). |
| Sudramalá | ... | ... | (Darrang). |
| Sutar | ... | ... | ...... |
| Tánti | ... | ... | (Sibsagar). |
| Thangia | ... | ... | (Sibsagar). |
| Tipamiyá | ... | ... | (Lakhimpur). |
| Uttori Kewat | ... | ... | Kewats who adopt the sacred thread. |

---

## KHAMTI.

*Miscellaneous Sections. (All returned in Lakhimpur.)*

Chailong.
Dihingiyá.
Harubarang.
Kángdáo.
Kángsá.
Khálej.
Khamra.
Khunda.
Kongdáo.
Lungkhong.
Maghit.
Mágnáth.
Makhul.
Malang.
Mánlai.
Mandreh.
Mántat.
Mungkhong.
Namoyá.
Nukmul.
Nungeng.
Siring.

## KHASI.

### *Sub-division*—BHOI.

*Exogamous Sections.*

| Main clan. | Sub-clan. | |
|---|---|---|
| Am (being) ... ... | Jongpale ... | Descendants of a woman named Pale. |
| | Lyngkot ... | (Short). |
| | Pyrtuh ... | (Creep stealthily). Descendants of a man who stealthily approached the bed of a woman. |
| | Rymbai ... | (A kind of pulse). |
| Bang (delicious) ... ... | Kso. | |
| Bi-am ... ... | Nongbah (name of a village). | |
| Dhái ... ... ... | Longdoh Nartiang. | |
| Dhar ... ... ... | Sushiang. | |
| | Talang. | |
| Diengdoh ... ... | Diengdohbah ... | Diengdoh = a kind of tree. There is a tradition that the ancestor of this clan came out of this tree. |
| | Diengkylla ... | Kylla = (Changing). |
| | Diengshugailong. | |
| Durka ... ... ... | Sari. | |
| Hing ... ... ... | Bi-am. | |
| | Hadia. | |
| | Kahit. | |
| | Nongkrem (Nartiang) = Name of a village. | |
| | Pale. | |
| | Pasi. | |
| | Pasdoh. | |
| | Plein. | |
| Jaid Dykhar ... ... | Khar Jawsnai. | |
| | ,, Ngapkynta. | |
| | ,, Phanbuh. | |
| | ,, Phankon. | |
| | ,, Sawian. | |
| | ,, Sintiw (clan of flower.) | |
| | ,, Wanlang. | |
| Jongdong (dong = corner) ... | Lapasam (same as Lapasaw). | |
| | Pahia (foolish). | |
| Jongkhlem or khlem ... | Shilla. | |
| Jongmiang ... | Jongban. | |
| | Phadong. | |

*Exogamous Sections*—continued.

| Main clan. | Sub-clan. |
|---|---|
| Jongpakma | Jongguai (wai = end).<br>Jongkya (kya = a kind of tree).<br>Jongpan.<br>Jongshangpung.<br>Jongstang (stang = thin).<br>Jongmanar.<br>Lamare (Mynso).<br>Lapran (endeavoured).<br>Pastih (= a kind of dance). |
| Kawah (river) | Lyndoh Nongbah.<br>Lyngngoh „ |
| Khongwir | Khongwirbah.<br>Khongwirnongrud. |
| Khubra | Dhar (Nongbah). |
| Kongwang | Lamba.<br>Syngkrem.<br>Tangseng (tang = only ; seng = elder relative). |
| Lakhipur | Syih or Jongsyih. |
| Lalu | Jonghek.<br>Katkeh.<br>Kyjam (Cold).<br>Lamin = name of a village; also name of a principal clan having many sub-groups of different names, and believed to have originally come from *Hadein* or the Mikir country.<br>Nartiang (name of a village).<br>Pyrbot. |
| Lamin | Jongkadew.<br>Khongshling.<br>Pohrmen (Pohrmen = below; in the plains. This clan is supposed to have originally come from the plains).<br>Pohung (under the house).<br>Pohlynjar.<br>Pohsen. |
| Longdohnongkhih (priest of the moving villages). | Patwat.<br>Ropon. |
| Longdohnarpuh | Lakadong (name of a village). |
| Lynkhlen | Rymbai (name of a village). |
| Lamare | Jongthang.<br>Jongso.<br>Kyndiar.<br>Susngi (sngi = sun).<br>Myria. |
| Langdoh Rymbai | Jonglein.<br>Jongshen (shen = swift).<br>Jongtam (tam = great).<br>Khaii (trade). |
| Langdoh Mynso | Jongphai (phai = return).<br>Jongshen.<br>Jongstem (stem = yellow).<br>Kámár (Blacksmith).<br>Myrshiang (Fox).<br>Pen = one of the openings (organs of the body; arms).<br>Situng.<br>Syntem.<br>Salang (a kind of fruit). |

*Exogamous Sections*—continued.

| Main clan. | Sub-clan. |
|---|---|
| **Lamurang** ... ... | Ksih (louse).<br>Lama (flag).<br>Thlu (hole). |
| **Marbaniang** ... ... | Marbaniang.<br>Marpua.<br>Mylliemngap (Mylliem = name of a village and ngap=honey) |
| **Matuh** ... ... | Lamare.<br>Syrman (name of a village). |
| **Mulih (a white stone)** ... | Lyngdoh Jalong (Priest of the Jalong village). |
| **Maskut = Name of a village** ... | Naiang. |
| **Nonglwai (lwai = honey)** ... | Jirwa.<br>Nonglwai.<br>Nongsiet (nong = village, siet = bamboo). |
| **Pala** ... ... | Sutong. |
| **Paltong** ... ... | Pujah (worship).<br>Synih. |
| **Papiah** ... ... | Lyndohkanai. |
| **Pamblang (sacrificing goat)** ... | Amtara.<br>Myrlia.<br>Pohkyrno (= blind).<br>Pohphlet.<br>Thaso. |
| **Phawa** ... ... ... | Siangshai or Synshai. (Siang = spread, shai = light. |
| **Paswet** ... ... | Balitan.<br>Langdoh Jowai.<br>Lanong.<br>Lakiang.<br>Liwait.<br>Katphoh.<br>Kynjing.<br>Pasuban.<br>Pakyntein.<br>Likhla or Nikhla.<br>Nongbah (large village).<br>Njiangphoh.<br>Rangat (= name of a village).<br>Syngkon.<br>Kma (To go astray).<br>Lipon.<br>Jongwar (of the plains).<br>Singphoh.<br>Pyrdiang.<br>Muty-em.<br>Siangbad.<br>Blei (= clan of the heavenly beings). |
| **Phyllei** ... ... ... | Jongwet.<br>Langbang.<br>Langwar (of the same clan with Langbang).<br>Nawa. |
| **Pohti** ... ... ... | Pohktai.<br>Pohlong.<br>Pohkla (under the tiger).<br>Pohkso.<br>Pohduweng.<br>Pohlyng-ngi (= a fruit, *solyngan*).<br>Pohdukhai. |

*Exogamous Sections*—continued.

| Main clan. | Sub-clan. |
|---|---|
| Pyrngap ... ... | Pabang.<br>Pahiang.<br>Supuh. |
| Panoh ... ... | Lamin (Nongjugi).<br>Mokti.<br>Nongbah (name of a village).<br>Rymban.<br>Sakdiak. |
| Phira ... ... | Raksaw. |
| Ryngksai (riang = pull ; ksai = thread). | Khonglah (conquering clan).<br>Talong. |
| Rabon ... ... | Jongshen (shen = swift).<br>Jong Jakai.<br>Muthlong (name of a village).<br>Sajem.<br>Shilla. |
| Saio ... ... | Jonglaw (of the forest)<br>Mynso ( = name of a village).<br>Najuk Pyrtuh.<br>Sutynga. |
| Shilla ... ... | Jongdum (of the dark clan).<br>Pariat.<br>Lyngngi.<br>Bareh (= same as Wareh).<br>Lato.<br>Shimret (buffalo).<br>Pde.<br>Slong.<br>Balamar.<br>Blah. |
| Sukhlain ... ... | Suba (neat, clean). |
| Sushiang ... ... | Shadap.<br>Susher. |
| Susten ... ... | Shitrai. |
| Sutong ... ... | Langdoh Nongphylleh.<br>Myrten.<br>Khyrwang.<br>Sutnga (name of a village). |
| Sutung ... ... | Jongwar.<br>Paslein.<br>Shadap. |
| Sariang ... ... | Samati.<br>Ramut.<br>Kyndong (careless).<br>Snih (skin).<br>Daw (inconsistent).<br>Sumer (name of a tract of country).<br>Shalani (seive).<br>Kharia.<br>Kam (work).<br>Tahia. |

*Exogamous Sections*—concluded.

| Main clan. | Sub-clan. |
|---|---|
| Toi ... ... | Najiar.<br>Rymbai (a kind of pulse).<br>Talang. |
| Tamáhá ... ... | Warnongphylhet (war = people of the valleys). |
| Thubru ... ... | Dhar (Nongbah). |
| Wartangseng ... ... | Bareh. |

---

## KOCH.*

*Sub-castes*—

| | |
|---|---|
| Bar Koch or Kamtali ... | Sectarian sub-caste. Ceremonially pure Hindus whose ancestors were converted to Hinduism at least three generations ago. They profess to abstain from swine's flesh and from drinking strong liquors. Number censused, 71,944. (Kamrup 14,600, Darrang 30,678, Nowgong 17,202, and Sibsagar 7,575). |
| Saru Koch ... ... | Sectarian sub-caste. Converts whose conversion to Hinduism has been comparatively recent. Number censused, 27,842. (Nowgong 16,879, and Darrang 8,657). |
| Heremia ... ... | Much the same as the above (all except 2 in Darrang). |
| Phairi ... ... | Ditto (figures not tabulated, Nowgong). |
| Rájbansi ... ... | Number censused, 123,751. |
| Madahi ... ... | Sectarian sub-caste. Recent converts who still retain all their old freedom in the matter of food and drink. Number censused, 18,430. (Goalpara 9,102, Kamrup 4,953 and Darrang 4,115). |
| Sarania ... ... | Sectarian sub-caste. Kácháris, &c. in the first stage of conversion are called Sarania, Sarania Koch or Sarania Káchári. Number censused, 26,248. (Kamrup 12,173, Darrang 4,106, Nowgong 5,841 and Sibsagar 2,524). |
| Garami ... ... | Functional. Thatchers. (Goalpara). Number censused, 495. |
| Mahang ... ... | Salt workers (Nága Hills). Number censused, 352. |

*Miscellaneous Sections*—

| | |
|---|---|
| Amchrangali ... ... | (Nowgong). |
| Análang ... ... | (Goalpara). |
| Arangni ... ... | (Lakhimpur). |
| Báhobaria ... ... | A local section of the Mahangiya Koch who have obtained their name from Báhobari where they formerly resided (Nowgong). |
| Bákaliyal ... ... | (Sibsagar). |
| Bakori = labourers ... ... | (Lakimpur). |
| Bamonmariyal ... ... | (Sibsagar). |
| Banai ... ... | (Garo Hills). |
| Banbábaria ... ... | (Nowgong). |
| Banhápat ... ... | A local section (Lakhimpur). |

* Excluding persons returned as Rajbansi in column 4 of the schedule, who have been shown separately under this head in Imperial Table XVI.

*Miscellaneous Sections*—continued—

| Section | Description |
|---|---|
| Biruatekelá | (Lakhimpur). |
| Basaimita | " |
| Bebejia | Labourers (Lakhimpur). |
| Bhaganiyá | (Lakhimpur). |
| Bhakat Kheliya | (Darrang). |
| Bhanga Kshatriya | (Goalpara). |
| Bharalaya | (Sibsagar). |
| Bhatan | " |
| Bhut Koch | " |
| Chapará | (Garo Hills). |
| Chaulkárá | (Sibsagar). |
| Chhamiya | (Lakhimpur). |
| Dakshya Gaiya | (Garo Hills). |
| Das Gaiya | " |
| Dekáchamuá | (Lakhimpur). |
| Dekarongakuor | Formerly priests of the Lalungs now converted to Hinduism and styled Koch in consequence (Nowgong). |
| Dhing Koch | Resident of Dhing in the Nowgong district. |
| Dharampuria | So called from Dharampur, where they formerly resided. |
| Dhekeri Koch | A term applied in Nowgong to the Lalung converts who live between the Brahmaputra and the Kalang river, and who are called Dhekeri because their dialect resembles that of the inhabitants of Kamrup (Nowgong). |
| Digháumonia | (Lakhimpur). |
| Dolakariá | " |
| Duliyá | (Sibsagar). |
| Ealongchaiya | ...... |
| Eramong | ...... |
| Erapong Koch | ...... |
| Gaiyachar | ...... |
| Gajpuri | Local section. Named after Gajpur village, where they formerly resided (Sibsagar). |
| Garigaya | Local section. Named after a former village Garigaon (Nowgong). |
| Gharuá<br>Golam | A Koch whose ancestors were slaves. Many of this class still remain as servants of their old masters. |
| Harigaiya | Local section. Formerly residents of Harigaon (Kamrup). |
| Hessamora | (Sibsagar). |
| Jirámoria | (Lakhimpur). |
| Jolá | " |
| Kaimor | (Nowgong). |
| Kalaigayan | (Lakhimpur). |
| Kámár | Functional. Potters (Lakhimpur). |
| Kari | (Darrang, Sibsagar, and Lakhimpur). |
| Kharuá | (Darrang). |
| Khoshraiyá | A section of Hojais converted to Hinduism (Nowgong). |
| Khumraichá | (Nowgong). |
| Kumar | Functional. Potters (Kamrup). Number censused, 28. |
| Kumargaya | Local section of the Mohangiya Koch, who formerly resided at a place called Kumargaon (Now-gong). |
| Kundar | (Kamrup). |
| Lahaniyál | A family section (Lakhimpur). |
| Madesiyá | (Darrang). |
| Madyál | (Lakhimpur). |
| Mákará | (Goalpara). |
| Maniyál khel | (Sibsagar). |
| Maragán | (Garo Hills). |
| Matak | Sectarian. Disciples of the Matak Gohains (Kamrup and Lakhimpur). |
| Matiya | (Kamrup). |
| Mohaliá | (Darrang). |
| Moran | " |
| Pachgam | (Lakhimpur). |
| Paiborá | " |
| Panigaya | Residents of Panigaon village (Lakhimpur). |
| Paran | (Sibsagar). |

*Miscellaneous Sections*—concluded—

| | | | |
|---|---|---|---|
| Parbatchhá | ... | ... | (Nowgong). |
| Patiá | ... | ... | Functional. Mat makers, said to be endogamous. |
| Patsariyá | ... | ... | (Nowgong). |
| Perábhári | ... | ... | (Sibsagar). |
| Phairi Koch | ... | ... | A class of Koch who had to render personal service to the Ahom Rájas (Nowgong). |
| Raidongiá | ... | ... | A khel (Sibsagar). |
| Rámai | ... | ... | (Garo Hills). |
| Ropkholia | ... | ... | A section of the Kamtali Koch (Goalpara, Kamrup, Nowgong, and Darrang). |
| Satpári | ... | ... | (Garo Hills). |
| Sivabansi | ... | ... | (Darrang). |
| Teláhi | ... | ... | (Lakhimpur). |
| Tintekiya | ... | ... | (Garo Hills). |
| Turalang | ... | ... | " |

# KUKI.

*Sub-tribes.*

| | | | |
|---|---|---|---|
| *Bêté* | ... | ... | ...... |
| Chaimar | ... | ... | ...... |
| Gom | ... | ... | ...... |
| *Jansen* | ... | ... | ...... |
| Joni | ... | ... | ...... |
| Kotong | ... | ... | ...... |
| Ralte | ... | ... | ...... |
| *Rangkhol*— | | | |
| Kelma | ... | ... | ...... |
| Langrang | ... | ... | ...... |
| Sakajait | ... | ... | ...... |
| Shik | ... | ... | ...... |
| *Thadoi* | ... | ... | ...... |
| Rálte | ... | ... | ...... |
| Shinshum | ... | ... | ...... |

*Miscellaneous and Exogamous Sections*—

| | | | |
|---|---|---|---|
| Aimal | ... | ... | Most probably a village name (North Cachar). Number censused, 85. |
| Am | ... | ... | (North Cachar) |
| Bagni | ... | ... | Name of a Manipuri village beyond the Jiri (Cachar). |
| Baikei | ... | ... | Name of a village (Cachar). |
| Balui | ... | ... | (Cachar). |
| Barái | ... | ... | (Sylhet). |
| Bongkheng | ... | ... | (Khasi Hills). |
| Bongtu | ... | ... | (Cachar). |
| Chairim | ... | ... | " |
| Chalar | ... | ... | " |
| Chámal | ... | ... | " |
| Changa Chang | ... | ... | (Naga Hills). |
| Darlei | ... | ... | (Cachar). |
| Dongiya | ... | ... | (Sylhet). |
| Duimul | ... | ... | A Thadoi village (Cachar). |
| Hekteh | ... | ... | A dog in the Kotang dialect (Cachar). |
| Hoorong | ... | ... | A Kotang village near Luhipore (Cachar). |
| Isatrai | ... | ... | (Khasi Hills). |
| Jangmál | ... | ... | A group of villages belonging to some Jansen Kukis (North Cachar). |
| Jarai | ... | ... | A Rangkhol village (North Cachar). |
| Jolkhá | ... | ... | (Khasi Hills). |
| Kachang | ... | ... | (Cachar). |
| Kahong | ... | ... | " |
| Kaibam | ... | ... | " |

## KUKI—*concluded.*

*Miscellaneous and Exogamous Sections*—concluded—

| | | | |
|---|---|---|---|
| Kalung | ... | ... | A sub-caste of the Jansen division (North Cachar). |
| Kumor | ... | ... | (Khasi Hills). |
| Kelpheng | ... | ... | „ |
| Kethángá | ... | ... | (Cachar). |
| Khabung | ... | ... | „ |
| Khajam | ... | ... | „ |
| Khalbáng | ... | ... | (Naga Hills). |
| Khásáng | ... | ... | Name of a Thadoi village (Cachar). |
| Khayarung | ... | ... | (Cachar). |
| Kholhang | ... | ... | (Naga Hills). |
| Khukang | ... | ... | (Cachar). |
| Khunglung | ... | ... | „ |
| Kotang | ... | ... | A sub-caste of the Jansen tribe (Cachar). |
| Kubing | ... | ... | (Cachar). |
| Kumnai | ... | ... | „ |
| Kuri | ... | ... | (Naga Hills). |
| Lamare | ... | ... | (Khasi Hills). |
| Leiri | ... | ... | (Cachar). |
| Leugtá | ... | ... | „ |
| Lukeng | ... | ... | „ |
| Lungkem | ... | ... | „ |
| Lyndoh | ... | ... | (Khasi Hills). |
| Mahadeo Jali | ... | ... | North Cachar). |
| Malmukh | ... | ... | ...... |
| Manbing | ... | ... | (Cachar). |
| Moshun | ... | ... | (Khasi Hills). |
| Motolun | ... | ... | „ |
| Musari | ... | ... | (Cachar). |
| Mushhum | ... | ... | „ |
| Namnai | ... | ... | „ |
| Neilong | ... | ... | (Khasi Hills). |
| Niyaring | ... | ... | (Cachar). |
| Oaipi | ... | ... | (North Cachar). |
| Paicham | ... | ... | (Cachar). |
| Raikei | ... | ... | (North Cachar). |
| Rem | ... | ... | A Thadoi village (North Cachar). |
| Saileng | ... | ... | (Cachar). |
| Sálate | ... | ... | „ |
| Sámuná | ... | ... | „ |
| Sandeh | ... | ... | „ |
| Sanlem | ... | ... | „ |
| Sanusi | ... | ... | „ |
| Satlong | ... | ... | „ |
| Sáum | ... | ... | A sub-division of Kuki (Naga Hills). |
| Seothang | ... | ... | A Jansen village (Cachar). |
| Shaithumai | ... | ... | (Khasi Hills). |
| Şilásuya | ... | ... | (Cachar). |
| Shumtynkha | ... | ... | (Khasi Hills). |
| Sikir | ... | ... | (Cachar). |
| Silhing | ... | ... | „ |
| Siljing | ... | ... | (Naga Hills). |
| Singhan | ... | ... | „ |
| Sinchel | ... | ... | „ |
| Singbaha | ... | ... | (Cachar). |
| Songnáth | ... | ... | „ |
| Sultham | ... | ... | „ |
| Syntukhá | ... | ... | (Khasi Hills). |
| Tathukmajal | ... | ... | (Cachar). |
| Telengsting | ... | ... | (Khasi Hills). |
| Thajo | ... | ... | (Cachar). |
| Theiteh | ... | ... | „ |
| Thek | ... | ... | (Naga Hills). |
| Thirám | ... | ... | (Cachar). |
| Thirsu | ... | ... | (Khasi Hills). |
| Toánor | ... | ... | (Cachar). |
| Tolai | ... | ... | „ |
| Tuchim | ... | ... | „ |
| Tuikáng | ... | ... | A Thadoi village near the Bhubans (Cachar). |
| Uibhoo | ... | ... | A village of the Jansen sub-tribe (Cachar). |

## KUMAR.

*Sub-castes—*

| | |
|---|---|
| Bárendra | (Goalpara). |
| Bengali | ..... |
| Biaput | (Darrang). |
| Chaurási | (Sylhet). |
| Maghaiya | (Cachar). |

*Miscellaneous Sections—*

| | |
|---|---|
| Handi Kumár | Potters (Nowgong and Lakhimpur). |
| Kanaujiá | (Goalpara). |
| Nág | A title. |
| Pál | A title (Goalpara). |
| Rághowá | (Lakhimpur). |
| Rishi | (Nowgong). |
| Rudrapál | A title (Goalpara and Sylhet). |
| Shilkátá | (Darrang). |

---

## LALUNG.

*Exogamous Sections—*

| | |
|---|---|
| Adilok | (Nowgong). |
| Agorinukar | ,, |
| Akilakar | ,, |
| Akililákar | ,, |
| Amchanglákar | ,, |
| Amchangali | } Clans of the two Lalung Rájas (Nowgong). |
| Amcheáli | } Clans of the two Lalung Rájas (Nowgong). |
| Amchhilkar | Descendants of one of the two girls who were turned into Lalung by Mahadev as a punishment for destroying his paddy. |
| Amfili | (Nowgong). |
| Amjirá | ,, |
| Amjuk | ,, |
| Amkili | ,, |
| Amráli | ,, |
| Amsang | Name of a river (Khasi and Jaintia Hills). |
| Amshijela | The priestly family of the Amshi sub-division (Nowgong). |
| Aniáli | (Nowgong). |
| Asailakar | ,, |
| Báchhaáli | ,, |
| Barangali | ,, |
| Baranglakar | ,, |
| Baslakar | ,, |
| Belanglakar | ,, |
| Bomá | ,, |
| Bor | ,, |
| Chágáali | Suppliers of goats for the King's *puja*. Said to be exogamous. |
| Chálonglákar | Chálong = An egg. So called because the founder of the clan is said to have found the egg laid on the leaves of a waterlily from which Sobha Sowari Gosein was produced (Nowgong). |
| Chamchanukar | From Chamach = salt. So called because the ancestor of the clan is said to have been born inside a box where salt was kept (Nowgong). |
| Dámlukar | From Dámung (a bamboo sprout which is eaten as a curry) (Nowgong). |
| Daranglakar | (Nowgong). |
| Darkanglakar | ,, |
| Dátráli | Descendants of the Lalung who made certain image (Kamrup). |
| Dhákuráli | (Nowgong). |
| Dhápuráli | ,, |
| Dharpangghoria | Formerly mat makers (Kamrup). |
| Fangchaáli | Formerly carriers of the royal umbrella (Kamrup). |
| Fangsalkar | From Fáng = A tree (Nowgong). |

*Exogamous Sections*—continued—

| Section | | | Remarks |
|---|---|---|---|
| Iyarghoria | ... | ... | (Nowgong). |
| Kábuáli | ... | ... | " |
| Kachuáli | ... | ... | " |
| Kangarfaidia | ... | ... | A royal clan (Nowgong). |
| Kangshie | ... | ... | (Nowgong). |
| Kárakáli | ... | ... | " |
| Karsalka | ... | ... | From *kryik* = Crying. Descendants of a person who was unable to attend a feast given by Mahádev and began to cry in consequence (Nowgong). |
| Khapali | ... | ... | (Nowgong). |
| Khaláojela | ... | ... | Priestly family of the Khalao sub-division (Nowgong). |
| Kharai | ... | ... | Kharai means a kind of saucepan (Khasi and Jaintia Hills.) |
| Kharaláli | ... | ... | From *Kharai* = A white pumpkin, which is still *taboo* to the members of this clan (Nowgong). |
| Khásáli | ... | ... | (Nowgong). |
| Khokááli | ... | ... | " |
| Kochhlakar | ... | ... | " |
| Krykhoáli | ... | ... | " |
| Labanglakar | ... | ... | " |
| Laduáli | ... | ... | " |
| Ladlukar | ... | ... | " |
| Lárámáli | ... | ... | " |
| Lumkaiáli | ... | ... | From Lumkai = A hill (Nowgong). |
| Má or Magraáli | ... | ... | (Nowgong). |
| Máchhadhá | ... | ... | " |
| Máchuráli | ... | ... | " |
| Mádalghoriá | ... | ... | Formerly trumpeters at the King's *pujas* (Kamrup). |
| Máduráli | ... | ... | (Nowgong). |
| Máduralijela | ... | ... | Priestly family of the Máduráli sub-division (Nowgong). |
| Mágarááli | ... | ... | (Nowgong). |
| Mágarájelá | ... | ... | Priestly family of the Mágarááli sub-division (Nowgong). |
| Máháilakar | ... | ... | (Nowgong). |
| Málaiáli | ... | ... | So called from the fish called Málikoch (Nowgong). |
| Manijelá | ... | ... | The priestly family of the Muni sub-division (Nowgong). |
| Manlakar | ... | ... | (Nowgong). |
| Máráli | ... | ... | " |
| Márháti | ... | ... | " |
| Márhi | ... | ... | " |
| Markáng | ... | ... | ...... |
| Markangáli | ... | ... | (Nowgong). |
| Máslakor | ... | ... | " |
| Masrangáli | ... | ... | The most respectable of the Lalung clans, from which the Rájas were usually elected (Nowgong). |
| Máthálai | ... | ... | So called from *Mathal* = The peak of a hill, on which the founder of the clan is said to have been born (Nowgong). |
| Meláng | ... | ... | (Nowgong). |
| Melánglakar | ... | ... | " |
| Menang | .. | ... | " |
| Mithiáli | ... | ... | Suppliers of molasses to the Rája (Kamrup and Nowgong). |
| Mithilakar | ... | ... | (Nowgong). |
| Mollárâli | ... | ... | " |
| Munilakar | ... | ... | " |
| Munilok | ... | ... | " |
| Námdáiáli | ... | ... | " |
| Námkaráli | ... | ... | " |
| Namkarjelá | ... | ... | The priestly family of the Namkarali sub-division (Nowgong). |
| Naramali | ... | ... | (Nowgong). |
| Orangghoria | ... | ... | Descendants of a fickle and disobedient person to whom this nickname was applied (Kamrup). |
| Pángulukar | ... | ... | (Nowgong). |
| Páruali | ... | ... | " |
| Pastajela | ... | ... | " |
| Pumáali | ... | ... | " |
| Pumálkar | ... | ... | " |
| Ráduáli | ... | ... | " |
| Rádulakar | ... | ... | " |

*Exogamous Sections*—concluded—

| | | | |
|---|---|---|---|
| Sagrálakar | ... | ... | Persons who worship the God called Sográ (Nowgong). |
| Sakháilai | ... | ... | (Nowgong). |
| Sakláilakar | ... | ... | " |
| Samsarujela | ... | ... | Priestly family of Samsarali sub-division (Nowgong). |
| Solulakar | ... | ... | (Nowgong). |
| Sukáilakar | ... | ... | So called from Sukái = Dry. The ancestor is said to have been born in the dry month of *Chaitra*, hence the name. The members of this clan worship *Malanda*, the God of wind (Nowgong). |
| Sukhiáli | ... | ... | Suppliers of dried fish to the Rája (Kamrup). |
| Tanalakar | ... | ... | (Nowgong). |
| Ukhááli | ... | ... | " |
| Ukhájela | ... | ... | Priestly family of the Ukhá sub-division (Nowgong). |

*Miscellaneous Sections*—

| | | | |
|---|---|---|---|
| Badalmajhi | ... | ... | Name of a God worshipped by the Lalungs; the name is also applied to those who worship him (Nowgong). |
| Chalchaliali | ... | ... | Local section. Residents of Cholcholi (Nowgong). |
| Dharampuria | ... | ... | Ditto. Formerly residents of Dharampur (Nowgong). |
| Dilikir | ... | ... | A clan from which chiefs were elected (Khasi and Jaintia Hills). |
| Lamághoria | ... | ... | The Goseins or religious guides of the Lalungs (Nowgong). |
| Lyngdoh | ... | ... | A priest (Khasi and Jaintia Hills). |

## LUSHAI.

Báját.
Balte.
Bankri.
Chanante.
Dokchhok.
Khaláng.
Khangkhalá.
Rangkhol.
Sireum.

## LYNGAM.

Barengiri.
Brita.
Dykhar.
Hakshah.
Kharbáni.
Kharumsaw.
Khohksiap.
Langrin.
Mansar.
Mianglang.
Musar.
Napan.
Naphok.
Nashargiri.
Nongbri.
Nongdaji.
Nongdengan.
Nongdiangngam.
Nonghok.
Nongiriang.
Nonglang.
Nongmansar.
Nongmiansar.
Nongmin.
Nongpawing.
Nongpuien.
Nongprang.
Nongpwain.
Nongriang.
Nongriangtim.
Nongryntong.
Nongshohbar.
Nongsheri.
Nongsynshiang.
Nongwar.
Nortong.
Tynbiang.
Nostong.
Purin.
Ragsam.
Rasbir.
Riangshang.
Rinrin.
Rongrin.
Ryngrin.
Rynshiang.
Satad.
Shimanggiri.
Shirkon.
Shonkon.
Sohbar.
Sohthang.
Sorbri.
Sulmar.
Synshiang.

## MADAK (MAYARA).

| | | | |
|---|---|---|---|
| Dalbandhi | ... | ... | A sept of Kharwár in Chota Nagpur. |
| Ghátwál | ... | ... | ...... |
| Ghoriá | ... | ... | ...... |
| Halwai or Mithiyá | ... | ... | Confectioner caste of Behar. |
| Khankár | ... | ... | ...... |
| Madhurishi | ... | ... | ...... |
| Mithiyá | ... | ... | ...... |
| Pasariya | ... | ... | ...... |
| Somrishi | ... | ... | ...... |

## MAHIMAL.

Jalkar.

## MALO.

Chaudhurí.
Debabansi.
Rájbansi.
Dhuli.
Nishádh.

## MANIPURI.

*Sub-castes—*

| | | | |
|---|---|---|---|
| Bishnupuri or Kalachaiya | | ... | Descendants of low caste Bengalis who settled in Manipur and intermarried with women of the country. Number so returned, 76. |
| Bráhman | ... | ... | Descendants of Brahman settlers by Manipuri women. Number censused, 1,465. |
| Kshatriya | ... | ... | Manipuris who have been converted to Hinduism and claim to be descended from Arjun. Number censused, 37,310. |
| Musalman | ... | ... | Descendants of persons who had intermarried with Musalmans before Hinduism was established in the country. |
| Sudra | ... | ... | ...... |

*Sections of Manipuri Brahmans—*

| | | | |
|---|---|---|---|
| Bishnurakbam | ... | ... | Brahmans of a lower class. |
| Laihanthabam | ... | ... | Brahmans of a lower class. |
| Brahmachari Maium | | ... | ...... |
| Chingamkham | ... | ... | ...... |
| Hangaibam | ... | ... | Means 'like a frog,' said to be a nickname applied to the founder of the family on account of his frequent ablutions, but may be totemistic. |
| Khurai Lakbam | ... | ... | ...... |
| Laigurbam | ... | ... | ...... |
| Panchpati Maium | ... | ... | ...... |
| Panda Maium | ... | ... | ...... |
| Surumainum | ... | ... | ...... |
| Tekel Chambam | ... | ... | ...... |

*Sections of Manipuri Kshatriyas.*

Khumal
Luyáng.
Ningthánja.
Mayrang.

*Miscellaneous Sections.*

Abongbam.
Achárya.
Achem.
Adhik.
Aghai.
Ahangsá.
Ahangsangbam.
Ahiekpam.
Ahlam.
Airangmayud.
Akacham (Cachar).
Aklaibam.
Amairkapam.
Angácham.
Angam.
Angjerá.
Angkháiaium.
Angmá.
Aochenáujam.
Aorá.
Aramba.
Arangbam.
Asaknomba.
Asangbam.
Asbem.
Astarisanbam.
Athanglum.
Athrong.
Aum.
Ayembam.
Bachai.
Báchá khaimam.
Báchámaiya.
Báchánayan.
Bahungbam.
Bairági.
Bairang.
Baishnab.
Bamjam.
Bamon.
Bangjam.
Barangram.
Básármaium.
Beraisen.
Bhadrájá.
Bhatosinam.
Biram.
Bishurangpach.
Bombái.
Brahmabam.
Chabádna.
Chaichit.
Chaidengbam.
Chailam.
Chailangbam.
Chaining Chambam.
Chaipahara.
Chaluujam.
Chamtau.
Chamugang.
Chánáujam.
Chanbam.
Chandadang.
Chandal.
Changbam.
Changchaobam.
Changjanbam.
Chapam.
Charaicham.
Charaimap.
Charam.
Charamba.
Chattri (Naga Hills).
Chaubam.
Chaumkhaibam.
Chaumnam.
Chaurang.
Chausom.
Chawaibam.
Chayáng.
Cheibem.
Chenjam.
Chentibam.
Chesam.
Cheyár.
Chigakongbam.
Chinam.
Chingsobam.
Chirom.
Chomandri.
Choram.
Chunarijati.
Chutra.
Daicham.
Deba.
Digam.
Dingmabam.
Dithanjá.
Dodicham.
Eksham.
Elacham.
Elambam.
Elemandralabam.
Elendrabam.
Engkhong.
Eshkhung.
Gaiyangnombam.
Gaurembam.
Geitangbaya.
Ghaiya.
Ghomambam.
Ghoman.
Ghonamdom.
Ghongbam.
Ghuibam.
Ghumnam.
Ghumta.
Grirá.
Grongbam.
Gujong.
Gunaipabam.
Guraikham.
Gurang.
Gurumauma.
Hábámbá.
Hadamkhaibam.
Hadujan.
Hagubam.
Hahaipam.
Haibammaijam.
Hailang.
Haisnám.
Hájádeich.
Hájáj.
Hájám.
Háján.
Hambaikong.
Hamulum.
Hangbáim.
Hangludam.
Haubam.
Haurangbam.
Háwaibam.
Hijem.
Hiracham.
Hirubam.
Home.
Iarchan.
Ibong.
Igodom.
Ijam.
Iklichangbam.
Iklikam.
Ilbam.
Imkhan.
Imnam.
Ingphaime.
Ipham.
Irebam.
Irekbam.
Irongbam.
Islam.
Jachanbam.
Juiem.
Kabiráj.
Kachabram.
Kúhá.
Kaichham.
Kaichhim.
Kaila.
Kaimam.
Kaino.
Kairangpam.
Kaisat.
Kámár.
Kamanza.
Kangjaungján.
Kangjongbam.
Kangmabam.
Kaporálá.
Kaporáyá.
Karam.
Kasicham.
Káth.
Kebaichem.
Khabongmora.
Kabongba.
Khachaigam.
Khái (Sylhet).
Khaibeba.
Khaicham.
Khaichanam.
Kháidam.
Khaidiyá.
Khaido.
Khaira.
Khairaksam.
Khalkhamongma.
Khamal.
Khángá.
Khangapur.
Khángára.
Khangjang.
Khangkhal.
Khankhanmam.
Khangsinam.
Khara.
Khárádamora.
Kharakbam.
Kharangura.
Kharakopa.
Kharunga.
Khatipuran.
Khatri (Sylhet).
Khatrimaium.
Khatrimim.
Khatuibam.
Khatumaram.
Khaurak.
Khrángbracham.
Khukangbam.
Khulaibam.
Khulajam.

*Miscellaneous Sections*—concluded.

Khulam.
Khumangcham.
Khumbal.
Khumbrakpam.
Khunampam.
Khungbam.
Khuraijam.
Kolcham.
Kondrái.
Kongcham.
Kucham.
Kudamelasam.
Kuham.
Kul.
Kulata.
Kumalbaim.
Kumaná.
Kumamanisbam.
Kumbil.
Kunjibam.
Kuraijem.
Kurongmá.
Kusum.
Lachhakbam.
Lairikerengbam.
Laisram.
Laisreni.
Laiwas.
Lamabansi.
Lambaimaik.
Lagdodem.
Lauthokjam.
Lesnobam.
Letongbam.
Licebam.
Lichem.
Lingdujan.
Lingthan.
Lingthemaium.
Longlaiyabam.
Lotan.
Luibam.
Lungcham.
Lureime.
Mahising.
Maibing.
Maibum.
Maichi.
Maikhi.
Maikkachar.
Mailem.
Maimamu.
Maiminath.
Mainkanda.
Mainum.
Mairáng.
Mairangtheng.
Máirom.
Mairumem.
Maisam.
Maising.
Maisingkamaitam.
Maisnem.
Maisram.
Maium.
Makcham.
Máli.
Mangbam.
Manipuri Kasmiyá...(North Lushai).
Margho.
Masalghem.
Maunajam.
Mauzá.
Mayra.
Mayrang.
Mimtomam.
Missi.
Moisram.
Mokokmaibam.
Momenma.
Mongjam.
Mongnakpam.
Muraijam.
Mutum.
Nachakbam.
Naiangnongbam.
Náicham.
Naireki Ingem.
Nairem.
Nairikengbam.
Naksekbam.
Naldaibam.
Namerakuk.
Nanayá.
Nangbam.
Nangtabam.
Nangtanam.
Naorem.
Nápit.
Nasajbam.
Naudhambam.
Ngangbong.
Ngarimumbam.
Nichá.
Nikhyakhatri.
Nimnakhatri.
Nimojá.
Ningesti.
Ningkharu.
Ningthaichha.
Ningthanjam.
Nipur.
Nisropal.
Nitáucham.
Nithau.
Nitkhanmaha.
Nitlomchá.
Niyaura.
Noang.
Nokshong.
Nongkhonobam.
Nonglaimaibam.
Nongsaibam.
Nora.
Nungthongcham.
Oangkam ... (Cachar).
Okchang.
Ongbam.
Onkhaiaiyum.
Padchadbam.
Palam.
Pathiangbam.
Pathikhangbam.
Pátni.
Pechhi.
Phandrái.
Pichimaim.
Ponangibam.
Priya.
Pukharaibam.
Pukharibam.
Pukhem.
Pukhokbambam.
Pururumrodh.
Puthchangbam.
Putrimá.
Rajakbari.
Rájbansi.
Rájkrishi.
Rájkumar.
Rájkumar Khatri.
Rokham.
Sabaicham.
Sangnakpam.
Sannyáshi.
Saraijam.
Secham.
Sekram.
Shálam.
Shakabam.
Shakar.
Sheldom.
Shimtomám.
Shonglaccham.
Singthaijam.
Sonár.
Sonári.
Songbam.
Sudra ... (Sylhet).
Sukathbambam.
Suklamangmaium.
Suraicham.
Suryabansi.
Tairidas.
Taisektem.
Tálem.
Tambakaiya.
Tambamáid.
Tambamaim.
Tanaipaban.
Tangmangmaiya.
Tangram.
Takelabam.
Tapabakahim.
Taranki.
Tásbakaim.
Tátchhilam.
Thádom.
Thainaodam.
Thaipalsayang.
Thaipanmaram.
Thakam.
Thakjam.
Thaksham.
Thewál.
Thiam.
Thukongbam.
Thungrakhojem.
Thushaklem.
Tilaikarsapa.
Uanglu.
Uchabengibam.
Ucham.
Ucharebam.
Udthemukh.
Undarakshabam.
Upardhá.
Uttarangkhemanm.
Vaidik.
Washembam.
Yumnum.

## MATAK.

| | |
|---|---|
| Ahom. | Moran. |
| Dom. | Pátra. |

## MECH.

| | | | |
|---|---|---|---|
| Agniá Mech (sub-tribe) | ... | (Lakhimpur). | |
| Bargaon ... | ... | (Goalpara). | |
| Bhagmátá ... | ... | (Garo Hills). | |
| Daimali ... | ... | (Goalpara). | |
| Dakshi ... | ... | (Garo Hills). | |
| Dakshin Kuliya ... | ... | " | |
| Matiyá ... | ... | (Goalpara). | |
| Rámchá ... | ... | (Garo Hills). | Number censused, 210. |
| Uttarphulá ... | ... | " | |

## MIKIR.

*Sub-divisions*—

| | | |
|---|---|---|
| Bhoi ... | ... | (Khasi and Jaintia Hills). |
| Saraniá ... | ... | ...... |

*Main Clans (exogamous)*—

| | | |
|---|---|---|
| Ingti ... | ... | The priestly clan. |
| Terang ... | ... | ...... |
| Terán ... | ... | ...... |
| Tumung ... | ... | Tu = boiling and Mung = bamboo *chunga*. |
| Inghi or Hengse ... | ... | ...... |

*Sub-clans of Ingti (exogamous)*—

| | | |
|---|---|---|
| Ingley ... | ... | The name of a tree. |
| Ingtihenchek ... | ... | Henchek = A kind of vegetable. |
| Ingtikiling ... | ... | Members of the Ingti caste who formerly lived on the banks of the river Killing. |
| Káthár ... | ... | Priests. |
| Tárak } Táro } ... | ... | Tár = A mat, *i.e.*, mat preparers. |

*Sub-clans of Terang*—

| | | |
|---|---|---|
| Bebongháng ... | ... | Be = Wine strainer. |
| Bejingthong ... | ... | The wine strainer who paid his revenue to the Jungthong class. |
| Injai ... | ... | Believed to be the offspring of a tiger in a human being. |
| Kro ... | ... | = An enclosure. |
| Krobonghang } Krojingthong } ... | ... | Enclosure-builders and revenue-payers to the Jungthong class. |
| Kroghoria ... | ... | Suppliers of fowls, &c., for the king's *pujas*. |
| Lilipokro ... | ... | Lilip = West. |
| Rongbijyá ... | ... | Rong = A village and Bi = Mithun. |
| Tarang ... | ... | Goat suppliers for the king's *puja*. |
| Teráng ... | ... | A kind of bird called Hoáng. |

*Sub-clans of Terán—*

| | | | |
|---|---|---|---|
| Ai | ... | ... | = Betel-leaf. |
| Kangkát | ... | ... | = Runaway. |
| Lángley | ... | ... | Lang = water and ley = brought. |
| Milik | ... | ... | = Shade. |
| Tarap | ... | ... | ...... |

*Sub-clans of Tumung—*

| | | | |
|---|---|---|---|
| Benárpator | ... | ... | Benár = cutting pay and Pátor = an officer under the king. |
| Chenár | ... | ... | Hay, *i.e.*, hay cutters. |
| Derá | ... | ... | Those who fished in the Dera river. |
| Keleng | ... | ... | Conch and bell ringers during the king's *puja* (Kámrup). An elder (Nowgong). |
| Rongfár | ... | ... | Rong = a village and fár = cleaning, *i.e.*, a village sweeper. |
| Rongtar Jungthong | | ... | A village sweeper and revenue-payer to the Jungthong class. |
| Takki | ... | ... | = Working hard. |
| Tumungpator | ... | ... | Members of the Tumung caste appointed to the post of Pator. |

*Sub-clans of Inghi—*

| | | | |
|---|---|---|---|
| Bonrung | ... | ... | Bon = gourd and rung = cultivating. |
| Hánchey | ... | ... | = Curry. |
| Keáp | ... | ... | Ap = Bow. |
| Lekathey | ... | ... | = Large head. |
| Ronghángghoria | ... | ... | Rong = a village and háng = begging, *i.e.*, those who begged the site of a village. |
| Rongpi | ... | ... | Rong = a village and pi = female. |
| Rongchehon | ... | ... | Rong = a village and chehon = watching, *i.e.* watchman. |
| Tuso | ... | ... | ...... |
| Tutab | ... | ... | The God who dwells in the Indian rubber tree. |

*Miscellaneous Sections—*

| | | | |
|---|---|---|---|
| Bángthái | ... | ... | The king's second minister. |
| Barbángthái | ... | ... | The king's Prime minister. |
| Burunghoria | ... | ... | The king's state revenue collector. |
| Fangchaghoria | ... | ... | Fung = A kind of tree. |
| Ingler | ... | ... | Ivory and cane mat preparers. |
| Injalghoria | ... | ... | Deer and fish catchers for the king. |
| Rohangghoria | ... | ... | Descendants of the royal family. |
| Ronghi | ... | ... | The king's dog trainers. |
| Rongpey | ... | ... | The descendants of a Mikir king. |
| Rongson | ... | ... | The descendants of the king's eldest son. |

---

## MIRI.

*Sub-divisions—*

| | | | |
|---|---|---|---|
| Ayengiá | ... | ... | ...... |
| Chayengiá | ... | ... | ...... |
| Chutiyá | ... | ... | Number censused, 8,253. |
| Daitial | ... | ... | ...... |
| Dambukiyál | ... | ... | ...... |
| Hásungay | ... | ... | ...... |
| Mayengia | ... | ... | ...... |
| Samaguria | ... | ... | ...... |

*Miscellaneous Sections.*

Arangia.
Bái.
Bargayá.
Barieh.
Báthi.
Begaunám.
Beliyadam.
Bengiyá.
Bhabangukiyal.
Bhamukiyál.
Bihiyá.
Chabatara.
Chamuá.
Chár.
Chasrak.
Chháwá.
Chisimkhel.
Chunkará.
Chutiyá Gudang ... A sub-caste of Chutiyá Miri.
Chutiyá Miripen ... Ditto.
Chutiyá Shudang.
Dagán.
Dailam Miri.
Dantabá.
Dantiyá.
Dathukiyal.
Daulabegiya.
Doley ... A sub-section of Chutiyá Miri.
Duliyal.
Gámo.
Gangchoy.
Gangkom.
Gango.
Garorupiyá.
Ghatiya Miri.
Hanchey.
Haraniyá.
Jái.
Jámukiyál.
Jarangiyá.
Jugiyá.
Jungthung.
Kárbá.
Khalsá ... Originally slaves, now set free.
Khamangák.
Khánchá.
Kiling.
Kongkang.
Kuli.
Kutum.
Lasangayam.
Longonggonta.
Máchuá.
Mangaiya Miri.
Marasthia Miri.
Márung.
Matatupiya.
Matungiyá.
Maturiyá.
Mili.
Mirang.
Miridaitya.
Misong ... A sub-section of Chutiyá Miri.
Mocherá.
Mongoliyá Miri.
Morang.
Musangayá.
Muthakuriyá.
Nachalgayan.
Pabong.
Pangkom.
Páo.
Páráchá.
Pásno.
Pasu.
Patieh.
Patir.
Páur.
Pentho.
Peshu.
Rori.
Rupayá.
Sárengiá.
Sonowál.
Tajaliwál.
Takari.
Támará.
Tarbaná Miri.
Tarkariyá.
Táud.
Táuri.
Teran.
Thároniyá.
Thayangiyá.

---

## MISHMI.

*Sub-castes.*

Chulikata. | Digáru. | Miju.

*Miscellaneous Sections.*

Chelikarchhá.
Kámáli.
Kumjau.
Mathinogá.
Thingam.
Mem.
Shom.

---

## MORAN.

*Khels.*

Moran.
Lohong.
Dowse.
Alai.

## MUCHI.

*Sub-castes.*

| Jugimuchi. | Kurur. | Sánki. |
|---|---|---|

*Miscellaneous Sections.*

| | | | | | |
|---|---|---|---|---|---|
| Darshan | ... | A title. | Muchirámdas | ... | A title. |
| Patradás | ... | Ditto. | Ruidas | ... | Ditto. |
| Sparshan | ... | A title. | | | |

## NAMASUDRA (CHANDAL).

*Sub-castes.*

| Dháni. | Hálwá. | Jaliá. |
|---|---|---|

*Miscellaneous Sections.*

| | | | | | |
|---|---|---|---|---|---|
| Changa | ... | A synonym. | Mánjhi | .. | A title. |
| Chanrál | ... | Ditto. | Pradhán | ... | Ditto. |

## NAPIT.

*Sub-castes.*

| Bárendra. | Uttar Rárhi. |
|---|---|

*Miscellaneous Sections.*

| | | | | | |
|---|---|---|---|---|---|
| Bez | ... | A synonym. | Narasundar | ... | A title. |
| Chandravaidya | ... | A title. | Nauá | ... | A synonym. |
| Dakshin Rárhi | ... | ...... | Parámánik | ... | A title. |
| Deswál | ... | ...... | Rárhi | ... | ...... |
| Kanaujiá | ... | ...... | Sil | ... | A title. |
| Madhukuliya | ... | ...... | Suddha | ... | ...... |
| Nái | ... | A synonym. | Uriyá | ... | ...... |

## NAT.

| | | | | | |
|---|---|---|---|---|---|
| Bárendra | ... | (Sylhet). | Bilotiya | ... | (Lakhimpur). |
| Barnat | ... | (Darrang). | Haluá Nat | ... | ...... |
| Bebejiá | ... | (Lakhimpur). | Matak ... | ... | ...... |
| Bharatkuliya | ... | (Nowgong). | Mela Nat | ... | (Sibsagar). |

## NATIVE CHRISTIAN.

| | | | |
|---|---|---|---|
| Ahom | ... | Number censused, | 4. |
| Assamese | ... | Ditto, | 822. |
| Báuri | ... | Ditto, | 8. |
| Bengáli | ... | Ditto, | 385. |
| Bhokta Kharwar | ... | Ditto, | 2. |
| Bhumij | ... | Ditto, | 1. |
| Chhatri | ... | Ditto, | 1. |
| Dhobá | ... | Ditto, | 1. |
| Dom | ... | Ditto, | 7. |
| Dosádh | ... | Ditto, | 1. |
| Gáro | ... | Ditto, | 2,724. |
| Goálá | ... | Ditto, | 7. |
| Hindustani | ... | Ditto, | 37. |
| Kácharí | ... | Ditto, | 177. |
| Kadar | ... | Ditto, | 9. |
| Kalitá | ... | Ditto, | 2. |
| Kámár | ... | Ditto, | 1. |
| Kási | ... | Ditto, | 8. |
| Khási | ... | Ditto, | 44. |
| Koch | ... | Ditto, | 6. |
| Kol | ... | Ditto, | 5. |
| Kurmi | ... | Ditto, | 1. |
| Lohár | ... | Number censused, | 4. |
| Madrasi | ... | Ditto, | 211. |
| Málo | ... | Ditto, | 1. |
| Mehtar | ... | Ditto, | 3. |
| Mikir | ... | Ditto, | 47. |
| Miri | ... | Ditto, | 9. |
| Munda | ... | Ditto, | 1,290. |
| Nágá | ... | Ditto, | 201. |
| Nágpuri | ... | Ditto, | 128. |
| Native | ... | Ditto, | 7,599. |
| Nipáli | ... | Ditto, | 1. |
| Oráon | ... | Ditto, | 49. |
| Pán | ... | Ditto, | 8. |
| Rábhá | ... | Ditto, | 58. |
| Rájbansi | ... | Ditto, | 4. |
| Santhál | ... | Ditto, | 756. |
| Shekh | ... | Ditto, | 3. |
| Singhalese | ... | Ditto, | 1. |
| Sutradhar | ... | Ditto, | 1. |
| Telinga | ... | Ditto, | 2. |
| Turi | ... | Ditto, | 7. |
| Uriya | ... | Ditto, | 120. |

NOTE.—The figures here given are imperfect, as in many cases the persons returned as Native Christians failed to record their caste or tribe of origin.

## PHAKIAL.

*Miscellaneous Sections.*

Dithu.
Dohai.
Domtel.
Hailung.
Jakham.
Jatal.
Jáuhai.
Jongmán.
Mungkhom.
Thamung.

## PHULMALI (MALAKAR).

Bárendra.

## RABHA.

*Sub-castes returned in the Garo Hills.*

| | | | | |
|---|---|---|---|---|
| Rangdani | ... | Number censused, | 5,201. | These sub-castes rank in the order in which mentioned. Intermarriage is permitted amongst the first three sections only. |
| Páti | ... | Ditto, | 10,778. | |
| Mitariya | ... | ...... | | |
| Dáhuri | ... | ...... | | |
| Káchári | ... | ...... | | |

*Sub-divisions returned in other districts.*

The above sub-divisions are occasionally returned in other districts, but I have no definite information regarding them. The following sub-divisions are also entered :

| | | | |
|---|---|---|---|
| Dátiyál | ... | ... | A synonym for Rábhá. |
| Dimatá | ... | ... | A respectable class of Rábhás. Said to be exogamous. |
| Jaladhá | ... | ... | Number censused, 16. |
| Náráyani | ... | ... | A respectable class of Rábhás. Said to be exogamous. |
| Phulguria | ... | ... | A Rábhá family with the pollen of flowers (Phulguri) as its totem. |
| Saraniá | ... | ... | Number censused, 242. |
| Sonowál | ... | ... | Ditto, 7. |
| Totla | ... | ... | Said to be simply a synonym for Rábhá. Number censused, 66. |

## RAJBANSI.

| | | |
|---|---|---|
| Adhikári | ... ... | (Goalpara). |
| Bhanga Kshattri | ... ... | A synonym (Garo Hills). |
| Gupta Kshattri | ... ... | (Garo Hills). |
| Kshattri | ... ... | Number censused, 1,316. |
| Koch | ... ... | Ditto, 165. |
| Muta | ... ... | (Nowgong). |
| Natuá | ... ... | (Goalpara). |

## SALOI.

| | | |
|---|---|---|
| Patiá | ... ... | Mat makers (Nowgong). |
| Pátpohá | ... ... | (Darrang). |
| Sonári | ... ... | Goldsmiths (Kamrup). |
| Bángáli | ... ... | Descendants of persons who intermarried with Bengalis (Nowgong). |

## SARNAKAR.

*Sub-caste.*

Brahmadesi.

## SHAHA.

*Sub-castes.*

Bárendra.
Chalitasau.
Holongwar.
Kalwár.
Rárhi.
Sundi.

*Miscellaneous Sections.*

| | | |
|---|---|---|
| Dharwa | ... | ...... |
| Dás | ... | A title. |
| Deori | ... | Ditto. |
| Kásyapa | ... | ...... |
| Lál | ... | A title. |
| Modi | ... | Ditto. |
| Pardhán | ... | ...... |
| Rai | ... | A title. |

## SHEKH.

*Miscellaneous Sections.*

Alavi.
Dái.
Darbangaya.
Dihingiyá.
Dindar.
Gayan.
Hanifi.
Hámuli.
Imámáli.
Isráini.
Jádi.
Jahil.
Jángir.
Jongi.
Katál.
Kálu.
Khán.
Majahar.
Manipuri.
Márjom.
Mir.
Mirán.
Miyán.
Molláh.
Mufti.
Osman.
Sádhi.
Solomam.
Uláma.

## SINGPHO.

*Miscellaneous Sections.*

Amán.
Araipatiya.
Bán.
Bangchuál.
Cháik.
Cháumong.
Dabun.
Deoghariyá.
Digár.
Dihingá.
Dolám.
Domhá.
Dubeng.
Duleng.
Dumbai Majhi.
Gandamul.
Gangár.
Gote.
Halguá.
Iháng.
Ildong.
Ilkhoti.
Imgom.
Indong.
Jabonge.
Kaosang.
Kásán.
Kungal.
Kungri.
Kup.
Lajum.
Lálár.
Langkrang.
Lejá.
Lichám.
Lichsama.
Lilem.
Linglai.
Lingrá.
Linkhi.
Luch.
Maka.
Mandam.
Manjagariya.
Mopop.
Muko.
Mulong.
Mungkhom.
Najum.
Negan.
Nicham.
Nilmi.
Nipát.
Nokhayá.
Nomoyá.
Sindurárng.
Shir.
Stáláng.
Tamang.
Tilung.
Umádeo.

## SUDRA.

*Miscellaneous Sections.*

| | | |
|---|---|---|
| Akhyata Dás | ... | (Sylhet). |
| Bhándári | ... | " |
| Chanda | ... | " |
| Chási | ... | " |
| Dakshin Rárhi | ... | " |
| Dás | ... | ...... |
| Datta | ... | (Sylhet). |
| Deb | ... | " |
| Dey | ... | " |
| Dhar | ... | " |
| Ghun | ... | (Sylhet). |
| Haripuriyá | ... | " |
| Kar | ... | " |
| Mahipál | ... | " |
| Nandi | ... | " |
| Pál | ... | " |
| Sen | ... | " |
| Shailghori | ... | " |
| Shologhori | ... | " |
| Sinha | ... | " |

## SUTRADHAR.

| | | |
|---|---|---|
| Chhutár | ... | A synonym. |
| Mistri | ... | A title. |

## SYNTENG.

*Sub-division.*

Bhoi.

*Miscellaneous Sections.*

Am.
Amatora.
Amdep.
Amlytut.
Amman.
Amphong.
Amphung.
Amtora.
Badar.
Baleh.
Bamhah.
Bamiah.
Bamon.
Bang.
Barato.
Bareh.
Basiawmoit.
Bataw.
Batkhar.
Biam.
Biham.
Blah.
Blien.
Boi.
Bon.
Bormain.
Bormon.
Buam.
Builton.
Buri.
Byrtem.
Bythuh.
Dam.
Dawrin.
Dhai.
Dhar.
Dhim.
Dhuni.
Diaw.
Dond.
Dong.
Dongrymhai.
Duha.
Duma.
Dume.
Dunai.
Durka.
Dykha.
Dykhar.
Dymphor.
Gori.
Hadai.
Hadem.
Hadep.
Hadia.
Hajai.
Hanse.
Hasem.
Hek.
Hid.
Hing.
Huwa.
Hynriam.
Jabi.
Jaio.
Jakai.
Jalong.
Jalung.
Janai.
Jangsungngi.
Jaraliang.
Jarubud.
Jasarian.
Jat.
Jawai.
Juwo.
Jeid.
Jiwai.
Jongdam
Jongdang.
Jongdhar.
Jonghadia.
Jonghasi.
Jonghiam.
Jonghim.
Jonghing.
Jongkawa.
Jongkso.
Jonglamare.
Jongpakina.
Jongpakuna.
Jongphale.
Jongpasadoh.
Jongpasi.
Jongphim.
Jongsing.
Jongsugngi.
Jongsyngoh.
Jongsynroh.
Jongwai.
Jungai.
Kadem.
Káhid.
Kam.
Kámár.
Kasmut
Kasor.
Kassi.
Katphoh.
Kawa.
Khamdeit.
Kharih.
Kharket.
Khasar.
Khlem.
Khlip.
Khoi.
Khonglah.
Khoriah.
Khriam.
Khyndah.
Khyndar.
Khynriam.
Khyntem
Khyojem.
Khyowang.
Kliang.
Kon.
Kondar.
Kongwang.
Ksaw.
Ktung
Kumai.
Kun.
Kuwa.
Kyah.
Kydiar.
Kyjam.
Kyjoin.
Kyma.
Kympat.
Kyndiah.
Kyndong.
Kyngkling.
Kynjeng.
Laban.
Ladlusong.
Ladu.
Lah.
Lahang.
Lajir.
Lakadong.
Lakai.
Lakha.
Lakhar.
Lakhen.
Lakhiat.
Lakhla.
Lakhon.
Lakiang.
Lakshiang.
Lahu.
Lamalang.
Lamang.
Lamanraw.
Lamarai.
Lamare.
Lamat.
Lamin.
Laminai.
Laminiang.
Lamo.
Lamniong.
Lamurong.
Lamynran.
Lan.
Langbang.
Langdep.
Langhang.
Langi.
Langlim.
Langshih.
Langshing.
Langshong.
Langwar.
Lano.
Lanong.
Lapasaw.
Lapasah.
Laphi.
Laphylhut.
Lapne.
Lapran.
Lapraw.
Lapri.
Lapuna.
Lari.
Lariat.
Larom.
Lasam.
Lasaw.
Latam.
Latan.
Latang.
Lateng.
Lathong.
Lato.
Latuber.
Law.
Lepdi.
Liam.
Libon.
Likla.
Ling.
Lion.
Lipon.
Litip.
Lwait.
Liwit.
Loke.

*Miscellaneous Sections*—continued.

Lolohe.
Longdur.
Loposam
Lornai.
Losngoi.
Lowai.
Luhuid.
Lukhi.
Lukuna.
Lumphu.
Lun.
Luput.
Lur.
Lushiang.
Lybned.
Lymba.
Lymmin.
LymtLong.
Lyndong.
Lynbhar.
Lyngdoh.
Lyngiar.
Lyngjet.
Lynkhlem.
Lyngkot.
Lyngkra.
Lynksh.
Lyngmin.
Lyngmuit.
Lyngstong.
Lyngngi.
Lynthong.
Lyrdoleoi.
Lyrmoin.
Madur.
Maia.
Maiah.
Maiang.
Majer.
Majiar.
Makhon.
Malang.
Malingiong.
Maliniang.
Malitan.
Mamiah.
Manar.
Manei.
Mapur.
Marai.
Marap.
Mareh.
Marong.
Masa.
Masar.
Maskut.
Mathai.
Mathang.
Mathuh.
Matuh.
Maub.
Mawkhim.
Mawplong.
Menthiang.
Merliang.
Miam.
Miang.
Mijuthliang.
Molong.
Monri.
Monriam.
Monsang.
Mosharing.
Moshun.
Moslong.
Mosoreng.
Mosynting.
Motolun.
Muioi.
Mukdoh.
Mukhim.
Mukhla.
Mukri.
Muksaw.
Mukseh.
Muksor.
Muktih.
Mulal.
Mulip.
Mungiong.
Mupat.
Muruh.
Muskat.
Musoriang.
Muthliang.
Muthlong.
Mutyen.
Myksar.
Mylliang.
Myllut.
Myliem.
Myniai.
Mynner.
Mynriang.
Mynring.
Mynsaw.
Mynso.
Mynthiel.
Mynthliang.
Mynwan.
Myria.
Myrlem.
Myrlen.
Myrlia.
Myrmen.
Myrphet.
Myrshiang.
Myrsing.
Myrten.
Myrteng.
Myrwen.
Myrwet.
Nai.
Naiang.
Najiar.
Najir.
Najuk.
Nana.
Nawa.
Nechilla.
Neilong.
Nialong.
Niang.
Niangphoh.
Niangsing.
Niangti.
Nikhla.
Nojir.
Nongbah.
Nongboi.
Nongbud.
Nongbulow.
Nongjid.
Nongjugi.
Nongkhlih.
Nongkiri.
Nongkrem.
Nongkrot.
Nonglut.
Nongphuh.
Nongpluh.
Nongpo.
Nongpusein.
Nongrum.
Nongrytiang.
Nongshilla.
Nongsuh.
Nongsuhi.
Nongtariang.
Nongtadem.
Nongthad.
Nongthum.
Nongton.
Nongtung.
Nongtydet.
Nongwa.
Nortiang.
Padia.
Paduh.
Pahong.
Pajih.
Pajut.
Pakhit.
Pakhoit.
Pakum.
Pakynteng.
Pala.
Pale.
Palei.
Paleshilliang.
Palong.
Palyngkai.
Pamdhai.
Pamksang.
Pan.
Pang.
Panoh.
Panole.
Papang.
Papeng.
Papiah.
Paraswa.
Parem.
Pariat.
Parin.
Pasadoh.
Pasah.
Pasam.
Pasdoh.
Pashiang.
Pasiat.
Pashim.
Pashin.
Pasi.
Paslien.
Pasoh.
Pastip.
Paswet.
Pasyat.
Pathaw.
Pathma.
Patho.
Pathong.

*Miscellaneous Sections*—continued.

Patkut.
Pator.
Pattong.
Patwet.
Patwod.
Pawikhnong.
Pda.
Pdang.
Pdem.
Pen.
Phadong.
Phahkem.
Phai.
Phajai.
Phalongki.
Phama.
Phassi.
Phawa.
Phen.
Phillei.
Phira.
Phire.
Phojai.
Phoken.
Pholanki.
Phulaw.
Phuli.
Phylle.
Phyllei.
Phyllio.
Phyllut.
Phyngap.
Phyniw.
Phyrugap.
Pipe.
Plein.
Plipai.
Plipe.
Pna.
Pnam.
Pnan.
Pnio.
Podukhai.
Poduweng.
Pohdemrung.
Pohdona.
Pohdueng.
Pohdweng.
Pohhai.
Pohhan.
Pohing.
Pohjat.
Pohkarum.
Pohkhla.
Pohkrong.
Pohksang,
Pohkso.
Pohktai.
Pohkynteng.
Pohkyrmo.
Pohleng.
Pohlian.
Pohling.
Pohlonglong.
Pohlymben.
Pohlyngai.
Pohlyngar.
Pohlyniar.
Pohphet.
Pohpung.
Pohrmen.
Pohshang.
Pohshen.
Pohshing.
Pohshna.
Pohsiang.
Pohsmem.
Pohsnem.
Pohsuá.
Pohsugap.
Pohsugoh.
Pohswet.
Pohtam.
Pohthmi.
Pohthuri.
Pohti.
Pohtom.
Pokma.
Polyat.
Polynb.
Pomblang.
Pongar.
Popang.
Porang.
Pran.
Pri.
Puken.
Puli.
Pulong.
Pultui.
Pun.
Pung.
Pydde.
Pydiang.
Pydoi.
Pydong.
Pylla.
Pynan.
Pynghal.
Pynna.
Pynthut.
Pyrboh.
Pyrding.
Pyrhot.
Pyrhut.
Pyruge.
Pyrpet.
Pyrton.
Pyrtuh.
Rakhlem.
Rakhla.
Raksaw.
Rakso.
Rakyma.
Raliang.
Ralion.
Ralon.
Ramthed.
Ramut.
Rangat.
Rangdiah.
Ranghiah.
Rangtang.
Rani.
Ratiang.
Rating.
Ratoma.
Raton.
Ren.
Rikhor.
Ronghih.
Rongki.
Rujat.
Rungut.
Rupe.
Rupi.
Rupksi.
Rupon.
Rymbai.
Rymbe.
Rymen.
Rymhan.
Rymin.
Rymlewi.
Rymliai.
Rynghang.
Ryngioh.
Ryngkhlem.
Ryngksai.
Rynjá.
Rynting.
Ryrpet.
Sabiah.
Saiam.
Saio.
Saioh.
Sajeh.
Sakdia.
Sakeng.
Sakydiok.
Salalui.
Salang.
Salmua.
Salu.
Samaiong.
Samanti.
Samati.
Samiang.
Samori.
Samynting.
Sana.
Sangkrem.
Sangmoit.
Sangotphai.
Sangsing.
Sarang.
Sarati.
Sariang.
Saring.
Sashar.
Satein.
Satira.
Saton.
Satum.
Sen.
Shadong.
Shadop.
Shalam.
Shalani.
Shalong.
Shamaiang.
Shamerkiang.
Shamynliang.
Shangpung.
Shen.
Shatriori.
Shew.
Shilla.
Shilliangum.
Shin.
Shinat.
Shingkiah.
Shinkioh.

*Miscellaneous Sections*—concluded.

Shinrang.
Shishiang.
Shitrai.
Shiwat.
Shling.
Shulai.
Shulet.
Shusugi.
Shympa.
Shympi.
Shymred.
Siangbud.
Siangshai.
Siekh.
Sienpi.
Singphoh.
Sirai.
Sitep.
Siting.
Situng.
Skai.
Skydioh.
Slahai.
Slong.
Smaiong.
Smiang.
Sna.
Sner.
Snih.
So.
Sohkhniang.
Sohmynting.
Sohphai.
Sohsugoh.
Sohtnga.
Sojim.
Songoh.
Songngop.
Sor.
Sorai.
Soriang.
Sorkro.
Stain.
Stang.
Stem.
Steng.
Su.
Suba.
Subi.
Sudap.
Sugi.
Suiai.
Suja.
Sukhlain.
Sula.
Sulein.
Sulip.
Sumer.
Suna.
Suner.
Sungar.
Sungoh.
Suoli.
Supuh.
Suput.
Suriam.
Surong.
Susa.
Sushai.
Sushiang.
Sushu.
Susugi.
Suting.
Sutong.
Sutynga.
Swai.
Syat.
Sydor.
Syieh.
Syih.
Sylla.
Symbloi.
Symphoh.
Sympli.
Syndai.
Syngem.
Syngkon.
Syngoh.
Syngei.
Synih.
Synjih.
Synlem.
Synlong.
Synnah.
Syntem.
Synten.
Syntu.
Syod.
Syrmang.
Syrpuh.
Syrti.
Tabiah.
Tai.
Takhi.
Takhniang.
Talang.
Tam.
Tamaha.
Tamu.
Tang.
Tangem.
Tunghang.
Tangiong.
Tungkem.
Tano.
Tapiah.
Tariang.
Tariong.
Tarman.
Tha.
Thaiang.
Thamar.
Thanad.
Thangso.
Thariah.
Thohsoh.
Thubin.
Thubru.
Thymu.
Tih.
Tlang.
Tlong.
Tohngai.
Tongiang.
Tougtitip.
Tongting.
Tonshen.
Tosugi.
Totang.
Truh.
Tuber.
Tuliang.
Tusoh.
Twet.
Tymet.
Tymper.
Tympra.
Tyngkra.
Tyngper.
Tyrugai.
Uhin.
Ulor.
Umiong.
Umkhroh.
Umpat.
Umrongsong.
Umrynsong.
Umtara.
Umthlu.
Uniai.
Untip.
Urk.
Usor.
Wa.
Wahreh.
Wai.
Waman.
Wan.
War.
Wet.
Ymrie.
Yuman.

---

## TANTI.

*Sub-castes.*

Alin.
Arsintánti.
Asántánti.
Asátánti.
Asni Dás.
" Pál.
Asniá.
Balidhiá.
Baman Chatiá.
Banandhiá.
Bangitánti.
Baraitánti.
Bárendra.
Barjayat.
Bhunjar.
Cháidi.
Chámami.
Cháresi.
Chinguatánti.
Chitkulpal.
Dajur.
Dásbhairatánti.

## TANTI—*concluded.*

### *Sub-castes*—concluded.

Dankariá.
Derátánti.
Gatar.
Goná.
Gosaitánti.
Ghán.
Ját.
Kantánti.
Kaparkachi.
Kaparboá.
Kasrá.
Kuli.
Kewá.
Kechbári.
Kárji.
Kotál.
Khagar.
Mahaliá.
Mutmuchi.
Nág.
Pánchbháitánti.
Páchhi.
Pátayá.
Pánari.
Pabatari.
Pái.
Pár.
Páru.
Pálkátánti.
Pálki.
Páluá.
Rewá.
Rautiá.
Shiratánti.
Sadáná.
Sindhukuriá.
Sirpurar.
Suta.
Támári Bartánti.
Tándu.
Tásariyá.
Tántimádhar.
Tamariá.
Tirtánti.
Tirásthárá.
Tuniá.
Tushnitánti.

## TELI.

### *Sub-castes.*

Barháriá.
Biáhut.
Bhunjáteli.
Dáspárá.
Dwádas.
Ekádas.
Ghanateli.
Haldiá.
Jaunpuri.
Kalu.
Kanaujiá.
Khuskhelia.
Maghayá.
Mahto.
Malik.
Mandar.
Manoharshábi.
Masle.
Rárhi.
Sahu.
Sikhariá.
Suidurtopá.

### *Miscellaneous Sections.*

Bajipálá.
Báklong.
Bángáli.
Barharoa.
Batuli.
Betuai.
Bhángal.
Bhogpál.
Bhulteli.
Chásá.
Chhelá.
Dás.
Daupá.
Dulah.
Ekachinta.
Ghulahar.
Ghusá.
Hatuáteli.
Jáluá.
Játteli.
Joláh.
Kalá.
Kálwár.
Kaniá.
Kanikateli.
Kháreh.
Kholá.
Krishnateli.
Mahipál.
Marlong.
Musipur.
Nág.
Pál ... A title.
Phulteli.
Sháhá ... A title.
Teliká.

## TIPPERAH.

### *Miscellaneous Sections.*

| | | |
|---|---|---|
| Bánglung | ... | (Sylhet). |
| Betiyá | ... | " |
| Chakáchep | ... | " |
| Chaljeg | ... | " |
| Chenglong | ... | " |
| Duguchep | ... | " |
| Halám | ... | " |
| Harbang (a sept) | ... | " |
| Khongchhai | ... | (Cachar). |
| Langlo | ... | (Sylhet). |
| Nenglong | ... | " |
| Rágáchep | ... | ...... |
| Rangkhol | ... | (Sylhet). |
| Rukmele | ... | " |
| Rupani | ... | " |
| Sharái | ... | " |
| Tilká | ... | (Cachar). |

## TIYAR.

*Sub-castes.*

Bamanjagya. Rajbansi. Surajbansi.

---

## TURUNG.

Hukong Turung ... Number censused, 14.

---

### FOREIGN CASTES WITH THEIR SUB-DIVISIONS.

*Caste*—Agariá—
Dári, Kachuá, Kesh (a title), Máhátoar.

*Caste*—Agarwál—
Agar, Alá, Asluár, Bamunpati, Bátsil, Bawáne, Bázáz, Bidasriá, Biduat, Bidyáchatiá, Bindrgáti, Chaudhuri, Chhatri, Choto, Dágá, Dhanukar, Dosresariá, Fidargoan, Gabhil, Galgati, Garg, Gargati, Gargaon, Gargad, Garuchariá, Gupta, Harnanká, Jájudiá, Jalan, Janwalá, Kasurior, Khadar, Lotchariá, Mangul, Mar, Mitul, Ninglin, Pingpá, Poddár, Prán, Sár, Subeká, Tater, Todi, Tutia.

*Caste*—Agrahári—
Chaliá.

*Caste*—Aguri—
Chitámuri, Rái, Sutá.

*Caste*—Asura (Agoriá)—
Aind, Aindamatariá, Beliar, Chitámuriá, Gosáin, Rái, Suta.

*Caste*—Bábhan—
Basmait, Gambhariá, Gháit, Gautama, Nanjorá, Páthak, Zamindár.

*Caste*—Bágdi—
Arthametiá, Bágdibholá, Beneyá, Besásai, Betariá, Chandra, Chaniá, Chásá, Duliá, Dedebesá, Dom, Dhuligádá, Ghátchandál, Itá, Jáliyá, Kári, Kalmut, Kabákuli, Kasái, Kasáikuliá, Keteli, Kesari-Bágdi, Kusmetiá, Kumauchi, Kumuriá, Kulachá, Kusasar, Kustaasi, Lat, Layach, Maidhuri, Máchhuá, Mánjhi, Masudhará, Matiá, Mitá, Maulik, Neth, Nodá-Bágdi, Páruá, Pujákáli, Saite, Siáná, Sikerá, Silmalriá, Teol, Tentuliá, Tendárá, Tiorá, Totaljári, Trikusmetiá.

*Caste*—Bániá—
Alayá, Barabániá, Baidik, Begbániá, Dálá, Duapár, Dunapár, Ganda, Jalpari, Káyám, Kanoar, Kasrun, Kasarwáni, Kemondá, Khatri, Mahájan, Maheli, Madesiá, Meyadi, Nabedbániá, Sangbániá, Sarubaniá, Taliá.

*Caste*—Bárhi—
Biskarmá, Kathuk, Kokás.

*Caste*—Bári—
Mál.

*Caste*—Báuri—
Akuria, Aung, Bara, Bári, Behárá, Bhuinbáuri, Bhíghiri, Chickrá, Chikuá, Cholabáuri, Dali, Dham, Dhulá, Dhuliá, Dhuirá, Duilá, Gádháli, Gariá, Garesh, Goboriá, Gorar, Gorayá, Gorariap, Goralabá, Gorá, Gurakhiá, Hatiá, Kukar, Kukuriá, Kuluibáuri, Labari, Lámará, Maladoá, Man, Manuá, Matibáuri, Mekari, Molá, Maulá, Páká, Pakhur, Parala, Patádhar, Paturiá, Poddár, Puriyá, Risi, Sarla, Satgayá, Shikbaria, Sikatá, Subariá, Takhya, Tanguá, Tungá, Tujit, Turá, Tusthang.

*Caste*—Bediá—
Chatkut, Mahat, Malam, Máli, Mánjhi.

*Caste*—Bhar—
Berkar, Bharadwáj, Bisakur, Burpusbhar, Choarpuchá, Disakar, Khurait, Khutmut, Khutdati, Khasar, Málá, Páik, Rái, Sustanochá, Sustarpochbhar, Sutarpuki, Surpas, Suyarpusá.

*Caste*—**Bhátiyá**—
Suryabansi.

*Caste*—**Bhil**—
Raghubansi.

*Caste*—**Bhuiyá (Khandáit-Páik, Musahar, Rái)**—
Bágri, Baráik, Báskur, Batal, Brathibhuiyá, Boál, Bhogtá (a title), Bhuiyágaor, Bhuinchar, Bhuinhar, Bhatal, Bhabián, Chan, Chatal, Chatra, Chekirái, Chhatribhuiyá, Chhota, Dári, Dhuriá, Dundwár, Ek-ghariábhuiyá, Ghatidár, Ghátwál-bhuiyá, Gosein, Jamádár, Jamhirá, Kachahar, Kasáimál, Khánitbhuiyá, Kháni, Kasiyán, Koch, Lakuár, Mabhar, Mághaiyá, Mahat, Mahaton, Mahakhaiyar, Mahatbhuiyá, Mahtidar, Makaráo, Mangaremá, Mánjhi (a title), Manjábhuiyá, Mankibhuiyá, Marghá, Marar, Masahar, Mátábi, Matayá, Mátul, Musaharkesh, Pachuor, Paris, Pátil, Racharbhuiyá, Rái (a title), Ráisingh, Ráj, Rájkober, Ramati, Rikhiásan, Sardár (a title), Sarkshá, Surahiyá, Tánti, Tasahar, Tebhiá, Thákur (a title), Tikachar-bhuiyá, Tikáyat (a title).

*Caste*—**Bhumij**—
Abarohari, Badda, Barda, Bákharbhumij, Bangáti, Barabhumij, Bári, Bási, Bhaktá, Bhuiputri, Bhumiar, Bhumpatyabhumij, Chádaar, Chandil, Changar, Chási, Chemá, Chhotabhumij, Duárá, Dumrá, Durá, Ghátwál, Habadar,Háribhumij, Hembastra, Hembadá, Hemrong, Hetá, Jaru, Jen, Kásyale, Kadya, Kholatiá, Kokpatmurá, Kol, Kukur, Leng, Mach, Maghaiyá, Mahatbhumij, Mál, Manikbhumij, Nág, Nágchásá, Nágbansi, Nágbhumij, Náo, Nawá, Nerábhumij, Niyá, Padani Zamidar, Patorbhumij, Patbhumij, Patali, Pati, Patoár, Purá, Rái, Ráj, Rájgusti, Sait, Salrishi, Sandari, Sándilya, Samarbhumij, Sardár, Sariá, Sarubhumij, Sibaran, Sikhlák, Singh, Singrá, Suryabansi, Suryamukhibhumij, Syámá, Toná.

*Caste*—**Bind**—
Bin, Jutautbind, Kharáit, Marábind.

*Caste*—**Birhor**—
Biraha.

*Caste*—**Cháin**—
Málá, Marao.

*Caste*—**Bhutia**—
Dingial, Harangáwálá, Khebengiá, Kherkheriá, Purangayal, Thángalkari, Towang.

*Caste*—**Chásá**—
Al, Barachásá, Binatiyá, Chábigol, Dhuliá, Dhusiá, Hálwá-Chásá, Karchásá, Kaibartta, Kurail, Mánjhi, Máran, Sádhu, Sadgop, Saruchásá, Satgoan, Sudra.

*Caste*—**Chhatri**—
Acharya, Adhikári, Ará, Baghet, Baisá, Báus, Barchhatri, Baresá, Bebhá, Berai, Bhándári, Bharádwája, Bhartari, Biloar, Biralas, Bistu, Chalari, Chahan, Chakal, Chán, Chanel, Chati, Chaudhuri, Chandhan, Chigachhatri, Chinda, Choan, Darari, Dasta, Dhás, Dheká, Gada, Gadati, Gantamchhatri, Gasat, Gatar, Gaur, Gharwár, Gur-chhatri, Jatu, Johán, Kahit, Kakan, Kali, Kankará, Karmi, Katen, Kedari, Khati, Kharaká, Kherbel, Komai, Krishnaut, Lalar, Lutiá, Mahastari, Maithil, Málchhatri, Malki, Marka, Nikám-chhatri, Nirolá, Nomar, Pangini-chhatri, Parai, Pare, Paribar, Paril, Patabar, Patal, Pomar, Raghubansi, Raki, Sakar, Singh, Subastabansi, Sulhac, Surabhi, Suryabansi, Zamindár.

*Caste*—**Dámi (Darzi)**—
Dáruál, Domai, Jodh, Kilajiá, Máchhuári.

*Caste*—**Dhángar**—
Bhumirá, Charái, Dhátwá, Kuchi, Muchhá, Oráon, Tarái.

*Caste*—**Dhánuk**—
Baradhánuk, Bári, Chiraut, Dojwár, Jaiswár, Mandal, Silayat, Sulha.

*Caste*—Dhenuár—
Gokali, Pirtá.

*Caste*—Dhobi—
Belwár, Biso, Chásá, Cheuri, Dhakar-vaisya, Dhu, Dhobikád, Gájmi, Garasar, Gauriá, Kanaujiá, Keluádhobi, Maghaiyá, Mapriadhoba, Patapar, Rajak, Rangidhobá, Singh.

*Caste*—Dhuniá—
Chámár.

*Caste*—Dosádh—
Bhadar, Báháliá, Bara-dosádh, Batáli, Bhagaiyá, Bhariá, Chámbemá, Chariti, Chetiá, Chipar, Dabaria, Dhár, Durar, Fand, Gaimar, Goariá, Házári, Jagahia, Jaiswár, Kámár, Kámi, Kanaujiá, Kanwar, Khatik, Kramik, Kuri, [illegible]siá, Machahit, Magahiyá, Maïyá, Makharam, Malaiyá, Manai, Mánjhi (a title), Manur[illegible]á, Palachayar, Pailkar, Pailwar, Painsab, Panchiá, Panwar, Parsone, Pásban, Paschi[illegible] Sagia, Sakhera, Sibar, Sibaráti.

*Caste*—Gareri—
Lipur, Marar (a title), Sesbalak.

*Caste*—Ghási—
Behárá, Bhuinyar, Bhuinmál, Chamurá, Cheswár, Chinar, Chuniyá, Dalbari, Daimali, Dakshiniyá, Duár, Duarsimi, Gharamaban, Ghayarchini, Jalbansi, Lahikhábansi, Mánjhi, Manráj, Nág, Nágbansi, Nágpuri, Naik, Rájbanda, Sikar, Sonáati.

*Caste*—Ghátwál—
Babual, Bachowar, Barabhág, Bara-ghátwál, Bhaktá, Bhuil, Chirakuti, Ghanta, Ghátmachár, Ghátwai, Jaladharghátwál, Kachim, Katraghira, Katras, Nág, Paitaliyá, Rájkuliya, Ráighátwál, Sarughátwál, Singh, Singarkhar, Suryabansi, Tikaichghátwár, Tikait, Thewari, Zamindár.

*Caste*—Goráit—
Dhunráj, Kahi, Kanaujiá, Khantiya, Mahali, Muchin, Pámápákhá, Sabarbandh.

*Caste*—Gurung—
Aleh, Bara-Gurung, Bhumiján, Bimala, Charjate, Darr-Lámá, Dharen, Dhongdhani, Dohani, Durmali, Durá, Ghaibrim, Ghaleh, Ghasring, Ghuliá, Ghundain, Hoale, Jaswar-Gurung, Jimel, Khale, Khananta, Khati, Kátáyali, Khane, Kherali, Khulal, Koki, Korangi, Kurmi-Lámá, Kurungi, Laije, Lámá, Lámghale, Lamichhangá, Lamsani, Las, Laujá-Gurung, Lehekai, Nagrami, Pabhábing, Pungi-Lámá, Surahi-Gurung, Toresthe-Gurung.

*Caste*—Hájám—
Achayá, Auriyá, Awadhiá, Bannjisat, Bansiá, Kaikanor, Kanaujiá, Mauriá, Nápit, Namsiyá, Sribastab.

*Caste*—Hálwái—
Gobindi, Hálám, Jetho, Kajargutra, Kandwar, Kanaujiá, Karar, Madesiá, Mahimá, Mohuniá, Mánjhi, Maridebá, Mayará, Sanrákiá.

*Caste*—Ját—
Dháká-Ját.

*Caste*—Káhár—
Baghwá, Bakali, Bamuni, Bamanti-káhár, Banchani, Barakáhár, Barani-káhár, Baresi, Basgotra, Basmi, Bauli, Baurami, Bhitariá-káhár, Behárá, Bik, Bodartha, Chamali, Chaulali, Charwar, Chundel, Dalia, Desi-káhár, Dhimar, Dhuriá, Garaun, Garhuk, Ghatoár, Jaiswár, Jandhi, Jithárám, Jhul, Kahani, Káhárkurás, Rainjerá, Kamkar, Kanaujiá, Kiojár, Kumár, Kumási, Kusua-káhár, Lorali, Máhárá, Mahili, Maratara, Rámáni, Rámánandi, Ráut (a title), Rasgotra, Ráwáni, Sanwál, Sarbará, Sekrá, Sirayali, Takari-káhár, Tamal-káhár, Turá, Táráni, Ubin-káhár.

*Caste*—Kalwár—
Barecha, Bara-kalwár, Biyáhut, Chári, Deswali, Dhuand, Jaiswár, Janupuri, Kharidaha, Sháhá, Sunri.

*Caste*—Kámi—
Baraili, Dairámi, Dhamol, Gadaili, Ghati, Ghimira, Khati, Lámgádé, Nimkati, Porteal.

*Caste*—Kandh—
Maulik (a title), Uriyá-kandh, Zamindár.

*Caste*—Kándu (Kánu)—
Bar-bhuiyá, Biyahut, Dákshin-Rárhi, Desiá, Gonar, Hajmai, Hálwái, Hatmi, Jethuat, Kaliakan, Kaorchá, Kanaujiá, Kharáit, Karanch, Kulas-kánu, Madhesiá, Mademir, Magahiyá, Mahásir, Mahuli, Majariá, Mánjhi, Marechik, Sadmiyá, Sháhá (a title), Sáhu, Sur, Satsir.

*Caste*—Khairá—
Bhubriyá, Dhalo, Larchaná, Madghá, Malo, Rái, Rájkhariá, Saokar, Singh.

*Caste*—Khandáit—
Kátá-khandáit, Páik, Tomárári.

*Caste*—Khariá—
Bara-khariá, Bhaktá, Dudh-khariá, Gang-khariá, Ghasniyá-khariá, Kári, Kisán (a title), Kulu, Lochar, Mundá-khariá, Nágpuri, Pásán, Rái-khariá, Suen, Surari.

*Caste*—Khárwár—
Alábandhi, Bhogtá, Bijiá, Daityárbangajá, Dalká, Dáulbandh, Duar, Gajat, Gari, Handáriár, Khairi, Kharol, Kolbádi, Lurayár, Magahiyá, Mahá-khárwár, Midhu, Nágbansi, Puchhari, Suryabansi.

*Caste*—Khas—
Bampait, Bhándári, Bhista, Burá, Burathoki, Gharti, Habikari, Kárki, Khatri, Koyár, Mahat, Pándhá, Rái, Ráol, Thákuri.

*Caste*—Khatri—
Adhikári, Beri, Bisen, Bistá, Dikhit, Kamá, Kul, Kush, Mihirbansi, Misir, Naik-khatri, Nirbás, Pándá, Parihar, Purikhatri, Rájkhatri, Satulbansi, Somabansi.

*Caste*—Khawás—
Bayas, Bhajil, Gharti, Khán, Mári,

*Caste*—Kisán—
Barakisán, Máháto, Nagaiya, Nágbansi, Nágchhirá, Nágpuria, Sitalikisán, Telikisán.

*Caste*—Koiri—
Adiyar, Banapár, Bandi, Baradangi, Baradarid, Bara-koiri, Barakar, Barara, Basala, Batia, Bechhariá, Benakar, Bhakat, Chakará, Cháru, Dakshi, Dási, Goita, Jachahar, Jalgai, Jarupár, Jerahal, Jorahari-koiri, Jorowár, Kachhim, Koiridhimán, Kalariyá, Kambáji, Kanaujiá, Karwár, Kasim, Kol-koiri, Madesiá, Magahiyá, Mahato, Maluár, Mauchhiyá, koiri, Mánjhi, Mat, Matoar, Sat, Peta.

*Caste*—Kol—
Bara-kol, Chásá-kol, Chhota-kol, Dás, Duhudá, Ghátwál, Hájidá, Kol-kámár, Kol-nágbansi, Mabasu, Madri, Mali, Manaki, Mánjhi-kol, Marari, Marum, Mudi, Nágbansi, Ninku, Oráon, Ráj, Suru, Tántwar.

*Caste*—Korwá—
Banedhári.

*Caste*—Koshtá—
Garacholi, Jankali,

*Caste*—Kurmi—
Abadiá-kurmi, Abariá-kurmi, Adh-kurmi, Ahi-kurmi, Ahut, Aiodhiyá, Bachariá, Bamula, Banan, Bará-kurmi, Bhásu-kurmi, Chadahu, Chamchámá, Chán, Chánáur, Chandankarma, Chaudhuri, Chikariá, Chipduár, Dakshin-Rárhi, Danejwar, Dushar-kurmi, Gajan, Golayar, Gatan, Ghamela, Ghasila-Mahanta, Hemui, Jachariyá-kurmi, Jaiswar, Jalakar, Jamtara, Japará, Jaruar, Kachhim, Kanaujiá, Kol-kurmi, Machwár, Madesiá, Magahiyá, Máhálá, Mahar, Máhás, Mahat, Másá, Masaila, Máthu, Mátoar, Mahanta, Mus, Nágpuriá, Oradiá, Palnot-kurmi, Patariá, Punriár, Ráut, Samswár, Saru-kurmi, Sat-kurmi, Sauniá, Tasawár, Tiruár, Tulo, Zamindár.

*Caste*—Láheri—
Bhaktá.

*Caste*—Lálbegi—
Bansphor, Basayár, Nasák.

*Caste*—Limbu—
Atádore, Bhedáp, Bhekán, Chábá, Chabkhelni, Charkholá, Chathar, Chaurin, Inrukhiá, Karkhala, Khetará, Khetrayá, Mábhonga, Máwá, Pánthar, Páur, Sángma, Sángrás, Srestha, Tertar, Yangorub.

*Caste*—Lohár—

Akanariá, Asur, Batal, Banik, Bara-Lohár, Bataliá, Bhakat, Bhusia, Bisvakarmá, Chámánesi, Chapará, Charáli, Chatá, Cháwá-malik, Chehad, Chirákutá, Dagayali Lohár-Dandachatri, Dhak-Lohár, Dhukara, Dolak, Hájári, Kámiá, Kanaujiá, Karpojá, Kesoni-Lohár, Khahariá, Khalang, Khati, Kol, Kulbi, Lauha-karmakár, Maghaiyá, Málá, Mánjhi, Mukhai-Lohár, Murári-Lohár, Náik, Námtá, Sad-Lohár, Salmishi, Sanaiyá, Sanchari, Sandihar, Siakarmá, Sikariyá, Sirkátá-Lohár, Sridás, Tari.

*Caste*—Magh—

Barua

*Caste*—Mahesri—

Baghi, Báhar, Bang, Báoti, Bápá, Bánrá, Chandra, Chándrak, Chotár, Dála, Ganará, Jáju, Kábrá, Kársu, Káuri, Kor, Laiti, Málási, Malayá-rárhi, Mánosi, Monaya, Mundrá, Náotán, Pálaur, Rádhi; Ranti, Rathi, Sabu, Sandhá, Sowáni, Tarbiá, Thunará, Tusniyan.

*Caste*—Mahili—

Bansphor, Bansphor-chásá, Dom, Madhesiá, Mahili-Mundá, Mánjhi, Padur, Pálar-mahili, Ráj-mahili, Sáji, Saru-mahili, Teli-mahili, Turi.

*Caste*—Mál—

Bámun, Barakhal, Bara-mál, Chai, Chaudhuri, Dahatora, Daubhuiyá, Dásdalu, Devabansi, Dhuliá, Gain, Garturira, Kairá, Karyá, Kerti, Kulemál, Malandra, Mánjhi, Maslánai, Melimá, Moárá, Nabási, Nikhát-bansa, Pááriá, Patrishi, Puje-kali, Rái.

*Caste*—Mállah—

Banapara, Básastá, Báwá, Chai, Chairi-Máli, Devabansi, Ghátwál, Jáliyá, Kábará, Kewat, Khaluiyat, Khesat, Khole, Khumaut, Mahariá, Mállahbar, Marimal, Muriári.

*Caste*—Mandal—

Sádá.

*Caste*—Mangar—

Aleh, Apá, Bagali, Bániá, Básithápá, Bhuján, Burá, Burathoki, Chetar, Chikturai, Darrá-Lami, Gharti, Hitán, Jhara, Kanchan, Kanchankati, Khapturi, Khati, Máruthapá, Non, Nurmahal, Phiring, Pulani, Puli, Pun, Rahapal, Rái, Rákhál, Rana, Rasaili, Salmi, Samal, Saru, Saruthápá, Sengali, Sijlikanchan, Suryabansi, Surmah, Thápá (a title), Thit, Turingrapá, Uchai.

*Caste*—Mehtar—

Balmik, Bansphor, Báwát-methar, Bhojpuri, Hana, Maghaiyá, Nanak, Raut.

*Caste*—Mundá (Mura)—

Aind, Bahamar, Bangatimura, Bárábá, Baráik, Bára-mundá, Bekhira, Bentárbangali, Bijayá, Bhuinhar-Mundá, Chadil, Cháta, Chátapamuri, Chandil, Chaurá, Chanriá, Chochá, Dári, Dhuliá, Gari, Ghátwár, Gariá, Gundri, Hajin, Hamotmundá, Hemram, Jagdar, Jamtoli, Jankpani, Janglimundá, Kachhuá, Kalali, Kali, Kamal, Kapin, Khagra, Khaldar, Khandania, Khangor-mundá, Khanporch, Khariá-mundá, Kochmurá, Kolmundá, Konkhatmundá, Kor, Kot, Krirak, Lohár, Machin, Mágai, Mahási, Mahili-mundá, Makaiya, Mál, Mali-mundá, Mandal, Mangorá, Manik, Mánki (a title), Márákiyárá, Marmu, Más, Maulik, Mahat, Mudi, Mundahar, Murki, Musir, Nadká, Nág, Nágbansi, Nágbansikák, Nágbansi-mundá, Nágpuri, Náhárang, Nákbuli, Oráon-mundá, Padmakul, Páhán-mundá, Páháriá, Paiumundá, Páitá-mundá, Pamor, Panar, Pardhán-mandal, Patri-pásá, Pator-murá, Patmurá, Rájá, Sad-mundá, Sanga, Sarabansi, Sonpet, Supaki, Táinbá, Tarani-mundá, Tariá, Teliá, Tirtiá, Tow, Tukará, Turá, Turká, Turu, Tuli.

*Caste*—Musahar—

Bara-musahar, Bhuiyá, Bhusiá, Birái, Buivár, Gandariá, Ghará, Ghátwár, Griha, Hasád, Hásán, Jáiwár, Jáiswár, Kánghatta, Kárwári, Kherwár, Maghaiyá, Máhar, Máhariyá, Mahatoár, Mál, Mánbhuiyá, Mánjhi (a title), Márayá, Masariá, Pail, Pakhánmahir, Pátwári, Pekh-mun, Rikhiásan, Risián, Sádá (a title), Sárká, Sandhoá, Sutár, Tamrákbá, Tirhutiá.

*Caste*—Nágbansi—

Karpat, Mamaki, Mudi, Rái, Turiá.

*Caste*—Nágesar (Nágesiá, Kisán)—

Phulá-Kisán.

*Caste*—Newár—

Achárya, Bara-Newár, Bháju, Chiristi, Dung, Hatri, Jaica, Kaisuliá, Kánái, Khámá-kalak, Khorkhá, Kot, Nachi-Newár, Nágar-kuti, Pairá, Raikar, Sangrát, Singahir, Tech, Thalung.

*Caste*—Nuniá—

Abariá, Achdiá, Akáhirá, Anriá, Astariá, Athuriá, Awadhiá, Ayodhyábási, Bhág-gát, Bámá, gotra, Bargor, Básgádi, Básgátári, Bá-karti, Beldár (a title), Beldiá, Bej, Chámaru-Beldár, Chandan, Cheimbansa, Chochtá, Chuán, Dásharathi, Dhárá, Durmutar, Garimal, Ghágariá, Ghánriá, Ghátbil, Jáwá, Jullá, Kanaujiá, Kharaut, Khaot, Khárwá, Khátátal Krishnáut-Kutiá, Maghaiyá, Mahton, Mackha, Mát, Mudi, Nimal, Orh, Pákhábár, Pahu-áná, Surite-Nuniá, Samawár, Suarpushá.

*Caste*—Oswál—

Aráyál, Asu, Athari, Báchiyá, Bail, Baitará, Baktá, Bakhrá, Bapni, Báral, Barameshú, Baretiá, Barkhorá, Basaut, Bánná, Bawál, Berani, Betá, Bhálá, Bhurá, Bhuiyali, Buthrá, Cháger, Chháhar, Chauriá, Chansiá, Chotia, Chotrá, Choprá, Chundaliá, Dásá, Dasayári, Dusar, Gájar, Galchiá, Gelrá, Giriá, Gonásá, Gosun, Gulguliá, Hitárá, Jáchá, Kaldiá, Káthori, Khater, Máchiá, Majer, Maraut, Mathar, Náharayá, Náhátásimeli, Ruitá, Setiá, Siá, Sidhi, Siki, Singhá, Sukále, Sukhár, Tendiá, Turiári.

*Caste*—Páhári—

Banpáhári.

*Caste*—Pán, (Baráik, Chik, Chikbaráik, Pánr, Pániká, Tanti)—

Baghal, Baráik, Borá, Chik, Chikbaráik, Gandha, Ghatoár, Kanaujiá, Lowa, Mahatoar, Mánjhi, Marhi, Mariá, Pániká.

*Caste*—Pási—

Anwár, Baikiá, Barali, Bhahar, Bihoriá, Buhaliá, Deswári, Kachdiá, Kasyapa, Kethuá, Ket-wachu, Maghaiyá, Mamátpási, Mánjhi, Mátras, Maulano, Mauyas, Mayál-Pási, Mayás, Miscar, Pásbám, Tárawár, Tirsuliá, Thanuáng.

*Caste*—Pátor—

Barapátor, Kátun, Kekman, Lorapátor, Mahili, Moha, Pátá, Sandilai.

*Caste*—Pátwá.

Kátaui.

*Caste*—Rájbhar—

Dári, Mikári, Ráut-Rájbhar, Rupai-Rájbhar.

*Caste* —Rájput (Chhetri)—

Akará, Bais-Rájput, Bajel, Bara-Rájput, Bardhiá, Báraman, Bhaktabansi, Bhorá, Chákwán, Chaubhán, Chandan-chhatri, Cháta, Dikshit, Gaurá, Gon-Rájput, Gontam, Katayá, Mál, Nisaliá, Paudár, Payár, Rájbari, Sachman, Sajantutiá, Saru-Rájput, Singh, Singhel, Suryabansi, Tarwár, Teliá, Udmari-Rájput, Ujáin, Zamindar.

*Caste*—Rájwár—

Bápertá, Bara-Rájwár, Bhiká, Bhogtá, Bhuiyá, Chápá, Chusul, Maghaiyá, Mánjhi, Nágbansi, Parid-Rájwár, Rái, Sikhariá, Sikh, Sikhár, Uttal.

*Caste*—Rautiá—

Jámadi, Raidas, Sarduli.

*Caste*—Sadgop—

Bárá, Bári, Chásá, Chásákeberá, Gorkári, Kani, Kárá, Maulik, Paschimkuliyá.

*Caste*—Saini—

Kaibát.

*Caste*—Santhál—

Babásek, Barbhuiyá, Bar-Santhál, Baski, Bemárá, Besrá, Bhumij, Chaukar, Chilbindhá, Deswáli, Duálbandi, Gaur, Ghátwál, Gutaherám, Hásdák, Háháju, Hemrom, Himbás, Káchuá, Kaki, Kartá, Kherwár, Kisku, Kol, Krishna, Lái, Mabauti, Machhu, Mál, Mánjhi, Mansuren, Maranti, Marichi, Maril, Márti, Masanti, Mayangi, Merayá, Muranu, Muram, Nat, Oráon, Páháriá, Parik, Saren, Saruáh, Sásti, Sidho-charen, Sunári, Tháruá, Tudu Turá.

*Caste*—Saráogi—

Bangabám, Báníá, Chaliá, Gangáowálá, Kálá, Páháriá, Palariá, Parni, Saburá-Saráogi, Soni, Táriyá, Ugi.

*Caste*—Sárki—

Bamáral, Hámále, Nangiruká, Párbatiá, Sartic.

*Caste*—Savar—

Hál.

*Caste*—Sikh—

Bánáik, Bokayár, Chhiarái, Chhiá, Kápárkáchi, Khenu, Lungapinási, Máhandiá, Tánti.

*Caste*—Sonár—
Ayodhyábási, Bais, Bániá, Barstiá, Begi, Bhadriká, Ghasiá, Hári, Kanaujiá, Karmakár, Mair, Pakrán, Pan-Tánti.

*Caste*—Sunri—
Katá-Suri, Málámati-Suri, Mat-Sunri, Mukundá-Das, Sadsuri.

*Caste*—Sunuwár—
Prity, Tursut.

*Caste*—Surahiyá—
Jal-chhatri, Nikhasan, Turi.

*Caste*—Támbuli—
Kostayar, Márdhari.

*Caste*—Tatwa—
Kalatiyá, Kanaujiá, Tadatmárá.

*Caste*—Telingá—
Káru, Tári, Tundá.

*Caste*—Thákur—
Bárujyá, Bim, Chanda, Hamal, Kán, Kowár, Kshatriya, Mahi, Mál, Sahi, Samál, Sen, Siche, Singh, Uchen.

*Caste*—Thápá—
Aslámi, Bachong, Badkhoá, Bágáli, Bálá, Bámáret, Changlesi, Chati, Chandel, Chhetri, Chetáure, Chiti, Chongá, Dálá, Dalami, Darrlámi, Dheká, Dhengá, Dichhá, Gahá, Gajá, Gayán, Ghel, Gharti, Halámi, Jhári, Kalásáru, Kannáj, Kiján, Khápangi, Kusatar, Lamtanti, Lepang, Mai, Mangar-Thápá, Mari, Masrangi, Mukami, Murangchan, Nungeli, Páchbháiá, Pále, *Paldi*, Parabi, Pitakutiá, Pulami, Pun, Ráná, Rangthani, Reshmi, Salami, Sami, Sarkol, *Sibuing*, Sijani, Sildáni, Somái, Sunakhari, Supkorá, Suryabansi, Tamang, Tarmál, Thárá.

*Caste*—Tháru—
Koshná.

*Caste*—Turi—
Banda, Bar-Turi, Basmal, Basphor, Dári, Darsriti, Deswári, Ghatoar, Jun-Turi, Kabehiá, Koshná, Maghahiyá, Majeti-Turi, Mahurá, Makanda, Makhauliá, Makhár, Maiyá, Mamerá, Mangiá, Matwar, Maudar, Methorá, Mirdás, Nág, Nágesiá, Pán-Turi, Patwári, Rájwál, Ramkot, Sahayá, Saru-Turi, Sasiá, Sejáme, Tisán-Turi, Turikabiráj, Turi-Sidhyá, Tutka.

*Caste*—Vaisya—
Bujáhá, Chawjáhá-Malik, Chawthan, Kách-Madhán, Oniwálá, Palháre, Singh.

# PROVINCIAL TABLE XI.

## STATEMENT OF POPULATION

BY

## Thanas, Outposts, Mauzas, Parganas, and Seimships, &c.

### REMARKS.

The population of the several districts has been shown for the areas noted below :—

| | | |
|---|---|---|
| Cachar | ... | ... Parganas, Thanas, and Outposts. |
| Sylhet | ... | ... Thanas and Outposts. |
| Goalpara | ... | ... Ditto ditto. |
| Kamrup | ... | ... Mauzas and Tahsils. |
| Darrang | ... | ... Mauzas, Thanas, and Tahsils where opened. |
| Nowgong | ... | ... Mauzas and Thanas. |
| Sibsagar | ... | ... Mauzas, Thanas, and Outposts. |
| Lakhimpur | ... | ... Mauzas and Thanas. |
| Naga Hills | ... | ... Subdivisions and Hills and Plains Mauzas. |
| Khasi and Jaintia Hills | | ... Seimships, Dolloiships, Sirdarships, and Lyngdohships, &c. |
| Garo Hills | ... | ... Mauzas (Hills and Plains shown separately). |

# PROVINCIAL TABLE XI.

## DISTRICT CACHAR.

### SUBDIVISION SILCHAR.

| THANA OR OUTPOST. | PARGANA. | TOTAL POPULATION. Total. | Males. | Females. | POPULATION BY RELIGION. Hindu. | Musalman. | Animistic. | Others. | Principal castes returned in thana or outpost. | Percentage of persons shown as agriculturists in thana or outpost. |
|---|---|---|---|---|---|---|---|---|---|---|
| 1 | 2 | 3 | 4 | 5 | 6 | 7 | 8 | 9 | 10 | 11 |
| Sadr Thana. | Town ... ... ... | 6,367 | 4,705 | 1,662 | 4,430 | 1,813 | 63 | 61 | Bágdi; Báuri; Bhar; Bhuiyá; Bhumij Bráhman; Chámár; Dhobi; Dom; (Pátni); Goálá; Jugi; Káyastha Kuki; Máhimal; Manipuri; Musahar; Namasudra (Chandál); Nuniá; Pán; Shekh. | 44·25 |
| | Cantonment ... ... | 1,156 | 1,023 | 133 | 714 | 411 | ......... | 31 | | |
| | *Total* ... ... ... | *7,523* | *5,728* | *1,795* | *5,144* | *2,224* | *63* | *92* | | |
| | Chatla* ... Village ... | 3,842 | 2,093 | 1,749 | 2,383 | 753 | 706 | ......... | | |
| | Chatla* ... Tea garden ... | 21,623 | 11,980 | 9,643 | 19,656 | 1,538 | 390 | 39 | | |
| | Sonapur* ... ... | 10,175 | 5,051 | 5,124 | 3,048 | 6,799 | 328 | ......... | | |
| | Barakpur Village ... | 23,778 | 12,097 | 11,681 | 13,411 | 10,169 | 195 | 3 | | |
| | Barakpur Tea garden ... | 2,342 | 1,182 | 1,160 | 2,183 | 44 | 105 | 10 | | |
| | Noarband† Village ... | 10,084 | 5,377 | 4,707 | 6,325 | 3,143 | 616 | ......... | | |
| | Noarband† Tea garden ... | 17,410 | 9,260 | 8,150 | 15,464 | 583 | 1,021 | 342 | | |
| | Barkhala ... Village ... | 8,448 | 4,482 | 3,966 | 5,948 | 1,738 | 754 | 8 | | |
| | Barkhala ... Tea garden ... | 10,338 | 5,310 | 5,028 | 9,668 | 266 | 295 | 109 | | |
| | Jainagar ... Village ... | 5,838 | 2,998 | 2,840 | 3,348 | 2,488 | 1 | 1 | | |
| | Jainagar ... Tea garden ... | 4,554 | 2,482 | 2,072 | 4,283 | 231 | 27 | 10 | | |
| | Rajnagar ... Village ... | 5,516 | 2,858 | 2,658 | 2,933 | 2,579 | 4 | ......... | | |
| | Rajnagar ... Tea garden ... | 172 | 87 | 85 | 133 | 27 | 12 | ......... | | |
| | Military Police ... ... | 278 | 278 | ......... | 266 | 9 | 1 | 2 | | |
| | Rangti Jail ... ... | 826 | 821 | 5 | 311 | 241 | 261 | 13 | | |
| | Forest Reserve ... ... | 357 | 260 | 97 | 180 | 120 | 57 | ......... | | |
| | Floating population ... ... | 233 | 229 | 4 | 143 | 90 | ......... | ......... | | |
| | *Total Village, including Floating Population* ... ... | *69,375* | *36,544* | *32,831* | *38,296* | *28,129* | *2,923* | *27* | | |
| | *Total Tea garden* ... ... | *56,439* | *30,301* | *26,138* | *51,387* | *2,692* | *1,850* | *510* | | |
| | *Total for the Thana* ... ... | *133,337* | *72,573* | *60,764* | *94,827* | *33,045* | *4,836* | *629* | | |

| | | | | | | | | | | | |
|---|---|---|---|---|---|---|---|---|---|---|---|
| Thana Katigora. | Jalalpur ... | Village ... | 2,448 | 1,266 | 1,182 | 1,362 | 989 | 60 | 37 | Báuri; Bhuinmáli; Bhumij; Bráhman; Dom (Patni); Dosádh; Jugi; Káchári; Káyastha; Koch; Kuki; Kumár; Manipuri; Mundá; Musahar; Namasudra (Chandál); Oráon; Pán; Santhál; Shekh. | 55·14 |
| | | Tea garden ... | 3,491 | 1,803 | 1,688 | 2,781 | 56 | 644 | 10 | | |
| | Goomra ... | Village ... | 3.473 | 1,786 | 1.687 | 2,231 | 931 | 311 | .........* | | |
| | | Tea garden ... | 2.307 | 1,210 | 1,097 | 1,663 | 76 | 559 | 9 | | |
| | Kalain ... | Village ... | 3,982 | 2,071 | 1,911 | 2,829 | 1,146 | 1 | 6 | | |
| | | Tea garden ... | 4,176 | 2,169 | 2,007 | 3,181 | 70 | 899 | 26 | | |
| | Bikrampur ... | Village ... | 8,461 | 4,353 | 4,108 | 4,797 | 3,662 | 2 | ......... | | |
| | | Tea garden ... | 1,804 | 955 | 849 | 1,713 | 40 | 38 | 13 | | |
| | Jatrapur ... | ... ... | 7,011 | 3,563 | 3,448 | 2,512 | 4,499 | ......... | ......... | | |
| | Fulbari ... | ... ... | 3,987 | 2,101 | 1,886 | 2,306 | 1,681 | ......... | ......... | | |
| | Katigora ... | Village ... | 6,562 | 3,397 | 3,165 | 3,838 | 2,724 | ......... | ......... | | |
| | | Tea garden ... | 986 | 493 | 493 | 908 | 76 | ......... | 2 | | |
| | Horitikar ... | ... ... | 3,220 | 1,635 | 1,585 | 1,667 | 1,553 | ......... | ......... | | |
| | Libharputha | ... ... | 1,898 | 931 | 967 | 1,092 | 806 | ......... | ......... | | |
| | Hills and boats | ... ... | 365 | 182 | 183 | 312 | 25 | 28 | ......... | | |
| | *Total Village, including Floating Population* ... ... | | *41,407* | *21,285* | *20,122* | *22,946* | *18,016* | *402* | *43* | | |
| | *Total Tea garden* ... ... | | *12,764* | *6,630* | *6,134* | *10,246* | *318* | *2,140* | *60* | | |
| | *Total for the Thana* ... ... | | *54,171* | *27,915* | *26,526* | *33,192* | *18,334* | *2,542* | *103* | | |
| Thana Lakhipur. | Lakhipur ... | Village ... ... | 11,723 | 6,364 | 5,359 | 7,920 | 2,342 | 1,461 | ......... | Báuri; Bhuinmáli; Bhuiyá; Bhumij; Chámár; Dom (Pátni); Goálá; Káchári; Kuki; Manipuri; Musahar; Nágá; Namusudra (Chandál); Nápit; Oráon; Pán; Shekh; Shaha; Teli; Turi. | 43·22 |
| | | Tea garden ... | 9,912 | 5,038 | 4,874 | 8,668 | 214 | 1,003 | 27 | | |
| | Rupaibali‡ . | Village .. ... | 8,047 | 4,146 | 3,901 | 4,788 | 2,670 | 589 | ......... | | |
| | | Tea garden ... | 5,309 | 2,852 | 2,457 | 4,951 | 154 | 191 | 13 | | |
| | Banskandi.... | Village ... | 6,562 | 3,383 | 3,179 | 2,439 | 3,856 | 267 | ......... | | |
| | | Tea garden ... | 230 | 125 | 104 | 165 | 28 | 35 | 2. | | |
| | Bhuban Hills ... | Tea garden ... | 2,160 | 1,136 | 1,024 | 2,108 | 48 | ......... | 4 | | |
| | Udarband ... | Ditto ... | 7,124 | 3,675 | 3,449 | 6,667 | 309 | 139 | 9 | | |
| | *Total Village, including Floating Population* ... ... | | *26,332* | *13,893* | *12,439* | *15,147* | *8,868* | *2,317* | ......... | | |
| | *Total Tea garden* ... ... | | *24,735* | *12,827* | *11,908* | *22,559* | *753* | *1,368* | *55* | | |
| | *Total for the Thana, excluding Outpost* | | *51,067* | *26,720* | *24,347* | *37,706* | *9,621* | *3,685* | *55* | | |

* A part of it is in the jurisdiction of Nagdirgram outpost, and the population of that portion is shown under the said outpost.
† A part of it is in the jurisdiction of Lakhipur thana, and the population of that portion is shown under the said thana.
‡ A part of it falls in the Nagdirgram outpost, and the population of that portion is shown under the said outpost.

PROIVCNIAL TALBE XI.

## DISTRICT CACHAR—continued.

### SUBDIVISION SILCHAR—*concluded.*

| THANA OR OUTPOST. | PARGANA. | TOTAL POPULATION. Total. | Males. | Females. | POPULATION BY RELIGION. Hindu. | Musalman. | Animistic. | Others. | Principal castes returned in thana or outpost. | Percentage of persons shown as agriculturists in thana or outpost. |
|---|---|---|---|---|---|---|---|---|---|---|
| 1 | 2 | 3 | 4 | 5 | 6 | 7 | 8 | 9 | 10 | 11 |
| Thana Lakhipur—*concld.* Nagdirgram Outpost. | Bauraj ... Village... | 18,123 | 9,477 | 8,646 | 11,981 | 5,225 | 917 | ........ | Báuri; Bhuinmáli; Bhuiyá; Bhumij; Chámár; Dhobá; Dom (Pátni); Goálá; Jugi; Káchári; Káyastha; Kuki; Kumár; Kurmi; Manipuri; Mundá; Musahar; Nágá; Namasudra(Chandál); Shekh; Sháhá. | 84-02 |
| | Bauraj ... Tea garden ... | 1,333 | 744 | 589 | 1,220 | 17 | 88 | 2 | | |
| | Sonapur ... ... ... | 5,764 | 2,986 | 2,778 | 1,982 | 3,424 | 357 | 1 | | |
| | Chatla ... ... ... | 1,542 | 823 | 719 | 1,003 | 135 | 404 | ........ | | |
| | Ruparbali ... ... ... | 1,939 | 1,014 | 925 | 1,254 | 369 | 316 | ........ | | |
| | Devisanabad Tea garden ... | 397 | 220 | 177 | 357 | 22 | 14 | 4 | | |
| | *Total Village* ... ... | *27,368* | *14,300* | *13,068* | *16,220* | *9,153* | *1,994* | *1* | | |
| | *Total Tea garden* ... ... | *1,730* | *964* | *766* | *1,583* | *39* | *102* | *6* | | |
| | *Total for the Outpost* ... ... | *29,098* | *15,264* | *13,834* | *17,803* | *9,192* | *2,096* | *7* | | |
| | *Total for the Thana, including Outpost* | *80,165* | *41,984* | *38,181* | *55,509* | *18,813* | *5,781* | *62* | | |
| | SUBDIVISIONAL ABSTRACT. | | | | | | | | | |
| | *Total Town* ... ... | *7,523* | *5,728* | *1,795* | *5,144* | *2,224* | *63* | *92* | | |
| | *Total Village* ... ... | *164,482* | *86,022* | *78,460* | *92,609* | *64,166* | *7,636* | *71* | | |
| | *Total Tea garden* ... ... | *95,668* | *50,722* | *44,946* | *85,775* | *3,802* | *5,460* | *631* | | |
| | *Total for the Subdivision* ... | *267,673* | *142,472* | *125,201* | *183,528* | *70,192* | *13,159* | *794* | | |

## SUBDIVISION HAILAKANDI.

| | | | | | | | | | |
|---|---|---|---|---|---|---|---|---|---|
| Thana Hailakandi. | Hailakandi C. R. C.* ... ... | 650 | 500 | 150 | 499 | 151 | ......... | ......... | Bágdi; Báuri; Bhuiyá; Bhuinmáli; Bhumij; Bráhman; Chámár; Dhobi; Dom (Pátni); Dosádh; Goálá; Jugi; Kámár; Káyastha; Kumár; Manipuri; Namasudra (Chandál); Santhál; Shekh; Siddiki. | 69·55 |
| | Saraspur ... Village... ... | 11,188 | 5,639 | 5,549 | 3,885 | 7,294 | 7 | 2 | | |
| | Saraspur ... Tea garden ... | 8,096 | 4,275 | 3,821 | 7,433 | 483 | 154 | 26 | | |
| | Hailakandi... Village... ... | 50,252 | 25,655 | 24,597 | 23,213 | 27,204 | 10 | 5 | | |
| | Hailakandi... Tea garden ... | 5,845 | 3,084 | 2,761 | 4,769 | 713 | 351 | 12 | | |
| | Barnarpur ... Village... ... | 15,266 | 8,141 | 7,125 | 8,719 | 6,385 | 160 | 2 | | |
| | Barnarpur ... Tea garden ... | 8,572 | 4,607 | 3,965 | 7,888 | 604 | 58 | 22 | | |
| | *Total Village* ... ... | *76,706* | *39,435* | *37,271* | *35,817* | *40,703* | *177* | *9* | | |
| | *Total Tea garden* ... ... | *22,513* | *11,966* | *10,547* | *20,090* | *1,800* | *563* | *60* | | |
| | *Total for the Thana or Subdivision* ... | *99,869* | *51,901* | *47,968* | *56,406* | *42,654* | *740* | *69* | | |
| | **DISTRICT ABSTRACT.** | | | | | | | | | |
| | *Total Town...* ... ... | *7,523* | *5,728* | *1,795* | *5,144* | *2,224* | *63* | *92* | | |
| | *Total Village, including C. R. C. in Hailakandi* ... ... | *241,838* | *125,957* | *115,881* | *128,925* | *105,020* | *7,813* | *80* | | |
| | *Total Tea garden* ... ... | *118,181* | *62,688* | *55,493* | *105,865* | *5,602* | *6,023* | *691* | | |
| | *Total Plains* ... ... | *367,542* | *194,373* | *173,169* | *239,934* | *112,846* | *13,899* | *863* | | |
| | *Hill tracts or North Cachar Subdivision* ... ... ... | *18,941* | *9,306* | *6,935* | *8,221* | *15* | *10,704* | *1* | Kacha Nágá; Káchári; Kuki; Mikir. | 97·23 |
| | *Grand Total* ... ... | *386,483* | *203,679* | *182,804* | *248,155* | *112,861* | *24,603* | *864* | | |

* Compulsory registration circle.

# PROVINCIAL TABLE XI.

## DISTRICT SYLHET.

### SUBDIVISION NORTH SYLHET.

| THANA OR OUTPOST. | CIRCLE No. | TOTAL POPULATION. | | | POPULATION BY RELIGION. | | | | Principal castes returned in thana or outpost. | Percentage of persons shown as agriculturists in thana or outpost. |
|---|---|---|---|---|---|---|---|---|---|---|
| | | Total. | Males. | Females. | Hindu. | Musalman. | Animistic. | Others. | | |
| 1 | 2 | 3 | 4 | 5 | 6 | 7 | 8 | 9 | 10 | 11 |
| | | | | | TOWN. | | | | | |
| Sadr Thana ... | 1 | 1,192 | 688 | 504 | 436 | 747 | ......... | 9 | Bárui; Báuri; Bhuiya; Bhuinmáli; Bráhman; Dhobá; Dom (Pátni); Halwá Dás; Jugi; Kámár; Káyastha; Mahimal; Manipuri; Namasudra (Chandál); Napit: Páthán; Saiad; Sekh; Sháhá; Teli. | 53·71 |
| | 2 | 2,213 | 1,141 | 1,072 | 932 | 1,252 | 3 | 26 | | |
| | 3 | 2,020 | 1,359 | 661 | 1,264 | 756 | ......... | ......... | | |
| | 4 | 1,021 | 522 | 499 | 830 | 191 | ......... | ......... | | |
| | 5 | 2,913 | 1,465 | 1,448 | 818 | 2,075 | 1 | 19 | | |
| | 6 | 1,728 | 881 | 847 | 948 | 779 | 1 | ......... | | |
| | 7 | 1,331 | 1,020 | 311 | 778 | 494 | 4 | 55 | | |
| | 8 | 1,609 | 900 | 709 | 882 | 726 | ......... | 1 | | |
| *Total Town* ... ... | ...... | *14,027* | *7,976* | *6,051* | *6,888* | *7,020* | *9* | *110* | | |
| | | | | | VILLAGE. | | | | | |
| Sadr Thana ... | 1 | 1,752 | 972 | 780 | 528 | 1,224 | ......... | ......... | | |
| | 2 | 932 | 503 | 429 | 179 | 753 | ......... | ......... | | |
| | 3 | 3,411 | 1,808 | 1,603 | 310 | 3,101 | ......... | ......... | | |
| | 4 | 4,354 | 2,198 | 2,156 | 397 | 3,957 | ......... | ......... | | |
| | 5 | 2,917 | 1,506 | 1,411 | 821 | 2,096 | ......... | ......... | | |
| | 6 | 3,310 | 1,652 | 1,658 | 272 | 3,038 | ......... | ......... | | |
| | 7 | 2,867 | 1,415 | 1,452 | 407 | 2,460 | ......... | ......... | | |
| | 8 | 3,123 | 1,611 | 1,512 | 172 | 2,951 | ......... | ......... | | |
| | 9 | 3,403 | 1,690 | 1,713 | 172 | 3,231 | ......... | ......... | | |
| | 10 | 2,720 | 1,318 | 1,402 | 860 | 1,838 | 6 | 16 | | |
| | 11 | 2,056 | 977 | 1,079 | 610 | 1,446 | ......... | ......... | | |
| | 12 | 1,276 | 670 | 606 | 448 | 819 | 9 | ......... | | |
| | 13 | 2,193 | 1,160 | 1,033 | 876 | 1,317 | ......... | ......... | | |

| | | | | | | | | |
|---|---|---|---|---|---|---|---|---|
| Sadr Thana—*contd.* | 14 | 2,802 | 1,419 | 1,383 | 856 | 1,371 | 575 | ......... |
| | 15 | 1,520 | 762 | 758 | 727 | 791 | 2 | ......... |
| | 16 | 1,315 | 687 | 628 | 574 | 740 | 1 | ......... |
| | 17 | 2,063 | 983 | 1,080 | 778 | 1,285 | ......... | ......... |
| | 18 | 3,069 | 1,530 | 1,539 | 1,139 | 1,930 | ......... | ......... |
| | 19 | 2,500 | 1,219 | 1,281 | 874 | 1,626 | ......... | ......... |
| | 20 | 2,584 | 1,300 | 1,284 | 435 | 2,148 | 1 | ......... |
| | 21 | 1,701 | 814 | 887 | 905 | 796 | ......... | ......... |
| | 22 | 2,031 | 1,024 | 1,007 | 541 | 1,490 | ......... | ......... |
| | 23 | 5,156 | 2,409 | 2,747 | 996 | 4,160 | ......... | ......... |
| | 24 | 2,505 | 1,220 | 1,285 | 771 | 1,734 | ......... | ......... |
| | 25 | 2,329 | 1,123 | 1,206 | 435 | 1,894 | ......... | ......... |
| | 26 | 1,571 | 752 | 819 | 219 | 1,352 | ......... | ......... |
| | 27 | 2,606 | 1,318 | 1,288 | 994 | 1,612 | ......... | ......... |
| | 28 | 3,224 | 1,606 | 1,618 | 706 | 2,518 | ......... | ......... |
| | 29 | 747 | 348 | 399 | 68 | 679 | ......... | ......... |
| | 30 | 2,233 | 1,093 | 1,140 | 427 | 1,806 | ......... | ......... |
| | 31 | 1,985 | 1,005 | 980 | 871 | 1,114 | ......... | ......... |
| | 32 | 2,278 | 1,165 | 1,113 | 666 | 1,612 | ......... | ......... |
| | 33 | 1,831 | 903 | 928 | 813 | 1,018 | ......... | ......... |
| | 34 | 2,467 | 1,272 | 1,195 | 1,018 | 1,449 | ......... | ......... |
| | 35 | 1,778 | 867 | 911 | 766 | 1,012 | ......... | ......... |
| | 36 | 2,310 | 1,123 | 1,187 | 674 | 1,636 | ......... | ......... |
| | 37 | 2,464 | 1,233 | 1,231 | 405 | 2,059 | ......... | ......... |
| | 38 | 1,988 | 960 | 1,028 | 838 | 1,150 | ......... | ......... |
| | 39 | 1,851 | 918 | 933 | 371 | 1,480 | ......... | ......... |
| | 40 | 2,502 | 1,217 | 1,285 | 662 | 1,840 | ......... | ......... |
| | 41 | 1,872 | 924 | 948 | 856 | 1,016 | ......... | ......... |
| | 42 | 2,485 | 1,222 | 1,263 | 812 | 1,673 | ......... | ......... |
| | 43 | 990 | 519 | 471 | 413 | 577 | ......... | ......... |
| | 44 | 1,947 | 976 | 971 | 831 | 1,116 | ......... | ......... |
| | 45 | 3,081 | 1,555 | 1,526 | 610 | 2,471 | ......... | ......... |
| *Total Village* ... | ...... | 106,099 | 52,946 | 53,153 | 28,103 | 77,386 | 594 | 16 |

## PROVINCIAL TABLE XI.

## DISTRICT SYLHET—continued.

### SUBDIVISION NORTH SYLHET—*continued.*

| THANA OR OUTPOST. | CIRCLE No. | TOTAL POPULATION. | | | POPULATION BY RELIGION. | | | | Principal castes returned in thana or outpost. | Percentage of persons shown as agriculturists in thana or outpost. |
|---|---|---|---|---|---|---|---|---|---|---|
| | | Total. | Males. | Females. | Hindu. | Musalman. | Animistic. | Others. | | |
| 1 | 2 | 3 | 4 | 5 | 6 | 7 | 8 | 9 | 10 | 11 |
| | | | | TEA GARDEN. | | | | | | |
| Sadr Thana—*contd.* ... | 54 | 158 | 86 | 72 | 151 | 7 | ......... | ......... | | |
| | 55 | 177 | 90 | 87 | 157 | 3 | ......... | 17 | | |
| | 56 | 825 | 423 | 402 | 728 | 43 | ......... | 54 | | |
| | 57 | 346 | 171 | 175 | 326 | 18 | ......... | 2 | | |
| | 58 | 273 | 137 | 136 | 273 | ......... | ......... | ......... | | |
| | 59 | 220 | 115 | 105 | 212 | 8 | ......... | ......... | | |
| | 60 | 411 | 208 | 203 | 345 | 66 | ......... | ......... | | |
| | 61 | 470 | 259 | 211 | 448 | 16 | 1 | 5 | | |
| | 62 | 541 | 276 | 265 | 536 | 4 | ......... | 1 | | |
| | 63 | 656 | 345 | 311 | 647 | 7 | ......... | 2 | | |
| | 64 | 596 | 325 | 271 | 567 | 27 | ......... | 2 | | |
| | 65 | 85 | 51 | 34 | 82 | 3 | ......... | ......... | | |
| | 66 | 746 | 391 | 355 | 736 | 9 | ......... | 1 | | |
| *Total Tea Garden* ... | ...... | *5,504* | *2,877* | *2,627* | *5,208* | *211* | *1* | *84* | | |
| *Total for Thana excluding Outposts* ... | ...... | *125,630* | *63,799* | *61,831* | *40,199* | *84,617* | *604* | *210* | | |

| | No. | | | | | | | | Castes | |
|---|---|---|---|---|---|---|---|---|---|---|
| | | | | VILLAGE. | | | | | | |
| Sadr Thana—*contd.* Outpost Fenchuganj. | 46 | 2,443 | 1,289 | 1,154 | 955 | 1,488 | ......... | ......... | Báuri; Bhuinmáli; Bhuiyá; Bráhman; Chámár; Dhobá; Dom (Pátni); Ghási; Ghátwál; Halwá Dás; Jugi; Kámár; Káyastha; Kumár; Namasudra; (Chandál); Nápit; Páthán; Shekh; Sháhá; Teli. | 48·12 |
| | 47 | 3,756 | 1,931 | 1,825 | 929 | 2,827 | ......... | ......... | | |
| | 48 | 1,901 | 942 | 959 | 1,353 | 548 | ......... | ......... | | |
| | 49 | 2,638 | 1,363 | 1,275 | 1,358 | 1,280 | ......... | ......... | | |
| | 50 | 3,435 | 1,880 | 1,565 | 505 | 2,928 | ......... | 2 | | |
| | Steamer | 48 | 48 | ......... | ......... | 47 | ......... | 1 | | |
| | 51 | 1,492 | 755 | 737 | 885 | 607 | ......... | ......... | | |
| | 52 | 1,409 | 722 | 687 | 1,230 | 178 | ......... | 1 | | |
| | 53 | 1,995 | 1,022 | 973 | 885 | 1,110 | ......... | ......... | | |
| *Total Village* ... | ...... | *19,117* | *9,952* | *9,165* | *8,100* | *11,013* | ......... | *4* | | |
| | | | | TEA GARDEN. | | | | | | |
| | 67 | 408 | 239 | 169 | 399 | 8 | ......... | 1 | | |
| | 68 | 1,008 | 513 | 495 | 972 | 35 | ......... | 1 | | |
| | 65 | 1,099 | 587 | 512 | 1,066 | 31 | ......... | 2 | | |
| *Total Tea garden* ... | ...... | *2,515* | *1,339* | *1,176* | *2,457* | *74* | ......... | *4* | | |
| *Total Outpost* ... | ...... | *21,632* | *11,291* | *10,341* | *10,557* | *11,087* | ......... | *8* | | |
| Sadr Thana—*contd.* Outpost Gulapganj | 1 | 2,142 | 1,058 | 1,084 | 190 | 1,952 | ......... | ......... | Bárui; Bhuinmáli; Bráhman; Dhobá; Dom (Pátni); Halwá Dás; Gandapal; Jugi; Kámár; Káyastha; Kumár; Máhimal; Namasudra (Chandál); Nápit; Páthán; Saiad; Shekh; Sháhá; Sutradhar; Teli. | 67·03 |
| | 2 | 1,380 | 693 | 687 | 131 | 1,249 | ......... | ......... | | |
| | 3 | 2,292 | 1,163 | 1,129 | 1,003 | 1,289 | ......... | ......... | | |
| | 4 | 2,120 | 1,094 | 1,026 | 544 | 1,576 | ......... | ......... | | |
| | 5 | 1,653 | 802 | 851 | 702 | 951 | ......... | ......... | | |
| | 6 | 3,844 | 1,877 | 1,967 | 1,844 | 2,000 | ......... | ......... | | |
| | 7 | 2,393 | 1,179 | 1,214 | 616 | 1,777 | ......... | ......... | | |
| | 8 | 1,899 | 971 | 928 | 47 | 1,852 | ......... | ......... | | |
| | 9 | 3,568 | 1,824 | 1,744 | 1,161 | 2,407 | ......... | ......... | | |
| | 10 | 3,187 | 1,637 | 1,550 | 966 | 2,221 | ......... | ......... | | |
| | 11 | 1,820 | 933 | 887 | 665 | 1,155 | ......... | ......... | | |
| | 12 | 2,074 | 1,047 | 1,027 | 369 | 1,705 | ......... | ......... | | |
| | 13 | 3,319 | 1,693 | 1,626 | 594 | 2,725 | ......... | ......... | | |
| | 14 | 1,713 | 846 | 867 | 299 | 1,414 | ......... | ......... | | |
| | 15 | 2,231 | 1,139 | 1,092 | 552 | 1,679 | ......... | ......... | | |

## PROVINCIAL TABLE XI.

## DISTRICT SYLHET—continued.

### SUBDIVISION NORTH SYLHET—*continued.*

| THANA OR OUTPOST. | CIRCLE No. | TOTAL POPULATION. | | | POPULATION BY RELIGION. | | | | Principal castes returned in thana or outpost. | Percentage of persons shown as agriculturists in thana or outpost. |
|---|---|---|---|---|---|---|---|---|---|---|
| | | Total. | Males. | Females. | Hindu. | Musalman. | Animistic. | Others. | | |
| 1 | 2 | 3 | 4 | 5 | 6 | 7 | 8 | 9 | 10 | 11 |
| Outpost Gulapganj—*contd.* Sadr Thana—*concld.* | 16 | 3,697 | 1,788 | 1,909 | 1,832 | 1,865 | ......... | ......... | | |
| | 17 | 2,711 | 1,302 | 1,409 | 1,600 | 1,111 | ......... | ......... | | |
| | 18 | 2,797 | 1,360 | 1,437 | 1,247 | 1,550 | ......... | ......... | | |
| | 19 | 2,336 | 1,127 | 1,209 | 1,318 | 1,018 | ......... | ......... | | |
| | 20 | 4,651 | 2,284 | 2,367 | 734 | 3,917 | ......... | ......... | | |
| | 21 | 1,942 | 984 | 958 | 1,264 | 676 | ...... | 2 | | |
| | 22 | 2,443 | 1,211 | 1,232 | 601 | 1,842 | ......... | ......... | | |
| | 23 | 2,355 | 1,201 | 1,154 | 542 | 1,813 | ......... | ......... | | |
| | 24 | 1,882 | 973 | 909 | 805 | 1,077 | ......... | ......... | | |
| | 25 | 2,566 | 1,288 | 1,278 | 1,156 | 1,410 | ......... | ......... | | |
| *Total Village* ... ... | ...... | *63,015* | *31,474* | *31,541* | *20,782* | *42,231* | ...... | *2* | | |
| TEA GARDEN. | | | | | | | | | | |
| | 26 | 96 | 46 | 50 | 96 | ......... | ......... | ......... | | |
| *Total Garden* ... | ...... | *96* | *46* | *50* | *96* | ......... | ......... | ......... | | |
| *Total Outpost* ... ... | ...... | *63,111* | *31,520* | *31,591* | *20,878* | *42,231* | ......... | *2* | | |
| *Total Thana, including Outposts* ... ... | ...... | *210,373* | *106,610* | *103,763* | *71,614* | *137,935* | *604* | *220* | | |

| | | | | | | | | | | |
|---|---|---|---|---|---|---|---|---|---|---|
| | | | | | VILLAGE. | | | | | |
| Thana Kanairghat ... | 1 | 4,111 | 2,076 | 2,035 | 1,138 | 2,973 | ......... | ......... | Bárui; Bhuinmáli; Bhumij; Bráhman; Dhobá; Dom (Pátni); Ghátwal; Halwá Dás; Jugi; Káyastha; Khási; Mahili; Máhimal; Mikir; Musahar; Namasudra (Chandál); Nápit; Oráon; Shekh. | 80·27 |
| | 2 | 3,776 | 1,874 | 1,902 | 947 | 2,829 | ......... | ......... | | |
| | 3 | 4,470 | 2,306 | 2,164 | 652 | 3,818 | ......... | ......... | | |
| | 4 | 4,187 | 2,141 | 2,046 | 341 | 3,846 | ......... | ......... | | |
| | 5 | 2,977 | 1,564 | 1,413 | 478 | 2,499 | ......... | ......... | | |
| | 6 | 2,990 | 1,533 | 1,457 | 685 | 2,298 | 7 | ......... | | |
| | 7 | 1,463 | 764 | 699 | 11 | 1,452 | ......... | ......... | | |
| | 8 | 3,956 | 1,967 | 1,989 | 1,048 | 2,908 | ......... | ......... | | |
| | 9 | 3,084 | 1,605 | 1,479 | 793 | 2,291 | ......... | ......... | | |
| | 10 | 4,549 | 2,341 | 2,208 | 1,264 | 3,283 | 2 | ......... | | |
| | 11 | 2,183 | 1,102 | 1,081 | 425 | 1,758 | ......... | ......... | | |
| | 12 | 3,423 | 1,797 | 1,626 | 1,306 | 2,117 | ......... | ......... | | |
| | 13 | 3,684 | 1,920 | 1,764 | 1,851 | 1,814 | 19 | ......... | | |
| | 14 | 3,675 | 1,912 | 1,763 | 1,520 | 2,009 | 146 | ......... | | |
| | 15 | 1,704 | 874 | 830 | 557 | 951 | 196 | ......... | | |
| | 16 | 3,499 | 1,772 | 1,727 | 1,426 | 2,073 | ......... | ......... | | |
| | 17 | 3,205 | 1,640 | 1,565 | 1,281 | 1,924 | ......... | ......... | | |
| | 18 | 3,423 | 1,690 | 1,733 | 477 | 2,946 | ......... | ......... | | |
| | 19 | 2,764 | 1,364 | 1,400 | 866 | 1,898 | ......... | ......... | | |
| *Total Village* ... | ...... | *63,123* | *32,242* | *30,881* | *17,066* | *45,687* | *370* | ......... | | |
| | | | | | TEA GARDEN. | | | | | |
| | 20 | 615 | 321 | 294 | 464 | 7 | 143 | 1 | | |
| | 21 | 912 | 493 | 419 | 809 | 41 | 59 | 3 | | |
| | 22 | 318 | 171 | 147 | 314 | 3 | 1 | ......... | | |
| | 23 | 648 | 324 | 324 | 629 | ......... | 19 | ......... | | |
| *Total Tea garden* .. | ...... | *2,493* | *1,309* | *1,184* | *2,216* | *51* | *222* | *4* | | |
| *Total Thana, excluding Outposts* ... | ...... | *65,616* | *33,551* | *32,065* | *19,282* | *45,738* | *592* | *4* | | |

PROVINCIAL TABLE XI.

## DISTRICT SYLHET—continued.

SUBDIVISION NORTH SYLHET—*continued.*

| THANA OR OUTPOST. | CIRCLE No. | TOTAL POPULATION. | | | POPULATION BY RELIGION. | | | | Principal castes returned in thana or outpost. | Percentage of persons shown as agriculturists in thana or outpost. |
|---|---|---|---|---|---|---|---|---|---|---|
| | | Total. | Males. | Females. | Hindu. | Musalman. | Animistic. | Others. | | |
| 1 | 2 | 3 | 4 | 5 | 6 | 7 | 8 | 9 | 10 | 11 |
| | | | | | VILLAGE. | | | | | |
| Thana Kanairghat—*contd.* Outpost Gowanghat. | 1 | 2,417 | 1,288 | 1,129 | 660 | 1,757 | ........ | ........ | Bhuinmáli; Bráhman; Chutiyá; Dom (Pátni); Halwá Dás; Jugi; Káchári; Káyastha; Khárwár; Khási; Kumár; Máhimal; Manipuri; Mundá; Namasudra (Chandál); Nàpit; Santhál; Shekh; Siddiki; Teli | 79·13 |
| | 2 | 2,477 | 1,281 | 1,196 | 510 | 1,967 | ........ | ........ | | |
| | 3 | 2,717 | 1,416 | 1,301 | 552 | 2,164 | 1 | ........ | | |
| | 4 | 2,189 | 1,180 | 1,009 | 178 | 2,011 | ........ | ........ | | |
| | 5 | 2,087 | 1,105 | 982 | 882 | 1,170 | 35 | ........ | | |
| | 6 | 1,572 | 912 | 660 | 1,019 | 340 | 213 | ........ | | |
| | 7 | 2,541 | 1,370 | 1,171 | 522 | 2,016 | 3 | ........ | | |
| | 8 | 1,777 | 965 | 812 | 103 | 1,674 | ........ | ........ | | |
| | 9 | 2,053 | 1,125 | 928 | 359 | 1,694 | ........ | ........ | | |
| | 10 | 1,802 | 909 | 893 | 353 | 1,449 | ........ | ........ | | |
| | 11 | 1,652 | 916 | 736 | 908 | 543 | 201 | ........ | | |
| | 12 | 1,835 | 962 | 923 | 558 | 1,327 | ........ | ........ | | |
| | 13 | 1,798 | 904 | 894 | 409 | 1,389 | ........ | ........ | | |
| | 14 | 2,660 | 1,409 | 1,251 | 547 | 2,113 | ........ | ........ | | |
| | 15 | 2,195 | 1,132 | 1,063 | 356 | 1,839 | ........ | ........ | | |
| | 16 | 1,979 | 1,022 | 957 | 733 | 1,100 | 146 | ........ | | |
| | 17 | 1,749 | 916 | 833 | 261 | 1,488 | ........ | ........ | | |
| | 18 | 1,899 | 1,005 | 894 | 334 | 1,565 | ........ | ........ | | |
| | 19 | 1,723 | 880 | 843 | 248 | 1,475 | ........ | ........ | | |
| | 20 | 1,182 | 586 | 596 | 433 | 749 | ........ | ........ | | |
| | 21 | 2,347 | 1,197 | 1,150 | 775 | 1,567 | 5 | ........ | | |
| *Total Village* ... | ...... | *42,701* | *22,480* | *20,221* | *10,700* | *31,397* | *604* | ........ | | |

| | | | | | | | | | | |
|---|---|---|---|---|---|---|---|---|---|---|
| | | | | TEA GARDEN. | | | | | | |
| Thana Kanairghat (*contd.*) Outpost Gowanghat (*concld.*) | 22 | 443 | 229 | 214 | 426 | 15 | ........ | 2 | | |
| | 23 | 1,547 | 800 | 747 | 1,354 | 73 | 104 | 16 | | |
| *Total Tea garden* ... | ...... | *1,990* | *1,029* | *961* | *1,780* | *88* | *104* | *18* | | |
| *Total Outpost* ... | ...... | *44,691* | *23,509* | *21,182* | *12,480* | *31,485* | *708* | *18* | | |
| | | | | VILLAGE. | | | | | | |
| Thana Kanairghat (*contd.*) Oupost Jaintia. | 1 | 2,642 | 1,387 | 1,255 | 563 | 2,079 | ......... | ......... | Bhuinmáli; Bhuiyá; Bráhman; Dhobá; Dom (Pátni); Halwá Dás; Jugi; Kámár; Káyastha; Khási; Kumár; Mikir; Musahar; Namasudra (Chandál); Nápit; Nat; Páthán; Shekh; Teli; Uriyá. | 67·82 |
| | 2 | 3,087 | 1,630 | 1,457 | 569 | 2,518 | ......... | ......... | | |
| | 3 | 2,243 | 1,168 | 1,075 | 779 | 1,459 | 5 | ......... | | |
| | 4 | 1,741 | 864 | 877 | 663 | 1,076 | ·2 | ......... | | |
| | 5 | 2,048 | 1,004 | 1,044 | 433 | 682 | 933 | ......... | | |
| | 6 | 1,771 | 918 | 853 | 1,042 | 566 | 163 | ......... | | |
| | 7 | 2,647 | 1,323 | 1,324 | 1,479 | 909 | 259 | ......... | | |
| *Total Village* ... ... | ...... | *16,179* | *8,294* | *7,885* | *5,528* | *9,289* | *1,362* | ...... .. | | |
| | | | | TEA GARDEN. | | | | | | |
| Outpost Jaintia—*contd.* | 8 | 272 | 143 | 129 | 261 | 3 | 6 | 2 | | |
| | 9 | 457 | 241 | 216 | 399 | ........ | 58 | ........ | | |
| | 10 | 436 | 231 | 205 | 430 | 4 | ........ | 2 | | |
| *Total Tea garden* ... | ...... | *1,165* | *615* | *550* | *1,090* | *7* | *64* | *4* | | |
| *Total Outpost* ... ... | ...... | *17,344* | *8,909* | *8,435* | *6,618* | *9,296* | *1,426* | *4* | | |
| *Total Thana, including Outpost* ... ... | ... .. | *127,651* | *65,969* | *61,682* | *38,380* | *86,519* | *2,726* | *26* | | |

# PROVINCIAL TABLE XI.

## DISTRICT SYLHET—continued.

### SUBDIVISION NORTH SYLHET—*continued.*

| THANA OR OUTPOST. | CIRCLE No. | TOTAL POPULATION. | | | POPULATION BY RELIGION. | | | | Principal castes returned in thana or outpost. | Percentage of persons shown as agriculturists in thana or outpost. |
|---|---|---|---|---|---|---|---|---|---|---|
| | | Total. | Males. | Females. | Hindu. | Musalman. | Animistic. | Others. | | |
| 1 | 2 | 3 | 4 | 5 | 6 | 7 | 8 | 9 | 10 | 11 |
| Thana Balaganj ... | 1 | 2,335 | 1,174 | 1,161 | 1,158 | 1,177 | ......... | ......... | Baidya; Bárui; Bhuinmáli; Bráhman; Dhobá; Dholi; Dom (Pátni); Halwá Dás; Jugi; Kámár; Nápit; Páthán; Mahimal; Namasudra (Chandál); Káyastha; Saiad; Shekh; Sháhá; Shutradhar; Teli. | 67·15 |
| | 2 | 2,412 | 1,268 | 1,144 | 1,193 | 1,219 | ......... | ......... | | |
| | 3 | 2,694 | 1,286 | 1,408 | 737 | 1,957 | ......... | ......... | | |
| | 4 | 2,837 | 1,425 | 1,412 | 801 | 2,036 | ......... | ......... | | |
| | 5 | 2,673 | 1,339 | 1,334 | 1,069 | 1,604 | ......... | ......... | | |
| | 6 | 1,780 | 907 | 873 | 1,295 | 485 | ......... | ......... | | |
| | 7 | 3,248 | 1,605 | 1,643 | 1,656 | 1,592 | ......... | ......... | | |
| | 8 | 3,705 | 1,822 | 1,883 | 2,227 | 1,478 | ......... | ......... | | |
| | 9 | 2,137 | 1,050 | 1,087 | 595 | 1,542 | ......... | ......... | | |
| | 10 | 2,146 | 1,076 | 1,070 | 553 | 1,593 | ......... | ......... | | |
| | 11 | 3,537 | 1,817 | 1,720 | 1,563 | 1,974 | ......... | ......... | | |
| | 12 | 3,803 | 1,915 | 1,888 | 787 | 3,016 | ......... | ......... | | |
| | 13 | 3,358 | 1,715 | 1,643 | 794 | 2,564 | ......... | ......... | | |
| | 14 | 4,058 | 1,986 | 2,072 | 2,369 | 1 688 | ......... | 1 | | |
| | 15 | 2,255 | 1,205 | 1,050 | 1,342 | 913 | ......... | ...... | | |
| | 16 | 2,380 | 1,181 | 1,199 | 793 | 1,587 | ......... | ......... | | |
| | 17 | 3,966 | 1,983 | 1,983 | 1,718 | 2,248 | ......... | ......... | | |
| | 18 | 3,672 | 1,823 | 1,849 | 1,418 | 2,254 | ......... | ......... | | |
| | 19 | 2,698 | 1,397 | 1,301 | 1,268 | 1,430 | ......... | ......... | | |
| | 20 | 2,050 | 1,050 | 1,000 | 975 | 1,075 | ......... | ......... | | |
| | 21 | 4,087 | 2,089 | 1,998 | 1,923 | 2,164 | ......... | ......... | | |
| | 22 | 3,542 | 1,737 | 1,805 | 1,158 | 2,384 | ......... | ......... | | |
| | 23 | 2,802 | 1,399 | 1,403 | 1,107 | 1,695 | ......... | ......... | | |
| | 24 | 3,759 | 1,879 | 1,880 | 1,182 | 2,577 | ......... | ......... | | |
| | 25 | 2,653 | 1,323 | 1,330 | 1,921 | 732 | ......... | ......... | | |
| | 26 | 2,309 | 1,175 | 1,134 | 1,601 | 708 | ......... | ......... | | |
| | 27 | 2,561 | 1,203 | 1,358 | 1,829 | 732 | ......... | ......... | | |
| | 28 | 3,100 | 1,535 | 1,565 | 854 | 2,246 | ......... | ......... | | |
| | 29 | 2,499 | 1,248 | 1,251 | 631 | 1,868 | ......... | ......... | | |
| Balaganj Union ... | 30 | 1,599 | 1,506 | 93 | 1,239 | 360 | ......... | ......... | | |
| *Total Thana, excluding outpost* ... | ...... | *86,655* | *44,118* | *42,537* | *37,756* | *48,898* | ......... | 1 | | |

| | | | | | | | | | | |
|---|---|---|---|---|---|---|---|---|---|---|
| Thana Balaganj—*concluded.* Outpost Bishwanath. | 1 | 2,284 | 1,139 | 1,145 | 835 | 1,419 | ......... | ......... | Bárui; Bhuinmáli; Bráhman; Dhobá; Goálá; Halwá Dás; Jugi; Kaibartta; Káyastha; Kumár; Mahimal; Namasudra (Chandál); Nápit; Pathan; Sháhá; Sekh; Sutradhar; Teli. | 72-52 |
| | 2 | 1,502 | 761 | 741 | 474 | 1,028 | ......... | ......... | | |
| | 3 | 1,632 | 863 | 769 | 778 | 854 | ......... | ......... | | |
| | 4 | 1,669 | 839 | 830 | 957 | 712 | ......... | ......... | | |
| | 5 | 1,578 | 747 | 831 | 484 | 1,094 | ......... | ......... | | |
| | 6 | 1,616 | 825 | 791 | 365 | 1,251 | ......... | ......... | | |
| | 7 | 1,630 | 798 | 832 | 570 | 1,060 | ......... | ......... | | |
| | 8 | 2,168 | 1,097 | 1,071 | 831 | 1,337 | ......... | ......... | | |
| | 9 | 1,950 | 988 | 962 | 724 | 1,226 | ......... | ......... | | |
| | 10 | 1,788 | 867 | 921 | 1,496 | 292 | ......... | ......... | | |
| | 11 | 2,106 | 1,052 | 1,054 | 619 | 1,487 | ......... | ......... | | |
| | 12 | 2,416 | 1,195 | 1,221 | 495 | 1,921 | ......... | ......... | | |
| | 13 | 1,745 | 873 | 872 | 392 | 1,353 | ......... | ......... | | |
| | 14 | 1,868 | 999 | 869 | 591 | 1,277 | ......... | ......... | | |
| | 15 | 1,732 | 908 | 824 | 709 | 1,023 | ......... | ......... | | |
| | 16 | 1,951 | 951 | 1,000 | 223 | 1,728 | ......... | ......... | | |
| | 17 | 1,107 | 555 | 552 | 576 | 531 | ......... | ......... | | |
| | 18 | 1,223 | 607 | 616 | 173 | 1,059 | ......... | ......... | | |
| | 19 | 2,058 | 1,052 | 1,006 | 577 | 1,481 | ......... | ......... | | |
| | 20 | 1,495 | 771 | 724 | 246 | 1,249 | ......... | ......... | | |
| | 21 | 1,769 | 905 | 864 | 1,027 | 742 | ......... | ......... | | |
| | 22 | 1,364 | 673 | 691 | 564 | 800 | ......... | ......... | | |
| | 23 | 1,515 | 758 | 757 | 506 | 1,009 | ......... | ......... | | |
| | 24 | 2,073 | 917 | 1,156 | 120 | 1,953 | ......... | ......... | | |
| | 25 | 2,915 | 1,457 | 1,458 | 740 | 2,175 | ......... | ......... | | |
| | 26 | 2,230 | 1,161 | 1,069 | 488 | 1,742 | ......... | ......... | | |
| | 27 | 2,312 | 1,139 | 1,173 | 440 | 1,872 | ......... | ......... | | |
| | 28 | 1,918 | 937 | 981 | 224 | 1,694 | ......... | ......... | | |
| | 29 | 1,820 | 904 | 916 | 545 | 1,275 | ......... | ......... | | |
| | 30 | 1,713 | 831 | 882 | 131 | 1,582 | ......... | ......... | | |
| | 31 | 2,515 | 1,224 | 1,291 | 925 | 1,590 | ......... | ......... | | |
| *Total Outpost* ... | ...... | *57,662* | *28,793* | *28,869* | *17,825* | *39,837* | ......... | ......... | | |
| *Total Thana, including Outpost* ... ... | ...... | *144,317* | *72,911* | *71,406* | *55,581* | *88,735* | ......... | *1* | | |

# PROVINCIAL TABLE XI.

## DISTRICT SYLHET—(continued).

### SUBDIVISION NORTH SYLHET—(*concluded*).

| THANA OR OUTPOST. | CIRCLE NUMBER. | TOTAL POPULATION. | | | POPULATION BY RELIGION. | | | | Principal castes returned in thana or outpost. | Percentage of persons shown as agriculturists in thana or outpost. |
|---|---|---|---|---|---|---|---|---|---|---|
| | | Total. | Males. | Females. | Hindu. | Musalman. | Animistic. | Others. | | |
| 1 | 2 | 3 | 4 | 5 | 6 | 7 | 8 | 9 | 10 | 11 |
| | | | | SUB DIVISIONAL ABSTRACT. | | | | | | |
| | *Total Town* ... ... | *14,027* | *7,976* | *6,051* | *6,888* | *7,020* | *9* | *110* | | |
| | *Total Village* ... ... | *454,551* | *230,299* | *224,252* | *145,860* | *305,738* | *2,930* | *23* | | |
| | *Total Tea Garden* ... ... | *13,763* | *7,215* | *6,548* | *12,827* | *431* | *391* | *114* | | |
| | *Total for the subdivision* ... | *482,341* | *245,490* | *236,851* | *165,575* | *313,189* | *3,330* | *247* | | |

# PROVINCIAL TABLE XI.

## DISTRICT SYLHET—(continued.)

### SUBDIVISION HABIGANJ.

| THANA OR OUTPOST. | CIRCLE No. | TOTAL POPULATION. | | | POPULATION BY RELIGION. | | | | Principal castes returned in thana or outpost. | Percentage of persons shewn as agriculturists in thana or outpost. |
|---|---|---|---|---|---|---|---|---|---|---|
| | | Total. | Males. | Females. | Hindu. | Musalman. | Animistic. | Others. | | |
| 1 | 2 | 3 | 4 | 5 | 6 | 7 | 8 | 9 | 10 | 11 |
| | | | TOWN. | | | | | | | |
| | 44 | 4,161 | 2,709 | 1,452 | 3,176 | 980 | 1 | 4 | | |
| *Total Town* ... ... | ...... | *4,161* | *2,709* | *1,452* | *3,176* | *980* | *1* | *4* | | |
| | | | VILLAGE. | | | | | | | |
| Habiganj ... ... | 1 | 2,053 | 1,036 | 1,017 | 858 | 1,195 | ......... | ......... | Barna Bráhman; Bárui; Bráhman; Dhobá; Ganak; Goálá; Halwá Dás; Jugi; Kaibartta; Karmakár; Káyastha; Kumár; Máhimal; Namasudra (Chandál); Nápit; Páthán; Saiad; Shekh; Teli. | 56·19 |
| | 2 | 2,053 | 1,028 | 1,025 | 1,250 | 803 | ......... | ......... | | |
| | 3 | 2,895 | 1,507 | 1,388 | 649 | 2,246 | ......... | ......... | | |
| | 4 | 3,908 | 1,940 | 1,968 | 1,611 | 2,297 | ......... | ......... | | |
| | 5 | 4,060 | 2,049 | 2,011 | 2,975 | 1,085 | ......... | ......... | | |
| | 6 | 3,450 | 1,722 | 1,728 | 1,627 | 1,823 | ......... | ......... | | |
| | 7 | 4,477 | 2,224 | 2,253 | 1,886 | 2,591 | ......... | ......... | | |
| | 8 | 2,705 | 1,326 | 1,379 | 601 | 2,104 | ......... | ......... | | |
| | 9 | 2,811 | 1,437 | 1,374 | 1,276 | 1,441 | 94 | ......... | | |
| | 10 | 1,818 | 931 | 887 | 266 | 1,552 | ......... | ......... | | |
| | 11 | 3,633 | 1,787 | 1,846 | 1,321 | 2,312 | ......... | ......... | | |
| | 12 | 3,183 | 1,632 | 1,551 | 1,189 | 1,994 | ......... | ......... | | |
| | 13 | 1,892 | 943 | 949 | 754 | 1,138 | ......... | ......... | | |
| | 14 | 2,908 | 1,466 | 1,442 | 1,690 | 1,218 | ......... | ......... | | |
| | 15 | 1,425 | 694 | 731 | 270 | 1,155 | ......... | ......... | | |
| | 16 | 3,330 | 1,640 | 1,690 | 1,867 | 1,463 | ......... | ......... | | |
| | 17 | 2,818 | 1,431 | 1,387 | 1,516 | 1,302 | ......... | ......... | | |
| | 18 | 3,699 | 1,898 | 1,801 | 1,262 | 2,437 | ......... | ......... | | |
| | 19 | 2,379 | 1,173 | 1,206 | 1,023 | 1,356 | ......... | ......... | | |

# PROVINCIAL TABLE XI.

## DISTRICT SYLHET—continued.

### SUBDIVISION HABIGNAJ—*continued.*

| THANA OR OUTPOST. | CIRCLE No. | TOTAL POPULATION. | | | POPULATION BY RELIGION. | | | | Principal castes returned in thana or outpost. | Percentage of persons shewn as agriculturists in thana or outpost. |
|---|---|---|---|---|---|---|---|---|---|---|
| | | Total. | Males. | Females. | Hindu. | Musalman. | Animistic. | Others. | | |
| 1 | 2 | 3 | 4 | 5 | 6 | 7 | 8 | 9 | 10 | 11 |
| Thana Habiganj—*contd*... | 20 | 2,094 | 1,039 | 1,055 | 251 | 1,843 | ......... | ......... | | |
| | 21 | 3,014 | 1,487 | 1,527 | 327 | 2,687 | ......... | ......... | | |
| | 22 | 2,012 | 1,046 | 966 | 828 | 1,184 | ......... | ......... | | |
| | 23 | 2,582 | 1,308 | 1,274 | 644 | 1,938 | ......... | ......... | | |
| | 24 | 2,514 | 1,286 | 1,228 | 648 | 1,866 | ......... | ......... | | |
| | 25 | 2,409 | 1,238 | 1,171 | 1,404 | 1,005 | ......... | ......... | | |
| | 26 | 1,916 | 989 | 927 | 675 | 1,241 | ......... | ......... | | |
| | 27 | 2,016 | 1,040 | 976 | 595 | 1,421 | ......... | ......... | | |
| | 28 | 5,484 | 2,768 | 2,716 | 1,346 | 4,138 | ......... | ......... | | |
| | 29 | 3,748 | 1,952 | 1,796 | 816 | 2,932 | ......... | ......... | | |
| | 30 | 3,501 | 1,695 | 1,806 | 1,315 | 2,186 | ......... | ......... | | |
| | 31 | 3,816 | 1,810 | 2,006 | 2,216 | 1,600 | ......... | ......... | | |
| | 32 | 1,837 | 873 | 964 | 1,125 | 712 | ......... | ......... | | |
| | 33 | 4,316 | 2,083 | 2,233 | 2,404 | 1,912 | ......... | ......... | | |
| | 34 | 3,095 | 1,531 | 1,564 | 806 | 2,289 | ......... | ......... | | |
| | 35 | 1,955 | 947 | 1,008 | 645 | 1,310 | ......... | ......... | | |
| | 36 | 2,869 | 1,407 | 1,462 | 572 | 2,297 | ......... | ......... | | |
| | 37 | 2,279 | 1,119 | 1,160 | 1,405 | 874 | ......... | ......... | | |
| | 38 | 3,974 | 1,877 | 2,097 | 2,073 | 1,901 | ......... | ......... | | |
| | 39 | 2,785 | 1,319 | 1,466 | 1,451 | 1,334 | ......... | ......... | | |
| | 40 | 3,348 | 1,610 | 1,738 | 1,257 | 2,091 | ......... | ......... | | |
| | 41 | 4,788 | 2,337 | 2,451 | 2,011 | 2,777 | ......... | ......... | | |
| | 42 | 3,203 | 1,575 | 1,628 | 1,792 | 1,411 | ......... | ......... | | |
| | 43 | 3,417 | 1,715 | 1,702 | 1,890 | 1,527 | ......... | ......... | | |
| | 45 | 223 | 209 | 14 | 219 | 4 | ......... | ......... | | |
| *Total Village* ... | ...... | *128,692* | *64,124* | *64,568* | *52,606* | *75,992* | *94* | ......... | | |
| *Total for Thana excluding outpost* ... ... | ...... | *132,853* | *66,833* | *66,020* | *55,782* | *76,972* | *95* | *4* | | |

| | | | | | | | | | | |
|---|---|---|---|---|---|---|---|---|---|---|
| | | | | | VILLAGE. | | | | | |
| Thana Habiganj—*contd.* Outpost Muchikandi. | 1 | 2,885 | 1,465 | 1,420 | 926 | 1,959 | ......... | ......... | | |
| | 2 | 2,251 | 1,154 | 1,097 | 539 | 1,712 | ......... | ......... | | |
| | 3 | 2,014 | 1,032 | 982 | 722 | 1,292 | ......... | ......... | | |
| | 4 | 3,688 | 1,831 | 1,857 | 1,372 | 2,316 | ......... | ......... | | |
| | 5 | 1,987 | 1,018 | 969 | 774 | 1,213 | ......... | ......... | | |
| | 6 | 1,792 | 882 | 910 | 602 | 1,190 | ......... | ......... | | |
| | 7 | 2,960 | 1,515 | 1,445 | 657 | 2,303 | ......... | ......... | | |
| | 8 | 2,377 | 1,210 | 1,167 | 1,172 | 1,205 | ......... | ......... | | |
| | 9 | 2,922 | 1,555 | 1,367 | 1,411 | 1,511 | ......... | ......... | | |
| | 10 | 2,735 | 1,395 | 1,340 | 1,121 | 1,614 | ......... | ......... | | |
| | 11 | 2,530 | 1,248 | 1,282 | 1,033 | 1,497 | ......... | ......... | | |
| | 12 | 2,153 | 1,092 | 1,061 | 1,211 | 942 | ......... | ......... | | |
| | 13 | 2,432 | 1,217 | 1,215 | 1,209 | 1,223 | ......... | ......... | | |
| | 14 | 2,187 | 1,117 | 1,070 | 798 | 1,389 | ......... | ......... | Bágdi; Báuri; Bhumij; Bráhman; Dhobá; Dom (Pátni); Hálwá Dás; Jugi; Kámár; Káyastha; Kumár; Manipuri; Namasudra (Chandál); Nápit; Sháhá; Shekh; Teli; Tipperah. | 71·61 |
| | 15 | 2,489 | 1,271 | 1,218 | 741 | 1,748 | ......... | ......... | | |
| | 16 | 2,760 | 1,379 | 1,381 | 903 | 1,857 | ......... | ......... | | |
| | 17 | 1,016 | 530 | 486 | 410 | 606 | ......... | ......... | | |
| | 18 | 2,494 | 1,243 | 1,251 | 683 | 1,811 | ......... | ......... | | |
| | 19 | 1,524 | 817 | 707 | 428 | 1,089 | 7 | ......... | | |
| | 20 | 2,465 | 1,278 | 1,187 | 1,202 | 1,088 | 175 | ......... | | |
| | 21 | 1,649 | 806 | 843 | 678 | 971 | ......... | ......... | | |
| | 22 | 2,367 | 1,256 | 1,111 | 596 | 1,771 | ......... | ......... | | |
| | 23 | 4,103 | 2,075 | 2,028 | 2,001 | 2,102 | ......... | ......... | | |
| | 24 | 1,029 | 556 | 473 | ......... | ......... | 1,029 | ......... | | |
| | 25 | 1,602 | 828 | 774 | 1,059 | 543 | ......... | ......... | | |
| | 26 | 926 | 454 | 472 | 166 | 760 | ......... | ......... | | |
| | 27 | 1,136 | 594 | 542 | 1,134 | 2 | ......... | ......... | | |
| *Total Village* ... | ... | *60,473* | *30,818* | *29,655* | *23,548* | *35,714* | *1,211* | ....... | | |
| | | | | | TEA GARDEN. | | | | | |
| Thana Habiganj-(*concld.*) Outpost Muchikandi—(*concld.*) | 28 | 968 | 542 | 426 | 932 | 25 | 7 | 4 | | |
| | 29 | 37 | 21 | 16 | 37 | ......... | ......... | ......... | | |
| | 30 | 626 | 307 | 319 | 555 | 1 | 64 | 6 | | |
| | 31 | 1,028 | 560 | 468 | 972 | 37 | 16 | 3 | | |
| | 32 | 1,051 | 544 | 507 | 645 | 45 | 358 | 3 | | |
| | 33 | 692 | 349 | 343 | 583 | 28 | 79 | 2 | | |
| | 34 | 988 | 527 | 461 | 957 | 24 | 6 | 1 | | |
| *Total Tea Garden* ... | | *5,390* | *2,850* | *2,540* | *4,681* | *160* | *530* | *19* | | |
| *Total for the outpost* ... | | *65,863* | *33,668* | *32,195* | *28,229* | *35,874* | *1,741* | *19* | | |
| *Total for Thana including outpost* ... ... | | *198,716* | *100,501* | *98,215* | *84,011* | *112,846* | *1,836* | *23* | | |

## PROVINCIAL TABLE XI.
## DISTRICT SYLHET—continued.
### SUBDIVISION HABIGANJ—*continued.*

| THANA OR OUTPOST. | CIRCLE No. | TOTAL POPULATION. Total. | Males. | Females. | POPULATION BY RELIGION. Hindu. | Musalman. | Animistic. | Others. | Principal castes returned in thana or outpost. | Percentage of persons shewn as agriculturists in thana or outpost. |
|---|---|---|---|---|---|---|---|---|---|---|
| 1 | 2 | 3 | 4 | 5 | 6 | 7 | 8 | 9 | 10 | 11 |
| | 1 | 1,150 | 556 | 594 | 343 | 807 | ......... | ......... | | |
| | 2 | 1,522 | 765 | 757 | 163 | 1,359 | ......... | ......... | | |
| | 3 | 1,530 | 759 | 771 | 790 | 740 | ......... | ......... | | |
| | 4 | 1,446 | 702 | 744 | 789 | 657 | ......... | ......... | | |
| | 5 | 2,273 | 1,128 | 1,145 | 528 | 1,745 | ......... | ......... | | |
| | 6 | 2,339 | 1,146 | 1,193 | 1,176 | 1,163 | ......... | ......... | | |
| | 7 | 2,551 | 1,239 | 1,312 | 498 | 2,053 | ......... | ......... | | |
| | 8 | 1,764 | 894 | 870 | 427 | 1,337 | ......... | ......... | | |
| | 9 | 2,362 | 1,137 | 1,225 | 557 | 1,805 | ......... | ......... | | |
| | 10 | 1,713 | 831 | 882 | 992 | 721 | ......... | ......... | | |
| | 11 | 2,318 | 1,131 | 1,187 | 631 | 1,687 | ......... | ......... | | |
| | 12 | 1,527 | 758 | 769 | 112 | 1,415 | ......... | ......... | | |
| | 13 | 3,752 | 1,828 | 1,924 | 1,978 | 1,774 | ......... | ......... | | |
| Thana Baniachang ... | 14 | 4,104 | 2,155 | 1,949 | 2,039 | 2,065 | ......... | ......... | Bráhman; Dhobá; Dom (Pátni); Ganak; Hálwá Dás; Jugi; Kámár; Kaibartta; Káyastha; Kumár; Máhárá; Máhimal; Málo (Jhálo); Namasudra (Chandál); Nápit; Saiad; Sháhá; Shekh; Sutradhar; Teli. | 67·59 |
| | 15 | 3,514 | 1,711 | 1,803 | 2,422 | 1,092 | ......... | ......... | | |
| | 16 | 3,427 | 1,758 | 1,669 | 2,320 | 1,107 | ......... | ......... | | |
| | 17 | 2,581 | 1,309 | 1,272 | 1,964 | 617 | ......... | ......... | | |
| | 18 | 2,129 | 1,045 | 1,084 | 1,678 | 451 | ......... | ......... | | |
| | 19 | 2,027 | 949 | 1,078 | 1,475 | 552 | ......... | ......... | | |
| | 20 | 2,617 | 1,238 | 1,379 | 1,830 | 787 | ......... | ......... | | |
| | 21 | 986 | 454 | 532 | 666 | 320 | ......... | ......... | | |
| | 22 | 3,304 | 1,595 | 1,709 | 1,705 | 1,599 | ......... | ......... | | |
| | 23 | 2,005 | 978 | 1,027 | 897 | 1,108 | ......... | ......... | | |
| | 24 | 2,210 | 1,077 | 1,133 | 1,182 | 1,028 | ......... | ......... | | |
| | 25 | 3,480 | 1,725 | 1,755 | 1,836 | 1,644 | ......... | ......... | | |
| | 26 | 2,575 | 1,329 | 1,246 | 2,048 | 527 | ......... | ......... | | |
| | 27 | 3,680 | 1,840 | 1,840 | 1,650 | 2,030 | ......... | ......... | | |
| | 28 | 2,444 | 1,226 | 1,218 | 1,135 | 1,309 | ......... | ......... | | |
| | 29 | 2,927 | 1,483 | 1,444 | 1,622 | 1,305 | ......... | ......... | | |

| | | | | | | | | | | |
|---|---|---|---|---|---|---|---|---|---|---|
| Thana Baniachang—*contd.* | 30 | 2,282 | 1,149 | 1,133 | 524 | 1,758 | ......... | ......... | | |
| | 31 | 3,637 | 1,821 | 1,816 | 1,615 | 2,022 | ......... | ......... | | |
| | 32 | 4,270 | 2,164 | 2,106 | 1,200 | 3,070 | ......... | ......... | | |
| | 33 | 1,750 | 900 | 850 | 1,173 | 577 | ......... | ......... | | |
| | 34 | 3,232 | 1,770 | 1,462 | 2,502 | 730 | ......... | ......... | | |
| * *Total for Thana excluding outpost* ... .. | ...... | *85,428* | *42,550* | *42,878* | *42,467* | *42,961* | ......... | ......... | | |
| Thana Baniachang—*concld.* Outpost Abidábád ... | 1 | 2,654 | 1,421 | 1,233 | 2,534 | 120 | ......... | ......... | Bhuinmáli; Bráhman; Dhobá; Ganak; Goálá; Hálwá Dás; Jugi; Kámár; Kaibartta; Káyastha; Máhárá; Máhimal; Namasudra (Chandál); Nápit; Sháhá; Shekh; Sutradhar; Teli. | 46·63 |
| | 2 | 3,531 | 1,827 | 1,704 | 2,652 | 879 | ......... | ......... | | |
| | 3 | 4,271 | 2,174 | 2,097 | 2,211 | 2,060 | ......... | ......... | | |
| | 4 | 2,160 | 1,112 | 1,048 | 858 | 1,302 | ......... | ......... | | |
| | 5 | 3,407 | 1,723 | 1,684 | 1,477 | 1,930 | ......... | ......... | | |
| | 6 | 3,291 | 1,723 | 1,568 | 2,403 | 888 | ......... | ......... | | |
| | 7 | 4,985 | 3,019 | 1,966 | 3,367 | 1,618 | ......... | ......... | | |
| | 8 | 2,104 | 1,025 | 1,079 | 1,707 | 397 | ......... | ......... | | |
| | 9 | 4,729 | 2,419 | 2,310 | 2,932 | 1,797 | ......... | ......... | | |
| *Total for the outpost* ... | ...... | *31,132* | *16,443* | *14,689* | *20,141* | *10,991* | ......... | ......... | | |
| *Total for Thana including outpost* ... ... | ...... | *116,560* | *58,993* | *57,567* | *62,608* | *53,952* | ......... | ......... | | |
| Thana Nabiganj ... | 1 | 2,962 | 1,574 | 1,388 | 2,416 | 546 | ......... | ......... | | |
| | 2 | 3,941 | 2,130 | 1,811 | 2,125 | 1,816 | ......... | ......... | | |
| | 3 | 2,151 | 1,075 | 1,076 | 1,577 | 574 | ......... | ......... | | |
| | 4 | 5,143 | 2,458 | 2,685 | 1,842 | 3,301 | ......... | ......... | | |
| | 5 | 4,005 | 1,992 | 2,013 | 2,585 | 1,420 | ......... | ......... | | |
| | 6 | 4,700 | 2,357 | 2,343 | 3,096 | 1,604 | ......... | ......... | | |
| | 7 | 3,468 | 1,667 | 1,801 | 2,449 | 1,015 | ......... | 4 | | |
| | 8 | 2,691 | 1,302 | 1,389 | 1,411 | 1,280 | ......... | ......... | | |
| | 9 | 2,957 | 1,399 | 1,558 | 1,511 | 1,446 | ......... | ......... | | |
| | 10 | 4,726 | 2,350 | 2,376 | 2,701 | 2,025 | ......... | ......... | | |
| | 11 | 4,354 | 2,188 | 2,166 | 1,529 | 2,825 | ......... | ......... | | |
| | 12 | 2,238 | 1,126 | 1,112 | 719 | 1,519 | ......... | ......... | | |

* Includes population of Kashba Baniachang which is as follows:—

| Total. | Males. | Females. | Hindu both sexes. | Musalman both sexes. |
|---|---|---|---|---|
| 25,079 | 12,318 | 12,779 | 8,642 | 16,456 |

## PROVINCIAL TABLE XI.

## DISTRICT SYLHET—(continued).

### SUBDIVISION HABIGANJ—(*continued*).

| THANA OR OUTPOST. | CIRCLE No. | TOTAL POPULATION. Total. | Males. | Females. | POPULATION BY RELIGION. Hindu. | Musalman. | Animistic. | Others. | Principal castes returned in thana or outpost. | Percentage of persons shown as agriculturists in thana or outpost. |
|---|---|---|---|---|---|---|---|---|---|---|
| 1 | 2 | 3 | 4 | 5 | 6 | 7 | 8 | 9 | 10 | 11 |
| Thana Nabiganj ... | 13 | 4,543 | 2,256 | 2,287 | 2,286 | 2,257 | ......... | ......... | Barna Bráhman; Bárui; Bhuinmáli; Brahman; Dhobá; Dom (Pátni); Ganak; Goálá; Hálwá Dás Jugi; Kámár; Káyastha; Máhimal; Málo (Jhálo); Namasudra (Chandál); Nápit; Sháhá; Shekh; Sutradhar; Teli. | 60·59 |
| | 14 | 3,806 | 1,868 | 1,938 | 1,406 | 2,400 | ......... | ......... | | |
| | 15 | 4,163 | 2,047 | 2,116 | 1,281 | 2,882 | ......... | ......... | | |
| | 16 | 2,190 | 1,071 | 1,119 | 915 | 1,275 | ......... | ......... | | |
| | 17 | 2,636 | 1,262 | 1,374 | 1,368 | 1,268 | ......... | ......... | | |
| | 18 | 2,283 | 1,164 | 1,119 | 373 | 1,910 | ......... | ......... | | |
| | 19 | 2,070 | 1,014 | 1,056 | 575 | 1,495 | ......... | ......... | | |
| | 20 | 3,237 | 1,569 | 1,668 | 1,616 | 1,621 | ......... | ......... | | |
| | 21 | 4,538 | 2,273 | 2,265 | 2,134 | 2,404 | ......... | ......... | | |
| | 22 | 4,854 | 2,594 | 2,260 | 1,268 | 3,586 | ......... | ......... | | |
| | 23 | 3,591 | 1,817 | 1,774 | 2,285 | 1,306 | ......... | ......... | | |
| | 24 | 3,216 | 1,574 | 1,642 | 1,264 | 1,952 | ......... | ......... | | |
| | 25 | 1,078 | 559 | 519 | 277 | 801 | ......... | ......... | | |
| *Total Thana* ... | ...... | *85,541* | *42,686* | *42,855* | *41,009* | *44,528* | ......... | *4* | | |
| Thana Madhabpur ... | 1 | 3,751 | 1,904 | 1,847 | 1,889 | 1,862 | ......... | ......... | | |
| | 2 | 3,812 | 1,908 | 1,904 | 1,520 | 2,292 | ......... | ......... | | |
| | 3 | 2,879 | 1,418 | 1,460 | 818 | 2,061 | ......... | ......... | | |
| | 4 | 2,725 | 1,389 | 1,336 | 1,162 | 1,563 | ......... | ......... | | |
| | 5 | 1,987 | 974 | 1,013 | 686 | 1,301 | ......... | ......... | | |
| | 6 | 1,893 | 952 | 941 | 344 | 1,549 | ......... | ......... | | |
| | 7 | 2,748 | 1,418 | 1,330 | 1,433 | 1,315 | ......... | ......... | | |
| | 8 | 4,562 | 2,278 | 2,284 | 1,924 | 2,638 | ......... | ......... | | |
| | 9 | 3,900 | 1,942 | 1,958 | 2,541 | 1,359 | ......... | ......... | | |
| | 10 | 2,523 | 1,208 | 1,315 | 2,026 | 497 | ......... | ......... | | |
| | 11 | 2,734 | 1,382 | 1,352 | 896 | 1,838 | ......... | ......... | | |
| | 12 | 4,560 | 2,257 | 2,303 | 3,095 | 1,465 | ......... | ......... | | |

| | | | | | | | | | | |
|---|---|---|---|---|---|---|---|---|---|---|
| Thana Madhabpur.—contd | 13 | 2,152 | 1,059 | 1,093 | 852 | 1,300 | ...... | ...... | Barna Bráhman ; Barui ; Bhuinmáli ; Bráhman ; Ganak ; Goálá ; Hálwá Dás ; Jugi ; Kaibartta ; Káyastha ; Manipuri ; Muchi ; Namasudra (Chandál); Nápit ; Páthán ; Saiad ; Sháhá ; Shekh ; Sutradhar ; Teli. | 70·98 |
| | 14 | 3,621 | 1,815 | 1,806 | 1,844 | 1,777 | ...... | ...... | | |
| | 15 | 3,012 | 1,481 | 1,581 | 1,436 | 1,576 | ...... | ...... | | |
| | 16 | 3,443 | 1,693 | 1,750 | 2,365 | 1,078 | ...... | ...... | | |
| | 17 | 3,323 | 1,607 | 1,716 | 1,713 | 1,610 | ...... | ...... | | |
| | 18 | 3,288 | 1,628 | 1,660 | 2,421 | 867 | ...... | ...... | | |
| | 19 | 3,752 | 1,850 | 1,902 | 1,058 | 2,694 | ...... | ...... | | |
| | 20 | 2,260 | 1,119 | 1,141 | 281 | 1,979 | ...... | ...... | | |
| | 21 | 3,500 | 1,695 | 1,805 | 1,404 | 2,096 | ...... | ...... | | |
| *Total for the thana excluding outpost* ... | ...... | *66,425* | *32,977* | *33,448* | *31,708* | *34,717* | ...... | ...... | | |
| Thana Madhabpur—concld Outpost Lakhai ... | 1 | 3,320 | 1,617 | 1,703 | 2,216 | 1,104 | ...... | ...... | Baishnab ; Barui ; Bhuinmáli ; Brahman ; Dhobá ; Dom (Pátni); Ganak ; Goálá ; Hálwá Dás ; Jugi; Kaibartta ; Kámár ; Káyastha ; Kumár ; Namasudra (Chandál); Nápit ; Sháhá ; Shekh ; Sutradhar; Teli. | 57·39 |
| | 2 | 3,404 | 1,630 | 1,774 | 2,183 | 1,221 | ...... | ...... | | |
| | 3 | 6,684 | 3,147 | 3,537 | 2,199 | 4,485 | ...... | ...... | | |
| | 4 | 5,054 | 1,481 | 1,573 | 1,505 | 1,550 | ...... | ...... | | |
| | 5 | 3,141 | 1,738 | 1,403 | 2,485 | 656 | ...... | ...... | | |
| | 6 | 4,607 | 2,168 | 2,439 | 1,347 | 3,260 | ...... | ...... | | |
| | 7 | 6,290 | 3,062 | 3,228 | 2,084 | 4,206 | ...... | ...... | | |
| | 8 | 4,293 | 2,140 | 2,153 | 2,823 | 1,470 | ...... | ...... | | |
| | 9 | 1,833 | 917 | 916 | 1,642 | 191 | ...... | ...... | | |
| | 10 | 4,986 | 2,345 | 2,641 | 2,799 | 2,187 | ...... | ...... | | |
| *Total for the outpost* ... | ...... | *41,612* | *20,245* | *21,367* | *21,282* | *20,330* | ...... | ...... | | |
| *Total for Thana including outpost* ... | ...... | *108,037* | *53,222* | *54,815* | *52,990* | *55,047* | ...... | ...... | | |

# PROVINCIAL TABLE XI.

## DISTRICT SYLHET—continued.

### SUBDIVISION HABIGANJ—*concluded.*

| THANA OR OUTPOST. | CIRCLE NUMBER. | TOTAL POPULATION. | | | POPULATION BY RELIGION. | | | | Principal castes returned in thana or outpost. | Percentage of persons shown as agriculturists in thana or outpost. |
|---|---|---|---|---|---|---|---|---|---|---|
| | | Total. | Males. | Females. | Hindu. | Musalman. | Animistic. | Others. | | |
| 1 | 2 | 3 | 4 | 5 | 6 | 7 | 8 | 9 | 10 | 11 |
| | | SUBDIVISIONAL ABSTRACT. | | | | | | | | |
| | *Total Town...* ... ... | 4,161 | 2,709 | 1,452 | 3,176 | 980 | 1 | 4 | | |
| | *Total Village* ... ... | 499,303 | 249,843 | 249,460 | 232,761 | 265,233 | 1,305 | 4 | | |
| | *Total Tea garden* ... ... | 5,390 | 2,850 | 2,540 | 4,681 | 160 | 530 | 19 | | |
| | *Total for the Subdivision* ... | 508,854 | 255,402 | 253,452 | 240,618 | 266,373 | 1,836 | 27 | | |

# PROVINCIAL TABLE XI.

## DISTRICT SYLHET—continued.

### SUBDIVISION SUNAMGANJ.

| THANA OR OUTPOST. | CIRCLE No. | TOTAL POPULATION. | | | POPULATION BY RELIGION. | | | | Principal castes returned in thana or outpost. | Percentage of persons shewn as agriculturists in thana or outpost. |
|---|---|---|---|---|---|---|---|---|---|---|
| | | Total. | Males. | Females. | Hindu. | Musalman. | Animistic. | Others. | | |
| 1 | 2 | 3 | 4 | 5 | 6 | 7 | 8 | 9 | 10 | 11 |
| | | | | | **TOWN.** | | | | | |
| | 25 | 3,139 | 2,124 | 1,015 | 1,326 | 1,812 | ......... | 1 | | |
| *Total Town* ... | ...... | *3,139* | *2,124* | *1,015* | *1,326* | *1,812* | ......... | *1* | | |
| | | | | | **VILLAGE.** | | | | | |
| Thana Sunamganj ... | 1 | 1,579 | 937 | 642 | 509 | 1,070 | ......... | ......... | Bráhman; Dhobá; Dom (Pátni); Ganak; Gandapál; Hájong; Hálwá Dás; Jolaha; Jugi; Káibartta; Káyastha; Máhimal; Manipuri; Mirshikári; Nápit; Namasudra (Chandál); Shátá; Shekh; Sutradhar; Teli. | 76·81 |
| | 2 | 630 | 328 | 302 | 171 | 459 | ......... | ......... | | |
| | 3 | 1,553 | 848 | 705 | 658 | 746 | 149 | ......... | | |
| | 4 | 1,191 | 636 | 555 | 729 | 408 | 54 | ......... | | |
| | 5 | 2,977 | 1,594 | 1,383 | 1,315 | 1,662 | ......... | ......... | | |
| | 6 | 4,248 | 2,287 | 1,961 | 3,179 | 1,069 | ......... | ......... | | |
| | 7 | 5,096 | 2,647 | 2,449 | 2,183 | 2,913 | ......... | ......... | | |
| | 8 | 3,728 | 1,995 | 1,733 | 1,045 | 2,683 | ......... | ......... | | |
| | 9 | 6,849 | 3,749 | 3,100 | 2,358 | 4,491 | ......... | ......... | | |
| | 10 | 1,065 | 552 | 513 | 372 | 693 | ......... | ......... | | |
| | 11 | 5,871 | 3,051 | 2,820 | 2,045 | 3,824 | ......... | 2 | | |
| | 12 | 4,599 | 2,470 | 2,129 | 1,741 | 2,858 | ......... | ......... | | |
| | 13 | 5,207 | 2,773 | 2,434 | 1,752 | 3,455 | ......... | ......... | | |
| | 14 | 6,749 | 3,483 | 3,266 | 2,578 | 4,171 | ......... | ......... | | |
| | 15 | 5,631 | 3,007 | 2,624 | 2,342 | 3,289 | ......... | ......... | | |
| | 16 | 732 | 425 | 307 | 159 | 573 | ......... | ......... | | |
| | 17 | 3,410 | 1,811 | 1,599 | 1,281 | 2,129 | ......... | ......... | | |
| | 18 | 4,444 | 2,219 | 2,225 | 1,595 | 2,849 | ......... | ......... | | |
| | 19 | 2,875 | 1,476 | 1,399 | 1,456 | 1,258 | 155 | 6 | | |

# PROVINCIAL TABLE XI

## DISTRICT SYLHET—continued.

### SUBDIVISION SUNAMGANJ—*continued.*

| THANA OR OUTPOST. | CIRCLE No. | TOTAL POPULATION. | | | POPULATION BY RELIGION. | | | | Principal castes returned in thana or outpost. | Percentage of persons shewn as agriculturists in thana or outpost. |
|---|---|---|---|---|---|---|---|---|---|---|
| | | Total. | Males. | Females. | Hindu. | Musalman. | Animistic. | Others. | | |
| 1 | 2 | 3 | 4 | 5 | 6 | 7 | 8 | 9 | 10 | 11 |
| Thana Sunamganj—*contd.* | 20 | 286 | 159 | 127 | 273 | 11 | 2 | ......... | | |
| | 21 | 2,733 | 1,477 | 1,256 | 456 | 2,277 | ......... | ......... | | |
| | 22 | 2,131 | 1,083 | 1,048 | 315 | 1,816 | ......... | ......... | | |
| | 23 | 1,333 | 729 | 604 | 453 | 879 | 1 | ......... | | |
| | 24 | 794 | 409 | 385 | 342 | 452 | ......... | ......... | | |
| | 26 | 2,829 | 1,471 | 1,358 | 1,352 | 1,477 | ......... | ......... | | |
| *Total Village* ... | ...... | *78,540* | *41,616* | *36,924* | *30,659* | *47,512* | *361* | *8* | | |
| *Total Thana excluding Outpost* ... | ...... | *81,679* | *43,740* | *37,939* | *31,985* | *49,324* | *361* | *9* | | |
| Thana Sunamganj—*contd.* Outpost Tahirpur ... | 1 | 2,031 | 1,079 | 952 | 1,385 | 646 | ......... | ......... | Bráhman; Dhobá; Dom (Pátni); Gandapál; Gáro; Hájong; Hálwá Dás; Jugi; Kaibartta; Káyastha; Kumár; Máhimal; Málo (Jhálo); Namasudra (Chandál); Nápit; Saiad; Sháhá; Shekh; Teli. | 65·32 |
| | 2 | 1,583 | 881 | 702 | 907 | 676 | ......... | ......... | | |
| | 3 | 723 | 395 | 328 | 554 | 169 | ......... | ......... | | |
| | 4 | 4,878 | 2,679 | 2,199 | 2,339 | 2,539 | ......... | ......... | | |
| | 5 | 4,009 | 2,199 | 1,810 | 1,943 | 2,066 | ......... | ......... | | |
| | 6 | 4,813 | 2,561 | 2,252 | 2,449 | 2,362 | 2 | ......... | | |
| | 7 | 6,893 | 3,620 | 3,273 | 2,196 | 4,697 | ......... | ......... | | |
| | 8 | 922 | 485 | 437 | 246 | 594 | 82 | ......... | | |
| *Total Outpost* ... | | *25,852* | *13,899* | *11,953* | *12,019* | *13,749* | *84* | ......... | | |
| *Total Thana including Outpost* ... | ...... | *107,531* | *57,639* | *49,892* | *44,004* | *63,073* | *445* | *9* | | |

| | | | | | | | | | | |
|---|---|---|---|---|---|---|---|---|---|---|
| Thana Chhatak .. | 1 | 9,608 | 5,339 | 4,269 | 3,643 | 5,956 | 2 | 7 | Bráhmán; Bhuinmáli; Dhobá; Dom (Pátni); Ganak; Hájong; Hálwá Dás; Jugi; Kaibartta; Kámár; Káyastha; Máhimal; Manipuri; Namasudra (Chandál); Nápit; Saiad Shekh; Siddiki; Sutradhar; Teli. | 73·63 |
| | 2 | 4,588 | 2,353 | 2,235 | 941 | 3,647 | ......... | ......... | | |
| | 3 | 5,730 | 3,157 | 2,573 | 998 | 4,683 | 49 | ......... | | |
| | 4 | 4,433 | 2,276 | 2,157 | 1,120 | 3,313 | ......... | ......... | | |
| | 5 | 3,619 | 1,907 | 1,712 | 968 | 2,651 | ......... | ......... | | |
| | 6 | 11,550 | 6,416 | 5,134 | 3,925 | 7,625 | ......... | ......... | | |
| | 7 | 3,252 | 1,694 | 1,558 | 1,438 | 1,814 | ......... | ......... | | |
| | 8 | 314 | 177 | 137 | 47 | 265 | ......... | 2 | | |
| | 9 | 1,285 | 698 | 587 | 702 | 588 | 41 | 4 | | |
| | 10 | 9,106 | 4,752 | 4,354 | 3,110 | 5,996 | ......... | ......... | | |
| | 11 | 4,841 | 2,585 | 2,256 | 611 | 4,230 | ......... | ......... | | |
| | 12 | 8,276 | 4,198 | 4,078 | 1,924 | 6,348 | 4 | ......... | | |
| | 13 | 5,428 | 2,810 | 2,618 | 1,266 | 4,162 | ......... | ......... | | |
| | 14 | 3,937 | 1,976 | 1,961 | 892 | 3,045 | ......... | ......... | | |
| | 15 | 4,391 | 2,258 | 2,133 | 1,784 | 2,607 | ......... | ......... | | |
| | 16 | 5,801 | 3,008 | 2,793 | 1,076 | 4,725 | ......... | ......... | | |
| | 17 | 2,547 | 1,424 | 1,123 | 1,552 | 966 | 29 | ......... | | |
| *Total Thana* ... | ...... | *88,706* | *47,028* | *41,678* | *25,997* | *62,571* | *125* | *13* | | |
| Thana Derai ... | 1 | 6,065 | 3,214 | 2,851 | 4,279 | 1,786 | ......... | ......... | Bairági; Bárna Bráhman; Bhuinmáli; Bráhman; Dhobá; Dom (Pátni); Hálwa Dás; Jugi; Kaibartta; Kámar; Káyasthá; Máhimal; Málo (Jhálo); Namasudra (Chándal); Nápit; Páthán; Sháhá; Shekh; Sutradhar. | 68·45 |
| | 2 | 6,140 | 3,249 | 2,891 | 5,341 | 799 | ......... | ......... | | |
| | 3 | 6,402 | 3,351 | 3,051 | 5,342 | 1,060 | ......... | ......... | | |
| | 4 | 6,123 | 3,357 | 2,766 | 4,649 | 1,474 | ......... | ......... | | |
| | 5 | 5,332 | 2,740 | 2,592 | 4,968 | 364 | ......... | ......... | | |
| | 6 | 5,105 | 2,641 | 2,464 | 3,337 | 1,768 | ...... | ......... | | |
| | 7 | 7,689 | 4,174 | 3,515 | 4,698 | 2,991 | ......... | ......... | | |
| | 8 | 5,652 | 2,945 | 2,707 | 2,018 | 3,634 | ......... | ......... | | |
| | 9 | 4,143 | 2,191 | 1,952 | 1,196 | 2,947 | ......... | ......... | | |
| | 10 | 4,349 | 2,310 | 2,039 | 2,045 | 2,304 | ......... | ......... | | |
| | 11 | 3,323 | 1,837 | 1,486 | 3,148 | 175 | ......... | ......... | | |
| | 12 | 7,697 | 3,971 | 3,726 | 3,548 | 4,149 | ......... | ......... | | |
| | 13 | 4,731 | 2,491 | 2,240 | 2,835 | 1,896 | ......... | ......... | | |
| | 14 | 4,473 | 2,376 | 2,097 | 3,679 | 794 | ......... | ......... | | |
| | 15 | 6,337 | 3,302 | 3,035 | 2,852 | 3,485 | ......... | ......... | | |
| *Total Thana excluding out-post* ... | ...... | *83,561* | *44,149* | *39,412* | *53,935* | *29,626* | ......... | ......... | | |

# PROVINCIAL TABLE XI.

## DISTRICT SYLHET—continued.

### SUBDIVISION SUNAMGANJ—*continued.*

| THANA OR OUTPOST. | CIRCLE No. | TOTAL POPULATION. Total. | Males. | Females. | POPULATION BY RELIGION. Hindu. | Musalman. | Animistic. | Others. | Principal castes returned in thana or outpost. | Percentage of persons shewn as agriculturists in thana or outpost. |
|---|---|---|---|---|---|---|---|---|---|---|
| 1 | 2 | 3 | 4 | 5 | 6 | 7 | 8 | 9 | 10 | 11 |
| Thana Derai—*contd.* ... Outpost Jagannathpur ... | 1 | 5,397 | 2,822 | 2,575 | 3,748 | 1,649 | ......... | ......... | Bráhman ; Dhobá ; Dom (Pátni); Goálá ; Hálwá Dás ; Jugi ; Kaibartta ; Káyastha ; Máhimal ; Málo (Jhálo); Namasudra (Chandál) ; Nápit ; Páthán ; Saiad ; Sháhá ; Shekh ; Sutradhar ; Teli. | 69·85 |
| | 2 | 4,783 | 2,524 | 2,259 | 2,641 | 2,142 | ......... | ......... | | |
| | 3 | 5,061 | 2,638 | 2,423 | 2,669 | 2,392 | ......... | ......... | | |
| | 4 | 6,544 | 3,265 | 3,279 | 2,752 | 3,792 | ......... | ......... | | |
| | 5 | 3,151 | 1,598 | 1,553 | 932 | 2,219 | ......... | ......... | | |
| | 6 | 5,133 | 2,587 | 2,546 | 2,558 | 2,575 | ......... | ......... | | |
| | 7 | 5,629 | 2,935 | 2,694 | 2,225 | 3,404 | ......... | ......... | | |
| | 8 | 3,185 | 1,584 | 1,601 | 375 | 2,810 | ......... | ......... | | |
| | 9 | 4,038 | 2,049 | 1,989 | 1,105 | 2,933 | ......... | ......... | | |
| | 10 | 4,241 | 2,193 | 2,048 | 2,143 | 2,098 | ......... | ......... | | |
| | 11 | 8,124 | 4,338 | 3,786 | 3,538 | 4,586 | ......... | ......... | | |
| | 12 | 5,181 | 2,682 | 2,499 | 2,618 | 2,563 | ......... | ......... | | |
| *Total Outpost* ... | ...... | *60,467* | *31,215* | *29,252* | *27,304* | *33,163* | ......... | ......... | | |
| *Total Thana including outpost* ... ... | ...... | *144,028* | *75,364* | *68,664* | *81,239* | *62,789* | ......... | ......... | | |
| Thana Dharmapasha ... | 1 | 8,519 | 4,579 | 3,940 | 5,292 | 3,157 | 70 | ......... | | |
| | 2 | 2,162 | 1,150 | 1,012 | 1,284 | 914 | ......... | ......... | | |
| | 3 | 4,196 | 2,327 | 1,869 | 3,269 | 926 | 1 | ......... | | |
| | 4 | 2,004 | 1,130 | 874 | 1,435 | 569 | ......... | ......... | | |
| | 5 | 1,262 | 659 | 603 | 756 | 506 | ......... | ......... | | |
| | 6 | 517 | 272 | 245 | ......... | 517 | ......... | ......... | | |
| | 7 | 1,939 | 985 | 954 | 522 | 1,417 | ......... | ......... | | |
| | 8 | 6,285 | 3,398 | 2,887 | 3,885 | 2,400 | ......... | ......... | | |
| | 9 | 1,209 | 653 | 556 | 1,208 | 1 | ......... | ......... | | |

| | | | | | | | | | | |
|---|---|---|---|---|---|---|---|---|---|---|
| Thana Dharmapasha *contd.* | 10 | 2,364 | 1,256 | 1,108 | 731 | 1,633 | ......... | ......... | Bráhman; Dhobá; Dom (Pátni); Hájong; Hálwá Dás; Jugi; Kaibartta; Káyastha; Kumár; Máhimal; Málo (Jhálo); Namasudra (Chandál); Nápit; Páthán; Sháhá; Shek. | 72·05 |
| | 11 | 2,734 | 1,420 | 1,314 | 609 | 2,125 | ......... | ......... | | |
| | 12 | 3,961 | 2,107 | 1,854 | 1,399 | 2,562 | ......... | ......... | | |
| | 13 | 4,493 | 2,330 | 2,163 | 3,172 | 1,321 | ......... | ......... | | |
| | 14 | 3,552 | 1,930 | 1,622 | 1,029 | 2,523 | ......... | ......... | | |
| | 15 | 2,199 | 1,118 | 1,081 | 965 | 1,234 | ......... | ......... | | |
| | 16 | 560 | 299 | 261 | 224 | 336 | ......... | ......... | | |
| | 17 | 3,112 | 1,570 | 1,542 | 893 | 2,219 | ......... | ......... | | |
| | 18 | 4,205 | 2,261 | 1,944 | 2,762 | 1,443 | ......... | ......... | | |
| | 19 | 2,512 | 1,318 | 1,194 | 1,606 | 906 | ......... | ......... | | |
| | 20 | 3,585 | 1,903 | 1,682 | 2,398 | 1,187 | ......... | ......... | | |
| | 21 | 2,903 | 1,583 | 1,320 | 2,174 | 729 | ......... | ......... | | |
| | 22 | 1,776 | 948 | 828 | 1,308 | 468 | ......... | ......... | | |
| | 23 | 3,534 | 1,948 | 1,586 | 2,897 | 637 | ......... | ......... | | |
| | 24 | 1,766 | 955 | 811 | 1,041 | 725 | ......... | ......... | | |
| | 25 | 240 | 127 | 113 | 240 | ......... | ......... | ......... | | |
| | 26 | 1,372 | 737 | 635 | 835 | 537 | ......... | ......... | | |
| | Boat. | 155 | 155 | ......... | 57 | 98 | ......... | ......... | | |
| *Total Thana* ... | ...... | *73,116* | *39,118* | *33,998* | *41,955* | *31,090* | *71* | ......... | | |

# PROVINCIAL TABLE XI.

## DISTRICT SYLHET—continued.

### SUBDIVISION SUNAMGANJ—*concluded.*

| THANA OR OUTPOST. | CIRCLE NUMBER. | TOTAL POPULATION. | | | POPULATION BY RELIGION. | | | | Principal castes returned in thana or outpost. | Percentage of persons shewn as agriculturists in thana or outpost. |
|---|---|---|---|---|---|---|---|---|---|---|
| | | Total. | Males. | Females. | Hindu. | Musalman. | Animistic. | Others. | | |
| 1 | 2 | 3 | 4 | 5 | 6 | 7 | 8 | 9 | 10 | 11 |
| | | | SUBDIVISIONAL ABSTRACT. | | | | | | | |
| | *Total Town...* ... ... | *3,139* | *2,124* | *1,015* | *1,326* | *1,812* | ......... | *1* | | |
| | *Total Village* ... ... | *410,242* | *217,025* | *193,217* | *191,869* | *217,711* | *641* | *21* | | |
| | *Total for the Subdivision* ... | *413,381* | *219,149* | *194,232* | *193,195* | *219,523* | *641* | *22* | | |

PROVINCIAL TABLE XI.

## DISTRICT SYLHET—continued.

SUBDIVISION SOUTH SYLHET.

| THANA OR OUTPOST. | CIRCLE No. | TOTAL POPULATION. | | | POPULATION BY RELIGION. | | | | Principal castes returned in thana or outpost. | Percentage of persons shewn as agriculturists in thana or outpost. |
|---|---|---|---|---|---|---|---|---|---|---|
| | | Total. | Males. | Females. | Hindu. | Musalman. | Animistic. | Others. | | |
| 1 | 2 | 3 | 4 | 5 | 6 | 7 | 8 | 9 | 10 | 11 |
| | | | | TOWN. | | | | | | |
| | 32 | 1,683 | 1,017 | 666 | 809 | 863 | ......... | 11 | | |
| | 33 | 946 | 708 | 238 | 417 | 505 | ......... | 24 | | |
| *Total Town* ... | ...... | *2,629* | *1,725* | *904* | *1,226* | *1,368* | ......... | *35* | | |
| | | | | VILLAGE. | | | | | | |
| Thana Maulavi Bazar ... | 1 | 4,475 | 2,177 | 2,298 | 3,132 | 1,343 | ......... | ......... | Bárui; Bráhman; Dhobá; Dholi; Dom (Pátni); Goálá; Hálwá Dás; Jugi; Kámár; Kaibartta; Káyastha; Kumár; Máhimal; Namasudra (Chandál); Nápit; Páthán; Saiad; Shekh; Sutradhar. | 54·73 |
| | 2 | 1,797 | 890 | 907 | 823 | 974 | ......... | ......... | | |
| | 3 | 3,216 | 1,638 | 1,578 | 1,821 | 1,395 | ......... | ......... | | |
| | 4 | 2,501 | 1,254 | 1,247 | 979 | 1,522 | ......... | ......... | | |
| | 5 | 3,379 | 1,718 | 1,661 | 1,005 | 2,374 | ......... | ......... | | |
| | 6 | 3,157 | 1,616 | 1,541 | 2,082 | 1,075 | ......... | ......... | | |
| | 7 | 3,227 | 1,582 | 1,645 | 2,479 | 748 | ......... | ......... | | |
| | 8 | 3,180 | 1,539 | 1,641 | 2,230 | 950 | ......... | ......... | | |
| | 9 | 1,741 | 880 | 861 | 1,296 | 445 | ......... | ......... | | |
| | 10 | 3,151 | 1,590 | 1,561 | 1,664 | 1,487 | ......... | ......... | | |
| | 11 | 2,525 | 1,268 | 1,257 | 1,391 | 1,134 | ......... | ......... | | |
| | 12 | 2,181 | 1,057 | 1,124 | 1,351 | 830 | ......... | ......... | | |
| | 13 | 1,858 | 925 | 933 | 632 | 1,226 | ......... | ......... | | |
| | 14 | 1,691 | 880 | 811 | 297 | 1,394 | ......... | ......... | | |
| | 15 | 3,677 | 1,781 | 1,896 | 2,422 | 1,255 | ......... | ......... | | |
| | 16 | 2,702 | 1,310 | 1,392 | 1,917 | 785 | ......... | ......... | | |
| | 17 | 3,079 | 1,518 | 1,561 | 1,203 | 1,876 | ......... | ......... | | |
| | 18 | 1,856 | 930 | 926 | 762 | 1,094 | ......... | ......... | | |

| | | | | | | | | |
|---|---|---|---|---|---|---|---|---|
| | 19 | 2,673 | 1,350 | 1,323 | 990 | 1,683 | ......... | ......... |
| | 20 | 3,331 | 1,720 | 1,611 | 1,875 | 1,456 | ......... | ......... |
| | 21 | 2,794 | 1,356 | 1,438 | 1,681 | 1,113 | ......... | ......... |
| | 22 | 3,663 | 1,819 | 1,844 | 2,252 | 1,411 | ......... | ......... |
| | 23 | 2,609 | 1,303 | 1,306 | 1,408 | 1,201 | ......... | ......... |
| | 24 | 960 | 535 | 425 | 835 | 122 | 2 | 1 |
| | 25 | 3,004 | 1,486 | 1,518 | 1,719 | 1,285 | ......... | ......... |
| | 26 | 2,961 | 1,506 | 1,455 | 1,152 | 1,809 | ......... | ......... |
| | 27 | 2,082 | 1,044 | 1,038 | 1,008 | 1,074 | ......... | ......... |
| | 28 | 2,438 | 1,239 | 1,199 | 939 | 1,499 | ......... | ......... |
| | 29 | 1,407 | 676 | 731 | 855 | 552 | ......... | ......... |
| | 30 | 2,119 | 1,062 | 1,057 | 1,317 | 802 | ......... | ......... |
| | 31 | 2,107 | 1,058 | 1,049 | 1,118 | 989 | ......... | ......... |
| Population of area transferred from Habiganj Subdivision to this Subdivision *vide* Notification No. 3510G. dated 23rd April 1891, *Assam Gazette.* | ...... | 4,262 | 2,112 | 2,150 | 1,158 | 3,104 | ......... | ......... |
| *Total Village* ... | ...... | *85,803* | *42,819* | *42,984* | *45,793* | *40,007* | *2* | *1* |
| | | | TEA GARDEN. | | | | | |
| | 59 | 257 | 129 | 128 | 241 | 15 | ......... | 1 |
| *Total Thana excluding outposts* ... .. | ...... | *88,689* | *44,673* | *44,016* | *47,260* | *41,390* | *2* | *37* |
| | | | VILLAGE. | | | | | |
| Thana Maulavi Bazar *contd.* Outpost Rajnagar ... | 34 | 2,656 | 1,364 | 1,292 | 1,274 | 1,382 | ......... | ......... |
| | 35 | 2,286 | 1,150 | 1,136 | 1,772 | 514 | ......... | ......... |
| | 36 | 3,635 | 1,828 | 1,807 | 2,911 | 724 | ......... | ......... |
| | 37 | 2,030 | 984 | 1,046 | 694 | 1,336 | ......... | ......... |
| | 38 | 2,498 | 1,259 | 1,239 | 1,167 | 1,331 | ......... | ......... |
| | 39 | 3,387 | 1,673 | 1,714 | 1,860 | 1,527 | ......... | ......... |
| | 40 | 3,291 | 1,634 | 1,657 | 929 | 2,362 | ......... | ......... |
| | 41 | 1,615 | 830 | 785 | 694 | 921 | ......... | ......... |
| | 42 | 2,600 | 1,338 | 1,262 | 1,494 | 1,106 | ......... | ......... |

# PROVINCIAL TABLE XI.

## DISTRICT SYLHET—continued.

### SUBDIVISION SOUTH SYLHET—*continued.*

| THANA OR OUTPOST. | CIRCLE No. | TOTAL POPULATION. Total. | Males. | Females. | POPULATION BY RELIGION. Hindu. | Musalman. | Animistic. | Others. | Principal castes returned in thana or outpost. | Percentage of persons shewn as agriculturists in thana or outpost. |
|---|---|---|---|---|---|---|---|---|---|---|
| 1 | 2 | 3 | 4 | 5 | 6 | 7 | 8 | 9 | 10 | 11 |
| Thana Maulavi Bazar *contd* Outpost Rajnagar—*contd.* | 43 | 2,440 | 1,214 | 1,226 | 1,285 | 1,155 | ......... | ......... | Bárui; Bhuinmáli; Bráhman; Dhobá; Dholi; Dom (Pátni); Goálá; Hálwa Dás; Jugi; Kámár; Káyastha; Kumár; Máhárá; Máhimal; Namasudra (Chandál); Nápit; Páthán; Shábá; Shekh; Toli. | 51·78 |
| | 44 | 2,302 | 1,152 | 1,150 | 1.548 | 754 | ......... | ......... | | |
| | 45 | 1,772 | 875 | 897 | 892 | 880 | ......... | ......... | | |
| | 46 | 2,271 | 1,165 | 1,106 | 1,610 | 661 | ......... | ......... | | |
| | 47 | 1,576 | 786 | 790 | 1,273 | 303 | ......... | ......... | | |
| | 48 | 2,825 | 1,416 | 1,409 | 1,124 | 1,701 | ......... | ......... | | |
| | 49 | 4,019 | 2,107 | 1,912 | 1,761 | 2,258 | ......... | ......... | | |
| | 50 | 3,218 | 1,619 | 1,599 | 1,883 | 1,335 | ......... | ......... | | |
| | 51 | 1,223 | 614 | 609 | 619 | 604 | ......... | ......... | | |
| | 52 | 1,905 | 941 | 964 | 1,453 | 452 | ......... | ......... | | |
| | 53 | 1,718 | 882 | 836 | 685 | 1,033 | ......... | ......... | | |
| | 54 | 2,519 | 1,329 | 1,190 | 1,362 | 1,157 | ......... | ......... | | |
| | 55 | 957 | 494 | 463 | 184 | 773 | ......... | ......... | | |
| | 56 | 3,335 | 1,721 | 1,614 | 2,094 | 1,241 | ......... | ......... | | |
| | 57 | 1,686 | 915 | 771 | 1,656 | 30 | ......... | ......... | | |
| | 58 | 18 | 18 | ......... | 3 | 15 | ......... | ......... | | |
| *Total Village* ... | ...... | *57,782* | *29,308* | *28,474* | *32,227* | *25,555* | ......... | ......... | | |
| | | | TEA GARDEN. | | | | | | | |
| | 60 | 424 | 227 | 197 | 417 | 7 | ......... | ......... | | |
| | 61 | 383 | 209 | 174 | 371 | 10 | ......... | 2 | | |
| | 62 | 1,227 | 629 | 598 | 1,033 | 185 | 4 | 5 | | |
| | 63 | 608 | 352 | 526 | 522 | 86 | ......... | ......... | | |
| | 64 | 800 | 439 | 361 | 731 | 61 | ......... | 8 | | |

| | No. | | | | | | | | | |
|---|---|---|---|---|---|---|---|---|---|---|
| | 65 | 383 | 217 | 166 | 366 | 16 | ......... | 1 | | |
| *Total Tea garden* ... | ...... | *3,825* | *2,073* | *1,752* | *3,440* | *365* | *4* | *16* | | |
| *Total outpost* ... | ...... | *61,607* | *31,381* | *30,226* | *35,667* | *25,920* | *4* | *16* | | |
| | | | | VILLAGE. | | | | | | |
| Thana Maulavi Bazar *contd.* Outpost Matiganj. | 1 | 3,190 | 1,521 | 1,669 | 1,570 | 1,620 | ......... | ......... | Bárui; Báuri; Bhuinmáli; Bhuiyá; Bráhman; Chămár (Jaiswár); Dhobá; Goálá; Hálwá Dás; Jugi; Káyastha; Kumár; Máhimal; Musahar; Namasudra (Chandál); Nápit; Sháhá; Shekh; Teli; Tipperah. | 33·80 |
| | 2 | 2,812 | 1,426 | 1,386 | 749 | 2,063 | ......... | ......... | | |
| | 3 | 2,592 | 1,288 | 1,304 | 1,830 | 762 | ......... | ......... | | |
| | 4 | 1,831 | 909 | 922 | 953 | 878 | ......... | ......... | | |
| | 5 | 1,984 | 1,014 | 970 | 1,483 | 501 | ......... | ......... | | |
| | 6 | 2,166 | 1,085 | 1,081 | 1,422 | 744 | ......... | ......... | | |
| | 7 | 2,259 | 1,136 | 1,123 | 1,313 | 946 | ......... | ......... | | |
| | 8 | 1,886 | 943 | 943 | 982 | 904 | ......... | ......... | | |
| | 9 | 1,401 | 726 | 675 | 489 | 890 | 22 | ......... | | |
| | 10 | 2,229 | 1,089 | 1,140 | 1,357 | 872 | ......... | ......... | | |
| | 11 | 1,720 | 832 | 888 | 1,121 | 599 | ......... | ......... | | |
| | 12 | 2,616 | 1,360 | 1,256 | 1,706 | 910 | ......... | ......... | | |
| | 13 | 1,684 | 852 | 832 | 987 | 697 | ......... | ......... | | |
| | 14 | 2,207 | 1,060 | 1,147 | 1,984 | 223 | ......... | ......... | | |
| | 15 | 2,677 | 1,320 | 1,357 | 1,861 | 816 | ......... | ......... | | |
| | 16 | 125 | 125 | ......... | 69 | 56 | ......... | ......... | | |
| | 17 | 148 | 78 | 70 | ......... | ......... | 148 | ......... | | |
| | 18 | 1,474 | 757 | 717 | ......... | ......... | 1,474 | ......... | | |
| *Total Village* ... | | *35,001* | *17,521* | *17,480* | *19,876* | *13,481* | *1,644* | ......... | | |
| | | | | TEA GARDEN. | | | | | | |
| | 19 | 1,357 | 696 | 661 | 1,230 | 81 | 43 | 3 | | |
| | 20 | 385 | 224 | 161 | 354 | 30 | ......... | 1 | | |
| | 21 | 1,299 | 699 | 600 | 1,091 | 74 | 122 | 12 | | |
| | 22 | 837 | 436 | 401 | 832 | 3 | 1 | 1 | | |
| | 23 | 776 | 410 | 366 | 586 | 33 | 149 | 8 | | |
| | 24 | 1,766 | 926 | 840 | 1,683 | 80 | ......... | 3 | | |
| | 25 | 1,874 | 971 | 903 | 1,733 | 133 | ......... | 8 | | |
| | 26 | 1,233 | 661 | 572 | 1,004 | 45 | 182 | 2 | | |
| | 27 | 918 | 471 | 447 | 876 | 36 | 4 | 2 | | |

# PROVINCIAL TABLE XI.

## DISTRICT SYLHET—continued.

### SUBDIVISION SOUTH SYLHET—*continued.*

| THANA OR OUTPOST. | CIRCLE No. | TOTAL POPULATION. | | | POPULATION BY RELIGION. | | | | Principal castes returned in thana or outpost. | Percentage of persons shewn as agriculturists in thana or outpost. |
|---|---|---|---|---|---|---|---|---|---|---|
| | | Total. | Males. | Females. | Hindu. | Musalman. | Animistic. | Others. | | |
| 1 | 2 | 3 | 4 | 5 | 6 | 7 | 8 | 9 | 10 | 11 |
| | | **TEA GARDEN**—*contd.* | | | | | | | | |
| Thana Maulavi Bazar—*contd.* Outpost Matiganj.—*ocnold.* | 28 | 1,624 | 857 | 767 | 1,396 | 72 | 148 | 8 | | |
| | 29 | 793 | 416 | 377 | 751 | 41 | ......... | 1 | | |
| | 30 | 1,671 | 869 | 802 | 1,600 | 63 | ......... | 8 | | |
| | 31 | 1,043 | 512 | 531 | 963 | 24 | 54 | 2 | | |
| | 32 | 1,240 | 637 | 603 | 1,173 | 40 | 21 | 6 | | |
| | 33 | 627 | 339 | 288 | 622 | 3 | ......... | 2 | | |
| | 34 | 1,303 | 681 | 622 | 701 | 21 | 576 | 5 | | |
| | 35 | 660 | 364 | 296 | 506 | 152 | ......... | 2 | | |
| | 36 | 1,284 | 658 | 626 | 1,248 | 33 | ......... | 3 | | |
| | 37 | 732 | 375 | 357 | 707 | 25 | ......... | ......... | | |
| *Total Tea Garden* ... | ...... | *21,422* | *11,202* | *10,220* | *19,056* | *989* | *1,300* | *77* | | |
| *Total Outpost* ... | ...... | *56,423* | *28,723* | *27,700* | *38,932* | *14,470* | *2,944* | *77* | | |

| | | | | | | | | | | |
|---|---|---|---|---|---|---|---|---|---|---|
| | | **VILLAGE.** | | | | | | | | |
| Thana Maulvi Bazar *concld.* Outpost Kamalganj ... | 1 | 2,458 | 1,224 | 1,234 | 1,148 | 1,310 | ......... | ......... | Bárni; Báuri; Bhuinmáli; Chámár (Jaiswár); Dhobá; Dholi; Goálá; Hálwá Dás; Jugi; Káyastha; Manipuri; Namasudra (Chandál); Nápit; Saiad; Sháhá; Shekh; Teli; Tipperah. | 65·68 |
| | 2 | 1,492 | 771 | 721 | 997 | 495 | ......... | ......... | | |
| | 3 | 3,227 | 1,637 | 1,590 | 1,367 | 1,860 | ......... | ......... | | |
| | 4 | 1,728 | 875 | 853 | 1,329 | 399 | ......... | ......... | | |
| | 5 | 1,894 | 968 | 926 | 1,460 | 434 | ......... | ......... | | |
| | 6 | 2,271 | 1,166 | 1,105 | 538 | 1,733 | ......... | ......... | | |
| | 7 | 1,760 | 894 | 866 | 1,094 | 666 | ......... | ......... | | |
| | 8 | 2,061 | 1,045 | 1,016 | 1,489 | 572 | ......... | ......... | | |
| | 9 | 1,776 | 921 | 855 | 1,300 | 476 | ......... | ......... | | |
| | 10 | 2,184 | 1,124 | 1,060 | 855 | 1,329 | ......... | ......... | | |
| | 11 | 3,223 | 1,655 | 1,568 | 1,737 | 1,486 | ......... | ......... | | |
| | 12 | 2,939 | 1,479 | 1,460 | 776 | 2,163 | ......... | ......... | | |
| | 13 | 2,792 | 1,412 | 1,380 | 1,711 | 1,081 | ......... | ......... | | |
| | 14 | 2,875 | 1,467 | 1,408 | 1,855 | 1,020 | ......... | ......... | | |
| | 15 | 6,721 | 3,433 | 3,288 | 3,911 | 2,810 | ......... | ......... | | |
| | 16 | 3,625 | 1,870 | 1,755 | 1,283 | 2,342 | ......... | ......... | | |
| | 17 | 2,664 | 1,407 | 1,257 | 1,634 | 1,030 | ......... | ......... | | |
| | 18 | 476 | 238 | 238 | 476 | ......... | ......... | ......... | | |
| | 19 | 1,111 | 560 | 551 | 752 | ......... | 359 | ......... | | |
| *Total Village* ... | ...... | *47,277* | *24,146* | *23,131* | *25,712* | *21,206* | *359* | ...... ... | | |
| | | **TEA GARDEN.** | | | | | | | | |
| | 20 | 1,945 | 1,041 | 904 | 1,925 | 14 | ......... | 6 | | |
| | 21 | 2,118 | 1,070 | 1,048 | 2,019 | 87 | ......... | 12 | | |
| | 22 | 1,525 | 795 | 730 | 1,425 | 98 | ......... | 2 | | |
| | 23 | 470 | 266 | 204 | 462 | 8 | ......... | ......... | | |
| | 24 | 1,091 | 606 | 485 | 1,022 | 65 | ......... | 4 | | |
| | 25 | 253 | 133 | 120 | 237 | 16 | ......... | ......... | | |
| | 26 | 1,344 | 690 | 654 | 1,250 | 90 | ......... | 4 | | |
| | 27 | 833 | 423 | 410 | 817 | 14 | ......... | 2 | | |
| *Total Tea garden* ... | ...... | *9,579* | *5,024* | *4,555* | *9,157* | *392* | ......... | *30* | | |
| *Total outpost* ... | ...... | *56,856* | *29,170* | *27,686* | *34,869* | *21,598* | *359* | *30* | | |
| *Total Thana including outposts* ... | ...... | *263,575* | *133,947* | *129,628* | *156,728* | *103,378* | *3,209* | *160* | | |

## PROVINCIAL TABLE XI.

## DISTRICT SYLHET—continued.

### SUBDIVISION SOUTH SYLHET—*continued.*

| THANA OR OUTPOST. | CIRCLE No. | TOTAL POPULATION. Total. | TOTAL POPULATION. Males. | TOTAL POPULATION. Females. | POPULATION BY RELIGION. Hindu. | POPULATION BY RELIGION. Musalman. | POPULATION BY RELIGION. Animistic. | POPULATION BY RELIGION. Others. | Principal castes returned in thana or outpost. | Percentage of persons shewn as agriculturists in thana or outpost. |
|---|---|---|---|---|---|---|---|---|---|---|
| 1 | 2 | 3 | 4 | 5 | 6 | 7 | 8 | 9 | 10 | 11 |
| | | | | VILLAGE. | | | | | | |
| Thana Hingajiya ... | 1 | 2,608 | 1,336 | 1,272 | 1,215 | 1,393 | ......... | ......... | Bárui; Báuri; Bhuinmáli; Bráhman; Chámár (Jaiswár); Dom (Pátni); Hálwá Dás; Jugi; Káyastha; Kuki; Namasudra (Chandál); Nápit; Páthán; Saiad; Sháhá; Shekh; Teli; Tipperah. | 62·49 |
| | 2 | 1,894 | 986 | 908 | 1,375 | 519 | ......... | ......... | | |
| | 3 | 2,652 | 1,353 | 1,299 | 898 | 1,754 | ......... | ......... | | |
| | 4 | 3,254 | 1,656 | 1,598 | 2,281 | 972 | ......... | 1 | | |
| | 5 | 2,276 | 1,181 | 1,095 | 1,595 | 681 | ......... | ......... | | |
| | 6 | 1,896 | 975 | 921 | 1,421 | 475 | ......... | ......... | | |
| | 7 | 1,390 | 693 | 697 | 294 | 1,096 | ......... | ......... | | |
| | 8 | 1,313 | 680 | 633 | 966 | 347 | ......... | ......... | | |
| | 9 | 2,364 | 1,233 | 1,131 | 1,044 | 1,320 | ......... | ......... | | |
| | 10 | 1,689 | 857 | 832 | 306 | 1,383 | ......... | ......... | | |
| | 11 | 3,443 | 1,753 | 1,690 | 1,309 | 2,134 | ......... | ......... | | |
| | 12 | 3,621 | 1,829 | 1,792 | 2,387 | 1,234 | ......... | ......... | | |
| | 13 | 2,330 | 1,122 | 1,208 | 1,483 | 847 | ......... | ......... | | |
| | 14 | 1,128 | 569 | 559 | 578 | 550 | ......... | ......... | | |
| | 15 | 2,699 | 1,409 | 1,290 | 1,282 | 1,417 | ......... | ......... | | |
| | 16 | 2,022 | 1,002 | 1,020 | 1,373 | 649 | ......... | ......... | | |
| | 17 | 3,060 | 1,482 | 1,578 | 1,327 | 1,733 | ......... | ......... | | |
| | 18 | 2,737 | 1,322 | 1,415 | 1,965 | 772 | ......... | ......... | | |
| | 19 | 2,409 | 1,206 | 1,203 | 1,135 | 1,274 | ......... | ......... | | |
| | 20 | 1,492 | 801 | 691 | 1,211 | 281 | ......... | ......... | | |
| | 21 | 2,330 | 1,203 | 1,127 | 1,547 | 783 | ......... | ......... | | |
| | 22 | 2,698 | 1,291 | 1,407 | 2,312 | 386 | ......... | ......... | | |
| | 23 | 2,842 | 1,380 | 1,462 | 1,326 | 1,516 | ......... | ......... | | |
| | 24 | 4,019 | 1,970 | 2,049 | 2,779 | 1,240 | ......... | ......... | | |
| | 25 | 2,422 | 1,248 | 1,174 | 910 | 1,512 | ......... | ......... | | |
| | 26 | 2,553 | 1,318 | 1,235 | 1,486 | 1,067 | ......... | ......... | | |
| | 27 | 2,325 | 1,116 | 1,209 | 1,439 | 886 | ......... | ......... | | |
| | 28 | 2,387 | 1,165 | 1,222 | 1,623 | 764 | ......... | ......... | | |

| | | | | | | | | |
|---|---|---|---|---|---|---|---|---|
| Thana Hingajiya—*concld.* | 29 | 2,725 | 1,380 | 1,345 | 1,112 | 1,613 | ...... | ...... |
| | 30 | 3.663 | 1.879 | 1,784 | 1,916 | 1,747 | ...... | ...... |
| | 31 | 2,644 | 1,331 | 1,313 | 1,036 | 1,604 | 4 | ...... |
| | 32 | 4,817 | 2,479 | 2,338 | 2,229 | 2,588 | ...... | ...... |
| | 33 | 1,883 | 968 | 915 | 526 | 1,357 | ...... | ...... |
| | 34 | 3,181 | 1,665 | 1,516 | 2,281 | 900 | ...... | ...... |
| | 35 | 1,562 | 827 | 735 | 1,087 | 475 | ...... | ...... |
| | 36 | 26 | 26 | ...... | ...... | 26 | ...... | ...... |
| | 37 | 216 | 106 | 110 | ...... | ...... | 216 | ...... |
| | 37(*a*) | 714 | 346 | 368 | 3 | ...... | 711 | ...... |
| *Total Village* ... | ...... | *89,284* | *45,143* | *44,141* | *49,057* | *39.295* | *931* | *1* |
| | | | TEA GARDEN. | | | | | |
| | 38 | 61 | 31 | 30 | 61 | ...... | ...... | ...... |
| | 39 | 694 | 371 | 323 | 682 | 10 | ...... | 2 |
| | 40 | 543 | 283 | 260 | 508 | 34 | ...... | 1 |
| | 41 | 453 | 226 | 227 | 429 | 23 | ...... | 1 |
| | 42 | 475 | 260 | 215 | 435 | 37 | ...... | 3 |
| | 43 | 1,691 | 910 | 781 | 1,515 | 171 | ...... | 5 |
| | 44 | 2,173 | 1,148 | 1,025 | 2,118 | 52 | ...... | 3 |
| | 45 | 1,860 | 945 | 915 | 1,823 | 8 | 23 | 6 |
| | 46 | 157 | 84 | 73 | 157 | ...... | ...... | ...... |
| | 47 | 494 | 287 | 207 | 470 | 21 | ...... | 3 |
| | 48 | 315 | 177 | 138 | 303 | 7 | ...... | 5 |
| | 49 | 730 | 391 | 339 | 710 | 14 | ...... | 6 |
| | 50 | 459 | 256 | 203 | 448 | 10 | ...... | 1 |
| | 51 | 640 | 354 | 286 | 633 | 6 | ...... | 1 |
| | 52 | 1,146 | 611 | 535 | 1,114 | 27 | ...... | 5 |
| | 53 | 629 | 339 | 290 | 608 | 20 | ...... | 1 |
| *Total Tea garden* ... | ...... | *12,520* | *6,673* | *5,847* | *12,014* | *440* | *23* | *43* |
| *Total Thana* ... | ...... | *101,804* | *51,816* | *49,988* | *61,071* | *39,735* | *954* | *44* |

PROVINCIAL TABLE XI.

## DISTRICT SYLHET—continued.

### SUBDIVISION SOUTH SYLHET—*concluded.*

| THANA OR OUTPOST. | CIRCLE NUMBER. | TOTAL POPULATION. | | | POPULATION BY RELIGION. | | | | Principal castes returned in thana or outpost. | Percentage of persons shewn as agriculturists in thana or outpost. |
|---|---|---|---|---|---|---|---|---|---|---|
| | | Total. | Males. | Females. | Hindu. | Musalman. | Animistic. | Others. | | |
| 1 | 2 | 3 | 4 | 5 | 6 | 7 | 8 | 9 | 10 | 11 |
| | | SUBDIVISIONAL ABSTRACT. | | | | | | | | |
| | *Total Town* ... ... | 2,629 | 1,725 | 904 | 1,226 | 1,368 | ........ | 35 | | |
| | *Total Village* ... ... | 315,147 | 158,937 | 156,210 | 172,665 | 139,544 | 2,936 | 2 | | |
| | *Total Tea garden* ... ... | 47,603 | 25,101 | 22,502 | 43,908 | 2,201 | 1,327 | 167 | | |
| | *Total for the Subdivision* ... | 365,379 | 185,763 | 179,616 | 217,799 | 143,113 | 4,263 | 204 | | |

PROVINCIAL TABLE XI.

# DISTRICT SYLHET—continued.

## SUBDIVISION KARIMGANJ.

| THANA OR OUTPOST. | CIRCLE No. | TOTAL POPULATION. | | | POPULATION BY RELIGION. | | | | Principal castes returned in thana or outpost. | Percentage of persons shewn as agriculturists in thana or outpost. |
|---|---|---|---|---|---|---|---|---|---|---|
| | | Total. | Males. | Females. | Hindu. | Musalman. | Animistic. | Others. | | |
| 1 | 2 | 3 | 4 | 5 | 6 | 7 | 8 | 9 | 10 | 11 |
| | | | | TOWN. | | | | | | |
| | 22 | 3,349 | 2,144 | 1,205 | 1,634 | 1,705 | 2 | 8 | | |
| *Total Town* ... | ...... | *3,349* | *2,144* | *1,205* | *1,634* | *1,705* | *2* | *8* | | |
| | | | | VILLAGE. | | | | | | |
| Thana Karimganj ... | 1 | 3,806 | 2,001 | 1,805 | 1,427 | 2,293 | ......... | 86 | Bárui; Bhuinmáli; Bráhman; Dhobá; Dom (Pátni); Hálwá Dás; Jugi; Kámár; Káyastha; Máhimal; Namasudra (Chandál); Nápit; Páthán; Saiad; Sháhá; Shekh; Teli. | 51·19 |
| | 2 | 5,786 | 2,920 | 2,866 | 3,678 | 2,108 | ......... | ......... | | |
| | 3 | 4,719 | 2,345 | 2,374 | 2,634 | 2,085 | ......... | ......... | | |
| | 4 | 9,533 | 4,744 | 4,789 | 5,361 | 4,171 | 1 | ......... | | |
| | 5 | 4,851 | 2,448 | 2,403 | 1,806 | 3,045 | ......... | ......... | | |
| | 6 | 5,716 | 2,885 | 2,831 | 3,480 | 2,197 | 39 | ......... | | |
| | 7 | 636 | 332 | 304 | 485 | 151 | ......... | ......... | | |
| | 8 | 1,793 | 940 | 853 | 635 | 1,158 | ......... | ......... | | |
| | 9 | 2,901 | 1,498 | 1,403 | 1,464 | 1,437 | ......... | ......... | | |
| | 10 | 2,497 | 1,325 | 1,172 | 829 | 1,668 | ......... | ......... | | |
| | 11 | 3,034 | 1,499 | 1,535 | 1,439 | 1,595 | ......... | ......... | | |
| | 12 | 4,116 | 2,109 | 2,007 | 1,948 | 2,168 | ......... | ......... | | |
| | 13 | 799 | 411 | 388 | 724 | 75 | ......... | ......... | | |
| | 14 | 1,495 | 750 | 745 | 515 | 980 | ......... | ......... | | |
| | 15 | 2,844 | 1,427 | 1,417 | 1,782 | 1,062 | ......... | ......... | | |
| | 16 | 2,364 | 1,171 | 1,193 | 1,132 | 1,232 | ......... | ......... | | |
| | 17 | 1,244 | 644 | 600 | 817 | 427 | ......... | ......... | | |
| | 18 | 1,012 | 534 | 478 | 600 | 412 | ......... | ......... | | |
| | 19 | 1,412 | 752 | 690 | 1,160 | 282 | ......... | ......... | | |
| | 20 | 722 | 383 | 339 | 275 | 447 | ......... | ......... | | |
| | 21 | 1,492 | 762 | 730 | 197 | 1,295 | ......... | ......... | | |
| | 22 | 1,275 | 618 | 657 | 663 | 612 | ......... | ......... | | |

PROVINCIAL TABLE XI.

# DISTRICT SYLHET—continued.

## SUBDIVISION KARIMGANJ—*continued.*

| THANA OR OUTPOST. | CIRCLE No. | TOTAL POPULATION. | | | POPULATION BY RELIGION. | | | | Principal castes returned in thana or outpost. | Percentage of persons shewn as agriculturists in thana or outpost. |
|---|---|---|---|---|---|---|---|---|---|---|
| | | Total. | Males. | Females. | Hindu. | Musalman. | Animistic. | Others. | | |
| 1 | 2 | 3 | 4 | 5 | 6 | 7 | 8 | 9 | 10 | 11 |
| Thana Karimganj—*contd.* | 23 | 2,013 | 1,025 | 988 | 1,035 | 978 | ......... | ......... | | |
| | 24 | 3,078 | 1,481 | 1,597 | 1,864 | 1,214 | ......... | ......... | | |
| | 25 | 992 | 491 | 501 | 559 | 433 | ......... | ......... | | |
| | 26 | 10,786 | 5,328 | 5,458 | 4,850 | 5,936 | ......... | ......... | | |
| | 27 | 8,782 | 4,384 | 4,398 | 4,206 | 4,576 | ......... | ......... | | |
| | 28 | 3,759 | 1,878 | 1,881 | 1,987 | 1,772 | ......... | ......... | | |
| | 29 | 2,717 | 1,358 | 1,359 | 1,719 | 998 | ......... | ......... | | |
| | 30 | 3,767 | 1,862 | 1,905 | 1,728 | 2,039 | ......... | ......... | | |
| | 31 | 4,427 | 2,227 | 2,200 | 2,418 | 2,009 | ......... | ......... | | |
| | 32 | 3,264 | 1,672 | 1,592 | 1,834 | 1,430 | ......... | ......... | | |
| | 33 | 8,655 | 4,331 | 4,324 | 5,487 | 3,168 | ......... | ......... | | |
| | 34 | 4,319 | 2,149 | 2,170 | 2,404 | 1,915 | ......... | ......... | | |
| | 35 | 2,844 | 1,454 | 1,390 | 2,120 | 724 | ......... | ......... | | |
| | 36 | 2,865 | 1,429 | 1,436 | 1,901 | 964 | ......... | ......... | | |
| | 37 | 6,313 | 3,220 | 3,093 | 2,075 | 4,238 | ......... | ......... | | |
| | 38 | 6,077 | 2,986 | 3,091 | 2,213 | 3,864 | ......... | ......... | | |
| | 39 | 3,999 | 2,040 | 1,959 | 2,142 | 1,875 | ......... | ......... | | |
| | 40 | 3,392 | 1,652 | 1,740 | 842 | 2,550 | ......... | ......... | | |
| | 41 | 4,219 | 2,102 | 2,117 | 1,206 | 3,013 | ......... | ......... | | |
| | 42 | 5,167 | 2,521 | 2,646 | 1,837 | 3,330 | ......... | ......... | | |
| | 43 | 3,620 | 1,800 | 1,820 | 1,229 | 2,391 | ......... | ......... | | |
| | 44 | 4,597 | 2,276 | 2,321 | 1,742 | 2,853 | 2 | ......... | | |
| | 45 | 4,219 | 2,040 | 2,179 | 2,782 | 1,437 | ......... | ......... | | |
| | 46 | 1,249 | 608 | 641 | 557 | 692 | ......... | ......... | | |
| | 47 | 512 | 260 | 252 | 277 | 235 | ......... | ......... | | |
| | 48 | 2,949 | 1,506 | 1,443 | 1,162 | 1,787 | ......... | ......... | | |
| | 49 | 1,962 | 1,006 | 956 | 970 | 992 | ......... | ......... | | |
| *Total Village* ... | ...... | *174,620* | *87,584* | *87,036* | *86,197* | *88,295* | *42* | *86* | | |

| | | | | | | | | | |
|---|---|---|---|---|---|---|---|---|---|
| | | | | TEA GARDEN. | | | | | |
| | 1 | 303 | 173 | 130 | 292 | 10 | ........ | 1 | | |
| *Total Tea garden* ... | ...... | *303* | *173* | *1.0* | *292* | *10* | ... . | *1* | | |
| *Total Thana excluding Outposts* ... ... | ...... | *178,272* | *89,901* | *88,.71* | *88,123* | *90,010* | *44* | *95* | | |
| | | | | VILLAGE. | | | | | | |
| Thana Karimganj—*contd.* Outpost Patharkandi ... | 1 | 2,289 | 1,195 | 1,094 | 343 | 1,946 | ........ | ........ | Bárui; Bhuinmáli; Dhobá; Dom (Pátni); Goálá; Hálwá Dás; Jugi; Kámár; Káyastha; Kumár; Máhimal; Manipuri; Moghal; Muchi; Namasudra (Chandál); Santhal; Shekh; Siddiki; Teli | 63·59 |
| | 2 | 1,388 | 735 | 653 | 626 | 762 | ........ | ........ | | |
| | 3 | 4,094 | 2,067 | 2,027 | 2,321 | 1,773 | ........ | ........ | | |
| | 4 | 1,271 | 642 | 629 | 615 | 656 | ........ | ........ | | |
| | 5 | 3,166 | 1,586 | 1,580 | 1,394 | 1,772 | ........ | ........ | | |
| | 6 | 947 | 478 | 469 | 226 | 721 | ........ | ... ... | | |
| | 7 | 4,619 | 2,369 | 2,250 | 2,080 | 2,539 | ........ | ........ | | |
| | 8 | 4,002 | 2,022 | 1,980 | 1,001 | 3,001 | ........ | ........ | | |
| | 9 | 5,114 | 2,676 | 2,438 | 4,268 | 846 | ........ | ........ | | |
| | 10 | 2,673 | 1,407 | 1,266 | 1,788 | 885 | ........ | ........ | | |
| | 11 | 683 | 378 | 305 | 154 | 525 | 4 | ........ | | |
| | 12 | 890 | 455 | 435 | 424 | 466 | ........ | ........ | | |
| *Total Village* ... | ...... | *31,136* | *16,010* | *15,126* | *15,240* | *15,892* | *4* | ........ | | |
| | | | | TEA GARDEN. | | | | | | |
| | 4 | 832 | 414 | 418 | 823 | 7 | ........ | 2 | | |
| | 5 | 501 | 257 | 244 | 453 | 47 | ........ | 1 | | |
| | 6 | 631 | 340 | 291 | 533 | 32 | 64 | 2 | | |
| | 7 | 274 | 152 | 122 | 262 | 11 | ........ | 1 | | |
| | 8 | 528 | 288 | 240 | 492 | 25 | 11 | ........ | | |
| | 9 | 714 | 387 | 327 | 641 | 7 | ........ | 66 | | |
| | 10 | 346 | 203 | 143 | 221 | 55 | 69 | 1 | | |
| | 11 | 338 | 188 | 150 | 322 | 13 | 2 | 1 | | |
| | 12 | 1,420 | 765 | 655 | 1,301 | 32 | 84 | 3 | | |
| | 13 | 1,202 | 624 | 578 | 1,161 | 39 | ........ | 2 | | |
| | 14 | 690 | 360 | 330 | 666 | 24 | ........ | ........ | | |
| *Total Tea garden* ... | ...... | *7,476* | *3,978* | *3,498* | *6,875* | *292* | *260* | *79* | | |
| *Total Outpost* ... | ...... | *38,612* | *19,988* | *18,624* | *22,115* | *16,184* | *234* | *79* | | |

# PROVINCIAL TABLE XI.

## DISTRICT SYLHET—continued.

### SUBDIVISION KARIMGANJ—*continued.*

| THANA OR OUTPOST. | CIRCLE No. | TOTAL POPULATION. Total. | Males. | Females. | POPULATION BY RELIGION. Hindu. | Musalman. | Animistic. | Others. | Principal castes returned in thana or outpost. | Percentage of persons shewn as agriculturists in thana or outpost. |
|---|---|---|---|---|---|---|---|---|---|---|
| 1 | 2 | 3 | 4 | 5 | 6 | 7 | 8 | 9 | 10 | 11 |
| | | | | **VILLAGE.** | | | | | | |
| Thana Karimganj—*contd.* Outpost Rata Bari ... | 13 | 3,334 | 1,738 | 1,596 | 1,404 | 1,873 | 57 | ......... | Bhar; Bhuinmáli; Chámár (Jaiswár); Dom (Pátni); Goálá; Jugi; Káhár; Koiri; Káyastha; Kumár; Kuki; Kurmi; Manipuri; Namasudra (Chandál); Nuniá; Sháhá; Shekh; Teli. | 55·35 |
| | 14 | 2,425 | 1,257 | 1,168 | 1,352 | 1,073 | ......... | ......... | | |
| | 15 | 2,908 | 1,494 | 1,414 | 1,267 | 1,641 | ......... | ......... | | |
| | 16 | 8,866 | 4,710 | 1,456 | 5,522 | 3,178 | 166 | ......... | | |
| | 17 | 3,233 | 1,684 | 1,549 | 2,016 | 1,217 | ......... | ......... | | |
| | 18 | 2,207 | 1,210 | 997 | 1,723 | 484 | ......... | ......... | | |
| | 19 | 3,509 | 1,846 | 1,663 | 1,863 | 1,646 | ......... | ......... | | |
| | 20 | 2,259 | 1,182 | 1,077 | 1,194 | 1,065 | ......... | ......... | | |
| *Total Village* ... | ...... | *28,741* | *15,121* | *13,620* | *16,341* | *12,177* | *223* | ......... | | |
| | | | | **TEA GARDEN.** | | | | | | |
| | 19 | 1,243 | 641 | 602 | 1,018 | 181 | 42 | 2 | | |
| | 20 | 1,375 | 736 | 639 | 1,300 | 71 | 2 | 2 | | |
| | 21 | 569 | 287 | 282 | 562 | 6 | ......... | 1 | | |
| | 22 | 686 | 388 | 298 | 647 | 38 | ......... | 1 | | |
| | 23 | 876 | 475 | 401 | 809 | 64 | ......... | 3 | | |
| | 24 | 1,975 | 1,105 | 870 | 1,612 | 340 | 20 | 3 | | |
| | 25 | 495 | 268 | 227 | 482 | 12 | ......... | 1 | | |
| | 26 | 1,345 | 737 | 608 | 1,178 | 163 | ......... | 4 | | |
| | 27 | 1,380 | 766 | 614 | 1,338 | 40 | ......... | 2 | | |
| | 28 | 440 | 264 | 176 | 435 | ......... | ......... | 5 | | |
| | 29 | 654 | 413 | 241 | 535 | 27 | 88 | 4 | | |
| | 30 | 540 | 317 | 223 | 526 | 13 | ......... | 1 | | |

| | | | | | | | | | | |
|---|---|---|---|---|---|---|---|---|---|---|
| | 31 | 1,244 | 618 | 626 | 1,145 | 98 | ......... | 1 | | |
| | 32 | 790 | 446 | 344 | 770 | 18 | ......... | 2 | | |
| *Total Tea Garden* ... | ...... | *13,612* | *7,461* | *6,151* | *12,357* | *1,071* | *152* | *32* | | |
| *Total Outpost* ... | ...... | *42,353* | *22,582* | *19,771* | *28,698* | *13,248* | *376* | *32* | | |
| *Total Thana including outposts* ... ... | ...... | *259,237* | *132,471* | *126,766* | *138,936* | *119,442* | *653* | *206* | | |
| | | | | VILLAGE | | | | | | |
| Thana Jaldhup ... | 1 | 3,938 | 1,909 | 2,029 | 1,087 | 2,851 | ......... | ......... | Barui; Bhuinmáli; Bráhman; Dhobá; Dholi; Dom (Pátni); Hálwá Dás; Jugi; Kámár; Kapáli; Káyastha; Kumár; Namasudra (Chandál); Nápit; Páthán; Sarnakár; Sháhá; Shekh; Teli. | 53·17 |
| | 2 | 2,054 | 971 | 1,083 | 910 | 1,144 | ......... | ......... | | |
| | 3 | 4,355 | 2,144 | 2,211 | 2,010 | 2,345 | ... | ......... | | |
| | 4 | 5,298 | 2,643 | 2,655 | 2,103 | 3,195 | ......... | ......... | | |
| | 5 | 2,380 | 1,204 | 1,176 | 1,232 | 1,148 | ......... | ......... | | |
| | 6 | 4,939 | 2,439 | 2,500 | 1,814 | 3,125 | ......... | ......... | | |
| | 7 | 1,954 | 1,016 | 938 | 1,032 | 922 | ......... | ......... | | |
| | 8 | 4,144 | 2,073 | 2,071 | 2,093 | 2,051 | ......... | ......... | | |
| | 9 | 3,847 | 1,938 | 1,909 | 1,567 | 2,280 | ......... | ......... | | |
| | 10 | 11,018 | 5,481 | 5,537 | 4,453 | 6,565 | ......... | ......... | | |
| | 11 | 3,239 | 1,643 | 1,596 | 1,230 | 2,009 | ......... | ......... | | |
| | 12 | 5,936 | 2,869 | 3,067 | 1,761 | 4,175 | ......... | ......... | | |
| | 13 | 3,281 | 1,644 | 1,637 | 1,204 | 2,077 | ......... | ......... | | |
| | 14 | 2,947 | 1,501 | 1,446 | 154 | 2,793 | ......... | ......... | | |
| | 15 | 4,231 | 2,003 | 2,228 | 3,599 | 632 | ......... | ......... | | |
| | 16 | 2,533 | 1,279 | 1,254 | 1,336 | 1,197 | ......... | ......... | | |
| | 17 | 3,897 | 1,946 | 1,951 | 974 | 2,923 | ......... | ......... | | |
| | 18 | 3,597 | 1,852 | 1,745 | 1,198 | 2,399 | ......... | ......... | | |
| | 19 | 4,075 | 2,060 | 2,015 | 3,243 | 832 | ......... | ......... | | |
| | 20 | 3,284 | 1,692 | 1,592 | 2,715 | 569 | ......... | ......... | | |
| | 21 | 3,888 | 1,961 | 1,927 | 3,381 | 507 | ......... | ......... | | |
| | 22 | 2,892 | 1,443 | 1,449 | 1,649 | 1,243 | ......... | ......... | | |
| | 23 | 2,742 | 1,385 | 1,357 | 939 | 1,803 | ......... | ......... | | |
| | 24 | 2,928 | 1,401 | 1,527 | 1,556 | 1,370 | 2 | ......... | | |
| | 25 | 4,428 | 2,199 | 2,229 | 2,898 | 1,530 | ......... | ......... | | |
| | 26 | 4,650 | 2,272 | 2,378 | 2,133 | 2,517 | ......... | ......... | | |
| | 27 | 3,805 | 1,905 | 1,900 | 1,776 | 2,029 | ......... | ......... | | |
| | 28 | 2,584 | 1,297 | 1,305 | 1,612 | 972 | ......... | ......... | | |

PROVINCIAL TABLE XI.

## DISTRICT SYLHET—continued.

SUBDIVISION KARIMGANJ—*continued.*

| THANA OR OUTPOST. | CIRCLE No. | TOTAL POPULATION. | | | POPULATION BY RELIGION. | | | | Principal castes returned in thana or outpost. | Percentage of persons shewn as agriculturists in thana or outpost. |
|---|---|---|---|---|---|---|---|---|---|---|
| | | Total. | Males. | Females. | Hindu. | Musalman. | Animistic. | Others. | | |
| 1 | 2 | 3 | 4 | 5 | 6 | 7 | 8 | 9 | 10 | 11 |
| | 29 | 1,662 | 798 | 864 | 754 | 908 | ......... | ......... | | |
| | 30 | 2,350 | 1,210 | 1,140 | 1,294 | 1,056 | ......... | ......... | | |
| | 31 | 2,736 | 1,435 | 1,301 | 1,326 | 1,410 | ......... | ......... | | |
| | 32 | 3,031 | 1,518 | 1,513 | 1,531 | 1,500 | ......... | ......... | | |
| *Total Village* ... | ...... | *118,643* | *59,113* | *59,530* | *56,564* | *62,077* | *2* | ......... | | |
| TEA GARDEN. | | | | | | | | | | |
| Thana Jaldhup—*contd.* ... | 2 | 656 | 311 | 345 | 614 | 36 | ......... | 6 | | |
| | 3 | 1,347 | 693 | 654 | 1,199 | 26 | 118 | 4 | | |
| | 15 | 723 | 417 | 306 | 655 | 66 | ......... | 2 | | |
| | 16 | 977 | 521 | 456 | 236 | 52 | 687 | 2 | | |
| | 17 | 652 | 371 | 281 | 471 | 53 | 126 | 2 | | |
| | 18 | 389 | 208 | 181 | 192 | 24 | 172 | 1 | | |
| *Total Tea garden* ... | ...... | *4,744* | *2,521* | *2,223* | *3,367* | *257* | *1,103* | *17* | | |
| *Total Thana excluding Protabgarh Tahsil* ... | ...... | *123,387* | *61,634* | *61,753* | *59,981* | *62,334* | *1,105* | *17* | | |
| Thana Jaldhup—*contd.* ... | 1 | 1,771 | 900 | 871 | 10 | 10 | 1,751 | ......... | Bhuinmáli; Dom (Pátni); Kámár; Kuki; Lushái; Manipuri; Shekh; Tipperah. | 98·86 |
| Protabgarh Tahsil ... | 2 | 243 | 129 | 114 | 4 | ...... | 239 | ......... | | |
| *Total Tahsil* ... | ...... | *2,014* | *1,029* | *985* | *14* | *10* | *1,990* | ......... | | |
| *Total Thana including Tahsil* ... ... | ...... | *125,401* | *62,663* | *62,738* | *59,945* | *62,344* | *3,095* | *17* | | |

# PROVINCIAL TABLE XI.

## DISTRICT SYLHET—concluded.

### SUBDIVISION KARIMGANJ—*concluded.*

| THANA OR OUTPOST. | CIRCLE NUMBER. | TOTAL POPULATION. | | | POPULATION BY RELIGION. | | | | Principal castes returned in thana or outpost. | Percentage of persons shewn as agriculturists in thana or outpost. |
|---|---|---|---|---|---|---|---|---|---|---|
| | | Total. | Males. | Females. | Hindu. | Musalman. | Animistic. | Others. | | |
| 1 | 2 | 3 | 4 | 5 | 6 | 7 | 8 | 9 | 10 | 11 |
| | | | | SUBDIVISIONAL ABSTRACT. | | | | | | |
| | *Total Town* ... ... | *3,349* | *2,144* | *1,205* | *1,634* | *1,705* | *2* | *8* | | |
| | *Total Village* ... ... | *355,154* | *178,857* | *176,297* | *174,356* | *178,451* | *2,261* | *86* | | |
| | *Total Tea Garden* ... ... | *26,135* | *14,133* | *12,002* | *22,891* | *1,630* | *1,485* | *129* | | |
| | *Total for the Subdivision* ... | *384,638* | *195,134* | *189,504* | *198,881* | *181,786* | *3,748* | *223* | | |
| | | | | DISTRICT ABSTRACT. | | | | | | |
| | *Total Town* ... ... | *27,305* | *16,678* | *10,627* | *14,250* | *12,885* | *12* | *158* | | |
| | *Total Village* ... ... | *2,034,397* | *1,034,961* | *999,436* | *917,511* | *1,106,677* | *10,073* | *136* | | |
| | *Total Tea Garden* ... ... | *92,891* | *49,299* | *43,592* | *84,307* | *4,422* | *3,733* | *429* | | |
| | *Total for the District* ... ... | *2,154,593* | *1,100,938* | *1,053,655* | *1,016,068* | *1,123,984* | *13,818* | *723* | | |

# PROVINCIAL TABLE XI.

## DISTRICT GOALPARA.

### SUBDIVISION DHUBRI.

| THANA OR OUTPOST. | CIRCLE No. | TOTAL POPULATION. Total. | Males. | Females. | POPULATION BY RELIGION. Hindu. | Musalman. | Animistic. | Others. | Principal castes returned in thana or outpost. | Percentage of persons shewn as agriculturists in thana or outpost. |
|---|---|---|---|---|---|---|---|---|---|---|
| 1 | 2 | 3 | 4 | 5 | 6 | 7 | 8 | 9 | 10 | 11 |
| | | | | TOWN. | | | | | | |
| | 1 | 546 | 437 | 109 | 322 | 151 | 8 | 65 | | |
| | 2 | 501 | 368 | 133 | 409 | 86 | 6 | ......... | | |
| | 3 | 2,626 | 2,170 | 456 | 1,512 | 1,033 | 50 | 31 | | |
| | 4 | 1,006 | 569 | 437 | 422 | 571 | 5 | 8 | | |
| | Steamer. | 146 | 144 | 2 | 50 | 88 | 1 | 7 | | |
| *Total Town* ... | ...... | *4,825* | *3,688* | *1,137* | *2,715* | *1,929* | *70* | *111* | | |
| | | | | VILLAGE. | | | | | | |
| Thana Dhubri ... | 1 | 2,153 | 1,164 | 989 | 1,280 | 873 | ......... | ......... | Bhuinmáli; Bráhman; Dhobi; Gáro; Goálá; Jugi; Káyastha; Koch; Kurmi; Mech; Namasudra (Chandal); Nápit; Páthán; Rábhá; Rájbansi; Sháhá; Shekh. | 72·84 |
| | 2 | 3,833 | 1,963 | 1,870 | 489 | 3,344 | ......... | ......... | | |
| | 3 | 2,847 | 1,403 | 1,444 | 1,580 | 1,267 | ......... | ......... | | |
| | 4 | 3,575 | 1,827 | 1,748 | 1,795 | 1,776 | ......... | 4 | | |
| | 5 | 3,331 | 1,690 | 1,641 | 725 | 2,595 | 11 | ......... | | |
| | 6 | 2,944 | 1,484 | 1,460 | 1,244 | 1,700 | ......... | ......... | | |
| | 7 | 2,126 | 1,120 | 1,006 | 206 | 1,920 | ......... | ...... | | |
| | 8 | 4,097 | 2,112 | 1,985 | 1,458 | 2,635 | ......... | 4 | | |
| | 9 | 5,516 | 2,915 | 2,601 | 3,447 | 2,048 | ......... | 21 | | |
| | 10 | 2,549 | 1,324 | 1,225 | 485 | 2,060 | 4 | ......... | | |
| | 11 | 4,310 | 2,605 | 1,705 | 2,599 | 1,651 | 1 | 59 | | |
| | 12 | 1,707 | 909 | 798 | 678 | 871 | 158 | ......... | | |
| | 13 | 2,818 | 1,479 | 1,339 | 965 | 1,853 | ......... | ......... | | |
| | 14 | 3,943 | 2,021 | 1,922 | 1,764 | 2,134 | 45 | ......... | | |
| | 15 | 817 | 464 | 353 | 375 | 442 | ...... | ......... | | |
| | 16 | 1,908 | 1,055 | 853 | 412 | 1,495 | 1 | ......... | | |
| | 17 | 4,110 | 2,420 | 1,690 | 392 | 384 | 3,334 | ......... | | |

| | | | | | | | | | | |
|---|---|---|---|---|---|---|---|---|---|---|
| | Patrol Boat. | 116 | 116 | ......... | 113 | 8 | ......... | ......... | | |
| *Total Village* ... | ...... | *52,700* | *28,071* | *24,629* | *20,007* | *29,051* | *3,554* | *88* | | |
| *Total Thana excluding Outposts* ... .. | ...... | *57,525* | *31,759* | *25,766* | *22,722* | *30,980* | *3,624* | *199* | | |
| Thana Dhubri—*contd.* ... Outpost Bogari Bari ... | 1 | 2,753 | 2,003 | 750 | 1,839 | 905 | 9 | ......... | Bráhman; Gáro; Goálá; Jugi; Kalitá; Káyastha; Mech; Namasudra (Chandál); Rábhá; Rájbansi; Shekh. | 66·57 |
| | 2 | 1,876 | 1,146 | 730 | 800 | 1,031 | 15 | 30 | | |
| | 3 | 1,975 | 1,010 | 965 | 753 | 1,158 | 64 | ......... | | |
| | 4 | 2,507 | 1,347 | 1,160 | 576 | 67 | 1,864 | ......... | | |
| | 5*a* | 1,088 | 590 | 498 | 272 | 3 | 811 | 2 | | |
| *Total Outpost* .. | ...... | *10,199* | *6,096* | *4,103* | *4,240* | *3,164* | *2,763* | *32* | | |
| Thana Dhubri—*contd.* ... Outpost Phakirgram. ... | 1*a* | 2,486 | 1,305 | 1,181 | 1,584 | 7 | 895 | ......... | Bráhman; Gáro; Jaladhá; Jugi; Kalitá; Káyastha; Koch; Mech; Namasudra (Chandál); Nápit; Nuniá; Rábhá; Rájbansi; Shekh; Sutradhar. | 91·18 |
| | 2*a* | 2,351 | 1,251 | 1,100 | 1,873 | 240 | 238 | ......... | | |
| | 3*a* | 2,037 | 1,163 | 874 | 1,236 | 81 | 720 | ......... | | |
| | 4*a* | 1,798 | 933 | 865 | 1,503 | 123 | 172 | ......... | | |
| | 5*a* | 2,506 | 1,219 | 1,287 | 141 | 16 | 2,349 | ......... | | |
| | 6*a* | 3,521 | 1,707 | 1,814 | 970 | ......... | 2,551 | ......... | | |
| | 7*a* | 2,873 | 1,464 | 1,409 | 1,123 | 8 | 1,742 | ......... | | |
| | 8 | 3,154 | 1,633 | 1,521 | 531 | 69 | 2,554 | ......... | | |
| | 9 | 2,887 | 1,491 | 1,396 | 1,663 | 9 | 1,215 | ......... | | |
| | 10 | 3,091 | 1,615 | 1,476 | 1,610 | 320 | 1,160 | 1 | | |
| | 11 | 2,749 | 1,459 | 1,290 | 2,429 | 310 | 10 | ......... | | |
| | 12 | 1,797 | 901 | 896 | 1,169 | 110 | 518 | ......... | | |
| | 13 | 6,221 | 3,161 | 3,060 | 2,739 | 167 | 3,315 | ......... | | |
| | River... | 178 | 165 | 13 | 124 | 54 | ......... | ......... | | |
| *Total Outpost* ... | ...... | *37,649* | *19,467* | *18,182* | *18,695* | *1,514* | *17,439* | *1* | | |
| | | | | VILLAGE. | | | | | | |
| Thana Dhubri—*contd.* ... Outpost Khagrabari ... | 1*a* | 1,071 | 524 | 547 | 1,003 | 68 | ......... | ......... | Bhuinmáli; Bhuiyá; Bhumij; Dom (Pátni); Goálá; Káyastha; Koch; Kumár; Kurmi; Málo (Jhálo); Mech; Muchi; Namasudra (Chandál); Nápit; Nuniá; Páthán; Rábhá; Rájbansi; Shekh; Sháhá. | 81·39 |
| | 2 | 464 | 254 | 210 | 441 | 4 | 19 | ......... | | |
| | 3 | 1,061 | 546 | 515 | 907 | 154 | ......... | ......... | | |
| | 4*a* | 685 | 355 | 330 | 448 | 237 | ......... | ......... | | |
| | 5 | 1,653 | 854 | 799 | 1,575 | 69 | 9 | ......... | | |
| | 6*a* | 2,149 | 1,138 | 1,011 | 1,722 | 427 | ......... | ......... | | |
| | 7 | 2,842 | 1,414 | 1,428 | 1,803 | 1,039 | ......... | ......... | | |
| | 8*a* | 3,147 | 1,632 | 1,515 | 2,004 | 405 | 738 | ......... | | |

# PROVINCIAL TABLE XI.

## DISTRICT GOALPARA—continued.

### SUBDIVISION DHUBRI—*continued.*

| THANA OR OUTPOST. | CIRCLE No. | TOTAL POPULATION. | | | POPULATION BY RELIGION. | | | | Principal castes returned in thana or outpost. | Percentage of persons shewn as agriculturists in thana or outpost. |
|---|---|---|---|---|---|---|---|---|---|---|
| | | Total. | Males. | Females. | Hindu. | Musalman. | Animistic. | Others. | | |
| 1 | 2 | 3 | 4 | 5 | 6 | 7 | 8 | 9 | 10 | 11 |
| Thana Dhubri—*contd.* ... Outpost Khagrabari—*concld* | 9 | 2,716 | 1,385 | 1,331 | 1,393 | 1,323 | ......... | ......... | | |
| | 10 | 2,704 | 1,411 | 1,293 | 1,762 | 942 | ......... | ......... | | |
| | 11 | 2,519 | 1,304 | 1,215 | 2,162 | 349 | ......... | 8 | | |
| | 12*a* | 1,331 | 703 | 628 | 1,195 | 136 | ......... | ......... | | |
| | 13 | 2,167 | 1,154 | 1,013 | 854 | 1,313 | ......... | ......... | | |
| | 14*a* | 1,829 | 967 | 862 | 1,496 | 327 | 6 | ......... | | |
| | 15 | 3,996 | 2,084 | 1,912 | 2,909 | 1,075 | ......... | 12 | | |
| | 16 | 1,918 | 1,076 | 842 | 1,549 | 359 | 2 | 8 | | |
| | 17*a* | 882 | 426 | 456 | 726 | 156 | ......... | ......... | | |
| | 18*a* | 1,769 | 917 | 852 | 1,225 | 535 | ......... | 9 | | |
| | 19 | 2,358 | 1,176 | 1,182 | 1,465 | 893 | ......... | ......... | | |
| | 20 | 2,575 | 1,321 | 1,254 | 1,855 | 720 | ......... | ......... | | |
| *Total Village* ... | ...... | *39,836* | *20,641* | *19,195* | *28,494* | *10,541* | *774* | *37* | | |
| | | | | TEA GARDEN. | | | | | | |
| | 16*a* | 189 | 103 | 86 | 178 | ... | ... | 11 | | |
| *Total Tea garden* ... | ... | *189* | *103* | *86* | *178* | ... | .. | *11* | | |
| *Total Outpost* ... | ... | *40,025* | *20,744* | *19,281* | *28,672* | *10,531* | *774* | *48* | | |
| | | | | VILLAGE. | | | | | | |
| Thana Dhubri—*contd.*... Outpost Agami ... | 1 | 2,057 | 1,083 | 974 | 1,036 | 1,018 | 1 | 2 | Bráhman; Dholi; Jugi; Kaibartta; Káyastha; Khyen; Koch; Mech; Namasudra (Chandál); Nápit; Native Christian; Phulmáli (Málákár); Rábhá; Rájbansi; Santhál; Shekh. | 82·58 |
| | 2*a* | 1,983 | 987 | 996 | 1,399 | 577 | ......... | 7 | | |
| | 3*a* | 11,65 | 587 | 578 | 866 | 299 | ......... | ......... | | |
| | 4 | 3,498 | 1,740 | 1,758 | 2,488 | 998 | 12 | ......... | | |
| | 5*a* | 1,098 | 573 | 525 | 572 | 526 | ......... | ......... | | |

| | | | | | | | | | | |
|---|---|---|---|---|---|---|---|---|---|---|
| Thana Dhubri—*contd.* ... Outpost Agamani—*concld.* | 6 | 1,461 | 768 | 693 | 1,295 | 166 | ......... | ......... | | |
| | 7a | 1,605 | 802 | 803 | 1,315 | 290 | ......... | ......... | | |
| | 8 | 2,054 | 1,132 | 922 | 1,774 | 142 | 136 | 2 | | |
| | 9 | 1,027 | 511 | 516 | 900 | 1 | 126 | ......... | | |
| | 10a | 847 | 498 | 349 | 92 | 22 | 98 | 635 | | |
| | 11a | 910 | 459 | 451 | 479 | 431 | ......... | ......... | | |
| | 12 | 2,106 | 1,059 | 1,047 | 1,547 | 559 | ......... | ......... | | |
| | 13a | 1,076 | 531 | 545 | 1,062 | 14 | ......... | ......... | | |
| | 14 | 2,049 | 1,042 | 1,007 | 1,476 | 569 | 4 | ......... | | |
| | 15a | 3,473 | 1,771 | 1,702 | 1,968 | 1,470 | 35 | ......... | | |
| | 16 | 5,868 | 3,042 | 2,826 | 4,869 | 991 | ......... | 8 | | |
| | 17 | 4,589 | 2,330 | 2,259 | 3,501 | 1,088 | ......... | ......... | | |
| | 18 | 2,053 | 1,020 | 1,033 | 1,239 | 814 | ......... | ......... | | |
| *Total Village* ... | ...... | *38,919* | *19,935* | *18,984* | *27,878* | *9,975* | *412* | *654* | | |
| | | | | TEA GARDEN. | | | | | | |
| | 10 | 366 | 237 | 129 | 61 | 8 | 212 | 85 | | |
| *Total Tea garden* ... | ...... | *366* | *237* | *129* | *61* | *8* | *212* | *85* | | |
| *Total Outpost* ... | ...... | *39,285* | *20,172* | *19,113* | *27,939* | *9,983* | *624* | *739* | | |
| Thana Dhubri—*contd.* ... Outpost Kachugaon ... | 1a | 2,718 | 1,466 | 1,252 | 231 | 6 | 2,465 | 16 | Koch; Mech; Rábhá; Rájbansi. | 82·39 |
| | 1b | 132 | 132 | ......... | 111 | 15 | 4 | 2 | | |
| | 1c | 103 | 103 | ......... | 73 | 6 | 22 | 2 | | |
| | 2a | 2,329 | 1,294 | 1,035 | 281 | 21 | 2,023 | 4 | | |
| *Total Outpost* ... | ...... | *5,282* | *2,995* | *2,287* | *696* | *48* | *4,514* | *24* | | |
| Thana Dhubri—*contd.* ... Outpost Sidli ... | 1 | 4,371 | 2,214 | 2,157 | 2,637 | 87 | 1,647 | ......... | Jaladhá; Koch; Mech; Rábhá; Rájbansi; Shekh; Sutradar. | 79·21 |
| | 2 | 3,840 | 1,900 | 1,940 | 535 | 16 | 3,288 | 1 | | |
| | 3 | 3,709 | 1,766 | 1,943 | 167 | 6 | 3,535 | 1 | | |
| | 4 | 1,862 | 932 | 930 | 11 | 16 | 1,835 | ......... | | |
| | 5 | 2,892 | 1,420 | 1,472 | 57 | 3 | 2,832 | ......... | | |
| | 6 | 4,403 | 2,247 | 2,156 | 111 | 4 | 4,252 | 36 | | |
| | 7 | 8,210 | 4,154 | 4,056 | 412 | 1 | 7,796 | 1 | | |
| *Total Outpost* ... | ...... | *29,287* | *14,633* | *14,654* | *3,930* | *133* | *25,185* | *39* | | |

# PROVINCIAL TABLE XI.
## DISTRICT GOALPARA—continued.
### SUBDIVISION DHUBRI—*concluded.*

| THANA OR OUTPOST. | CIRCLE No. | TOTAL POPULATION. Total. | Males. | Females. | POPULATION BY RELIGION. Hindu. | Musalman. | Animistic. | Others. | Principal castes returned in thana or outpost. | Percentage of persons shewn as agriculturists in thana or outpost. |
|---|---|---|---|---|---|---|---|---|---|---|
| 1 | 2 | 3 | 4 | 5 | 6 | 7 | 8 | 9 | 10 | 11 |
| Thana Dhubri—*concld.* Outpost Bijni. | 1 | 3,237 | 1,707 | 1,530 | 3,188 | 46 | 3 | ......... | Dom (Pátni); Jaladhá; Jugi; Kalitá; Mech; Rájbansi; Shekh; Sutradhar. | 90·89 |
| | 2 | 3,719 | 1,906 | 1,813 | 958 | ......... | 2,747 | 14 | | |
| | 3 | 3,018 | 1,614 | 1,404 | 2,155 | 221 | 639 | 3 | | |
| | 4 | 2,030 | 1,040 | 990 | 477 | ......... | 1,553 | ......... | | |
| | 5 | 3,309 | 1,662 | 1,647 | 603 | 4 | 2,698 | 4 | | |
| | 6 | 2,774 | 1,421 | 1,353 | 237 | ......... | 2,537 | ......... | | |
| | 7 | 4,527 | 2,216 | 2,311 | 346 | 22 | 4,156 | 3 | | |
| | 8 | 3,472 | 1,732 | 1,740 | 910 | ......... | 2,562 | ......... | | |
| *Total Outpost* ... | | *26,086* | *13,298* | *12,788* | *8,874* | *293* | *16,895* | *24* | | |
| *Total thana including Outposts* ... | | *245,338* | *129,164* | *116,174* | *115,768* | *56,646* | *71,818* | *1,106* | | |
| Thana Sukchar ... | 1a | 2,356 | 1,288 | 1,068 | 891 | 1,465 | ......... | ......... | Bráhman; Gandapál; Gáro; Goálá; Káyastha; Koch; Madak (Mayará); Málo (Jhálo); Muchi; Namasudra (Chandál); Nápit; Rájbansi; Sháhá; Shekh. | 85·71 |
| | 2a | 1,105 | 584 | 521 | 73 | 1,032 | ......... | ......... | | |
| | 3a | 1,923 | 981 | 942 | 494 | 1,429 | ......... | ......... | | |
| | 4a | 665 | 341 | 324 | 7 | 613 | 44 | 1 | | |
| | 5a | 1,646 | 854 | 792 | 360 | 1,286 | ......... | ......... | | |
| | 6a | 3,320 | 1,847 | 1,473 | 1,368 | 1,951 | 1 | ......... | | |
| | 7a | 1,359 | 707 | 652 | 188 | 1,133 | ......... | 38 | | |
| | 8a | 1,828 | 956 | 872 | 602 | 1,226 | ......... | ......... | | |
| | 9 | 4,757 | 2,491 | 2,266 | 567 | 4,173 | 17 | ......... | | |
| | 10 | 4,026 | 2,037 | 1,989 | 265 | 3,748 | ......... | 13 | | |
| | 11 | 3,800 | 1,981 | 1,819 | 304 | 3,495 | ......... | 1 | | |
| | 12 | 1,336 | 699 | 637 | 581 | 755 | ......... | ......... | | |
| | 13 | 730 | 428 | 302 | 35 | 695 | ......... | ......... | | |
| *Total thana excluding Outposts* ... | | *28,851* | *15,194* | *13,657* | *5,735* | *23,001* | *62* | *53* | | |

| | | | | | | | | | | |
|---|---|---|---|---|---|---|---|---|---|---|
| Thana Sukchar—*contd.* ... Outpost Jamadarhat ... | 1 | 2,244 | 1,162 | 1,082 | 1,989 | 234 | 21 | ......... | Hálwá Dás; Kalitá; Káyastha; Koch; Namasudra (Chandál); Nápit; Rábhá; Rájbansi; Shekh. | 81·49 |
| | 2 | 2,196 | 1,161 | 1,035 | 1,338 | 729 | 129 | ......... | | |
| | 3 | 2,667 | 1,471 | 1,196 | 1,745 | 908 | 5 | 9 | | |
| | 4 | 3,752 | 2,086 | 1,666 | 1,232 | 2,474 | ......... | 46 | | |
| | 5 | 2,521 | 1,277 | 1,244 | 886 | 1,635 | ......... | ......... | | |
| | 6 | 5,024 | 2,674 | 2,350 | 457 | 4,563 | 3 | 1 | | |
| | 7 | 4,622 | 2,443 | 2,179 | 2,920 | 1,696 | ......... | 6 | | |
| | 8 | 1,732 | 957 | 775 | 577 | 1,155 | ......... | ......... | | |
| *Total Outpost* ... | ...... | *24,758* | *13,231* | *11,527* | *11,144* | *13,394* | *168* | *62* | | |
| Thana Sukchar *concld.*... Outpost Manikarchar ... | 1 | 2,921 | 1,469 | 1,452 | 265 | 2,656 | ......... | ......... | Bráhman; Gáro; Jugi; Káyastha; Koch; Kumár; Namasudra (Chandál); Nápit; Rájbansi; Sháhá; Shekh. | 73·65 |
| | 2 | 4,164 | 2,096 | 2,068 | 119 | 4,045 | ......... | ......... | | |
| | 3 | 3,670 | 1,905 | 1,765 | 504 | 3,153 | 13 | ......... | | |
| | 4 | 2,205 | 1,068 | 1,137 | 175 | 2,030 | ......... | ......... | | |
| | 5 | 3,312 | 1,810 | 1,502 | 1,231 | 2,023 | 1 | 57 | | |
| | 6 | 1,427 | 735 | 692 | 895 | 18 | 514 | ......... | | |
| | 7 | 1,135 | 601 | 534 | 352 | 668 | 78 | 37 | | |
| *Total Outpost* ... | ...... | *18,834* | *9,684* | *9,150* | *3,541* | *14,593* | *606* | *94* | | |
| *Total Thana including Outposts* ... | ...... | *72,443* | *38,109* | *34,334* | *20,420* | *50,988* | *826* | *209* | | |

SUBDIVISIONAL ABSTRACT.

| | | | | | | | | |
|---|---|---|---|---|---|---|---|---|
| *Total Town* ... | ... | *4,825* | *3,688* | *1,157* | *2,715* | *1,929* | *70* | *111* |
| *Total Village* ... | ... | *312,401* | *163,245* | *149,156* | *133,234* | *105,697* | *72,362* | *1,108* |
| *Total Tea Garden* ... | ... | *555* | *340* | *215* | *239* | *8* | *212* | *96* |
| *Total for the Subdivision* | ... | *317,781* | *167,273* | *150,508* | *136,188* | *107,634* | *72,644* | *1,315* |

PROVINCIAL TABLE XI.

# DISTRICT GOALPARA—continued.

## SUBDIVISION GOALPARA.

| THANA OR OUTPOST. | CIRCLE No. | TOTAL POPULATION. | | | POPULATION BY RELIGION. | | | | Principal castes returned in thana or outpost. | Percentage of persons shewn as agriculturists in thana or outpost. |
|---|---|---|---|---|---|---|---|---|---|---|
| | | Total. | Males. | Females. | Hindu. | Musalman. | Animistic. | Others. | | |
| 1 | 2 | 3 | 4 | 5 | 6 | 7 | 8 | 9 | 10 | 11 |
| | | | | TOWN. | | | | | | |
| | 1 | 1,630 | 1,134 | 496 | 1,127 | 363 | 28 | 120 | Bráhman; Dom (Pátni); Gáro; Goálá; Hirá; Jugi; Káchári; Kaibartta; Kalitá; Káyastha; Koch; Namasudra (Chandál); Nápit; Oswál; Rábhá; Rájbansi; Sháhá; Shekh; Teli. | 56·91 |
| | 2 | 804 | 415 | 389 | 233 | 571 | ......... | ......... | | |
| | 3 | 615 | 329 | 286 | 490 | 51 | 74 | ..... ... | | |
| | 4 | 1,204 | 615 | 589 | 715 | 471 | 17 | 1 | | |
| | Boat. | 885 | 883 | 2 | 697 | 178 | 10 | ......... | | |
| | Steamer. | 302 | 229 | 73 | 219 | 78 | ......... | 5 | | |
| *Total Town* ... | | *5,440* | *3,605* | *1,835* | *3,481* | *1,712* | *121* | *126* | | |
| | | | | VILLAGE. | | | | | | |
| Thana Goalpara ... | 1 | 5,054 | 2,521 | 2,533 | 4,117 | 540 | 393 | 4 | | |
| | 1 Boat. | 121 | 121 | ......... | 90 | 31 | ......... | ......... | | |
| | 2 | 3,647 | 1,881 | 1,766 | 2,665 | 579 | 403 | ......... | | |
| | 3 | 2,830 | 1,442 | 1,388 | 850 | 803 | 1,173 | 4 | | |
| | 4 | 4,935 | 2,477 | 2,458 | 623 | 9 | 4,303 | ......... | | |
| *Total Village* ... | | *16,587* | *8,442* | *8,145* | *8,345* | *1,962* | *6,272* | *8* | | |
| | | | | TEA GARDEN. | | | | | | |
| | Garden 4 | 16 | 10 | 6 | 1 | ......... | 15 | ......... | | |
| *Total Tea garden* ... | ... | *16* | *10* | *6* | *1* | ......... | *15* | ......... | | |
| *Total Thana excluding Outposts* ... | ...... | *22,043* | *12,057* | *9,986* | *11,827* | *3,674* | *6,408* | *134* | | |

| | | | | | | | | | | |
|---|---|---|---|---|---|---|---|---|---|---|
| Thana Goalpara—*contd.* Outpost Darrangiri ... | 1 | 2,267 | 1,024 | 1,243 | 365 | 16 | 1,848 | 38 | Bráhman; Dom (Pátni); Gáro; Hirá; Jaladhá; Jugi; Káchári; Kaibartta; Kalitá; Koch; Kumár; Namasudra (Chandál); Rábhá; Rájbansi; Sháhá; Shekh; Teli. | 83·82 |
| | 2 | 3,371 | 1,660 | 1,711 | 593 | 68 | 2,655 | 55 | | |
| | 3 | 2,484 | 1,256 | 1,228 | 429 | 64 | 1,991 | ......... | | |
| | 4 | 2,892 | 1,368 | 1,524 | 1,480 | 114 | 1,298 | ......... | | |
| | 5 | 1,694 | 810 | 884 | 280 | 12 | 1,402 | ......... | | |
| | 6 | 2,047 | 1,021 | 1,026 | 1,789 | 58 | 200 | ......... | | |
| *Total Outpost* ... | ...... | *14,755* | *7,139* | *7,616* | *4,936* | *332* | *9,394* | *93* | | |
| Thana Goalpara—*contd.* Outpost Salpara ... | 1/7 | 3,061 | 1,636 | 1,425 | 1,257 | 526 | 1,276 | 2 | Dom (Pátni); Gáro: Jaladhá; Jugi; Káchári; Kalitá; Koch; Mech; Nápit; Native Christian; Rábhá; Rájbansi; Saiad: Shekh; Sutradhar. | 84·09 |
| | 2/8 | 2,770 | 1,236 | 1,534 | 621 | 34 | 2,115 | ...... ... | | |
| | 3/9 | 4,487 | 2,448 | 2,039 | 663 | 529 | 2,944 | 351 | | |
| | 4/10 | 3,307 | 1,612 | 1,695 | 74 | ......... | 3,199 | 34 | | |
| *Total Outpost* ... | ...... | *13,625* | *6,932* | *6,693* | *2,615* | *1,089* | *9,534* | *387* | | |
| Thana Goalpara—*contd.* Outpost Lakhipur ... | 1 | 4,978 | 2,820 | 2,158 | 2,233 | 312 | 2,428 | 5 | Bhuinmáli; Bráhman; Gáro; Hájong; Hirá; Jaladhá; Jugi; Káchári; Kaibartta; Kalitá; Mech; Namasudra (Chandál); Nápit; Páthán; Rábhá; Rájbansi; Shekh. | 86·25 |
| | 2 | 5,443 | 2,863 | 2,580 | 980 | 2,607 | 1,856 | ......... | | |
| | 3 | 5,828 | 3,121 | 2,707 | 3,525 | 2,072 | 231 | ......... | | |
| | 4 | 4,166 | 2,138 | 2,028 | 2,932 | 970 | 264 | ......... | | |
| *Total Outpost* ... | ...... | *20,415* | *10,942* | *9,473* | *9,670* | *5,961* | *4,779* | *5* | | |
| Thana Goalpara—*contd.* Outpost Baida ... | 1/5 | 2,022 | 1,039 | 983 | 30 | 6 | 1,986 | ......... | Gáro; Jugi; Kaibartta; Kalitá; Namasudra (Chandál); Rábhá; Rájbansi; Shekh. | 83·61 |
| | 2/6 | 3,771 | 1,999 | 1,772 | 1,259 | 1,303 | 1,209 | ......... | | |
| *Total Outpost* ... | ...... | *5,793* | *3,038* | *2,755* | *1,289* | *1,309* | *3,195* | ......... | | |
| Thana Goalpara—*contd.* Outpost Agia ... | 1/5 | 2,048 | 1,077 | 971 | 1,197 | 9 | 842 | ......... | Dom (Pátni); Gáro; Hirá; Jugi; Káchári; Kalitá; Koch; Native Christian; Rábhá; Rájbansi. | 91·34 |
| | 2/6 | 3,443 | 1,751 | 1,692 | 210 | 15 | 3,218 | ......... | | |
| | 3/7 | 2,254 | 1,114 | 1,140 | 563 | 30 | 1,340 | 321 | | |
| *Total Outpost* ... | ...... | *7,745* | *3,942* | *3,803* | *1,970* | *54* | *5,400* | *321* | | |
| *Total Thana including outposts* ... ... | ...... | *84,376* | *44,050* | *40,326* | *32,307* | *12,419* | *38,710* | *940* | | |

## PROVINCIAL TABLE XI.

# DISTRICT GOALPARA—concluded.

### SUBDIVISION GOALPARA—*concluded.*

| THANA OR OUTPOST. | CIRCLE No. | TOTAL POPULATION. | | | POPULATION BY RELIGION. | | | | Principal castes returned in thana or outpost. | Percentage of persons shewn as agriculturists in thana or outpost. |
|---|---|---|---|---|---|---|---|---|---|---|
| | | Total. | Males. | Females. | Hindu. | Musalman. | Animistic. | Others. | | |
| 1 | 2 | 3 | 4 | 5 | 6 | 7 | 8 | 9 | 10 | 11 |
| Thana Salmara ... | 1 | 2,867 | 1,416 | 1,451 | 1,780 | 1,081 | 6 | ......... | Bráhman ; Dom (Pátni) ; Goálá ; Hirá ; Jaladhá ; Káchári ; Kaibartta ; Kalitá ; Koch ; Mech ; Namasudra (Chandál) ; Nápit ; Rábhá ; Rájbansi ; Shekh ; Sonár ; Sutradhar. | 77·89 |
| | 2 | 1,739 | 827 | 912 | 1,605 | 129 | 5 | ......... | | |
| | 3 | 2,287 | 1,217 | 1,070 | 1,526 | 591 | 170 | ......... | | |
| | 4 | 3,473 | 1,789 | 1,684 | 3,105 | 284 | 84 | ......... | | |
| | 5 | 1,844 | 923 | 921 | 1,655 | 151 | 38 | ......... | | |
| | 6 | 2,859 | 1,422 | 1,437 | 2,625 | 108 | 126 | ......... | | |
| | 7 | 3,083 | 1,537 | 1,546 | 2,803 | 76 | 204 | ......... | | |
| | 8 | 2,100 | 1,063 | 1,037 | 1,091 | 2 | 1,007 | ......... | | |
| | 9 | 2,710 | 1,368 | 1,342 | 2,339 | 27 | 344 | ......... | | |
| | 10 | 2,913 | 1,435 | 1,478 | 2,225 | 15 | 673 | ......... | | |
| | 11 | 2,946 | 1,455 | 1,491 | 2,330 | ......... | 616 | ......... | | |
| | 12 | 2,479 | 1,203 | 1,276 | 2,112 | ......... | 367 | ......... | | |
| | 13 | 3,071 | 1,530 | 1,541 | 2,874 | 158 | 39 | ......... | | |
| | 14 | 2,704 | 1,328 | 1,376 | 2,057 | 12 | 635 | ......... | | |
| | 15 | 3,060 | 1,662 | 1,398 | 2,844 | 186 | 30 | ......... | | |
| | 16 | 2,796 | 1,394 | 1,402 | 2,329 | 467 | ......... | ......... | | |
| | 17 | 2,076 | 1,051 | 1,025 | 1,850 | 144 | 82 | ......... | | |
| | 18 | 1,747 | 967 | 780 | 1,581 | 166 | ......... | ......... | | |
| | 19 | 1,629 | 814 | 815 | 1,116 | 406 | 107 | ......... | | |
| | 20 | 1,764 | 905 | 859 | 1,140 | 399 | 225 | ......... | | |
| *Total Thana* ... | ...... | *50,147* | *25,306* | *24,841* | *40,987* | *4,402* | *4,758* | ......... | | |

## SUBDIVISIONAL ABSTRACT.

| | | | | | | | |
|---|---|---|---|---|---|---|---|
| *Total Town* ... ... | 5,440 | 3,605 | 1,835 | 3,481 | 1,712 | 121 | 126 |
| *Total Village* ... ... | 129,067 | 65,741 | 63,326 | 69,812 | 15,109 | 43,332 | 814 |
| *Total Tea Garden* ... ... | 16 | 10 | 6 | 1 | ......... | 15 | ......... |
| *Total for the Subdivision* ... | 134,523 | 69,356 | 65,167 | 73,294 | 16,821 | 43,468 | 940 |

## DISTRICT ABSTRACT.

| | | | | | | | |
|---|---|---|---|---|---|---|---|
| *Total Town* ... ... | 10,265 | 7,293 | 2,972 | 6,196 | 3,641 | 191 | 237 |
| *Total Village* ... ... | 441,468 | 228,986 | 212,482 | 203,046 | 120,806 | 115,694 | 1,922 |
| *Total Tea Garden* ... ... | 571 | 350 | 221 | 240 | 8 | 227 | 96 |
| *Total for the District* ... ... | 452,304 | 236,629 | 215,675 | 209,482 | 124,455 | 116,112 | 2,255 |

# PROVINCIAL TABLE XI.
## DISTRICT KAMRUP.
### SUBDIVISION GAUHATI.

| TAHSIL. | MOUZA. | | TOTAL POPULATION. | | | POPULATION BY RELIGION. | | | | Principal castes returned in Tahsil. | Percentage of persons shewn as agriculturists in Tahsil. |
|---|---|---|---|---|---|---|---|---|---|---|---|
| | | | Total. | Males. | Females. | Hindu. | Musalman. | Animistic. | Others. | | |
| 1 | 2 | | 3 | 4 | 5 | 6 | 7 | 8 | 9 | 10 | 11 |
| Tahsil Gauhati. | Gauhati Municipality ... | ... | 10,817 | 6,552 | 4,265 | 7,773 | 2,405 | 517 | 122 | Agarwál; Bráhman; Bhuinmáli; Bhuiyá; Dhobá; Dom (Pátni); Gáro; Hári; Jugi; Káchári; Kaibartta; Kalitá; Káyastha; Kewat; Koch; Lálung; Mikir; Rábhá; Shekh. | 59·17 |
| | Ramsa ... | Village ... | 6,953 | 3,545 | 3,408 | 4,557 | 1,059 | 1,337 | ......... | | |
| | | Tea garden ... | 788 | 375 | 413 | 629 | 12 | 139 | 8 | | |
| | Beltala ... | Village ... | 7,579 | 3,848 | 3,731 | 1,391 | 416 | 5,772 | ......... | | |
| | | Tea garden ... | 770 | 402 | 368 | 340 | 8 | 422 | ......... | | |
| | Panbari ... | Village ... | 7,445 | 3,775 | 3,670 | 1,767 | 86 | 5,592 | ......... | | |
| | | Tea garden ... | 1,967 | 1,060 | 907 | 1,262 | 22 | 680 | 3 | | |
| | Kharija Dumoria | Village ... | 6,417 | 3,354 | 3,063 | 1,082 | 76 | 5,259 | ......... | | |
| | | Tea garden ... | 625 | 309 | 316 | 298 | 20 | 307 | ......... | | |
| | Dumoria ... | Village ... | 4,903 | 2,493 | 2,410 | 1,392 | 248 | 3,263 | ......... | | |
| | | Tea garden ... | 331 | 172 | 159 | 28 | ......... | 303 | ......... | | |
| | *Total Village* ... | ... | *33,297* | *17,015* | *16,282* | *10,189* | *1,885* | *21,223* | ......... | | |
| | *Total Tea Garden* ... | ... | *4,481* | *2,318* | *2,163* | *2,557* | *62* | *1,851* | *11* | | |
| | *Total Tahsil* ... | ... | *48,596* | *25,885* | *22,710* | *20,519* | *4,352* | *23,591* | *133* | | |
| Tahsil Palasbari. | Rani ... | Village ... | 12,875 | 6,432 | 6,443 | 9,240 | 714 | 2,739 | 182 | Bráhman; Ganak; Gáro; Hirá; Jugi; Káchári; Kaibartta; Kalitá; Kewat; Koch; Kumár; Mikir; Namasudra (Chandál); Sálai; Sháhá; Shekh. | 75·48 |
| | | Tea garden ... | 368 | 205 | 163 | 350 | 12 | ......... | 6 | | |
| | Chayani Baranti ... | ... | 31,514 | 15,018 | 16,496 | 30,283 | 771 | 388 | 72 | | |
| | Dakshin Sarubangsar ... | ... | 8,526 | 4,913 | 3,613 | 7,059 | 1,313 | 154 | ......... | | |
| | *Total Village* ... | ... | *52,915* | *26,363* | *26,552* | *46,582* | *2,798* | *3,281* | *254* | | |
| | *Total Tea Garden* ... | ... | *368* | *205* | *163* | *350* | *12* | ......... | *6* | | |
| | *Total Tahsil* ... | ... | *53,283* | *26,568* | *26,715* | *46,932* | *2,810* | *3,281* | *260* | | |

| | | | | | | | | | | | |
|---|---|---|---|---|---|---|---|---|---|---|---|
| Tahsil Chhaygaon. | Bholagaon ... | Village ... | 1,601 | 843 | 758 | 659 | 84 | 821 | 87 | Báuri; Bráhman; Dom (Pátni); Gáro; Hirá; Jugi; Káchári; Kaibartta; Kalitá; Koch; Kumár; Oráon; Rábhá; Shekh. | 60·08 |
| | | Tea garden ... | 285 | 149 | 136 | 147 | 3 | 135 | ......... | | |
| | Matiakhar ... | Village ... | 705 | 344 | 361 | 42 | ......... | 651 | 12 | | |
| | | Tea garden ... | 68 | 54 | 14 | 31 | ......... | 37 | ......... | | |
| | Bardwar ... | Village ... | 7,131 | 3,653 | 3,478 | 4,449 | 74 | 2,603 | 5 | | |
| | | Tea garden ... | 696 | 373 | 323 | 84 | 1 | 610 | 1 | | |
| | Kharija Baranti ... | ... | 3,808 | 2,019 | 1,789 | 3,196 | 51 | 554 | 7 | | |
| | Chhaygaon Patoai ... | ... | 4,876 | 2,499 | 2,377 | 1,212 | 19 | 3,406 | 239 | | |
| | *Total Village* ... | ... | *1,8121* | *9,[illegible]58* | *8,763* | *9,558* | *228* | *8,035* | *[illegible]00* | | |
| | *Total Tea Garden* ... | ... | *1,049* | *576* | *47[illegible]* | *262* | *4* | *782* | *1* | | |
| | *Total Tahsil* ... | ... | *19,170* | *9,934* | *9,2[illegible]6* | *9,820* | *2[illegible]2* | *8,817* | *[illegible]01* | | |
| Tahsil Bako. | Bogai ... | ... | 2,026 | 972 | 1,054 | 380 | ......... | 1,646 | ......... | Bráhman; Dom (Pátni); Gáro; Hirá; Jugi; Káchári; Kaibartta; Kalitá; Kewat; Koch; Moghal; Native Christian; Rábhá; Sháhá; Shekh. | 84·12 |
| | Bongaon ... | ... | 3,704 | 1,799 | 1,905 | 598 | 33 | 2,830 | 243 | | |
| | Bako ... | ... | 1,955 | 952 | 1,003 | 1,368 | 28 | 483 | 76 | | |
| | Luki ... | ... | 8,156 | 4,021 | 4,135 | 6,168 | 183 | 1,769 | 36 | | |
| | Kharija Bako ... | ... | 1,881 | 898 | 983 | 521 | 53 | 1,287 | 20 | | |
| | Bokoni ... | ... | 1,023 | 481 | 542 | 609 | 107 | 307 | ......... | | |
| | Paschim Chamaria ... | ... | 5,704 | 2,981 | 2,723 | 4,501 | 197 | 1,005 | 1 | | |
| | Pub Chamaria ... | ... | 8,839 | 4,760 | 4,079 | 5,323 | 2,356 | 1,160 | ......... | | |
| | *Total Tahsil* ... | ... | *33,288* | *16,864* | *16,424* | *19,468* | *2,957* | *10,487* | *376* | | |
| Tahsil Hazo. | Dakshin Barkshetri ... | ... | 5,979 | 3,478 | 2,501 | 4,043 | 1,131 | 805 | ......... | Bhuinmáli; Bráhman; Dhobá; Dom (Pátni); Hári; Hirá; Jugi; Káchári; Kalitá; Kewat; Koch; Namasudra (Chandál); Saiad; Sálai. | 70·25 |
| | Uttar Barkshetri ... | ... | 8,483 | 4,352 | 4,131 | 6,615 | 1,852 | 16 | ......... | | |
| | Ramdia ... | ... | 10,231 | 4,746 | 5,485 | 9,775 | 421 | 34 | 1 | | |
| | Uttar Sarubongsa ... | ... | 19,124 | 10,139 | 8,985 | 16,741 | 2,365 | 10 | 8 | | |
| | Hazo ... | ... | 19,315 | 9,877 | 9,438 | 16,689 | 2,605 | 17 | 4 | | |
| | Uttar Barbhag ... | ... | 21,137 | 9,804 | 11,333 | 19,344 | 1,758 | 28 | 7 | | |
| | *Total Tahsil* ... | ... | *84,269* | *42,396* | *41,873* | *73,207* | *10,132* | *910* | *20* | | |
| Tahsil Nalbari. | Bajali ... | ... | 12,386 | 5,874 | 6,512 | 10,338 | 1,745 | 303 | ......... | Bráhman; Dhobá; Dom (Pátni); Ganak; Hári; Hirá; Jugi; Káchári; Kaibartta; Kalitá; Káyastha; Kewat; Koch; Kumár; Namasudra (Chandál); Sálai; Sháhá; Shekh; Vaisya. | 86·57 |
| | Dharmapur ... | ... | 26,536 | 12,811 | 13,725 | 23,335 | 2,741 | 460 | ......... | | |
| | Pakoa ... | ... | 14,820 | 7,254 | 7,566 | 12,632 | 2,106 | 78 | 4 | | |
| | Kháta ... | ... | 17,575 | 8,496 | 9,079 | 16,001 | 1,283 | 235 | 56 | | |
| | Bátás Gilá ... | ... | 5,967 | 2,907 | 3,060 | 4,124 | 781 | 1,062 | ......... | | |
| | *Total Tahsil* ... | ... | *77,284* | *37,342* | *39,942* | *66,4[illegible]0* | *8,656* | *2,138* | *60* | | |

# PROVINCIAL TABLE XI.

## DISTRICT KAMRUP—continued.

### SUBDIVISION GAUHATI—*continued.*

| TAHSIL. | MAUZA. | TOTAL POPULATION. | | | POPULATION BY RELIGION. | | | | Principal castes returned in Tahsil. | Percentage of persons shewn as agriculturists in Tahsil. |
|---|---|---|---|---|---|---|---|---|---|---|
| | | Total. | Males. | Females. | Hindu. | Musalman. | Animistic. | Others. | | |
| 1 | 2 | 3 | 4 | 5 | 6 | 7 | 8 | 9 | 10 | 11 |
| Tahsil Baroma. | Nomati ... ... ... | 5,550 | 2,721 | 2,829 | 2,892 | 240 | 2,413 | 5 | Bráhman ; Jugi; Káchári ; Káibartta ; Kalitá ; Kewat ; Koch ; Namasudra (Chandál); Sálai ; Shekh ; Totlá. | 86·24 |
| | Paschim Baska ... ... | 11,803 | 5,697 | 6,106 | 2,587 | 39 | 9,150 | 27 | | |
| | Natun Dehar ... ... | 3,947 | 1,884 | 2,063 | 1,021 | 638 | 2,286 | 2 | | |
| | Nain Barbhag ... ... | 14,751 | 7,370 | 7,381 | 9,393 | 891 | 4,467 | ......... | | |
| | *Total Tahsil* ... ... | *36,051* | *17,672* | *18,379* | *15,893* | *1,808* | *18,316* | *34* | | |
| Tahsil Tambulpur. | Uttar Baska ... ... | 8,851 | 4,575 | 4,276 | 4,749 | 18 | 3,561 | 523 | Bhutiá ; Chutiyá ; Dom (Pátni) ; Hirá ; Jaladhá ; Jugi ; Káchári ; Kalitá ; Koch ; Rábhá ; Sháhá ; Shekh ; Totlá. | 90·63 |
| | Pub Baska ... ... | 4,489 | 2,169 | 2,320 | 4,021 | 34 | 408 | 26 | | |
| | Dum Duma ... ... | 2,046 | 992 | 1,054 | 1,263 | 285 | 498 | ......... | | |
| | Kharija Belbari ... ... | 2,410 | 1,195 | 1,215 | 878 | ......... | 1,532 | ......... | | |
| | Jhargaon ... ... | 4,845 | 2,505 | 2,340 | 356 | ......... | 4,482 | 7 | | |
| | Defali ... ... | 1,913 | 934 | 979 | 484 | ......... | 1,429 | ......... | | |
| | Betena ... { Village ... | 5,934 | 2,987 | 2,947 | 2,204 | 10 | 3,718 | 2 | | |
| | Betena ... { Tea garden ... | 87 | 54 | 33 | 41 | ......... | 45 | 1 | | |
| | *Total Village* ... ... | *30,488* | *15,357* | *15,131* | *13,955* | *347* | *15,628* | *558* | | |
| | *Total Tea Garden* ... ... | *87* | *54* | *33* | *41* | ......... | *45* | *1* | | |
| | *Total Tahsil* ... ... | *30,575* | *15,411* | *15,164* | *13,996* | *347* | *15,673* | *559* | | |

| | | | | | | | | | | |
|---|---|---|---|---|---|---|---|---|---|---|
| Tahsil Rangia | Kanrbaha ... | ... | 4,880 | [2,419 | 2,461 | 830 | 103 | 3,947 | ......... | Bráhman; Dhobá; Jugi; Káchári; Kaibartta; Kalitá; Káyastha; Kewat; Koch; Kumár; Namasudra (Chandál); Nápit; Saiad; Sálai; Shekh; Vaisya. | 89·15 |
| | Panduria ... | ... | 8,504 | 4,320 | 4,184 | 3,671 | 930 | 3,885 | 18 | | |
| | Paschim Kachari Mahal | ... | 6,754 | 8,141 | 3,613 | 2,088 | 632 | 4,034 | ......... | | |
| | Purba Banbhag ... | ... | 3,219 | 1,617 | 1,602 | 2,314 | 347 | 558 | ......... | | |
| | Paschim Banbhag ... | ... | 9,284 | 4,602 | 4,682 | 5,488 | 1,764 | 2,032 | ......... | | |
| | Barigug ... | ... | 20,191 | 10,212 | 9,979 | 14,311 | 4,160 | 1,719 | 1 | | |
| | Pub Kachari Mahal ... | ... | 5,986 | 3,051 | 2,935 | 2,572 | 623 | 2,737 | 54 | | |
| | *Total Tahsil* ... | ... | *58,818* | *29,362* | *29,456* | *31,274* | *8,559* | *18,912* | *73* | | |
| Tahsil Pati Darrang | Pati Darrang ... | ... | 18,132 | 9,308 | 8,824 | 14,114 | 2,723 | 1,295 | ......... | Bráhman; Dhobá; Dom (Pátni); Ganak; Hirá; Jugi; Káchári; Kaibartta; Kalitá; Kewat; Koch; Kumár; Namasudra (Chandál); Nápit; Sálai; Shekh; Vaisya. | 88·02 |
| | Barbangsa { Village ... | ... | 8,556 | 4,326 | 4,229 | 6,563 | 1,612 | 380 | ......... | | |
| | Barbangsa { Tea garden | ... | 319 | 178 | 141 | 278 | 3 | 38 | ......... | | |
| | Madartola ... | ... | 7,248 | 3,595 | 3,653 | 5,560 | 1,432 | 256 | ......... | | |
| | Pubpar ... ... | ... | 16,215 | 8,291 | 7,924 | 13,751 | 2,104 | 360 | ......... | | |
| | Silasindurighopa. { Village | ... | 5,824 | 2,915 | 2,909 | 3,393 | 872 | 1,559 | ......... | | |
| | Silasindurighopa. { Tea garden | ... | 119 | 62 | 57 | 87 | ......... | 32 | ......... | | |
| | *Total Village* ... | ... | *55,974* | *28,435* | *27,539* | *43,381* | *8,743* | *3,850* | ......... | | |
| | *Total Tea Garden* ... | ... | *438* | *240* | *198* | *365* | *3* | *70* | ......... | | |
| | *Total Tahsil* ... | ... | *56,412* | *28,675* | *27,737* | *43,746* | *8,746* | *3,920* | ......... | | |

# PROVINCIAL TABLE XI.

## DISTRICT KAMRUP—continued,

### SUBDIVISION GAUHATI—*concluded.*

| TAHSIL. | MAUZA | TOTAL POPULATION. | | | POPULATION BY RELIGION. | | | | Principal castes returned in Tahsil. | Percentage of persons shewn as agriculturists in Tahsil. |
|---|---|---|---|---|---|---|---|---|---|---|
| | | Total. | Males. | Females. | Hindu. | Musalman. | Animistic. | Others. | | |
| 1 | 2 | 3 | 4 | 5 | 6 | 7 | 8 | 9 | 10 | 11 |
| River ... | Circle No. 56 ... ... | 336 | 331 | 5 | 219 | 114 | 3 | ......... | | |
| | " " 57 ... ... | 47 | 46 | 1 | 22 | 3 | 22 | ......... | | |
| | " " 58 ... ... | 50 | 48 | 2 | 50 | ......... | ......... | ......... | | |
| | Steamer .. ... ... | 307 | 227 | 80 | 270 | 36 | ......... | 1 | | |
| | Traveller ... ... ... | 59 | 54 | 5 | 39 | 2 | 11 | 7 | | |
| *Total* ... | ......... | *799* | *706* | *93* | *600* | *155* | *36* | *8* | | |
| | | SUBDIVISIONAL ABSTRACT. | | | | | | | | |
| *Total Town*... | ......... | *10,817* | *6,552* | *4,265* | *7,773* | *2,406* | *517* | *122* | | |
| *Total Village* | ......... | *481,304* | *240,870* | *240,434* | *330,537* | *46,268* | *102,816* | *1,683* | | |
| *Total Tea Garden* ... | ......... | *6,423* | *3,393* | *3,030* | *3,575* | *81* | *2,748* | *19* | | |
| *Total for the Subdivision* | ......... | *498,544* | *250,815* | *247,729* | *341,885* | *48,754* | *106,081* | *1,824* | | |

## SUBDIVISION BARPETA.

| | | | | | | | | | | |
|---|---|---|---|---|---|---|---|---|---|---|
| Tahsil Bajali | Chapaguri ... ... | 9,582 | 4,681 | 4,901 | 3,122 | 55 | 6,311 | 94 | Bhuinmáli; Boriá; Bráhman; Ganak; Hári; Jaladhá; Káchári; Kaibartta; Kalitá; Káyastha; Kewat; Koch; Kumar; Namasudra (Chandál); Shekh; Totla. | |
| | Manikpur ... ... | 10,767 | 5,403 | 5,364 | 7,955 | 697 | 2,110 | 5 | | |
| | Pub Bajali ... ... | 7,225 | 3,617 | 3,608 | 5,151 | 562 | 1,512 | ......... | | |
| | Uttar Bajali ... ... | 6,763 | 3,322 | 3,441 | 6,267 | 51 | 445 | ......... | | |
| | Dakshin Bajali ... ... | 3,350 | 1,670 | 1,680 | 2,461 | 214 | 675 | ......... | | |
| | Sariha ... ... | 6,599 | 3,420 | 3,179 | 5,567 | 173 | 859 | ......... | | |
| | *Total Tahsil* ... ... | *44,286* | *22,113* | *22,173* | *30,523* | *1,752* | *11,912* | *99* | | |
| Tahsil Roha | Ruposi ... ... .. | 7,759 | 4,191 | 3,568 | 6,183 | 943 | 633 | ......... | Bráhman; Chutiyá; Dhobá; Dom (Pátni); Hári; Hirá; Jugi; Káchári; Kalitá; Kewat; Koch; Kumár; Namasudra Chandál); Sálai; Sháhá; Shekh. | |
| | Domká chokábasi ... ... | 9,123 | 4,457 | 4,666 | 8,408 | 256 | 459 | ......... | | |
| | Bhabanipur ... ... | 10,972 | 5,999 | 4,973 | 6,800 | 425 | 3,747 | ......... | | |
| | *Total Tahsil* ... ... | *27,854* | *14,647* | *13,207* | *21,391* | *1,624* | *4,839* | ......... | | |
| | **TOWN.** | | | | | | | | | |
| Mouzahs independent of Tahsil. | Barpeta Municipality ... | *9,342* | *4,544* | *4,798* | *9,191* | *102* | *35* | *14* | | |
| | **VILLAGE.** | | | | | | | | | |
| | Thana Barpeta: Sarukshetri ... | 17,998 | 9,088 | 8,910 | 15,721 | 971 | 1,306 | ......... | Bráhman; Dom (Pátni); Hári; Hirá; Jugi; Káchári; Kaibartta; Kalitá; Kayastha; Kewát; Koch; Kumár; Namasudra (Chandál); Nápit; Sálai; Sháhá; Shekh; Teli; Vaisya. | 58·26 for the whole thana. |
| | Thana Barpeta: Poka ... | 5,240 | 3,197 | 2,043 | 3,828 | 410 | 1,002 | ......... | | |
| | Thana Barpeta: Chenga ... | 4,834 | 2,663 | 2,171 | 4,118 | 395 | 321 | ......... | | |
| | Thana Barpeta: Barpeta † ... | 9,681 | 5,012 | 4,669 | 8,645 | 891 | 145 | ......... | | |
| | Thana Barpeta: Bagaribari ... | 6,817 | 3,876 | 2,941 | 5,851 | 427 | 539 | ......... | | |
| | Outpost Bajali: Hastinapur ... | 2,955 | 1,591 | 1,364 | 2,036 | 24 | 892 | 3 | | 87·64 for the whole outpost. |
| | " Roha: Bijani ... | 6,698 | 3,483 | 3,215 | 2,008 | ......... | 4,687 | 3 | | 88·01 for the whole outpost. |
| | *Total Village* ... ... | *54,223* | *28,910* | *25,313* | *42,207* | *3,118* | *8,892* | *6* | | |
| | *Total Mouzahs independent of Tahsil* | *63,565* | *33,454* | *30,111* | *51,398* | *3,220* | *8,927* | *20* | | |

† This includes the portion which being added to the Municipality makes the C. R. C.; the population of that portion is as follows:—

| Total. | Males | Females. | Hindu. | Musalman. | Animistic. |
|---|---|---|---|---|---|
| 2,545 | 1,243 | 1,302 | 2,505 | 39 | 1 |

Information for Tahsil is not available; the percentage is shewn for Thana.

PROVINCIAL TABLE XI.

## DISTRICT KAMRUP—concluded.

SUBDIVISION BARPETA—*concluded.*

| TAHSIL. | MAUZA. | TOTAL POPULATION. | | | POPULATION BY RELIGION. | | | | Principal castes returned in Tahsil. | Percentage of persons shewn as agriculturists in Tahsil. |
|---|---|---|---|---|---|---|---|---|---|---|
| | | Total. | Males. | Females. | Hindu. | Musalman. | Animistic. | Others. | | |
| 1 | 2 | 3 | 4 | 5 | 6 | 7 | 8 | 9 | 10 | 11 |
| | | | | | SUBDIVISIONAL ABSTRACT. | | | | | |
| | *Total Town* ... ... | 9,342 | 4,544 | 4,798 | 9,191 | 102 | 35 | 14 | | |
| | *Total Village* ... ... | 126,363 | 65,670 | 60,693 | 94,121 | 6,494 | 25,643 | 105 | | |
| | *Total for the Subdivision* ... | 135,705 | 70,214 | 65,491 | 103,312 | 6,596 | 25,678 | 119 | | |
| | | | | | DISTRICT ABSTRACT. | | | | | |
| | *Total Town* ... ... | 20,159 | 11,096 | 9,063 | 16,964 | 2,507 | 552 | 136 | | |
| | *Total Village* ... ... | 607,667 | 306,540 | 301,127 | 424,658 | 52,762 | 128,459 | 1,788 | | |
| | *Total Tea Garden* ... ... | 6,423 | 3,393 | 3,030 | 3,575 | 81 | 2,748 | 19 | | |
| | *Total for the District* ... ... | 634,249 | 321,029 | 313,220 | 445,197 | 55,350 | 131,759 | 1,943 | | |

# PROVINCIAL TABLE XI.

## DISTRICT DARRANG.

### SUBDIVISION TEZPUR.

| THANA OR TAHSIL. | MAUZA. | TOTAL POPULATION. | | | POPULATION BY RELIGION. | | | | Principal castes returned in Thana or Tahsil. | Percentage of persons shewn as agriculturists in Thana or Tahsil. |
|---|---|---|---|---|---|---|---|---|---|---|
| | | Total. | Males. | Females. | Hindu. | Musalman, | Animistic. | Others. | | |
| 1 | 2 | 3 | 4 | 5 | 6 | 7 | 8 | 9 | 10 | 11 |
| | | | | TOWN. | | | | | | |
| Thana Tezpur. Tahsil Tezpur. | Tezpur Town ... | 4,011 | 2,672 | 1,339 | 2,653 | 760 | 469 | 129 | Ahom; Báuri; Bhuiyá; Bhumij; Dom (Pátni); Goálá; Jugi; Káchári; Kalitá Kámár; Káyastha; Kewat; Koch; Kumár; Oráon; Mundá; Santhál; Shekh. | 51·67. |
| | Haleswar { Village ... | 9,040 | 4,845 | 4,195 | 6,984 | 341 | 1,591 | 124 | | |
| | Haleswar { Tea Garden ... | 5,131 | 2,841 | 2,290 | 3,758 | 57 | 1,161 | 155 | | |
| | Bihuguri { Village ... | 9,328 | 4,837 | 4,491 | 7,764 | 181 | 1,380 | 3 | | |
| | Bihuguri { Tea Garden ... | 6,708 | 3,912 | 2,796 | 3,892 | 121 | 2,655 | 40 | | |
| | Mahabhairab ... | 7,759 | 3,995 | 3,764 | 7,318 | 321 | 101 | 19 | | |
| | *Total Village* ... | *26,127* | *13,677* | *12,450* | *22,066* | *843* | *3,072* | *146* | | |
| | *Total Tea Garden* ... | *11,839* | *6,753* | *5,086* | *7,650* | *178* | *3,816* | *195* | | |
| | *Total Tahsil* ... | *41,977* | *23,102* | *18,875* | *32,369* | *1,781* | *7,357* | *470* | | |
| | Balipara ... { Village ... | 5,406 | 2,877 | 2,529 | 5,227 | 103 | 55 | 21 | | |
| | Balipara ... { Tea Garden ... | 8,265 | 5,082 | 3,183 | 5,731 | 177 | 2,248 | 109 | | |
| | Bargaon ... { Village ... | 9,227 | 5,006 | 4,221 | 6,390 | 24 | 2,771 | 42 | | |
| | Bargaon ... { Tea Garden ... | 1,550 | 816 | 734 | 1,001 | 13 | 526 | 10 | | |
| | Orang ... { Village ... | 5,641 | 3,144 | 2,497 | 2,560 | 22 | 2,985 | 74 | | |
| | Orang ... { Tea Garden ... | 506 | 303 | 203 | 212 | 6 | 287 | 1 | | |
| | *Total Village* ... | *46,401* | *24,704* | *21,697* | *36,243* | *992* | *8,883* | *283* | | |
| | *Total Tea Garden* ... | *22,160* | *12,954* | *9,206* | *14,594* | *374* | *6,877* | *315* | | |
| | *Total Thana including Tahsil* ... | *72,572* | *40,330* | *32,242* | *53,490* | *2,126* | *16,229* | *727* | | |

PROVINCIAL TABLE XI.

# DISTRICT DARRANG—continued.

## SUBDIVISION TEZPUR—*concluded.*

| THANA OR TAHSIL. | MAUZA. | TOTAL POPULATION. Total. | Males. | Females. | POPULATION BY RELIGION. Hindu. | Musalman. | Animistic. | Others. | Principal castes returned in Thana or Tahsil. | Percentage of persons shewn as agriculturists in Thana or Tahsil. |
|---|---|---|---|---|---|---|---|---|---|---|
| 1 | 2 | 3 | 4 | 5 | 6 | 7 | 8 | 9 | 10 | 11 |
| Thana Sutia | Barbhagia { Village ... ... | 11,262 | 5,850 | 5,412 | 9,831 | 232 | 1,196 | 3 | Ahom; Bhuiyá; Bhumij; Báuri; Boriá; Bráhman; Chutiyá; Dom (Pátni); Jugi; Káchári; Kalitá; Kewát; Koch; Orάon; Miri; Mikir; Santhál. | 56·18. |
| | Barbhagia { Tea Garden ... | 1,256 | 734 | 522 | 1,018 | 21 | 213 | 4 | | |
| | Bishwanath { Bishwanath ... | 8,315 | 4,389 | 3,926 | 6,353 | 136 | 1,826 | ........ | | |
| | Bishwanath { Tea Garden ... | 4,501 | 1,832 | 2,669 | 4,057 | 80 | 329 | 35 | | |
| | Sutia ... { Village ... | 6,623 | 3,508 | 3,115 | 6,025 | 324 | 274 | ........ | | |
| | Sutia ... { Tea Garden ... | 4,853 | 3,421 | 1,432 | 4,332 | 86 | 383 | 52 | | |
| | *Total Village* ... | *26,200* | *13,747* | *12,453* | *22,209* | *692* | *3,296* | *3* | | |
| | *Total Tea Garden* ... ... | *10,610* | *5,987* | *4,623* | *9,407* | *187* | *925* | *91* | | |
| | *Total Thana* ... ... | *36,810* | *19,734* | *17,076* | *31,616* | *879* | *4,221* | *94* | | |
| Thana Gohpur ... | Gohpur ... { Village ... ... | 14,342 | 8,086 | 6,256 | 11,789 | 561 | 1,956 | 36 | Ahom; Bhuiyá; Bhumij; Boriá; Bráhman; Chutiyá; Daflá; Dom (Pátni); Ganak; Jugi; Káchári; Kalitá; Káyastha; Kewát; Koch; Miri; Oráon; Shekh. | 52.51. |
| | Gohpur ... { Tea Garden ... | 1,913 | 1,082 | 831 | 1,771 | 49 | 80 | 13 | | |
| | *Total Thana* ... ... | *16,255* | *9,168* | *7,087* | *13,560* | *610* | *2,036* | *49* | | |
| | **SUBDIVISIONAL ABSTRACT.** | | | | | | | | | |
| | *Total Town* ... ... | *4,011* | *2,672* | *1,339* | *2,653* | *760* | *489* | *129* | | |
| | *Total Village* ... ... | *86,943* | *46,537* | *40,406* | *70,241* | *2,245* | *14,135* | *322* | | |
| | *Total Tea Garden* ... ... | *34,683* | *20,023* | *14,660* | *25,772* | *610* | *7,882* | *419* | | |
| | *Total for the Subdivision* ... | *125,637* | *69,232* | *56,404* | *98,669* | *3,615* | *22,486* | *870* | | |

SUBDIVISION MANGALDAI

| | | | | | | | | | | | |
|---|---|---|---|---|---|---|---|---|---|---|---|
| Tahsil Hindughopa. | Bar Autala ... | ... | 5,942 | 2,964 | 2,978 | 5,183 | 759 | ......... | ......... | Boriá; Bráhman; Dom (Pátni); Ganak; Hári; Hirá; Jugi; Káchári; Kalitá; Káyastha; Kewát; Koch; Kumár; Sálai; Shekh; Sháhá. | 81·25 |
| | Mohanpur ... | ... | 2,421 | 1,234 | 1,187 | 1,668 | 749 | 4 | ......... | | |
| | Chopra ... | ... | 1,966 | 949 | 1,017 | 1,792 | 174 | ......... | ......... | | |
| | Dahi | Village | 4,961 | 2,441 | 2,520 | 4,493 | 423 | 45 | ......... | | |
| | | Tea garden | 21 | 12 | 9 | 20 | ......... | ......... | 1 | | |
| | Punia ... | ... | 3,208 | 1,538 | 1,670 | 2,868 | 134 | 206 | ......... | | |
| | Hindughopa | ... | 9,759 | 4,601 | 5,158 | 7,905 | 1,853 | 1 | ......... | | |
| | Lokrai ... | ... | 5,757 | 2,719 | 3,038 | 4,866 | 887 | 4 | ......... | | |
| | Rainakusi ... | ... | 3,844 | 1,845 | 1,999 | 2,117 | 1,724 | 3 | ......... | | |
| | Sonapur ... | ... | 6,303 | 3,129 | 3,174 | 4,920 | 1,365 | 18 | ......... | | |
| | Larakusi ... | ... | 2,789 | 1,365 | 1,424 | 2,394 | 395 | ......... | ......... | | |
| | Sarabari | Village | 5,116 | 2,639 | 2,477 | 4,581 | 434 | 101 | ......... | | |
| | | Tea garden | 64 | 31 | 33 | 17 | 6 | 41 | ......... | | |
| | *Total Village* | ... | *52,066* | *25,424* | *26,642* | *42,787* | *8,897* | *382* | ......... | | |
| | *Total Tea Garden* | ... | *85* | *43* | *42* | *37* | *6* | *41* | *1* | | |
| | *Total Tahsil* | ... | *52,151* | *25,467* | *26,684* | *42,824* | *8,903* | *423* | *1* | | |
| Tahsil Kalaigaon. | Bar Sorbai Chuburi ... | ... | 4,434 | 2,149 | 2,285 | 822 | 190 | 3,422 | ......... | Boriá; Bráhman; Dom (Pátni); Ganak; Gáro; Hári; Jugi; Káchári; Kalitá; Koch; Mahaliá; Rábhá; Sálai; Santhál; Shekh; Teli. | 75·02 |
| | Kalaigaon | Village | 2,866 | 1,461 | 1,405 | 1,940 | 216 | 710 | ......... | | |
| | | Tea garden | 1,627 | 984 | 643 | 1,186 | 53 | 382 | 6 | | |
| | Rontholi | Village | 2,316 | 1,137 | 1,179 | 1,752 | 42 | 522 | ......... | | |
| | | Tea garden | 314 | 202 | 112 | 177 | 12 | 122 | 3 | | |
| | Silaikusi | Village | 1,480 | 744 | 736 | 941 | 3 | 530 | 6 | | |
| | | Tea garden | 244 | 169 | 75 | 139 | 15 | 90 | ......... | | |
| | Silpata | Village | 3,917 | 1,775 | 2,142 | 1,079 | 25 | 2,809 | 4 | | |
| | | Tea garden | 528 | 320 | 208 | 323 | 28 | 165 | 12 | | |
| | Dolagaon | Village | 3,772 | 1,862 | 1,910 | 937 | 29 | 2,806 | ......... | | |
| | | Tea garden | 444 | 279 | 165 | 223 | 10 | 209 | 2 | | |
| | Dákua ... | ... | 4,753 | 2,339 | 2,414 | 1,833 | ......... | 2,901 | 19 | | |
| | Kalitakusi ... | ... | 4,299 | 2,017 | 2,282 | 367 | 1 | 3,928 | 3 | | |
| | Tinkaria ... | ... | 3,504 | 1,664 | 1,840 | 971 | 4 | 2,523 | 6 | | |
| | *Total Village* | ... | *31,341* | *15,148* | *16,193* | *10,642* | *510* | *20,151* | *38* | | |
| | *Total Tea Garden* | ... | *3,157* | *1,954* | *1,203* | *2,048* | *118* | *968* | *28* | | |
| | *Total Tahsil* | ... | *34,498* | *17,102* | *17,396* | *12,690* | *628* | *21,119* | *61* | | |

## PROVINCIAL TABLE XI.

## DISTRICT DARRANG—continued.

### SUBDIVISION MANGALDAI—*continued.*

| THANA OR TAHSIL. | MAUZA. | TOTAL POPULATION. Total. | Males. | Females. | POPULATION BY RELIGION. Hindu. | Musalman. | Animistic. | Others. | Principal castes returned in Thana or Tahsil. | Percentage of persons shewn as agriculturists in Thana or Tahsil. |
|---|---|---|---|---|---|---|---|---|---|---|
| 1 | 2 | 3 | 4 | 5 | 6 | 7 | 8 | 9 | 10 | 11 |
| | | | | TOWN. | | | | | | |
| Thana Mangaldai. | Mangaldai C. R. C. ... | 699 | 488 | 211 | 457 | 137 | 81 | 24 | | |
| | | | | VILLAGE. | | | | | | |
| | Dhula, Village ... | 3,100 | 1,681 | 1,419 | 2,023 | 151 | 926 | ......... | Bráhman; Dhobá; Dom (Pátni); Ganak; Gáro; Hári; Hirá; Jugi; Kachári; Kálitá; Kewat; Koch; Kumár; Mahaliá; Rábhá; Sálai; Shábá; Shekh. | 69·14 |
| | Dhula, Tea garden ... | 507 | 304 | 203 | 254 | 14 | 238 | 1 | | |
| | Chopai, Village ... | 4,598 | 2,361 | 2,237 | 3,594 | 123 | 881 | ......... | | |
| | Chopai, Tea garden ... | 51 | 30 | 21 | 45 | ......... | 6 | ......... | | |
| | Bangalagarh, Village ... | 2,802 | 1,639 | 1,163 | 2,456 | 273 | 54 | 19 | | |
| | Bangalagarh, Tea garden ... | 219 | 114 | 105 | 198 | 12 | 8 | 1 | | |
| | Samabari, Village ... | 4,151 | 2,002 | 4,149 | 458 | 37 | 3,656 | ......... | | |
| | Samabari, Tea garden ... | 1,211 | 701 | 510 | 867 | 35 | 305 | 4 | | |
| | Dipila ... ... ... | 6,157 | 3,202 | 2,955 | 4,864 | 888 | 405 | ......... | | |
| | Bansgora ... ... ... | 4,138 | 2,235 | 1,903 | 3.014 | 959 | 165 | ......... | | |
| | Sipajhar ... ... ... | 7,074 | 3,555 | 3,519 | 5,061 | 1,985 | 28 | ......... | | |
| | Rangamati ... ... ... | 5,826 | 3,027 | 2,799 | 5,293 | 401 | 126 | 6 | | |
| | *Total Village* ... ... | *37,846* | *19,702* | *18,144* | *26,763* | *4,817* | *6,241* | *25* | | |
| | *Total Tea Garden* ... ... | *1,988* | *1,149* | *839* | *1,364* | *61* | *557* | *6* | | |
| | *Total Mauzas in the Thana independent of Tahsil* ... ... | *40,533* | *21,339* | *19,194* | *28,584* | *5,015* | *6,879* | *55* | | |

| | Mauza | | 1 | 2 | 3 | 4 | 5 | 6 | 7 | Castes | |
|---|---|---|---|---|---|---|---|---|---|---|---|
| Thana Kalaigaon (Outside Tahsil). | Chinakona ... ... | | 5,716 | 2,780 | 2,936 | 761 | 61 | 4,894 | ......... | Bráhman; Ganak; Káchári; Kalitá; Koch; Mahaliá; Shekh. | 77·19 |
| Thana Udalguri. | Rangápani ... ... | | 3,319 | 1,692 | 1,627 | 1,102 | ......... | 2,204 | 13 | Bráhman; Dom (Pátni); Goálá; Gáro; Hirá; Jugi; Káchári; Kalitá; Koch; Mahaliá; Rábhá; Shekh. | 75·69 |
| | Silajhar ... ... | | 4,239 | 2,172 | 2,067 | 1,224 | 15 | 2,900 | 100 | | |
| | Sonaigaon ... ... | | 2,064 | 1,018 | 1,046 | 55 | ......... | 1,987 | 22 | | |
| | Petuachuburi ... ... | | 3,860 | 1,895 | 1,965 | 1,226 | ......... | 2,590 | 44 | | |
| | Dolgaon | Village ... | 5,163 | 2,681 | 2,482 | 1,428 | 9 | 3,726 | ......... | | |
| | | Tea garden ... | 471 | 275 | 196 | 162 | 17 | 291 | 1 | | |
| | *Total Village* ... ... | | *18,645* | *9,458* | *9,187* | *5,035* | *24* | *13,407* | *179* | | |
| | *Total Tea Garden* ... ... | | *471* | *275* | *196* | *162* | *17* | *291* | *1* | | |
| | *Total Thana* ... ... | | *19,116* | *9,733* | *9,383* | *5,197* | *41* | *13,698* | *180* | | |
| Thana Satgari. | Jhoprabari | Village ... | 2,873 | 1,521 | 1,352 | 290 | 18 | 2,519 | 46 | Báuri; Bhuiyá; Bhumij; Dom (Pátni); Goálá; Jugi; Káchári; Kámár; Koch; Mahaliá; Musáhar; Rábhá; Santhál; Shekh; Tánti. | 82·25 |
| | | Tea garden ... | 3,161 | 1,966 | 1,195 | 2,470 | 40 | 632 | 19 | | |
| | Sekhar | Village ... | 5,771 | 2,877 | 2,894 | 106 | 1 | 5,654 | 10 | | |
| | | Tea garden ... | 1,916 | 1,188 | 728 | 1,022 | 37 | 853 | 4 | | |
| | Majikusi ... ... | | 4,935 | 2,419 | 2,516 | 705 | 25 | 4,203 | 2 | | |
| | Bengbari | Village ... | 4,019 | 1,980 | 2,039 | 721 | 25 | 3,144 | 129 | | |
| | | Tea garden ... | 1,641 | 940 | 701 | 719 | 31 | 866 | 25 | | |
| | Ambagaon | Village ... | 5,035 | 2,400 | 2,635 | 787 | ......... | 4,156 | 92 | | |
| | | Tea garden ... | 759 | 437 | 322 | 395 | 14 | 344 | 6 | | |
| | *Total Village* ... ... | | *22,633* | *11,197* | *11,436* | *2,609* | *69* | *19,676* | *279* | | |
| | *Total Tea Garden* ... ... | | *7,477* | *4,531* | *2,946* | *4,606* | *122* | *2,695* | *54* | | |
| | *Total Mauzas in the Thana independent of Tahsil* ... ... | | *30,110* | *15,728* | *14,382* | *7,215* | *191* | *22,371* | *333* | | |

# PROVINCIAL TABLE XI.

## DISTRICT DARRANG—concluded.

### SUBDIVISION MANGALDAI—*concluded*.

| THANA OR TAHSIL. | MAUZA. | TOTAL POPULATION. | | | POPULATION BY RELIGION. | | | | Principal castes returned in Thana or Tahsil. | Percentage of persons shewn as agriculturists in Thana or Tahsil. |
|---|---|---|---|---|---|---|---|---|---|---|
| | | Total. | Males. | Females. | Hindu. | Musalman. | Animistic. | Others. | | |
| 1 | 2 | 3 | 4 | 5 | 6 | 7 | 8 | 9 | 10 | 11 |
| | | | | SUBDIVISIONAL ABSTRACT. | | | | | | |
| | *Total Village including C. R. C.* ... | 168,946 | 84,197 | 84,749 | 89,054 | 14,516 | 64,832 | 545 | | |
| | *Total Tea Garden* ... ... | 13,178 | 7,952 | 5,226 | 8,217 | 324 | 4,552 | 85 | | |
| | *Total for the Subdivision* ... | 182,124 | 92,149 | 89,975 | 97,271 | 14,839 | 69,384 | 630 | | |
| | | | | DISTRICT ABSTRACT. | | | | | | |
| | *Total Town* ... ... | 4,011 | 2,672 | 1,339 | 2,653 | 760 | 469 | 129 | | |
| | *Total Village including C. R. C.* ... | 255,889 | 130,734 | 125,155 | 159,295 | 16,760 | 78,967 | 867 | | |
| | *Total Tea Garden* ... ... | 47,861 | 27,975 | 19,886 | 33,989 | 934 | 12,434 | 504 | | |
| | *Total for the District* ... ... | 307,761 | 161,381 | 146,380 | 195,937 | 18,454 | 91,870 | 1,500 | | |

PROVINCIAL TABLE XI.

## DISTRICT NOWGONG.

| THANA OR OUTPOST. | MAUZA. | TOTAL POPULATION. Total. | Males. | Females. | POPULATION BY RELIGION. Hindu. | Musalman. | Animistic. | Others. | Principal castes returned in Thana or Outpost. | Percentage of persons shewn as agriculturists in Thana or Outpost. |
|---|---|---|---|---|---|---|---|---|---|---|
| 1 | 2 | 3 | 4 | 5 | 6 | 7 | 8 | 9 | 10 | 11 |
| | | | | TOWN. | | | | | | |
| Sadr Thana. | Nowgong Town ... ... | 4,815 | 2,838 | 1,977 | 3,195 | 1,150 | 289 | 181 | Ahom; Boriá; Bráhman; Chutiyá; Dhobá; Dom (Pátni); Hári; Jugi; Káchári; Kalitá; Káyastha; Kewat; Koch; Lálung; Mikir; Namasudra (Chandál); Nat; Patiá; Shekh. | 71·62 |
| | *Total Town* ... ... | *4,815* | *2,838* | *1,977* | *3,195* | *1,150* | *289* | *181* | | |
| | Dhing ... ... | 11,844 | 6,374 | 5,470 | 8,743 | 428 | 2,664 | 9 | | |
| | Juria ... ... | 5,938 | 3,640 | 2,298 | 4,691 | 125 | 1,122 | ......... | | |
| | Kasomari ... ... | 19,789 | 9,731 | 10,058 | 16,986 | 544 | 2,259 | ......... | | |
| | Nij Sahar ... ... | 12,594 | 6,224 | 6,370 | 12,199 | 811 | 20 | 64 | | |
| | Singiapotoni { Village... ... | 7,383 | 3,609 | 3,774 | 6,824 | 547 | 12 | ......... | | |
| | Singiapotoni { Tea garden ... | 65 | 43 | 22 | 43 | ......... | 22 | ......... | | |
| | Bar Kandali { Village... ... | 7,948 | 4,033 | 3,915 | 4,053 | 257 | 3,634 | 4 | | |
| | Bar Kandali { Tea garden ... | 1,709 | 932 | 777 | 616 | 30 | 1,053 | 10 | | |
| | Pákhimoria ... ... | 7,882 | 3,996 | 3,886 | 7,210 | 651 | 21 | ......... | | |
| | Chalchali ... { Village ... | 9,152 | 4,564 | 4,588 | 5,993 | 1,658 | 1,482 | 19 | | |
| | Chalchali ... { Tea garden ... | 102 | 56 | 46 | 12 | ......... | 90 | ......... | | |
| | Khatoalgaon ... ... | 11,271 | 5,757 | 5,514 | 10,046 | 281 | 943 | 1 | | |
| | *Total Village* ... ... | *93,801* | *47,928* | *45,873* | *76,745* | *4,802* | *12,157* | *97* | | |
| | *Total Tea Garden* ... ... | *1,876* | *1,031* | *845* | *671* | *30* | *1,165* | *10* | | |
| | *Total Thana excluding Outposts* ... | *100,492* | *51,797* | *48,695* | *80,611* | *5,982* | *13,611* | *288* | | |

# PROVINCIAL TABLE XI.

## DISTRICT NOWGONG—continued.

| THANA OR OUTPOST. | MAUZA. | TOTAL POPULATION. Total. | Males. | Females. | POPULATION BY RELIGION. Hindu. | Musalman. | Animistic. | Others. | Principal castes returned in Thana or Outpost. | Percentage of persons shewn as agriculturists in Thana or Outpost. |
|---|---|---|---|---|---|---|---|---|---|---|
| 1 | 2 | 3 | 4 | 5 | 6 | 7 | 8 | 9 | 10 | 11 |
| Sadr Thana —*concld.*— Outposts Dabaka and Doyang. | Rangkang and Namati. Village ... | 25,514 | 13,289 | 12,225 | 6,015 | 88 | 19,410 | 1 | Ahom; Boriá; Bráhman; Chutiyá; Dom (Pátni); Gáro; Hojái; Jugi; Káchári; Kalitá; Kewat; Koch; Lálung; Mikir; Namasudra (Chandál); Patiá; Shekh. | 75·12 |
| | Rangkang and Namati. Tea garden ... | 171 | 99 | 72 | 79 | ......... | 92 | ......... | | |
| | Kampur ... Village ... | 16,459 | 8,358 | 8,101 | 7,749 | 198 | 8,504 | 8 | | |
| | Kampur ... Tea garden ... | 1,615 | 827 | 798 | 680 | 24 | 909 | 2 | | |
| | Nij Jamunamukh. Village ... | 6,020 | 3,253 | 2,767 | 2,055 | 59 | 3,863 | 43 | | |
| | Nij Jamunamukh. Tea garden ... | 164 | 107 | 57 | 87 | ......... | 77 | ... ... | | |
| | Dwar Kothiatoli ... ... | 1,116 | 567 | 549 | 4 | ......... | 1,112 | ......... | | |
| | Dikhoru ... ... | 884 | 480 | 404 | 18 | ......... | 866 | ......... | | |
| | *Total Village* ... ... | *49,993* | *25,947* | *24,046* | *15,841* | *345* | *33,755* | *52* | | |
| | *Total Tea Garden* ... ... | *1,950* | *1,023* | *927* | *846* | *24* | *1,078* | *2* | | |
| | *Total Outposts* ... ... | *51,943* | *26,970* | *24,973* | *16,687* | *369* | *34,833* | *54* | | |
| | *Total Thana, including Outposts* ... | *132,096* | *68,484* | *63,612* | *81,259* | *4,412* | *46,103* | *322* | | |
| Thana Roha | Sohori ... Village ... | 8,748 | 4,433 | 4,315 | 4,005 | 175 | 4,453 | 115 | Ahom; Boriá; Bráhman; Chutiyá; Dom (Pátni); Hári; Hirá; Jugi; Káchári; Kalitá; Káyastha; Kewat; Koch; Lálung; Mikir; Namasudra (Chandál); Santhál; Shekh. | 82·57 |
| | Sohori ... Tea garden ... | 484 | 278 | 206 | 330 | 11 | 141 | 2 | | |
| | Jagialgaon ... ... ... | 17,775 | 8,850 | 8,925 | 15,138 | 373 | 2,256 | 8 | | |
| | Báropujiya... ... ... | 22,723 | 11,005 | 11,718 | 16,473 | 173 | 6,050 | 27 | | |
| | Dandua ... ... ... | 9,102 | 4,460 | 4,642 | 6,017 | 755 | 2,330 | ......... | | |
| | Mikir Bheta ... ... | 20,528 | 10,521 | 10,007 | 12,451 | 2,727 | 5,350 | ......... | | |
| | Jorábári ... ... ... | 5,554 | 2,769 | 2,785 | 2,915 | ......... | 2,637 | 2 | | |

| | | | | | | | | | | |
|---|---|---|---|---|---|---|---|---|---|---|
| | *Total Village* ... ... | *84,430* | *42,038* | *42,392* | *56,999* | *4,203* | *23,076* | *152* | | |
| | *Total Tea Garden* ... ... | *484* | *278* | *206* | *330* | *11* | *141* | 2 | | |
| | *Total Thana, excluding Outposts* ... | *84,914* | *42,316* | *42,598* | *57,329* | *4,214* | *23,217* | *154* | | |
| Thana Roha—*contd.*—Outpost Jagi. | Mayang ... ... | 7,199 | 3,815 | 3,384 | 5,675 | 366 | 1,158 | ......... | Ahom; Bráhman; Chutiyá; Dom (Pátni); Ganak; Hári; Hirá; Jugi; Káchári; Kalitá; Káyastha; Kewat; Koch; Lálung; Mikir; Namasudra (Chandál); Sálai; Shekh. | 79·15 |
| | Bokani ... ... | 6,598 | 3,452 | 3.146 | 5,586 | 239 | 762 | 11 | | |
| | Gerua ... ... | 6,566 | 3,599 | 2,967 | 2,938 | 416 | 3,206 | 6 | | |
| | Nij Ghoguá ... ... | 5,751 | 3,062 | 2,689 | 2,720 | 11 | 3,019 | 1 | | |
| | Nij Tetelia ... ... | 9,264 | 4,615 | 4,649 | 4,860 | 618 | 3,786 | ......... | | |
| | Gobha ... Village ... | 4,418 | 2.277 | 2,141 | 1,548 | 80 | 2,788 | 2 | | |
| | Gobha ... Tea garden ... | 404 | 243 | 161 | 330 | 6 | 42 | 26 | | |
| | *Total Village* ... ... | *39,796* | *20,820* | *18,976* | *23,327* | *1,730* | *14,719* | *20* | | |
| | *Total Tea Garden* ... ... | *404* | *243* | *161* | *330* | *6* | *42* | *26* | | |
| | *Total Outpost* ... ... | *40,200* | *21,063* | *19,137* | *23,657* | *1,736* | *14,761* | *46* | | |
| Thana Roha—*concld.*—Outpost Dharamtol. | Uttar Khola Village ... | 11,633 | 6,004 | 5,629 | 6,436 | 509 | 4,687 | 1 | Ahom; Bhuiyá; Boriá; Bráhman; Chutiyá; Dhobá; Dom (Pátni); Gáro; Jugi; Káchári; Kalitá; Káyastha; Kewat; Koch; Kurmi; Lálung; Mikir; Mundá; Namasudra (Chandál); Shekh. | 62·14 |
| | Uttar Khola Tea garden ... | 477 | 290 | 187 | 382 | 2 | 90 | 3 | | |
| | Amlaparbat ... ... | 4,791 | 2,501 | 2,290 | 27 | ......... | 4,764 | ......... | | |
| | *Total Village* ... ... | *16,424* | *8,505* | *7,919* | *6,463* | *509* | *9,451* | *1* | | |
| | *Total Tea Garden* ... ... | *477* | *290* | *187* | *382* | *2* | *90* | *3* | | |
| | *Total Outpost* ... ... | *16,901* | *8,795* | *8,106* | *6,845* | *511* | *9,541* | *4* | | |
| | *Total Thana, including Outposts* ... | *142,015* | *72,174* | *69,841* | *87,831* | *6,461* | *47,519* | *204* | | |

# PROVINCIAL TABLE XI.

## DISTRICT NOWGONG—concluded,

| THANA OR OUTPOST. | MAUZA. | TOTAL POPULATION. Total. | Males. | Females. | POPULATION BY RELIGION. Hindu. | Musalman. | Animistic. | Others. | Principal castes returned in Thana or Outpost. | Percentage of persons shewn as agriculturists in Thana or Outpost. |
|---|---|---|---|---|---|---|---|---|---|---|
| 1 | 2 | 3 | 4 | 5 | 6 | 7 | 8 | 9 | 10 | 11 |
| Thana Samaguri. | Dwar Bamuni ... ... | 1,146 | 617 | 529 | 1 | ......... | 1,141 | 4 | Ahom; Báuri; Bhumij; Boriá; Bráhman; Chutiyá; Dom (Pátni); Goálá; Ganak; Gáro; Jugi; Káchári; Kalitá; Káyastha; Kewat; Koch; Mikir; Mundá; Santhál; Shekh. | 52·18 |
| | Chutialgaon Tea garden ... | 1,497 | 842 | 655 | 945 | 35 | 515 | 2 | | |
| | Chapanala { Village ... | 5,569 | 2,905 | 2,664 | 3,136 | 51 | 2,350 | 32 | | |
| | Chapanala { Tea garden ... | 2,413 | 1,254 | 1,159 | 699 | 47 | 1,655 | 12 | | |
| | Bheloguri ... { Village ... | 7,127 | 3,769 | 3,358 | 6,149 | 219 | 750 | 9 | | |
| | Bheloguri ... { Tea garden ... | 2,526 | 1,376 | 1,150 | 932 | 32 | 1,552 | 10 | | |
| | Dwar Salona { Village ... | 2,228 | 1,150 | 1,078 | 92 | 3 | 2,131 | 2 | | |
| | Dwar Salona { Tea garden ... | 3,310 | 1,779 | 1,531 | 1,072 | 36 | 2,186 | 16 | | |
| | *Total Village* ... ... | *16,070* | *8,441* | *7,629* | *9,378* | *273* | *6,372* | *47* | | |
| | *Total Tea Garden* ... ... | *9,746* | *5,251* | *4,495* | *3,648* | *150* | *5,908* | *40* | | |
| | *Total Thana, excluding Outposts* ... | *25,816* | *13,692* | *12,124* | *13,026* | *423* | *12,280* | *87* | | |
| Outpost Kaliabar. | Chutialgaon { Village ... | 16,546 | 8,688 | 7,858 | 13,096 | 745 | 2,664 | 41 | Ahom; Boriá; Bráhman; Chutiyá; Dhobá; Dom (Pátni); Jugi; Káchári; Kalitá; Káyastha; Kewat; Koch; Kumár; Kurmi; Lohár; Mikir; Moriá; Nat; Shekh. | 67·22 |
| | Chutialgaon { Tea garden ... | 1,431 | 761 | 670 | 803 | 27 | 595 | 6 | | |
| | *Total Outpost* ... | *17,977* | *9,449* | *8,528* | *13,899* | *772* | *3,259* | *47* | | |

| | | | | | | | | | | |
|---|---|---|---|---|---|---|---|---|---|---|
| Thana Samaguri—*concld.*—Outpost Kuthari. | Bagari ... Village ... | 3,531 | 1,926 | 1,605 | 687 | 23 | 2,817 | 4 | Ahom; Bráhman; Goálá; Káchári; Kalitá; Koch; Mikir; Shekh. | 52·18 |
| | Bagari ... Tea garden ... | 1,274 | 702 | 572 | 628 | 34 | 606 | 6 | | |
| | *Total Outpost* ... ... | *4,805* | *2,628* | *2,177* | *1,315* | *57* | *3,423* | *10* | | |
| | *Total Thana, including Outposts* ... | *48,598* | *25,769* | *22,829* | *28,240* | *1,252* | *18,962* | *144* | | |
| | *Total Boat population and travellers enumerated irrespective of thanas* ... | *1,093* | *1,081* | *12* | *900* | *73* | *119* | *1* | | |

DISTRICT ABSTRACT.

| | | | | | | | |
|---|---|---|---|---|---|---|---|
| *Total Town* ... ... | *4,815* | *2,838* | *1,977* | *3,195* | *1,150* | *289* | *181* |
| *Total Village* ... ... | *321,684* | *165,374* | *156,310* | *203,436* | *12,703* | *105,130* | *415* |
| *Total Tea Garden* ... ... | *17,642* | *9,579* | *8,063* | *7,638* | *284* | *9,625* | *95* |
| *Total for the District* ... ... | *344,141* | *177,791* | *166,350* | *214,269* | *14,187* | *115,044* | *691* |

# PROVINCIAL TABLE XI.
## DISTRICT SIBSAGAR.
### SUBDIVISION SIBSAGAR.

| THANA OR OUTPOST. | MAUZA. | TOTAL POPULATION. | | | POPULATION BY RELIGION. | | | | Principal castes returned in Thana or Outpost. | Percentage of persons shewn as agriculturists in Thana or Outpost. |
|---|---|---|---|---|---|---|---|---|---|---|
| | | Total. | Males. | Females. | Hindu. | Musalman. | Animistic. | Others. | | |
| 1 | 2 | 3 | 4 | 5 | 6 | 7 | 8 | 9 | 10 | 11 |
| | | | | TOWN. | | | | | | |
| Thana Sibsagar | Sibsagar Municipality ... ... | 5,249 | 3,078 | 2,171 | 3,587 | 1,453 | 90 | 119 | | |
| | *Total Town* ... ... | *5,249* | *3,078* | *2,171* | *3,587* | *1,453* | *90* | *119* | Ahom; Bhuiyá; Báuri; Bráhman; Chutiyá; Dom (Pátni); Goálá; Jugi; Káchári; Kalitá; Káyastha; Kewat; Koch; Miri; Native Christian; Shekh. | 83·71 |
| | Panidehing { Village ... ... | 15,403 | 8,132 | 7,271 | 12,134 | 978 | 2,262 | 29 | | |
| | Panidehing { Tea garden ... | 4,329 | 2,409 | 1,920 | 3,964 | 94 | 249 | 22 | | |
| | Bakata ... { Village ... ... | 6,757 | 3,442 | 3,315 | 6,518 | 151 | 88 | ......... | | |
| | Bakata ... { Tea garden ... | 835 | 445 | 390 | 671 | 19 | 145 | ......... | | |
| | Betbari ... ... ... | 7,462 | 3,851 | 3,611 | 7,142 | 254 | 12 | 54 | | |
| | Hatchora { Village ... ... | 4,070 | 2,086 | 1,984 | 3,878 | 98 | 15 | 79 | | |
| | Hatchora { Tea garden ... | 3 | 3 | ......... | 3 | ......... | ......... | ......... | | |
| | Nagarmahal ... ... | 1,352 | 709 | 643 | 1,147 | 188 | 16 | 1 | | |
| | Meteka ... ... | 5,078 | 2,618 | 2,460 | 4,405 | 644 | 6 | 23 | | |
| | Salaguri ... ... | 7,550 | 3,788 | 3,762 | 7,074 | 463 | 7 | 6 | | |
| | Mará Bazár ... ... | 8,789 | 4,427 | 4,362 | 8,582 | 203 | 4 | ......... | | |
| | Godhuli Bazar ... ... | 6,806 | 3,520 | 3,286 | 6,616 | 58 | 132 | ......... | | |
| | *Total Village* ... ... | *63,267* | *32,573* | *30,694* | *57,496* | *3,037* | *2,542* | *192* | | |
| | *Total Tea Garden* ... ... | *5,167* | *2,857* | *2,310* | *4,638* | *113* | *394* | *22* | | |
| | *Total Thana* ... ... | *73,683* | *38,508* | *35,175* | *65,721* | *4,603* | *3,026* | *333* | | |
| Thana Bartala. | Silakuti ... { Village ... | 8,085 | 4,234 | 3,851 | 7,279 | 400 | 253 | 153 | Ahom; Báuri; Bhuiyá; Bhumij; Bráhman; Chutiyá; Dom (Pátni); Káchári; Kalitá· Kámár· Koch; | 68·52 |
| | Silakuti ... { Tea garden ... | 2,007 | 1,095 | 912 | 1,920 | 71 | 7 | 9 | | |
| | Dhopabar ... { Village ... | 5,055 | 2,670 | 2,385 | 4,639 | 359 | 55 | 2 | | |
| | Dhopabar ... { Tea garden ... | 4,022 | 2,108 | 1,914 | 3,518 | 170 | 305 | 29 | | |

| | | | | | | | | | | | |
|---|---|---|---|---|---|---|---|---|---|---|---|
| Thana Bar tala—*concld.* | Joktala ... Village | ... | 7,235 | 3,689 | 3,546 | 6,580 | 606 | 40 | 9 | Kurmi; Miri; Mundá; Oráon; Sháhá; Shekh: Turi. | |
| | Tea garden | ... | 191 | 114 | 77 | 161 | 10 | 18 | 2 | | |
| | Dopdar ... Village | ... | 19,532 | 10,131 | 9,401 | 17,825 | 1,356 | 344 | 7 | | |
| | Tea garden | ... | 14,197 | 7,646 | 6,551 | 12,857 | 837 | 400 | 103 | | |
| | *Total Village* ... | ... | *39,907* | *20,724* | *19,183* | *36,323* | *2,721* | *692* | *171* | | |
| | *Total Tea Garden* ... | ... | *20,417* | *10,963* | *9,454* | *18,456* | *1,088* | *730* | *143* | | |
| | *Total Thana excluding Outpost* | ... | *60,324* | *31,687* | *28,637* | *54,779* | *3,809* | *1,422* | *314* | | |
| Outpost Sonari. | Abhayapur Village ... | ... | 7,736 | 4,081 | 3,655 | 7,136 | 110 | 476 | 14 | Ahom; Bhuiyá; Bhumij; Chutiyá; Dholi; Dom (Pátni); Goálá; Káchári; Kámár; Koch; Kurmi; Lohár; Mundá; Oráon; Santhál; Shekh; Teli. | 53·61 |
| | Tea garden | ... | 7,425 | 4,049 | 3,376 | 5,790 | 216 | 1,379 | 40 | | |
| | Khaloi-ghográ Village .. | ... | 6,974 | 3,598 | 3,376 | 6,880 | 48 | 35 | 11 | | |
| | Tea garden | ... | 4,162 | 2,320 | 1,842 | 3,881 | 113 | 141 | 27 | | |
| | *Total Village* ... | ... | *14,710* | *7,679* | *7,031* | *14,016* | *158* | *511* | *25* | | |
| | *Total Tea Garden* ... | ... | *11,587* | *6,369* | *5,218* | *9,671* | *329* | *1,520* | *67* | | |
| | *Total Outpost* ... | ... | *26,297* | *14,048* | *12,249* | *23,687* | *487* | *2,031* | *92* | | |
| | *Total thana including Outpost* | ... | *86,621* | *45,735* | *40,886* | *78,466* | *4,296* | *3,453* | *406* | | |
| | SUBDIVISIONAL ABSTRACT. | | | | | | | | | | |
| | *Total Town* ... | ... | *5,249* | *3,078* | *2,171* | *3,587* | *1,453* | *90* | *119* | | |
| | *Total Village* ... | ... | *117,884* | *60,976* | *56,908* | *107,835* | *5,916* | *3,745* | *388* | | |
| | *Total Tea Garden* ... | ... | *37,171* | *20,189* | *16,982* | *32,765* | *1,530* | *2,644* | *232* | | |
| | *Total Subdivision* ... | ... | *160,304* | *84,243* | *76,061* | *144,187* | *8,899* | *6,479* | *739* | | |

# PROVINCIAL TABLE XI.

## DISTRICT SIBSAGAR—continued.

### SUBDIVISION JORHAT.

| THANA OR OUTPOST. | MAUZA. | TOTAL POPULATION. | | | POPULATION BY RELIGION. | | | | Principal castes returned in Thana or Outpost. | Percentage of persons shewn as agriculturists in Thana or Outpost. |
|---|---|---|---|---|---|---|---|---|---|---|
| | | Total. | Males. | Females. | Hindu. | Musalman. | Animistic. | Others. | | |
| 1 | 2 | 3 | 4 | 5 | 6 | 7 | 8 | 9 | 10 | 11 |
| | | | | | TOWN. | | | | | |
| Thana Jorhat. | Jorhat Town ... ... | 2,159 | 1,387 | 772 | 1,248 | 841 | 7 | 63 | Ahom; Báuri; Boriá; Bráhman; Chutiyá; Dom (Pátni); Ganak; Hári: Jugi; Káchári; Kalitá; Káyastha; Kewat; Koch; Miri; Shán; Shekh. | 63·54 |
| | Railway ... ... ... | 80 | 69 | 11 | 60 | 8 | 3 | 9 | | |
| | *Total Town* ... ... | *2,239* | *1,456* | *783* | *1,308* | *849* | *10* | *72* | | |
| | Churamani ... ... | 6,626 | 3,406 | 3,220 | 6,526 | 96 | 4 | ......... | | |
| | Choukhat Teok ... ... | 14,976 | 7,851 | 7,125 | 14,248 | 678 | 36 | 14 | | |
| | Holongapar ... Village ... | 7,132 | 3,613 | 3,519 | 6,609 | 341 | 177 | 5 | | |
| | Holongapar ... Tea garden ... | 5,019 | 2,715 | 2,304 | 4,749 | 116 | 132 | 22 | | |
| | Charigaon ... ... | 5,320 | 2,637 | 2,683 | 5,232 | 84 | 4 | ......... | | |
| | Kotahabahoni ... ... | 6,726 | 3,292 | 3,434 | 6,506 | 218 | 2 | ......... | | |
| | Hazaribarcha-pari. Village ... | 6,654 | 3,626 | 3,028 | 6,039 | 225 | 384 | 6 | | |
| | Hazaribarcha-pari. Railway ... | 45 | 37 | 8 | 31 | 14 | ......... | ......... | | |
| | Baligaon ... Village ... | 6,620 | 3,396 | 3,224 | 6,559 | 46 | 15 | ......... | | |
| | Baligaon ... Railway ... | 55 | 46 | 9 | 54 | 1 | ......... | ......... | | |
| | Parbatiá ... Village ... | 3,938 | 2,057 | 1,881 | 3,853 | 80 | 5 | ......... | | |
| | Parbatiá ... Tea garden ... | 826 | 476 | 350 | 787 | 37 | ......... | 2 | | |
| | Charaibari ... Village ... | 8,115 | 4,154 | 3,961 | 7,823 | 279 | 10 | 3 | | |
| | Charaibari ... Railway ... | 14 | 11 | 3 | 9 | 5 | ......... | ......... | | |
| | Charaibari ... Tea garden ... | 61 | 45 | 16 | 45 | ......... | 16 | ......... | | |
| | Khongia ... Village ... | 6,110 | 3,070 | 3,040 | 5,911 | 161 | 38 | ......... | | |
| | Khongia ... Tea garden ... | 4,337 | 2,287 | 2,050 | 4,139 | 118 | 42 | 38 | | |
| | Garamur ... Village ... | 786 | 414 | 372 | 771 | 10 | ......... | 5 | | |
| | Garamur ... Tea garden ... | 1,463 | 779 | 684 | 1,421 | 23 | 9 | 10 | | |
| | Katanigaon ... Village ... | 3,952 | 2,019 | 1,933 | 3,853 | 80 | 3 | 16 | | |
| | Katanigaon ... Tea garden ... | 4,462 | 2,402 | 2,060 | 4,324 | 80 | 26 | 32 | | |
| | Thengal ... Village ... | 6,863 | 3,493 | 3,370 | 6,733 | 127 | 3 | ......... | | |
| | Thengal ... Tea garden ... | 1,180 | 675 | 505 | 1,072 | 27 | 81 | ......... | | |

| | | | | | | | | | | | |
|---|---|---|---|---|---|---|---|---|---|---|---|
| Thana Jorhat—*contd.* | Titabar | Village ... | 8,925 | 4,682 | 4,243 | 8,597 | 318 | 10 | ......... | | |
| | | Railway ... | 36 | 33 | 3 | 32 | 4 | ......... | ......... | | |
| | | Tea garden ... | 3,817 | 2,038 | 1,779 | 3,562 | 137 | 110 | 8 | | |
| | Amguri Kharikotia. | Village ... | 9,530 | 5,059 | 4,471 | 8,592 | 212 | 70 | 656 | | |
| | | Tea garden ... | 6,736 | 3,770 | 2,966 | 6,272 | 161 | 211 | 92 | | |
| | Steamer .. | ... | 148 | 148 | ......... | 4 | 138 | ......... | 6 | | |
| | *Total Village including steamer population* ... | ... | *102,421* | *52,917* | *49,504* | *97,856* | *3,093* | *761* | *711* | | |
| | *Total Railway* ... | ... | *230* | *196* | *34* | *186* | *32* | *3* | *9* | | |
| | *Total Tea Garden* ... | ... | *27,901* | *15,187* | *12,714* | *26,371* | *699* | *627* | *204* | | |
| | *Total Thana excluding Outposts* | ... | *132,711* | *69,687* | *63,024* | *125,661* | *4,665* | *1,398* | *987* | | |
| Thana Jorhat—*contd.* Outpost Majuli. | Salmará | Village ... | 15,836 | 8,241 | 7,595 | 14,141 | 99 | 1,578 | 18 | Ahom; Boriá; Bráhman; Chutiyá; Dom (Pátni); Ganak; Hári; Jugi; Káchári; Kalitá; Káyastha; Kewat; Koch; Kumár; Miri; Moriá; Shekh; Tánti. | 67·53 |
| | | Tea garden ... | 9,105 | 5,163 | 3,942 | 7,637 | 44 | 1,424 | ......... | | |
| | *Total Outpost* ... | ... | *24,941* | *13,404* | *11,537* | *21,778* | *143* | *3,002* | *18* | | |
| Thana Jorhat—*concld.* Outpost Seleng. | Lahing ... | Village ... | 6,467 | 3,322 | 3,145 | 6,354 | 94 | 15 | 4 | Ahom; Boriá; Bráhman; Chutiyá; Dom (Pátni); Hári; Káchári; Kalitá; Káyastha; Kewat; Koch; Miri; Moriá; Nágá; Rájwár; Sháhá; Shekh; Tánti. | 56·19 |
| | | Tea garden ... | 2,455 | 1,362 | 1,093 | 2,292 | 74 | 1 | 88 | | |
| | Gakhirkhoa ... | Village ... | 4,434 | 2,315 | 2,119 | 3,967 | 167 | 228 | 72 | | |
| | | Tea garden ... | 2,896 | 1,586 | 1,310 | 2,677 | 100 | 99 | 20 | | |
| | No-Kachari ... | Village ... | 3,584 | 1,858 | 1,726 | 3,341 | 160 | 78 | 5 | | |
| | | Tea garden ... | 3,664 | 2,041 | 1,623 | 3,339 | 46 | 87 | 192 | | |
| | *Total Village* ... | ... | *14,485* | *7,495* | *6,990* | *13,662* | *421* | *321* | *81* | | |
| | *Total Tea Garden* ... | ... | *9,015* | *4,989* | *4,026* | *8,308* | *220* | *187* | *300* | | |
| | *Total Outpost* ... | ... | *23,500* | *12,484* | *11,016* | *21,970* | *641* | *508* | *381* | | |
| | *Total Thana including Outposts* | ... | *181,152* | *95,575* | *85,577* | *169,409* | *5,449* | *4,908* | *1,386* | | |

# PROVINCIAL TABLE XI.

## DISTRICT SIBSAGAR—continued.

### SUBDIVISION JORHAT—*concluded.*

| THANA OR OUTPOST. | MAUZA. | | TOTAL POPULATION. | | | POPULATION BY RELIGION. | | | | Principal castes returned in Thana or Outpost | Percentage of persons shewn as agriculturists in Thana or Outpost. |
|---|---|---|---|---|---|---|---|---|---|---|---|
| | | | Total. | Males. | Females. | Hindu. | Musalman. | Animistic. | Others. | | |
| 1 | 2 | | 3 | 4 | 5 | 6 | 7 | 8 | 9 | 10 | 11 |
| | | | SUBDIVISIONAL ABSTRACT. | | | | | | | | |
| | *Total Town* ... | ... | *2,159* | *1,387* | *772* | *1,248* | *841* | *7* | *63* | | |
| | *Total Village* ... | ... | *141,847* | *73,816* | *68,031* | *133,296* | *3,657* | *4,084* | *810* | | |
| | *Total Railway* ... | ... | *230* | *196* | *34* | *186* | *32* | *3* | *9* | | |
| | *Total Tea Garden* ... | ... | *36,916* | *20,176* | *16,740* | *34,679* | *919* | *814* | *504* | | |
| | *Total Subdivision* ... | ... | *181,152* | *95,575* | *85,577* | *169,409* | *5,449* | *4,908* | *1,383* | | |
| | | | SUBDIVISION GOLAGHAT. | | | | | | | | |
| | | | TOWN. | | | | | | | | |
| Thana Golaghat. | Golaghat Town ... | ... | 2,211 | 1,318 | 893 | 1,278 | 843 | 57 | 33 | | |
| | *Total Town* ... | ... | *2,211* | *1,318* | *893* | *1,278* | *843* | *57* | *33* | | |
| | Kacharighat ... | ... | 3,295 | 1,661 | 1,634 | 3,082 | 211 | 2 | ......... | Ahom; Báuri; Bhuiyá; Boriá; Bráhman; Chutiyá; Dom (Pátni); Káchári; Kalitá; Kamar; | 66·61 |
| | Atgaon ... | Village ... | 7,574 | 3,865 | 3,709 | 7,376 | 114 | 24 | 60 | | |
| | | Tea garden ... | 439 | 241 | 198 | 410 | ......... | 29 | ......... | | |
| | Giladhari ... | Village ... | 8,682 | 4,442 | 4,240 | 8,022 | 466 | 73 | 121 | | |
| | | Tea garden ... | 1,534 | 862 | 672 | 1,430 | 19 | 82 | 3 | | |
| | Nij Marongi ... | Village ... | 3,919 | 2,112 | 1,807 | 3,571 | 199 | 149 | ......... | | |
| | | Tea garden ... | 4,417 | 2,459 | 1,958 | 4,101 | 102 | 186 | 28 | | |
| | Mowkhoá ... | Village ... | 8,723 | 4,615 | 4,108 | 7,826 | 791 | 104 | 2 | | |
| | | Tea garden ... | 2,097 | 1,143 | 954 | 1,910 | 27 | 138 | 22 | | |

| Thana | Locality | | | | | | | | | | |
|---|---|---|---|---|---|---|---|---|---|---|---|
| Thana Golaghat—*concld.* | Naharoni ... | Village ... | 3,965 | 2,001 | 1,964 | 3,452 | 513 | ......... | ......... | Káyastha; Kewat; Koch; Miri; Mikir; Mundá; Nat; Santhál; Shekh. | |
| | | Tea garden ... | 112 | 64 | 48 | 112 | ......... | ......... | ......... | | |
| | Dhekial ... | Village ... | 4,888 | 2,499 | 2,389 | 4,853 | 35 | ......... | ......... | | |
| | | Tea garden ... | 869 | 451 | 418 | 841 | 18 | 1 | 9 | | |
| | Gurgagonia ... | Village ... | 7,275 | 3,736 | 3,539 | 6,701 | 561 | 13 | ......... | | |
| | | Tea garden ... | 582 | 311 | 271 | 538 | 22 | 20 | 2 | | |
| | Dakshin Hengra | Village ... | 5,503 | 2,836 | 2,667 | 5,280 | 207 | 13 | 3 | | |
| | | Tea garden ... | 2,395 | 1,355 | 1,040 | 2,273 | 32 | 79 | 11 | | |
| | Ahatoguri ... | ... | 7,636 | 3,983 | 3,653 | 5,848 | 20 | 1,765 | 3 | | |
| | Michamara ... | Village ... | 11,907 | 6,291 | 5,616 | 10,730 | 534 | 637 | 6 | | |
| | | Tea garden ... | 4,757 | 2,485 | 2,272 | 4,201 | 366 | 180 | 10 | | |
| | Rangamati ... | Village ... | 5,909 | 3,084 | 2,825 | 5,798 | 71 | 27 | 13 | | |
| | | Tea garden ... | 3,127 | 1,602 | 1,525 | 2,993 | 48 | 74 | 12 | | |
| | Khumthaa ... | Village ... | 3,103 | 1,694 | 1,409 | 2,976 | 10 | 115 | 2 | | |
| | | Tea garden ... | 1,005 | 546 | 459 | 993 | 6 | 4 | 2 | | |
| | Steamer ... | ... ... | 132 | 127 | 5 | 78 | 53 | ......... | 1 | | |
| | *Total Village including steamer Population* ... ... | | *82,511* | *42,946* | *39,565* | *75,593* | *3,785* | *2,922* | *211* | | |
| | *Total Tea Garden* ... ... | | *21,334* | *11,519* | *9,815* | *19,802* | *640* | *793* | *99* | | |
| | *Total Thana excluding Outpost* ... | | *106,056* | *55,783* | *50,273* | *96,673* | *5,268* | *3,772* | *343* | | |
| Outpost Bokakhat. | Namdaing ... | Village ... | 5,621 | 3,083 | 2,538 | 4,727 | 112 | 773 | 9 | Ahom; Báuri: Bhuiyá; Boriá; Bráhman; Chutiyá; Dom (Pátni); Ghátwál; Káchári; Kalitá; Kámár; Káyastha; Kewat; Koch; Miri; Mikir; Mundá; Oráon; Santhál; Shekh. | 48·28 |
| | | Tea garden ... | 4,141 | 2,311 | 1,830 | 3,729 | 77 | 311 | 24 | | |
| | *Total Outpost* ... ... | | *9,762* | *5,394* | *4,368* | *8,456* | 189 | *1,084* | *33* | | |
| | *Total Thana including Outpost* ... | | *115,818* | *61,177* | *54,641* | *105,129* | *5,457* | *4,856* | *376* | | |

# PROVINCIAL TABLE XI.

## DISTRICT SIBSAGAR—concluded.

### SUBDIVISION GOLAGHAT—*concluded.*

| THANA OR OUTPOST. | MAUZA. | TOTAL POPULATION. | | | POPULATION BY RELIGION. | | | | Principal castes returned in Thana or Outpost | Percentage of persons shewn as agriculturists in Thana or Outpost. |
|---|---|---|---|---|---|---|---|---|---|---|
| | | Total. | Males. | Females. | Hindu. | Musalman. | Animistic. | Others. | | |
| 1 | 2 | 3 | 4 | 5 | 6 | 7 | 8 | 9 | 10 | 11 |
| | | SUBDIVISIONAL ABSTRACT. | | | | | | | | |
| | *Total Town...* ... ... | 2,211 | 1,318 | 893 | 1,278 | 843 | 57 | 33 | | |
| | *Total Village* ... ... | 88,132 | 46,029 | 42,103 | 80,320 | 3,897 | 3,695 | 220 | | |
| | *Total Tea Garden* ... ... | 25,475 | 13,830 | 11,645 | 23,531 | 717 | 1,104 | 123 | | |
| | *Total Subdivision* ... ... | 115,818 | 61,177 | 54,641 | 105,129 | 5,457 | 4,856 | 376 | | |
| | | DISTRICT ABSTRACT. | | | | | | | | |
| | *Total Town* ... ... | 9,619 | 5,783 | 3,836 | 6,113 | 3,137 | 154 | 215 | | |
| | *Total Village* ... ... | 347,863 | 180,821 | 167,042 | 321,451 | 13,470 | 11,524 | 1,418 | | |
| | *Total Railway* ... ... | 230 | 196 | 34 | 186 | 32 | 3 | 9 | | |
| | *Total Tea Garden* ... ... | 99,562 | 54,195 | 45,367 | 90,975 | 3,166 | 4,562 | 859 | | |
| | *Total for the District* ... ... | 457,274 | 240,995 | 216,279 | 418,725 | 19,805 | 16,243 | 2,501 | | |

# PROVINCIAL TABLE XI.

## DISTRICT LAKHIMPUR.

### SUBDIVISION DIBRUGARH.

| THANA OR OUTPOST. | MAUZA. | TOTAL POPULATION. Total. | Males. | Females. | POPULATION BY RELIGION. Hindu. | Musalman. | Animistic. | Others. | Principal castes returned in the Thana or Outpost. | Percentage of persons shewn as agriculturists in the Thana or Outpost. |
|---|---|---|---|---|---|---|---|---|---|---|
| 1 | 2 | 3 | 4 | 5 | 6 | 7 | 8 | 9 | 10 | 11 |
| | TOWN. | | | | | | | | | |
| Thana Dibrugarh | Dibrugarh Municipality ... | 8,300 | 4,964 | 3,336 | 5,711 | 2,224 | 234 | 131 | Ahom; Bhuiyá; Bhumij; Bráhman; Chutiyá; Dom (Pátni); Goálá; Káchári; Kámár; Khámti; Koch; Lohár; Miri; Mundá; Santhál; Shekh; Teli. | 51·45 |
| | Railway within Municipality ... | 35 | 35 | ......... | 29 | 6 | ......... | ......... | | |
| | Tea garden within Municipality ... | 27 | 17 | 10 | 20 | 7 | ......... | ......... | | |
| | *Total Municipality* ... | *8,362* | *5,016* | *3,346* | *5,760* | *2,237* | *234* | *131* | | |
| | Dibrugarh Cantonment... ... | 1,514 | 1,084 | 430 | 1,341 | 158 | 4 | 11 | | |
| | *Total Town* ... | *9,876* | *6,100* | *3,776* | *7,101* | *2,395* | *238* | *142* | | |
| | Kadomoni ... Village ... | 2,660 | 1,509 | 1,151 | 2,405 | 112 | 37 | 106 | | |
| | Kadomoni ... Tea garden ... | 3,013 | 1,565 | 1,448 | 2,819 | 42 | 4 | 148 | | |
| | Dibrugarh ... Village ... | 8,465 | 4,869 | 3,596 | 7,579 | 807 | 23 | 56 | | |
| | Dibrugarh ... Railway ... | 531 | 398 | 133 | 451 | 76 | ......... | 4 | | |
| | Dibrugarh ... Tea garden ... | 1,820 | 968 | 852 | 1,528 | 17 | 251 | 24 | | |
| | Mankata ... Village ... | 2,178 | 1,094 | 1,084 | 1,916 | 189 | 12 | 61 | | |
| | Mankata ... Tea garden ... | 612 | 327 | 285 | 590 | 6 | 9 | 7 | | |
| | Khanikong... Village ... | 5,748 | 2,943 | 2,805 | 5,391 | 46 | 16 | 295 | | |
| | Khanikong... Tea garden ... | 2,434 | 1,332 | 1,102 | 2,311 | 33 | 26 | 64 | | |
| | Jamira ... Village ... | 5,666 | 2,858 | 2,808 | 5,604 | 57 | 5 | ......... | | |
| | Jamira ... Tea garden ... | 2,688 | 1,409 | 1,279 | 2,547 | 79 | 40 | 22 | | |
| | Khowang ... Village ... | 5,069 | 2,605 | 2,464 | 5,020 | 31 | 12 | 6 | | |
| | Khowang ... Tea garden ... | 3,956 | 2,240 | 1,716 | 3,763 | 107 | 64 | 22 | | |
| | Lahowal ... Village ... | 3,334 | 1,758 | 1,576 | 3,103 | 85 | 5 | 141 | | |
| | Lahowal ... Railway ... | 11 | 10 | 1 | 9 | 2 | ......... | ......... | | |
| | Lahowal ... Tea garden ... | 2,509 | 1,342 | 1,167 | 1,982 | 42 | 472 | 13 | | |

# PROVINCIAL TABLE XI.

## DISTRICT LAKHIMPUR—continued.

### SUBDIVISION DIBRUGARH—*continued.*

| THANA OR OUTPOST. | MAUZA. | | TOTAL POPULATION. | | | POPULATION BY RELIGION. | | | | Principal castes returned in the Thana or Outpost. | Percentage of persons shewn as agriculturists in the Thanna or Outpost |
|---|---|---|---|---|---|---|---|---|---|---|---|
| | | | Total. | Males. | Females. | Hindu. | Musalman. | Animistic. | Others. | | |
| 1 | 2 | | 3 | 4 | 5 | 6 | 7 | 8 | 9 | 10 | 11 |
| Thana Dibrugarh —*contd.* | Titadimaru | Village ... | 2,332 | 1,221 | 1,111 | 1,944 | 27 | 10 | 351 | | |
| | | Tea garden ... | 4,822 | 2,550 | 2,272 | 4,617 | 102 | 27 | 76 | | |
| | Bagdang ... | Village ... | 6,316 | 3,294 | 3,022 | 6,186 | 83 | ......... | 47 | | |
| | | Tea garden ... | 3,465 | 1,854 | 1,611 | 3,307 | 54 | 49 | 55 | | |
| | Rohmoria ... | Village .. | 3,885 | 2,044 | 1,841 | 3,855 | 13 | 17 | ......... | | |
| | | Tea garden ... | 1,546 | 846 | 700 | 1,363 | 49 | 122 | 12 | | |
| | Madarkhat ... | Village ... | 3,860 | 2,012 | 1,848 | 3,679 | 11 | 131 | 39 | | |
| | | Tea garden ... | 1,521 | 794 | 727 | 1,134 | 17 | 353 | 17 | | |
| | Tengakhat ... | Village ... | 4,788 | 2,512 | 2,276 | 4,461 | 317 | 4 | 6 | | |
| | | Tea garden ... | 2,388 | 1,304 | 1,084 | 2,095 | 37 | 237 | 19 | | |
| | Dekelajan ... | Village ... | 2,274 | 1,206 | 1,068 | 2,238 | 20 | ......... | 16 | | |
| | | Tea garden ... | 280 | 143 | 137 | 275 | 5 | ......... | ......... | | |
| | Polong ... | Village ... | 1,844 | 953 | 891 | 1,778 | 38 | 28 | ......... | | |
| | | Railway ... | 29 | 25 | 4 | 28 | 1 | ......... | ......... | | |
| | | Tea garden ... | 2,930 | 1,544 | 1,386 | 2,578 | 46 | 263 | 43 | | |
| | Gharbandi ... | Village ... | 3,129 | 1,638 | 1,491 | 3,117 | 11 | 1 | ......... | | |
| | | Railway ... | 58 | 37 | 21 | 52 | 2 | ......... | 4 | | |
| | | Tea garden .. | 660 | 344 | 316 | 650 | 7 | 1 | 2 | | |
| | Miripaik Mahal ... | ... | 5,407 | 2,884 | 2,523 | 5,368 | 7 | 27 | 5 | | |
| | *Total Village* ... | ... | *66,955* | *35,400* | *31,555* | *63,644* | *1,854* | *328* | *1,129* | | |
| | *Total Railway** ... | ... | *629* | *470* | *159* | *540* | *81* | ......... | *8* | | |
| | *Total Tea Garden** ... | ... | *34,644* | *18,562* | *16,082* | *31,559* | *643* | *1,918* | *524* | | |
| | *Total Thana* ... | ... | *112,104* | *60,532* | *51,572* | *102,844* | *4,973* | *2,484* | *1,803* | | |

| | | | | | | | | | | |
|---|---|---|---|---|---|---|---|---|---|---|
| Thana Jaipur. | Jaipur ... Village ... | 9,406 | 4,869 | 4,537 | 8,956 | 141 | 304 | 5 | Ahom; Báuri; Bhuiyá; Bhumij; Chutiyá; Dom (Pátni); Goálá; Káchári; Kámár; Mundá; Oráon; Phákiál; Santhál; Shekh; Teli. | 70·21 |
| | Jaipur ... Tea garden ... | 3,357 | 1,896 | 1,461 | 2,976 | 45 | 330 | 6 | | |
| | *Jaipur Khiraj ... ... | 241 | 126 | 115 | 6 | ......... | ......... | 235 | | |
| | Chapatali Tipling. Village ... | 1,035 | 573 | 462 | 1,019 | 9 | 7 | ......... | | |
| | Chapatali Tipling. Tea garden ... | 623 | 379 | 244 | 568 | 23 | 31 | 1 | | |
| | Tipling Khiraj ... ... | 251 | 139 | 112 | 164 | 4 | 1 | 82 | | |
| | *Total Village* ... ... | *10,933* | *5,707* | *5,226* | *10,145* | *154* | *312* | *322* | | |
| | *Total Tea Garden* ... ... | *3,980* | *2,275* | *1,705* | *3,544* | *68* | *361* | *7* | | |
| | *Total Thana* ... ... | *14,913* | *7,982* | *6,931* | *13,689* | *222* | *673* | *329* | | |
| Thana Margherita. | Makum ... Village ... | 1,327 | 805 | 522 | 527 | 72 | 717 | 11 | Ahom; Báuri; Bhuiyá; Bhumij; Bráhman; Chámár (Jaiswár); Chhatri; Dom (Pátni); Goálá; Gáro; Káchári; Káyastha; Khámti; Koch; Korá; Nágá; Phákiál; Santhál; Shekh. | 34·71 |
| | Makum ... Railway ... | 3,431 | 2,188 | 1,243 | 3,073 | 133 | 176 | 49 | | |
| | Kokial ... ... ... | 955 | 493 | 462 | 22 | ......... | 505 | 428 | | |
| | *Total Village* ... ... | *2,282* | *1,298* | *984* | *549* | *72* | *1,222* | *439* | | |
| | *Total Railway* ... ... | *3,431* | *2,188* | *1,243* | *3,073* | *133* | *176* | *49* | | |
| | *Total Thana* ... ... | *5,713* | *3,486* | *2,227* | *3,622* | *205* | *1,398* | *488* | | |
| Thana Dum Duma. | Rangagora ... Village ... | 2,411 | 1,277 | 1,134 | 2,381 | 29 | ......... | 1 | Ahom; Báuri; Bhuiyá; Bhumij; Chutiyá; Dom (Pátni); Goálá; Ghási; Káchári; Kámár; Kurmi; Mundá; Oráon; Phákiál; Santhál; Shekh; Singpho. | 34·27 |
| | Rangagora ... Tea garden ... | 3,308 | 1,774 | 1,534 | 3.104 | 144 | 33 | 27 | | |
| | Mowkhowa Village ... | 2,799 | 1,475 | 1,324 | 2,738 | 46 | 11 | 4 | | |
| | Mowkhowa Railway ... | 36 | 29 | 7 | 31 | 5 | ......... | ......... | | |
| | Mowkhowa Tea garden ... | 5,239 | 2,811 | 2,428 | 5,016 | 46 | 140 | 37 | | |
| | Uzan Hakhoy Khowa. Village ... | 6,224 | 3,392 | 2,832 | 6,073 | 146 | ......... | 5 | | |
| | Uzan Hakhoy Khowa. Railway ... | 368 | 287 | 81 | 256 | 13 | 87 | 12 | | |
| | Uzan Hakhoy Khowa. Tea garden ... | 13,892 | 7,285 | 6,607 | 13,334 | 198 | 262 | 98 | | |
| | Buridehing ... ... | 1,239 | 674 | 565 | 184 | ......... | 727 | 328 | | |
| | Dum Dum Megela ... ... | 1,956 | 1,003 | 953 | 1,799 | 6 | 13 | 147 | | |
| | *Total Village* ... ... | *14,629* | *7,821* | *6,808* | *13,166* | *227* | *751* | *485* | | |
| | *Total Railway* ... ... | *404* | *316* | *88* | *287* | *18* | *87* | *12* | | |
| | *Total Tea Garden* ... ... | *22,439* | *11,870* | *10,569* | *21,454* | *388* | *435* | *162* | | |
| | *Total Thana* ... ... | *37,472* | *20,007* | *17,465* | *34,907* | *633* | *1,273* | *659* | | |

* Exclusive of railway and tea garden population within the Municipality.

PROVINCIAL TABLE XI.

**DISTRICT LAKHIMPUR**—continued.

SUBDIVISION NORTH LAKHIMPUR—*concluded.*

| THANA OR OUTPOST. | MAUZA. | TOTAL POPULATION. | | | POPULATION BY RELIGION. | | | | Principal castes returned in the Thana or Outpost. | Percentage of persons shewn as agriculturists in the Thana or Outpost. |
|---|---|---|---|---|---|---|---|---|---|---|
| | | Total. | Males. | Females. | Hindu. | Musalman. | Animistic. | Others. | | |
| 1 | 2 | 3 | 4 | 5 | 6 | 7 | 8 | 9 | 10 | 11 |
| Thana Kathalguri. | Chhichi ... ... | 3,023 | 1,602 | 1,421 | 2,975 | 25 | 18 | 5 | Abor; Ahom; Chutiyá; Dom (Pátni); Káchári; Khámti; Koch; Lálung; Miri. | 85·14 |
| | Dhamajei ... ... | 5,490 | 2,755 | 2,735 | 5,315 | 5 | 14 | 156 | | |
| | Chhichi Miripaik Mahal ... | 1,231 | 663 | 568 | 976 | ......... | 255 | ......... | | |
| | Dhamajei Miripaik Mahal ... | 1,051 | 531 | 520 | 865 | ......... | 186 | ......... | | |
| | *Total Village* ... ... | *10,795* | *5,551* | *5,244* | *10,131* | *30* | *473* | *161* | | |
| | *Total Thana* ... ... | *10,795* | *5,551* | *5,244* | *10,131* | *30* | *473* | *161* | | |
| Thana Sadiya. | Uzan Bhati Sadiya ... | 4,608 | 2,635 | 1,973 | 4,062 | 112 | 187 | 247 | Ahom; Chhatri; Chutiyá; Dom (Pátni); Káchári; Kalitá; Khámti; Koch; Miri; Mishmi; Moriá; Nipáli; Singpho. | 86·36 |
| | Miripaik ... ... | 3,226 | 1,664 | 1,562 | 1,976 | 1 | 126 | 1,123 | | |
| | Bhogamoa ... ... | 297 | 154 | 143 | 117 | ......... | ......... | 180 | | |
| | Mesaki .. ... ... | 1,201 | 634 | 567 | 674 | ......... | 56 | 471 | | |
| | *Total Village* ... .. | *9,332* | *5,087* | *4,245* | *6,829* | *113* | *369* | *2,021* | | |
| | Sadiya Cantonment ... ... | 290 | 257 | 33 | 264 | 22 | 4 | ......... | | |
| | *Total Thana* ... ... | *9,622* | *5,344* | *4,278* | *7,093* | *135* | *373* | *2,021* | | |
| | **SUBDIVISIONAL ABSTRACT.** | | | | | | | | | |
| | *Total Town* ... ... | *9,876* | *6,100* | *3,776* | *7,101* | *2,395* | *238* | *142* | | |
| | *Total Village* ... ... | *115,216* | *61,121* | *54,095* | *104,728* | *2,472* | *3,459* | *4,557* | | |
| | *Total Railway** ... ... | *4,464* | *2,974* | *1,490* | *3,900* | *232* | *263* | *69* | | |
| | *Total Tea Garden** ... ... | *61,063* | *32,707* | *28,356* | *56,557* | *1,099* | *2,714* | *693* | | |
| | *Total Subdivision* ... ... | *190,619* | *102,902* | *87,717* | *172,286* | *6,198* | *6,674* | *5,461* | | |

## SUBDIVISION NORTH LAKHIMPUR.

| | | | | | | | | | | |
|---|---|---|---|---|---|---|---|---|---|---|
| Thana North Lakhimpur. | North Lakhimpur C.R.C. ... | 1,244 | 712 | 532 | 757 | 421 | 65 | 1 | Ahom; Bhuiyá; Boriá; Bráhman; Chutiyá; Daflá; Dom (Pátni); Jugi; Káchári; Kalitá; Kámár; Kewát; Koch; Kurmi; Miri; Mundá; Oráon; Shekh. | 68·10. |
| | Boat population ... ... | 103 | 102 | 1 | 85 | 18 | ......... | ......... | | |
| | Naranpur ... ... ... | 6,998 | 3,706 | 3,292 | 6,505 | 23 | 469 | 1 | | |
| | Naranpur Khirajkhal ... ... | 669 | 365 | 304 | 61 | ......... | 7 | 601 | | |
| | Lalukdari { Village ... | 764 | 405 | 359 | 578 | ......... | 186 | ......... | | |
| | Lalukdari { Tea garden ... | 2,878 | 1,640 | 1,238 | 1,197 | 59 | 1,582 | 40 | | |
| | Nowa Boicha Bhorohia. { Village ... | 3,551 | 1,862 | 1,689 | 3,075 | 2 | 464 | 10 | | |
| | Nowa Boicha Bhorohia. { Tea garden ... | 3,627 | 2,035 | 1,592 | 1,809 | 58 | 1,745 | 15 | | |
| | Talari Batori { Village ... | 4,583 | 2,494 | 2,089 | 4,252 | 242 | 89 | ......... | | |
| | Talari Batori { Tea garden ... | 42 | 22 | 20 | 42 | ......... | ......... | ......... | | |
| | Nowkari Chutiyagori. { Village ... | 5,674 | 2,906 | 2,768 | 4,442 | 965 | 267 | ......... | | |
| | Nowkari Chutiyagori. { Tea garden ... | 2,597 | 1,461 | 1,136 | 2,296 | 28 | 254 | 19 | | |
| | Lakhipur Gorgaon ... ... | 4,701 | 2,424 | 2,277 | 4,631 | 4 | 66 | ......... | | |
| | Lakhipur Khirajkhal ... | 196 | 102 | 94 | 196 | ......... | ......... | ......... | | |
| | Pathalipam { Village ... | 3,174 | 1,608 | 1,566 | 3,167 | 3 | ......... | 4 | | |
| | Pathalipam { Tea garden ... | 670 | 354 | 316 | 655 | 11 | 1 | 3 | | |
| | Kadom ... { Village ... | 2,447 | 1,235 | 1,212 | 2,308 | 2 | 137 | ......... | | |
| | Kadom ... { Tea garden ... | 308 | 191 | 117 | 245 | 6 | 53 | 4 | | |
| | *Total Village* ... ... | *32,860* | *17,209* | *15,651* | *29,300* | *1,259* | *1,685* | *616* | | |
| | *Total Tea Garden* ... ... | *10,122* | *5,703* | *4,419* | *6,242* | *162* | *3,635* | *81* | | |
| | *Total Thana* ... ... | *44,226* | *23,624* | *20,602* | *36,301* | *1,842* | *5,385* | *698* | | |
| Thana Dhakuakhana. | Bordoloni ... { Village ... | 4,327 | 2,246 | 2,081 | 3,926 | 2 | 398 | 1 | Ahom; Boriá; Bráhman; Chutiyá; Dom (Pátni); Káchári; Kalitá; Kewát; Koch; Miri; Shekh. | 90·51. |
| | Bordoloni ... { Tea garden ... | 421 | 230 | 191 | 330 | 6 | 73 | 3 | | |
| | Gosaigaon ... ... ... | 4,141 | 2,070 | 2,071 | 4,135 | 2 | 4 | ......... | | |
| | Harhi Maskhowa. { Village ... | 2,124 | 1,107 | 1,017 | 2,110 | ......... | 12 | 2 | | |
| | Harhi Maskhowa. { Tea garden ... | 31 | 21 | 10 | 25 | ......... | ......... | 6 | | |
| | Dhakuakhana ... ... | 8,164 | 4,204 | 3,960 | 8,112 | 36 | ......... | 16 | | |
| | *Total Village* ... ... | *18,756* | *9,627* | *9,129* | *18,283* | *40* | *414* | *19* | | |
| | *Total Tea Garden* ... ... | *452* | *251* | *201* | *364* | *6* | *73* | *9* | | |
| | *wotal Thana* ... ... | *19,208* | *9,878* | *9,330* | *18,647* | *46* | *487* | *28* | | |

* Exclusive of railway and tea garden within the Municipality.

PROVINCIAL TABLE XI.

## DISTRICT LAKHIMPUR—concluded.

SUBDIVISION NORTH LAKHIMPUR—*concluded.*

| THANA OR OUTPOST. | MAUZA. | TOTAL POPULATION. | | | POPULATION BY RELIGION. | | | | Principal castes returned in the Thana or Outpost. | Percentage of persons shewn as agriculturists in the Thana or Outpost. |
|---|---|---|---|---|---|---|---|---|---|---|
| | | Total. | Males. | Females. | Hindu. | Musalman. | Animistic. | Others. | | |
| 1 | 2 | 3 | 4 | 5 | 6 | 7 | 8 | 9 | 10 | 11 |
| | | SUBDIVISIONAL ABSTRACT. | | | | | | | | |
| | *Total Village, including C. R. C.* ... | 52,860 | 27,548 | 25,312 | 48,340 | 1,720 | 2,164 | 636 | | |
| | *Total Tea Garden* ... ... | 10,574 | 5,954 | 4,620 | 6,608 | 168 | 3,708 | 90 | | |
| | *Total Subdivision* ... ... | 63,434 | 33,502 | 29,932 | 54,948 | 1,888 | 5,872 | 726 | | |
| | | DISTRICT ABSTRACT. | | | | | | | | |
| | *Total Town* ... ... | 9,876 | 6,100 | 3,776 | 7,101 | 2,395 | 238 | 142 | | |
| | *Total Village, including C.R.C. in North Lakhimpur.* | 168,076 | 88,669 | 79,407 | 153,068 | 4,192 | 5,623 | 5,193 | | |
| | *Total Railway** ... ... | 4,464 | 2,974 | 1,490 | 3,900 | 232 | 263 | 69 | | |
| | *Total Tea Garden** ... ... | 71,637 | 38,661 | 32,976 | 63,165 | 1,267 | 6,422 | 783 | | |
| | *Total District* ... ... | 254,053 | 136,404 | 117,649 | 227,234 | 8,086 | 12,546 | 6,187 | | |

* Exclusive of railway and tea garden within the Dibrugarh Municipality.

PROVINCIAL TABLE XI.

# DISTRICT NAGA HILLS.

| SUBDIVISION. | TOTAL POPULATION. | | | POPULATION BY RELIGION. | | | | Principal castes returned in the Subdivision. | Percentage of persons shewn as agriculturists in the Subdivision. |
|---|---|---|---|---|---|---|---|---|---|
| | Total. | Males. | Females. | Hindu. | Musalman. | Animistic. | Others. | | |
| 1 | 2 | 3 | 4 | 5 | 6 | 7 | 8 | 9 | 10 |
| **TOWN.** | | | | | | | | | |
| Kohima Town ... ... ... | 1,053 | 752 | 301 | 520 | 62 | 441 | 30 | Angámi; Chutiyá; Gurung; Káchá; Káchári; Kezhámá; Koch; Kuki; Mangar; Mikir; Rengmá; Semá; Shán; Shekh; Thápá. | 92·06. |
| " Cantonment ... ... ... | 728 | 495 | 233 | 632 | 59 | 22 | 15 | | |
| *Total Town* ... ... ... | *1,781* | *1,247* | *534* | *1,152* | *121* | *463* | *45* | | |
| Kohima ... Plains ... ... ... | 24,770 | 12,580 | 12,190 | 2,489 | 58 | 21,865 | 358 | | |
| Kohima ... Hills ... ... ... | 41,492 | 21,193 | 20,299 | 504 | 14 | 40,974 | ......... | | |
| *Total Subdivision* ... ... ... | *68,043* | *35,020* | *33,023* | *4,145* | *193* | *63,302* | *403* | | |
| Wokhá ... ... ... ... | 28,408 | 14,318 | 14,090 | 111 | 6 | 28,286 | 5 | Lhotá; Rengmá. | 94·03. |
| Mokokchang ... ... ... | 26,416 | 12,861 | 13,555 | 182 | 10 | 26,019 | 205 | Ao; Lhotá; Naked Nágá; Native Christian; Semá. | 87·29. |
| **DISTRICT ABSTRACT.** | | | | | | | | | |
| *Total Subdivision Kohima* ... ... | *68,043* | *35,020* | *33,023* | *4,145* | *193* | *63,302* | *403* | | |
| " " *Wokha* ... ... | *28,408* | *14,318* | *14,090* | *111* | *6* | *28,286* | *5* | | |
| " " *Mokokchang* ... ... | *26,416* | *12,861* | *13,535* | *182* | *10* | *26,019* | *205* | | |
| *Total for the District* ... ... ... | *122,867* | *62,199* | *60,668* | *4,438* | *209* | *117,607* | *613* | | |

# PROVINCIAL TABLE XI.

# DISTRICT KHASI AND JAINTIA HILLS.

## SUBDIVISION SHILLONG.

| SEIMSHIP AND DOLLOISHIP, &c. | POPULATION. | | | | | | | | | | | | | | | Principal castes returned in Seimship and Dolloiship, &c. | Principal occupations returned in Seimship and Dolloiship, &c. |
|---|---|---|---|---|---|---|---|---|---|---|---|---|---|---|---|---|---|
| | Total population. | | | Hindu. | | | Musalman. | | | Christian. | | | Animistic. | | | | |
| | Total. | Males. | Females. | Total. | Males. | Females. | Total. | Males. | Females. | Total. | Males. | Females. | Total. | Males. | Females. | | |
| *Seimship*— | | | | | | | | | | | | | | | | | |
| Cherra ... | 9,902 | 4,586 | 5,316 | 273 | 184 | 89 | 32 | 30 | 2 | 350 | 157 | 193 | 9,247 | 4,215 | 5,032 | Khasi ... ... ... | Cultivators, porters and day labourers. |
| Khairim ... | 30,127 | 13,961 | 16,166 | 64 | 48 | 16 | 45 | 35 | 10 | 174 | 87 | 87 | 29,844 | 13,791 | 16,053 | Khasi (Bhoi), Lalung ... ... | Cultivators, porters, day labourers, Arecanut growers and sellers, Betel vine growers and sellers. |
| Mylliem ... | 17,040 | 8,340 | 8,700 | 366 | 287 | 79 | 37 | 34 | 3 | 1,128 | 541 | 587 | 15,509 | 7,478 | 8,031 | Khasi (Bhoi), Kuki ... ... | Cultivators, porters, and day labourers. |
| Nongkhlaw ... | 8,926 | 4,287 | 4,639 | 285 | 146 | 139 | 2 | 2 | ... | 696 | 327 | 369 | 7,943 | 3,812 | 4,131 | Khasi (Bhoi), Mikir, Garo | " " " |
| Nongstoin ... | 9,210 | 4,516 | 4,694 | ... | ... | ... | ... | ... | ... | 5 | 3 | 2 | 9,205 | 4,513 | 4,692 | Khasi, Garo, Dyko, Lyngam ... | " " " |
| Maharam ... | 8,947 | 4,234 | 4,713 | ... | ... | ... | ... | ... | ... | 190 | 103 | 87 | 8,757 | 4,131 | 4,626 | Khasi, Garo ... ... | " " " |
| Mairang ... | 1,933 | 926 | 1,007 | ... | ... | ... | ... | ... | ... | 61 | 28 | 33 | 1,872 | 898 | 974 | Khasi ... ... | " " " |
| Mariaw ... | 2,664 | 1,272 | 1,392 | ... | ... | ... | ... | ... | ... | ... | ... | ... | 2,664 | 1,272 | 1,392 | Ditto ... ... | " " " |
| Nongspung ... | 1,641 | 786 | 855 | ... | ... | ... | ... | ... | ... | 85 | 44 | 41 | 1,556 | 742 | 814 | Ditto ... ... | " " " |
| Nongsohphoh ... | 1,483 | 692 | 791 | ... | ... | ... | ... | ... | ... | 21 | 8 | 13 | 1,462 | 684 | 778 | Ditto ... ... | " " " |
| Ramrai ... | 2,154 | 1,068 | 1,086 | ... | ... | ... | ... | ... | ... | 32 | 17 | 15 | 2,122 | 1,051 | 1,071 | Ditto ... ... | " " " |
| Langrin ... | 1,330 | 632 | 698 | ... | ... | ... | ... | ... | ... | ... | ... | ... | 1,330 | 632 | 693 | Ditto ... ... | " " " |
| Mausynram ... | 1,286 | 611 | 675 | ... | ... | ... | ... | ... | ... | 3 | 3 | ... | 1,283 | 608 | 675 | Ditto ... ... | " " " |
| Malai ... | 403 | 188 | 215 | ... | ... | ... | ... | ... | ... | ... | ... | ... | 403 | 188 | 215 | Ditto ... ... | " " " |
| Bhawal ... | 620 | 303 | 317 | ... | ... | ... | ... | ... | ... | ... | ... | ... | 620 | 303 | 317 | Khasi, Garo ... ... | " " " |
| Mariaw and Ramrai (jointly). ... | 1,070 | 542 | 528 | ... | ... | ... | ... | ... | ... | ... | ... | ... | 1,070 | 542 | 528 | Khasi ... ... ... | " " " |
| *Lyngdohship*— | | | | | | | | | | | | | | | | | |
| Sohiong ... | 2,520 | 1,210 | 1,310 | ... | ... | ... | ... | ... | ... | ... | ... | ... | 2,520 | 1,210 | 1,310 | Khasi ... ... ... | " " " |
| Mauphlang ... | 903 | 385 | 518 | ... | ... | ... | ... | ... | ... | 107 | 48 | 59 | 796 | 337 | 459 | Ditto ... ... ... | " " " |
| Lyngiong ... | 542 | 249 | 293 | ... | ... | ... | ... | ... | ... | ... | ... | ... | 542 | 249 | 293 | Ditto ... ... ... | " " " |
| *Wadadarship*— | | | | | | | | | | | | | | | | | |
| Shella ... | 6,358 | 2,984 | 3,374 | 221 | 165 | 56 | 37 | 37 | ... | 336 | 161 | 175 | 5,764 | 2,621 | 3,143 | Khasi ... | Orange grove owners, orange sellers, Limestone sellers, and day labourers. |
| *Sirdarship*— | | | | | | | | | | | | | | | | | |
| Jirang ... | 749 | 363 | 386 | ... | ... | ... | ... | ... | ... | 77 | 28 | 49 | 672 | 335 | 337 | Khasi (Bhoi)... ... ... | Cultivators. |
| Maulong ... | 1,569 | 271 | 848 | 11 | 11 | ... | 1 | 1 | ... | 21 | 5 | 16 | 1,536 | 704 | 832 | Khasi ... ... .. | Cultivators, porters & day labourers. |
| Maudon ... | 257 | 122 | 135 | ... | ... | ... | ... | ... | ... | 43 | 19 | 24 | 214 | 103 | 111 | Ditto ... ... ... | " " " |
| Dwara Nongtyrmen ... | 372 | 164 | 208 | ... | ... | ... | ... | ... | ... | ... | ... | ... | 372 | 164 | 208 | Ditto ... ... ... | " " " |
| Nonglywai ... | 136 | 64 | 72 | ... | ... | ... | ... | ... | ... | ... | ... | ... | 136 | 64 | 72 | Ditto ... ... ... | " " " |
| Pomsanngut ... | 212 | 99 | 113 | ... | ... | ... | ... | ... | ... | ... | ... | ... | 212 | 99 | 113 | Ditto ... ... ... | " " " |
| British villages ... | 14,309 | 6,955 | 7,354 | 209 | 190 | 19 | 89 | 77 | 12 | 763 | 381 | 382 | 13,248 | 6,307 | 6,941 | Khasi (Bhoi), Garo ... ... | Limestone sellers, cultivators, day labourers, porters and orange sellers. |
| *Shillong Station excluding Cantonment population* | 4,730 | 2,595 | 2,135 | 1,469 | 1,043 | 426 | 432 | 286 | 146 | 504 | 239 | 265 | 2,325 | 1,027 | 1,298 | Agarwál; Bráhman; Chhatri; Dámi (Darzi); Dhobi; European; Eurasian; Gurung; Káhár; Káyastha; Khási; Lálbegi; Mangar; Shekh; Synteng. | Miscellaneous. |
| *Cantonment* .. | 1,990 | 1,465 | 525 | 1,635 | 1,268 | 367 | 134 | 102 | 32 | 36 | 19 | 17 | 185 | 76 | 109 | | |
| *Total Shillong Station with Cantonment.* | 6,720 | 4,060 | 2,660 | *3,104 | 2,311 | 793 | 560 | 388 | 178 | 540 | 258 | 282 | 2,510 | 1,103 | 1,407 | | |
| ***Total Subdivision*** ... | 133,383 | 64,320 | 69,063 | 4,533 | 3,342 | 1,191 | 809 | 604 | 205 | 4,632 | 2,218 | 2,414 | 123,409 | 58,156 | 65,253 | | |

## SUBDIVISION JOWAI.

| | | | | | | | | | | | | | | | | |
|---|---|---|---|---|---|---|---|---|---|---|---|---|---|---|---|---|
| *Dolloiship*— | | | | | | | | | | | | | | | | |
| Nongbah ... | 2,172 | 997 | 1,175 | ...... | ... | ...... | ...... | ... | ...... | 146 | 73 | 73 | 2,026 | 924 | 1,102 | Synteng ... ... ... | Cultivators, porters and day labourers. |
| Maskut ... | 109 | 53 | 56 | ...... | ... | ...... | ...... | ... | ...... | .... | ... | ...... | 109 | 53 | 56 | Ditto ... ... ... | " " " |
| Nongjyng ... | 2,256 | 1,005 | 1,251 | 3 | ... | ...... | ...... | ... | ...... | 23 | 10 | 13 | 2,233 | 995 | 1,238 | Ditto ... ... ... | " " " |
| Nortiang ... | 6,721 | 3,052 | 3,669 | | 3 | ...... | ...... | ... | ...... | 111 | 49 | 62 | 6,607 | 3,000 | 3,607 | Synteng (Bhoi), Kuki, Mikir, Lalung | " " " |
| Bhoi ... | 5,459 | 2,833 | 3,626 | ...... | ... | ...... | ...... | ... | ...... | 4 | 2 | 2 | 5,455 | 2,831 | 2,624 | Mikir (Bhoi)... ... ... | " " " |
| Mynso ... | 1,298 | 595 | 703 | ...... | ... | ...... | ...... | ... | ...... | 48 | 20 | 28 | 1,250 | 576 | 675 | Synteng ... ... ... | " " " |
| Shiliang Myntang ... | 2,265 | 1,068 | 1,197 | ...... | ... | ...... | ...... | ... | ...... | 289 | 130 | 159 | 1,976 | 938 | 1,038 | Ditto ... ... ... | " " " |
| Nongphyllut ... | 2,117 | 1,006 | 1,111 | ...... | ... | ...... | ...... | ... | ...... | 1 | ... | 1 | 2,116 | 1,006 | 1,110 | Ditto ... ... ... | " " " |
| Shangpung ... | 3,537 | 1,710 | 1,827 | ...... | ... | ...... | ...... | ... | ...... | 274 | 134 | 140 | 3,263 | 1,576 | 1,687 | Ditto ... ... ... | " " " |
| Sutnga ... | 3,769 | 1,867 | 1,902 | ...... | ... | ...... | ...... | ... | ...... | 123 | 62 | 61 | 3,646 | 1,805 | 1,841 | Ditto ... ... ... | " " " |
| Raliang ... | 5,767 | 2,665 | 3,102 | ...... | ... | ...... | ...... | ... | ...... | 421 | 203 | 218 | 5,346 | 2,462 | 2,884 | Synteng, Mikir (Bhoi) ... ... | " " " |
| Nongkhlih ... | 840 | 377 | 463 | ...... | ... | ...... | ...... | ... | ...... | 18 | 8 | 10 | 822 | 369 | 453 | Synteng ... ... ... | " " " |
| Narpuh ... | 1,860 | 877 | 983 | ...... | ... | ...... | ...... | ... | ...... | ...... | ... | ...... | 1,860 | 877 | 983 | Synteng, Mikir (Bhoi) ... ... | " " " |
| Satpator ... | 2,393 | 1,136 | 1,257 | ...... | ... | ...... | ...... | ... | ...... | 94 | 44 | 50 | 2,299 | 1,092 | 1,207 | Synteng ... ... ... | " " " |
| Lakadong ... | 984 | 432 | 552 | 3 | 3 | ...... | ...... | ... | ...... | ...... | ... | ...... | 981 | 429 | 552 | Synteng, Mikir (Bhoi) ... ... | " " " |
| Rymbai ... | 3,305 | 1,416 | 1,889 | ...... | ... | ...... | ...... | ... | ...... | 28 | 14 | 14 | 3,277 | 1,402 | 1,875 | Synteng ... ... ... | " " " |
| Jowai ... | 5,176 | 2,374 | 2,802 | ...... | ... | ...... | ...... | ... | ...... | 256 | 126 | 130 | 4,920 | 2,248 | 2,672 | Ditto ... ... ... | " " " |
| Amwi ... | 1,413 | 640 | 773 | ...... | ... | ...... | ...... | ... | ...... | 1 | 1 | ...... | 1,412 | 639 | 773 | Ditto ... ... ... | " " " |
| Nongtalang ... | 5,863 | 2,754 | 3,109 | ...... | ... | ...... | ...... | ... | ...... | 204 | 105 | 99 | 5,659 | 2,649 | 3,010 | Ditto ... ... ... | " " " |
| Darang ... | 1,262 | 606 | 656 | 2 | 2 | ...... | 4 | 4 | ...... | 29 | 15 | 14 | 1,227 | 585 | 642 | Ditto ... ... ... | " " " |
| *Sirdarship*— | | | | | | | | | | | | | | | | | |
| Mynriang ... | 846 | 444 | 402 | 15 | 10 | 5 | ...... | ... | ...... | 1 | 1 | ...... | 830 | 433 | 397 | Mikir (Bhoi) ... ... | " " " |
| Langsoh ... | 961 | 505 | 456 | ...... | ... | ...... | ...... | ... | ...... | ...... | ... | ...... | 961 | 505 | 456 | Ditto ... ... ... | " " " |
| Saipung ... | 648 | 312 | 336 | ...... | ... | ...... | ...... | ... | ...... | ...... | ... | ...... | 648 | 312 | 336 | Kuki ... ... ... | " " " |
| *Jowai Station* ... | 3,500 | 1,562 | 1,938 | 20 | 19 | 1 | 7 | 7 | ...... | 441 | 187 | 254 | 3,032 | 1,349 | 1,683 | Synteng ... ... ... | Miscellaneous. |
| *Total Subdivision* ... | 64,521 | 30,286 | 34,235 | 43 | 37 | 6 | 11 | 11 | ...... | 2,512 | 1,184 | 1,328 | 61,955 | 29,054 | 32,901 | | |

## DISTRICT ABSTRACT.

| | | | | | | | | | | | | | | | |
|---|---|---|---|---|---|---|---|---|---|---|---|---|---|---|---|
| *Total Subdivision Shillong* | 133,883 | 64,320 | 69,063 | 4,533 | 3,342 | 1,191 | 809 | 604 | 205 | 4,632 | 2,218 | 2,414 | 123,409 | 58,156 | 65,253 |
| " " *Jowai*... | 64,521 | 30,286 | 34,235 | 43 | 37 | 6 | 11 | 11 | ...... | 2,512 | 1,184 | 1,318 | 61,955 | 29,054 | 32,901 |
| *Total District* ... | 197,904 | 94,606 | 103,298 | 4,576 | 3,379 | 1,197 | 820 | 615 | 205 | *7,144 | 3,402 | 3,742 | 185,364 | 87,210 | 98,154 |

* This includes 2 Buddhist males and 7 others as follows :—

Theists, males 4 and female 1=5

Deists, males ... 2=2

Total ... 7

## PROVINCIAL TABLE XI.

# DISTRICT GARO HILLS.

| PLAINS OR HILLS. | MAUZA. | TOTAL POPULATION. | | | POPULATION BY RELIGION. | | | | Principal castes returned in the district. | Percentage of persons shewn as agriculturists in the district (Hills and plains separately). |
|---|---|---|---|---|---|---|---|---|---|---|
| | | Total. | Males. | Females. | Hindu. | Musalman. | Animistic. | Others. | | |
| 1 | 2 | 3 | 4 | 5 | 6 | 7 | 8 | 9 | 10 | 11 |
| | | | | | TOWN. | | | | | |
| | Tura Town ... ... | 1,046 | 686 | 360 | 547 | 39 | 264 | 196 | | |
| | *Total Town* ... ... | *1,046* | *686* | *360* | *547* | *39* | *264* | *196* | | |
| | | | | | PLAINS. | | | | | |
| Plains... | V ... ... ... | 1,104 | 1,088 | 16 | 89 | 365 | 646 | 4 | | 81·06 |
| | VI ... ... ... | 15,988 | 8,177 | 7,811 | 1,673 | 3,578 | 9,704 | 1,033 | | |
| | VII ... ... ... | 11,519 | 5,904 | 5,615 | 8,931 | 1,615 | 939 | 34 | | |
| | *Total Plains* ... ... | *28,611* | *15,169* | *13,442* | *10,693* | *5,558* | *11,289* | *1,071* | Gáro; Hájong; Káchári; Koch; Kumár; Málo (Jhálo); Mech; Native Christian; Newár; Rábhá; Rájbansi; Shán; Shekh. | |
| | | | | | HILLS. | | | | | |
| Hills ... | I ... ... ... | 19,694 | 9,737 | 9,957 | 23 | ......... | 19,595 | 76 | | |
| | II ... ... ... | 17,375 | 8,531 | 8,844 | 108 | ......... | 17,090 | 177 | | |
| | III ... ... ... | 29,990 | 14,855 | 15,135 | 15 | ......... | 29,966 | 9 | | 14·18 |
| | IV ... ... ... | 24,854 | 12,235 | 12,619 | 7 | ......... | 24,800 | 47 | | |
| | *Total Hills* ... ... | *91,913* | *45,358* | *46,555* | *153* | ......... | *91,451* | *309* | | |
| | | | | | DISTRICT ABSTRACT. | | | | | |
| | *Total Town* ... ... | *1,046* | *686* | *360* | *547* | *39* | *264* | *196* | | |
| | *Total Plains* ... ... | *28,611* | *15,169* | *13,442* | *10,693* | *5,558* | *11,289* | *1,071* | | |
| | *Total Hills* ... ... | *91,913* | *45,358* | *46,555* | *153* | ......... | *91,451* | *309* | | |
| | *Total District* ... ... | *121,570* | *61,213* | *60,357* | *11,393* | *5,597* | *103,004* | *1,576* | | |

# APPENDIX A.

**Scheme of Classification of Occupations together with an Alphabetical List of the Occupations recorded in the Enumeration Schedules.**

## *Occupation Scheme for the Province of Assam, 1891.*

| Class. | Order. | Sub-order and Group, where any. | Occupations. |
|---|---|---|---|
| A.—Government. | I.—Administration. | 1. Service of the Imperial and Provincial Governments. | 1. The Chief Commissioner and family.<br>2. Officers.<br>3. Office Superintendents and Establishments, Jailors, &c.<br>4. Mouzadárs, Dalais, &c.<br>5. Police officers.<br>6. Messengers, warders, menials, Police constables, &c. |
| | | 2. Service of Local and Municipal bodies. | 7. Inspecting and Supervising officials.<br>8. Clerical establishments, tax collectors, &c.<br>9. Menials. |
| | | 3. Village service ... ... | 10. Headmen when not agriculturalists.<br>11. Rural Police, &c. |
| | II.—Defence. | 4. Army and Military Police ... | 12. Officers.<br>13. Non-commissioned officers and Privates.<br>14. Followers.<br>15. Clerical establishments. |
| | | 5. Navy and Marine ... | 16. Officers.<br>17. Engineers, Warrant officers, &c. |
| | III—Foreign and Feudatory States services. | 6. Administrative service ... | 18. Chiefs, seims, &c., and their officers.<br>19. Agents and tax collectors.<br>20. Menials, &c. |
| | | 7. Army and Marine ... | 21. Officers.<br>22. Privates and seamen, &c. |
| B.—Pasture and Agriculture. | IV.—Live Stock. | 8. Stock breeding and dealing. (a) Horses and horned cattle. | 23. Horse dealers.<br>24. Cattle owners and dealers.<br>25. Herdsmen.<br>26. Buffalo owners and dealers. |
| | | (b) Other draught, &c., animals. | 27. Elephant catchers and dealers. |
| | | (c) Small stock | 28. Sheep and goat dealers and breeders.<br>29. Goatherds.<br>30. Pig breeders and dealers. |
| | | 9. Subsidiary services to stock. (a) Training and doctoring live stock. | 31. Veterinary Surgeons.<br>32. Farriers.<br>33. Gelders.<br>34. Horse and elephant breakers and trainers, &c. |
| | V.—Agriculture. | 10. Interest in land. (a) Zamindars, Lakhirajdars and holders of land direct from Government. | 35. Not cultivating.<br>36. Cultivating. |
| | | (b) Tenants ... | 37. Not cultivating.<br>38. Cultivating. |
| | | (c) Cultivators unspecified. | 39. Cultivators unspecified. |
| | | 11. Agricultural labourers ... | 40. Farm servants.<br>41. Field labourers. |
| | | 12. Growers of special products and trees. | 42. Tea garden Managers and their Assistants.<br>43. Tea garden Engineers and Mechanics.<br>44. ,, ,, Clerical establishments.<br>45. ,, ,, coolies and coolie headmen.<br>46. Betel-vine and areca-nut growers.<br>47. Water-nut growers.<br>48. Bay-leaf and chilli growers.<br>49. Orange, plantain, and other fruit growers.<br>50. Potato cultivators.<br>51. Vegetable growers.<br>52. Flower gardeners, &c.<br>53. Cotton growers.<br>54. Bamboo growers.<br>55. Manure sellers.<br>56. Forest Officers.<br>57. Forest rangers, guards, peons, &c.<br>58. Forest Clerical establishments. |
| | | 13. Agricultural training and supervision. | 59. Estate Agents; Zamindari Clerical establishments.<br>60. Menials attached to above. |

| Class. | Order. | Sub-order and Group, where any. | Occupations. |
|---|---|---|---|
| C.—Personal services. | VI.—Personal and household services. | 14. Personal and domestic services. | 61. Barbers. |
| | | | 62. Washermen. |
| | | | 63. Water carriers. |
| | | | 64. Cooks. |
| | | | 65. In-door servants. |
| | | | 66. Grooms, grass cutters, dog boys, &c. |
| | | | 67. Door-keepers, watchmen, &c. |
| | | | 68. Miscellaneous and unspecified services. |
| | | 15. Non-domestic establishment. | 69. Hotel, lodging, boarding house, bar and refreshment roomkeepers. |
| | | | 70. Rest-house and serai managers and attendants. |
| | | | 71. Club Secretaries and Stewards. |
| | | 16. Sanitation ... | 72. Sanitary Inspectors, &c., Local and Municipal. |
| | | | 73. Sweepers and scavengers. |
| D.—Preparation and supply of material substances. | VII.—Food and drink. | 17. Animal food ... | 74. Cow and buffalo keepers, and milk, butter and curd sellers. |
| | | | 75. Ghee preparers and sellers. |
| | | | 76. Cheese makers and sellers. |
| | | | 77. Butchers. |
| | | | 78. Fowl, pigeon and egg sellers. |
| | | | 79. Fishermen and fish curers. |
| | | | 80. Fish dealers. |
| | | 18. Vegetable food ... | 81. Grain dealers. |
| | | | 82. Grain parchers and sellers. |
| | | | 83. Pulse and flour preparers and sellers. |
| | | | 84. Bakers. |
| | | | 85. Bran sellers. |
| | | | 86. Vegetable sellers. |
| | | | 87. Fruit sellers. |
| | | | 88. Cocoanut dealers. |
| | | | 89. Confectioners and sweetmeat makers. |
| | | | 90. Sweetmeat pedlars. |
| | | 19. Drink, condiments and narcotics. | 91. Sodawater, lemonade, &c., makers and sellers. |
| | | | 92. Sharbat preparers and sellers. |
| | | | 93. Country spirit distillers and Pachwai preparers and sellers. |
| | | | 94. Toddy drawers and sellers. |
| | | | 95. Foreign wines and Oilman's stores sellers. |
| | | | 96. Tea sellers and tasters (not planters). |
| | | | 97. Sugar manufacturers and sellers. |
| | | | 98. Molasses and syrup preparers and sellers. |
| | | | 99. Salt preparers and sellers. |
| | | | 100. Turmeric, &c., sellers. |
| | | | 101. Grocers and general condiment dealers. |
| | | | 102. Betel-leaf and areca-nut sellers. |
| | | | 103. Tobacco manufacturers and sellers. |
| | | | 104. Prepared hukka pedlars. |
| | | | 105. Opium, &c., manufacturers and sellers. |
| | | | 106. Bhang, ganja, &c., preparers and sellers. |
| | VIII.—Light, firing and forage. | 20. Lighting ... | 107. Oil pressers and sellers. |
| | | | 108. Oil and salt sellers. |
| | | | 109. Kerosine oil dealers. |
| | | | 110. Match makers and sellers. |
| | | | 111. Lamp and lantern makers and sellers. |
| | | 21. Fuel and forage ... | 112. Firewood and grass gatherers and sellers. |
| | | | 113. Coalminers, &c. |
| | | | 114. Coal dealers, brokers, Coal Company managers, &c. |
| | | | 115. Charcoal burners and dealers. |
| | | | 116. Hay, &c., contractors and dealers. |
| | IX.—Buildings. | 22. Building materials ... | 117. Brick and tile burners and sellers. |
| | | | 118. Lime, chunam, and shell burners & sellers. |
| | | | 119. Stone quarry owners, contractors, marble dealers, &c. |
| | | | 120. Thatch dealers and thatchers. |
| | | 23. Artificers in building ... | 121. Building contractors. |
| | | | 122. Stone workers. |
| | | | 123. Masons. |
| | | | 124. Builders and joiners. |
| | | | 125. Workers on kacha houses. |
| | | | 126. Plasterers and house painters. |
| | | | 127. Tilers and tile turners. |

Here read page ccxiv which faces this page.

*Occupation Scheme for the Province of Assam, 1891*—continued.

| Class. | Order. | Sub-order and Group, where any. | Occupations. |
|---|---|---|---|
| D.—Preparation and supply of material substances—*concluded.* | XII.—Textile, fabrics & dress—*concld.* | 42. Dress ... ... | 190. Tailors and darners. |
| | | | 191. Milliners and dress makers. |
| | | | 192. Clothes and quilt dealers. |
| | | | 193. Hosiers and haberdashers. |
| | | | 194. Hat and turban makers and sellers. |
| | | | 195. Umbrella makers and sellers. |
| | | | 196. Embroiderers, &c. |
| | | | 197. Piece goods dealers. |
| | XIII.—Metals and precious stones. | 43. Gold, silver and precious stones. | 198. Gold and silver dealers. |
| | | | 199. Gold and silver workers. |
| | | | 200. Coral dealers. |
| | | 44. Brass, copper and bell-metal. | 201. Brass workers and sellers. |
| | | | 202. Brass pot makers and sellers. |
| | | | 203. Copper workers and sellers. |
| | | | 204. Bell-metal workers and sellers. |
| | | | 205. General workers in brass, copper and bell-metal and sellers. |
| | | | 206. Brass and copper dealers. |
| | | 45. Tin, zinc, mercury and lead. | 207. Tin workers and sellers. |
| | | 46. Iron and steel ... | 208. Iron and steel founders, smelters and sellers. |
| | | | 209. Blacksmiths. |
| | | | 210. Iron and hardware dealers. |
| | | | 211. Nail makers and sellers. |
| | | | 212. Lock makers, menders and sellers. |
| | XIV.—Glass, pottery and stoneware. | 47. Glass and Chinaware ... | 213. Bottle dealers. |
| | | | 214. Glass and Chinaware dealers. |
| | | 48. Earthen and stoneware ... | 215. Potters, pot and pipe-bowl makers and sellers. |
| | | | 216. Grindstone and millstone makers, menders and sellers. |
| | XV.—Wood, cane and leaves, &c. | 49. Timber and wood ... | 217. Timber and bamboo agents and dealers. |
| | | | 218. Wood cutters and sawyers. |
| | | | 219. Carpenters. |
| | | | 220. Coopers and box makers. |
| | | 50. Canework, matting and leaves, &c. | 221. Bamboo and rattan splitters, workers and sellers. |
| | | | 222. Basket weavers and winnowing fan makers and sellers. |
| | | | 223. Mat makers and sellers. |
| | | | 224. Screen (chik) makers and sellers. |
| | | | 225. Leaf-plate makers and sellers. |
| | | | 226. Leaf-fan makers and sellers. |
| | | | 227. Brush and comb makers and sellers. |
| | | | 228. Broom makers and sellers. |
| | | | 229. Pith and bark collectors, workers and sellers. |
| | XVI.—Drugs, gums, dyes, &c. | 51. Gums, wax and similar forest produce. | 230. India rubber collectors and sellers. |
| | | | 231. Camphor and gum collectors and sellers. |
| | | | 232. Lac collectors and sellers. |
| | | | 233. Sealing wax makers and sellers. |
| | | | 234. Wax, honey and general minor forest produce collectors and sellers. |
| | | 52. Drugs, dyes, pigments, &c. ... | 235. Chemists and druggists. |
| | | | 236. Alum, soda, chalk, &c., workers and sellers. |
| | | | 237. Soap makers and sellers. |
| | | | 238. Fuller's earth dealers. |
| | | | 239. Ink makers and sellers. |
| | | | 240. Magenta sellers. |
| | | | 241. Kanku (red powder) preparers and sellers. |
| | | | 242. Perfume preparers and sellers. |
| | XVII.—Leather, horns, bones and grease. | 53. Leather, &c. ... ... | 243. Tanners, curriers, and hide sellers. |
| | | | 244. Shoe, sandal, boot makers and sellers. |
| | | | 245. Hide, horn and bone dealers. |
| | | | 246. Catgut preparers and sellers. |
| | | | 247. Grease preparers and sellers. |
| E.—Commerce, transport and storage. | XVIII.—Commerce. | 54. Dealers in money and securities. | 248. Money lenders and pawn brokers. |
| | | | 249. Money changers and testers. |
| | | | 250. Bank clerks. |
| | | 55. General merchandise ... | 251. Imported goods, stores, &c., sellers. |
| | | | 252. General merchants. |
| | | | 253. Merchants' managers, accountants, clerks and assistants. |

Here read page ccxv.

*Occupation Scheme for the Province of Assam, 1891*—continued.

| Class. | Order. | Sub-order and Group, where any. | Occupations. |
| --- | --- | --- | --- |
| D.—Preparation and supply of material substances—*continued.* | X.—Vehicles and vessels. | 24. Railway plant ... ... | 128. Railway mechanics.<br>129. Railway permanent-way foremen, plate layers, &c. |
| | | 25. Carts, carriages, &c. ... | 130. Cart makers and sellers.<br>131. Palki makers and sellers. |
| | | 26. Ships and boats ... | 132. Boat builders and sellers.<br>133. Canoe diggers and menders. |
| | XI.—Supplementary requirements. | 27. Paper, &c. ... ... | 134. Stationers.<br>135. Waste paper and rag dealers. |
| | | 28. Books and Print, &c. ... | 136. Press proprietors, lithographers, and printers.<br>137. Book binders.<br>138. Book sellers and publishers. |
| | | 29 Watches, clocks, and scientific instruments. | 139. Watch and clock makers and sellers. |
| | | 30. Carving, engraving, &c. ... | 140. Wood and ebony carvers.<br>141. Ivory carvers. |
| | | 31. Toys, curiosities, &c. ... | 142. Toy, kite and cage makers and sellers, and bird stuffers.<br>143. Hukka-stem makers and sellers.<br>144. Card makers and sellers.<br>145. Tábut and Tázia makers and sellers. |
| | | 32. Music and musical instruments. | 146. Music and Musical instrument dealers.<br>147. Conch dealers, drum and horn makers. |
| | | 33. Necklaces, bracelets, beads, sacred thread, &c. ... | 148. Bangle makers and sellers in lac.<br>149. " " " " in conch.<br>150 " " " " in wood & bone.<br>151. " " " " in glass.<br>152. Imitation and pewter jewelry makers and sellers.<br>153. Bead makers and sellers.<br>154. Necklace makers and sellers.<br>155. Flower garland makers and sellers.<br>156. Artificial flower and caste mark spangle makers and sellers.<br>157. Sacred thread makers and sellers.<br>158. Idol makers. |
| | | 34. Furniture ... ... | 159. Furniture makers and varnishers. |
| | | 35. Harness ... ... | 160. Whip, goad, &c., makers. |
| | | 36. Tools and machinery ... | 161. Knife and tool makers and sellers.<br>162. Knife and tool grinders.<br>163. Looms and loom-comb makers and sellers.<br>164. Mechanics (not railway). |
| | | 37. Arms and ammunition ... | 165. Gun makers and sellers.<br>166. Ammunition dealers.<br>167. Gunpowder makers and sellers.<br>168. Fireworks makers and sellers. |
| | XII.—Textile fabrics and dress. | 38. Wool and fur ... | 169. Carpet weavers and sellers.<br>170. Shawl weavers and sellers.<br>171. Blanket weavers and sellers.<br>172. Woollen cloth manufacturers and sellers.<br>173. Woollen yarn spinners and sellers. |
| | | 39. Silk ... ... | 174. Silkworm rearers and cocoon gatherers.<br>175. Silk carders and spinners.<br>176. Silk weavers and dealers. |
| | | 40. Cotton ... ... | 177. Raw cotton dealers.<br>178. Cotton cleaners, pressers, ginners and sellers.<br>179. Cotton carpet and rug makers and sellers.<br>180. Cotton spinners, sizers and yarn beaters.<br>181. Cotton weavers and sellers.<br>182. Cotton dyers.<br>183. Tape makers and sellers. |
| | | 41. Jute, flax, coir, &c. ... | 184. Flax spinners, weavers and sellers.<br>185. Hemp rope makers and sellers.<br>186. Jute manufacturers, managers and agents.<br>187. Sacking, tarpaulin and gunny makers and sellers.<br>188. Net makers and sellers.<br>189. Fancy work dealers. |

| Class. | Order. | Sub-order and Group, where any. | Occupations. |
|---|---|---|---|
| E.—Commerce, transport and storage—*concluded.* | XVIII.—Commerce—*concld.* | 56. Dealing unspecified ... | 254. Shopkeepers' clerks, salesmen, &c. |
| | | | 255. Shopkeepers' & money lenders' servants. |
| | | | 256. Shopkeepers, otherwise unspecified. |
| | | | 257. Pedlars and hawkers, &c. |
| | | 57. Middlemen, &c. (a) Brokers, &c. ... | 258. Brokers' agents, Dubash. |
| | | (b) Contractors and farmers. | 259. Farmers of tolls, ferries and fisheries. |
| | | | 260. Lessees and Superintendents of markets, stalls, &c. |
| | | | 261. Contractors otherwise unspecified. |
| | | | 262. Contractors for labour, Emigration Agents, &c. |
| | XIX.—Transport and storage. | 58. Railway... (a) Administration. | 263. Agents, Managers and their Assistants. |
| | | | 264. Traffic Managers, Superintendents and Assistants. |
| | | | 265. Auditors, Accountants, &c. |
| | | | 266. Engineers (when not returned under general heading). |
| | | | 267. Clerical Staff in Railway establishments. |
| | | (b) Working staff | 268. Station Masters and Assistants, Inspectors, Overseers, &c. |
| | | | 269. Guards, drivers, firemen, &c. |
| | | | 270. Pointsmen, shunters, porters, signallers, &c. |
| | | 59. Road ... (a) Cart, carriage and tramway owners and drivers. | 271. Cart owners & drivers, carting agents, &c. |
| | | | 272. Drivers, stable boys, &c. (not private servants). |
| | | | 273. Palki, &c., owners and bearers. |
| | | (b) Carriers by pack animals. | 274. Pack bullock owners and drivers, &c. |
| | | | 275. Pack mule, &c., owners and drivers. |
| | | | 276. Elephant owners, drivers and grass-cutters. |
| | | 60. Water ... (a) Owners, &c., of vessels. | 277. Ship owners, Companies' Agents. |
| | | | 278. Shipping clerks, supercargoes and stevedores. |
| | | | 279. Boat and burge owners, &c. |
| | | (b) Working staff of vessels. | 280. Ships' officers, engineers, mariners and firemen. |
| | | | 281. Boat and bargemen. |
| | | | 282. Pilots. |
| | | 61. Messages (a) Post, &c. ... | 283. Postal Directors, Postmasters and clerks. |
| | | | 284. Postal messengers, runners, &c. |
| | | | 285. Messengers (unspecified). |
| | | (b) Telegraph & Telephone. | 286. Telegraph officers and clerical establishments. |
| | | | 287. Signallers and messengers. |
| | | 62. Storage and weighing. | 288. Warehouse owners, keepers, &c. |
| | | | 289. Warehouse service. |
| | | | 290. Porters (general). |
| | | | 291. Weighmen and measurers. |
| | | | 292. Watchmen (not village). |
| F.—Professions. | XX.—Learned and artistic Professions. | 63. Religion... (a) Priests, Ministers, &c. | 293. Priests, Ministers, Preachers, Missionaries, &c. |
| | | | 294. Catechists, Readers, &c. |
| | | | 295. Exorcists, hail-averters, &c. |
| | | (b) Subsidiary religious services | 296. Religious mendicants, inmates of monastries, convents, &c. |
| | | | 297. Church, Temple, Masjid, ghat, burial or burning ground service, pilgrim conductors, &c. |
| | | 64. Education ... ... | 298. Administrative and Inspecting officials. |
| | | | 299. Principals, teachers in colleges, schools, &c. |
| | | | 300. Peons, chowkidars in schools and educational offices. |
| | | | 301. Clerks, &c., on establishments of Educational Institutions. |
| | | 65. Literature ... ... | 302. Authors, Journalists, and ballad-makers. |
| | | | 303. Private Secretaries and Clerks. |
| | | | 304. Public Scribes and Copyists. |
| | | 66. Law ... ... | 305. Barristers, Advocates and Pleaders. |
| | | | 306. Solicitors and Attorneys. |
| | | | 307. Law-agents, Mukhtiars, &c. |
| | | | 308. Articled clerks and other lawyers' clerks. |
| | | | 309. Stamp vendors. |
| | | | 310. Petition writers. |

| Class. | Order. | Sub-Order and Group, where any. | | Occupations. |
|---|---|---|---|---|
| F.—Professions—*concluded.* | XX.—Learned and artistic Professions—*concluded.* | 67. Medicine . | (*a*) Practitioners | 311. Administrative and Inspecting Staff. |
| | | | | 312. Practitioners by diploma. |
| | | | | 313. Practitioners without diploma (Baid, Hakim, Kabiráj, &c.). |
| | | | | 314. Vaccinators. |
| | | | | 315. Midwifery. |
| | | | (*b*) Subsidiary Medical Services. | 316. Hospital and Asylum Matrons, Assistants and Apothecaries. |
| | | | | 317. Compounders, Nurses, &c. |
| | | 68. Engineering and Surveying. | (*a*) Engineers, Architects, and Surveyors. | 318. Administrative and Inspecting Staff. |
| | | | | 319. Civil Engineers, &c. |
| | | | | 320. Revenue Surveyors, &c. |
| | | | (*b*) Subsidiary Staff. | 321. Draughtsmen and Operators in Survey Offices, overseers, &c. |
| | | | | 322. Clerks, &c., in offices of the above. |
| | | 69. Other Sciences. | (*a*) Astronomy, &c. | 323. Meteorological establishments. |
| | | | | 324. Botanists, &c. |
| | | | (*b*) Minor Sciences. | 325. Astrologers, Genealogists and Horoscope-casters (often also Kabirajes and image makers). |
| | | 70. Pictorial Art and Sculpture... | | 326. Painters, &c. |
| | | | | 327. Photographers. |
| | | 71. Music, Acting, Dancing ... | | 328. Music Composers and Teachers. |
| | | | | 329. Bandmasters and players, &c. (not military). |
| | | | | 330. Actors, Singers and Dancers and their accompanists. |
| | XXI.—Sport and amusments. | 72 Sport ... ... | | 331. Shikaris, Falconers, Birdcatchers. |
| | | | | 332. Professional polo-players, &c. |
| | | 73. Exhibitions and games. | (*a*) Catching, training and exhibiting animals. | 333. Exhibitors of trained animals (bulls, bears, snakes, monkeys, &c.). |
| | | | (*b*) Conjuring, fortune telling and other exhibitions. | 334. Buffoons. |
| | | | | 335. Story and Ballad reciters. |
| | | | | 336. Exhibitors of puppets. |
| | | | | 337. Conjurers and Fortune-tellers. |
| | | | (*c*) Acrobatics and athletics. | 338. Tumblers, Acrobats, Wrestlers, Professional cricketers. |
| | | | (*d*) Service of places of entertainment. | 339. Tennis service, &c. |
| | | | | 340. Billiard room service. |
| G.—Indefinite and Independent. | XXIII.—Indefinite. | 74. Unskilled labour. | (*a*) Special branches. | 341. Tank diggers and excavators. |
| | | | | 342. Road and Railway labourers and earthworkers (unspecified). |
| | | | | 343. Quarrymen (stone splitters). |
| | | | | 344. Miners (unspecified). |
| | | | | 345. Rice pounders and huskers. |
| | | | (*b*) General. ... | 346. General labour. |
| | | 75. Undefined, &c. ... ... | | 347. Thieves, gamblers, and prostitutes. |
| | | | | 348. Not returned or insufficiently described. |
| | | | | 349. Dependents. |
| | XXIV.—Independent of work. | 76. Property and alms. | (*a*) Property and allowances. | 350. House rent, shares, and other property not being land. |
| | | | | 351. Allowances from patrons or relatives. |
| | | | (*b*) Charity and endowment. | 352. Educational or other endowments, scholarships, &c. |
| | | | | 353. Mendicancy (not being affiliated to a religious order). |
| | | 77. Supported at the public charge. | (*a*) Pension. ... | 354. Pension, Civil Services. |
| | | | | 355. Pension, Military Services. |
| | | | (*b*) Prisoners ... | 356. Inmates of Asylums, &c. |
| | | | | 357. Prisoners, under trial. |
| | | | | 358. Prisoners, for debt. |
| | | | | 359. Prisoners, convicted or in reformatories, &c. |

## *Occupation Index for the Province of Assam, 1891.*

| In Alphabetical Order. | | Classification. | | | |
|---|---|---|---|---|---|
| Serial No. | Occupation. | Class. | Order. | Section. | Serial No. in classified list. |
| 1 | 2 | 3 | 4 | 5 | 6 |
| 1 | Accompanist | F | XX | 71 | 330 |
| 2 | Accountant, Assistant | A | I | 1 | 3 |
| 3 | ,, Tea Estate | B | V | 12 | 44 |
| 4 | ,, Zamindars | B | V | 13 | 59 |
| 5 | ,, ... | A | I | 1 | 3 |
| 6 | ,, Public Works Department | F | XX | 68(b) | 322 |
| 7 | Account Department, Mail Service | E | XIX | 60(a) | 278 |
| 8 | Acrobat | F | XXI | 73(c) | 338 |
| 9 | Actor | F | XX | 71 | 330 |
| 10 | Administrator | B | V | 13 | 59 |
| 11 | Adviser of Seim | A | III | 6 | 18 |
| 12 | Agent for paying rent | E | XVIII | 57(a) | 258 |
| 13 | Agent for selling Sewing Machines | D | XII | 42 | 190 |
| 14 | ,, liquor shop | D | VII | XIX | 95 |
| 15 | ,, private Company | E | XVIII | 55 | 253 |
| 16 | ,, of Maharaja of Manipur | A | III | 6 | 19 |
| 17 | ,, of Seim | A | III | 6 | 19 |
| 18 | ,, of Sirdar (Jirang) | A | III | 6 | 19 |
| 19 | Agriculturalist | B | V | 10 | 39 |
| 20 | Almanac reader | F | XX | 69(b) | 325 |
| 21 | Amaldar | A | II | 4 | 13 |
| 22 | Amín | F | XX | 68(a) | 320 |
| 23 | Ammunition seller | D | XI | 37 | 166 |
| 24 | Apprentice (Civil Court) | A | I | 1 | 3 |
| 25 | ,, (Forest office) | B | V | 12 | 58 |
| 26 | ,, (Mauzadar's) | A | I | 1 | 4 |
| 27 | ,, (paid) | A | I | 1 | 3 |
| 28 | Areca-nut gatherer | B | V | 12 | 46 |
| 29 | ,, grower | B | V | 12 | 46 |
| 30 | ,, seller | D | VII | 19 | 102 |
| 31 | Army Commissioned Military officer | A | II | 4 | 12 |
| 32 | Army Non-Commissioned officer | A | II | 4 | 13 |
| 33 | ,, Officer | A | II | 4 | 12 |
| 34 | ,, Surgeon | F | XX | 67(a) | 312 |
| 35 | Ash dealer | D | VIII | 21 | 115 |
| 36 | Assistant Commissioner | A | I | 1 | 2 |
| 37 | Astrologer | F | XX | 69(b) | 325 |
| 38 | Attar dealer | D | XVI | 52 | 242 |
| 39 | Attar of roses seller | D | XVI | 52 | 242 |
| 40 | Attorney | F | XX | 66 | 306 |
| 41 | Author | F | XX | 65 | 302 |
| 42 | Ayáh | C | VI | 14 | 65 |
| 43 | Bag maker | D | XII | 41 | 187 |
| 44 | Bag maker and seller | D | XII | 41 | 187 |
| 45 | Bag seller | D | XII | 41 | 187 |
| 46 | Baidya (uncertificated medical practitioner) | F | XX | 67(a) | 313 |
| 47 | Baker | D | VII | 18 | 84 |
| 48 | Bakshi | A | I | 1 | 3 |
| 49 | Ballad reciter | F | XXI | 73(b) | 335 |
| 50 | Bamboo roof maker (for boats) | D | XV | 50 | 221 |
| 51 | ,, grower | B | V | 12 | 54 |
| 52 | ,, seller | D | XV | 49 | 217 |
| 53 | ,, splitter and seller | D | XV | 50 | 221 |
| 54 | ,, stool maker | D | XV | 50 | 221 |
| 55 | ,, strap (for loads) maker | D | XV | 50 | 221 |
| 56 | ,, *Katráp* (kind of umbrella) maker | D | XV | 50 | 221 |
| 57 | ,, umbrella maker | D | XV | 50 | 221 |
| 58 | ,, umbrella and fishing basket seller | D | XV | 50 | 221 |
| 59 | ,, wattle maker | D | XV | 50 | 221 |
| 60 | Band Havildar | A | II | 4 | 13 |
| 61 | ,, man | A | II | 4 | 13 |
| 62 | ,, master | A | II | 4 | 13 |
| 63 | ,, player | F | XX | 71 | 329 |
| 64 | Bangle maker in glass | D | XI | 33 | 151 |
| 65 | ,, maker in lac | D | XI | 33 | 148 |

| In Alphabetical order. | | Classification. | | | |
|---|---|---|---|---|---|
| Serial No. | Occupation. | Class. | Order. | Section. | Serial No. in classified list. |
| 1 | 2 | 3 | 4 | 5 | 6 |
| 66 | Bangle maker and seller in shell (in conch) ... | D | XI | 33 | 149 |
| 67 | " " " in wood ... ... | D | XI | 33 | 150 |
| 68 | Barber ... ... ... ... | C | VI | 14 | 61 |
| 69 | Basket maker ... ... ... ... | D | XV | 50 | 222 |
| 70 | " (bamboo) seller ... ... ... | D | XV | 50 | 222 |
| 71 | " measure and mat maker ... ... | D | XV | 50 | 222 |
| 72 | " weaver and seller ... ... ... | D | XV | 50 | 222 |
| 73 | Bay leaf gatherer ... ... ... | B | V | 12 | 48 |
| 74 | " " seller ... ... ... | D | VII | 19 | 101 |
| 75 | " tree grower ... ... ... | B | V | 12 | 48 |
| 76 | " " pruner ... ... ... | B | V | 12 | 48 |
| 77 | Bead maker in pewter ... ... ... | D | XI | 33 | 152 |
| 78 | " " in wood ... ... ... | D | XI | 33 | 153 |
| 79 | " " and seller ... ... ... | D | XI | 33 | 153 |
| 80 | " seller ... ... ... ... | D | XI | 33 | 153 |
| 81 | " stringer and seller ... ... ... | D | XI | 33 | 154 |
| 82 | Bearer ... ... ... ... | C | VI | 14 | 65 |
| 83 | Bedstead maker and seller ... ... ... | D | XI | 34 | 159 |
| 84 | Bee keeper ... ... ... .. | D | XVI | 51 | 234 |
| 85 | Beef seller ... ... ... ... | D | VII | 17 | 77 |
| 86 | Beggar ... ... ... ... | G | XXIV | 76(*b*) | 353 |
| 87 | Bell-metal utensils maker ... ... ... | D | XIII | 44 | 204 |
| 88 | " worker ... ... ... | D | XIII | 44 | 204 |
| 89 | " and brass worker ... ... | D | XIII | 44 | 205 |
| 90 | Bell ringer, (Church) ... ... ... | F | XX | 63(*b*) | 297 |
| 91 | Betel-leaf and areca-nut seller ... ... | D | VII | 19 | 102 |
| 92 | " seller ... ... ... | D | VII | 19 | 102 |
| 93 | Betel lime pot maker and seller ... ... | D | XI | 36 | 161 |
| 94 | " knife seller ... ... ... | D | XI | 36 | 161 |
| 95 | " leaf plucker ... ... .. | B | V | 12 | 46 |
| 96 | Betel vine grower ... ... ... | B | V | 12 | 46 |
| 97 | " vine and areca-nut grower and seller ... | B | V | 12 | 46 |
| 98 | Bez ... ... ... ... | F | XX | 67(*a*) | 313 |
| 99 | Bhang preparer ... ... ... | D | VII | 19 | 106 |
| 100 | " seller ... ... ... ... | D | VII | 19 | 106 |
| 101 | Bhisti ... ... ... ... | C | VI | 14 | 63 |
| 102 | Bible translator ... ... ... | F | XX | 65 | 302 |
| 103 | Billiard marker ... ... ... | F | XXI | 73(*d*) | 340 |
| 104 | Bird shooter ... ... ... ... | F | XXI | 72 | 331 |
| 105 | Bishop ... ... ... ... | F | XX | 63(*a*) | 293 |
| 106 | Blacksmith ... ... ... ... | D | XIII | 46 | 209 |
| 107 | Blacksmith's assistant ... ... ... | D | XIII | 46 | 209 |
| 108 | Blacksmith, tea garden ... ... ... | B | V | 12 | 43 |
| 109 | Blanket seller ... ... ... | D | XII | 38 | 171 |
| 110 | Blanket weaver ... ... ... | D | XII | 38 | 171 |
| 111 | Boat builder ... ... ... ... | D | X | 26 | 132 |
| 112 | " cutter ... ... ... ... | D | X | 26 | 133 |
| 113 | Boatman ... ... ... ... | E | XIX | 60(*b*) | 281 |
| 114 | Boatman (steamer) ... ... ... | E | XIX | 60(*b*) | 280 |
| 115 | Boat owner ... ... ... ... | E | XIX | 60(*a*) | 279 |
| 116 | " seller ... ... ... ... | D | X | 26 | 132 |
| 117 | Book binder ... ... ... ... | D | XI | 28 | 137 |
| 118 | " " and seller ... ... ... | D | XI | 28 | 137 |
| 119 | Book seller ... ... ... ... | D | XI | 28 | 138 |
| 120 | Bottle seller ... ... ... ... | D | XIV | 47 | 213 |
| 121 | Box maker in cane ... ... ... | D | XV | 50 | 221 |
| 122 | Bracelet (gold and silver) maker ... ... | D | XIII | 43 | 199 |
| 123 | Bráhman (mendicant) ... ... ... | F | XX | 63(*b*) | 296 |
| 124 | Bran seller ... ... ... ... | D | VII | 18 | 85 |
| 125 | Brass dealer ... ... ... ... | D | XIII | 44 | 201 |
| 126 | " &c., pot maker ... ... ... | D | XIII | 44 | 205 |
| 127 | " pot menders ... ... ... | D | XIII | 44 | 202 |
| 128 | " " seller ... ... ... ... | D | XIII | 44 | 202 |
| 129 | " ticket purchaser (in tea gardens)... ... | E | XVIII | 57(*a*) | 258 |
| 130 | " worker ... ... ... ... | D | XIII | 44 | 201 |

## *Occupation Index for the Province of Assam, 1891*—continued.

| In Alphabetical order. | | Classification. | | | |
|---|---|---|---|---|---|
| Serial No. | Occupation. | Class. | Order. | Section. | Serial No. in classified list. |
| 1 | 2 | 3 | 4 | 5 | 6 |
| 131 | Brass, &c., worker's assistant | D | XIII | 44 | 205 |
| 132 | Brick breaker | G | XXIII | 74(b) | 346 |
| 133 | ,, contractors | D | IX | 22 | 117 |
| 134 | ,, contractor's muharrir | E | XVIII | 55 | 253 |
| 135 | ,, maker | D | IX | 22 | 117 |
| 136 | Brick and lime burner | D | IX | 22 | 117 |
| 137 | Bridge repairer | D | XV | 49 | 219 |
| 138 | Broker | E | XVIII | 57(a) | 258 |
| 139 | Broker's gomastha | E | XVIII | 57(a) | 258 |
| 140 | Broom seller | D | XV | 50 | 228 |
| 141 | Buffalo dealer | B | IV | 8(a) | 26 |
| 142 | ,, keeper (for milk) | D | VII | 17 | 74 |
| 143 | ,, owner (lets on hire) | B | IV | 8(a) | 26 |
| 144 | Buffoon | F | XXI | 73(b) | 334 |
| 145 | Bugle Major | A | II | 4 | 13 |
| 146 | Bugler | A | II | 4 | 13 |
| 147 | ,, (Military Police) | A | II | 4 | 13 |
| 148 | Builder | D | IX | 23 | 124 |
| 149 | Builders (Káchá houses) | D | IX | 23 | 125 |
| 150 | Builder and joiner | D | IX | 23 | 124 |
| 151 | Building Contractors | D | IX | 23 | 121 |
| 152 | Butcher | D | VII | 17 | 77 |
| 153 | Butcher's assistant | D | VII | 17 | 77 |
| 154 | Butler | C | VI | 14 | 65 |
| 155 | Butter seller | D | VII | 17 | 74 |
| 156 | Butterfly catcher | F | VII | 72 | 331 |
| 157 | Cadastral Survey Amín | F | XX | 68(a) | 320 |
| 158 | ,, ,, officer | F | XX | 68(a) | 320 |
| 159 | Cage maker | D | XX | 31 | 142 |
| 160 | Cake maker and seller | D | VII | 18 | 89 |
| 161 | Camphor, &c., seller | D | XVI | 51 | 231 |
| 162 | Cane seller | D | XV | 50 | 221 |
| 163 | ,, chair maker and seller | D | XV | 50 | 221 |
| 164 | ,, leaf, &c., collector and seller | D | XV | 50 | 221 |
| 165 | ,, stool seller | D | XV | 50 | 221 |
| 166 | ,, worker | D | XV | 50 | 221 |
| 167 | Canoe digger | D | X | 26 | 133 |
| 168 | ,, digger and seller | D | X | 26 | 133 |
| 169 | ,, mender | D | X | 26 | 133 |
| 170 | Canungo | F | XX | 68(a) | 320 |
| 171 | Cap seller | D | XII | 42 | 194 |
| 172 | ,, and stocking maker and seller | D | XII | 42 | 194 |
| 173 | Captain (Army) | A | II | 4 | 12 |
| 174 | ,, B. S. C. | A | II | 4 | 12 |
| 175 | ,, (steamer) | E | XIX | 60(b) | 280 |
| 176 | Card seller | D | XI | 31 | 144 |
| 177 | Carpenter | D | XV | 49 | 219 |
| 178 | Carpet weaver and seller | D | XII | 38 | 169 |
| 179 | Carrier by boat | E | XIX | 60(a) | 279 |
| 180 | ,, by road | E | XIX | 59(a) | 271 |
| 181 | ,, by pack bullocks | E | XIX | 59(b) | 274 |
| 182 | Cart maker and seller | D | X | 25 | 130 |
| 183 | Carter | D | XIX | 59(a) | 271 |
| 184 | Cart owner | D | XIX | 59(a) | 271 |
| 185 | Cashier, Public Works Department | F | XX | 68(b) | 322 |
| 186 | Catechist (Christian) | F | XX | 63(a) | 294 |
| 187 | Catgut seller | D | XVII | 53 | 246 |
| 188 | Cattle dealer | B | IV | 8(a) | 24 |
| 189 | Cattle owner (lets out for ploughing) | B | IV | 8(a) | 24 |
| 190 | Cattle and goat seller | B | IV | 8(a) | 24 |
| 191 | Cemetery chaukidar | F | XX | 63(b) | 297 |
| 192 | Chainman | F | XX | 68(b) | 322 |
| 193 | Chalk seller | D | XVI | 52 | 236 |
| 194 | Chandu seller | D | VII | 19 | 105 |
| 195 | Chaplain | F | XX | 63(a) | 293 |

* This is not exhaustive Canungo goes under this head in some cases, and under three in others.

| In Alphabetical order. | | Classification. | | | |
|---|---|---|---|---|---|
| Serial No. | Occupation. | Class. | Order. | Section. | Serial No. in classified list. |
| 1 | 2 | 3 | 4 | 5 | 6 |
| 196 | Chaprasi (Civil Court) ... ... ... | A | I | 1 | 6 |
| 197 | „ or messenger (Government) ... ... | A | I | 1 | 6 |
| 198 | „ (of private person) ... ... | C | VI | 14 | 67 |
| 199 | „ (Railway) ... ... ... | E | XIX | 58(*b*) | 270 |
| 200 | „ (Steamer) ... ... ... | E | XIX | 60(*b*) | 280 |
| 201 | „ (of Seim) ... ... ... | A | III | 6 | 20 |
| 202 | „ (Treasury) ... ... ... | A | I | 1 | 6 |
| 203 | Charcoal burner and seller ... ... ... | D | VIII | 21 | 115 |
| 204 | Charcoal dealer ... ... ... | D | VIII | 21 | 115 |
| 205 | Chaukidar, unspecified (in Sylhet, Cachar, Goálpára, and Gáro Hills) ... ... ... | A | I | 3 | 11 |
| 206 | Chaukidar, unspecified (in Assam Valley Districts, except Goálpára) ... ... ... | C | VI | 14 | 67 |
| 207 | Chaukidar (Bungalow) ... ... ... | C | VI | 14 | 67 |
| 208 | „ (Boat) ... ... ... | E | XIX | 62 | 292 |
| 209 | „ (Church) ... ... ... | F | XX | 63(*b*) | 297 |
| 210 | „ (Coal mine) ... ... ... | E | XIX | 62 | 292 |
| 211 | „ (Dâk Bungalow) ... ... | C | VI | 15 | 70 |
| 212 | „ (Godown) ... ... ... | E | XIX | 62 | 292 |
| 213 | „ (Hospital) ... ... ... | F | XX | 67(*b*) | 317 |
| 214 | „ (P. W. D.) ... ... ... | A | I | 1 | 6 |
| 215 | „ (Steamer) ... ... ... | E | XIX | 62 | 292 |
| 216 | „ (Railway) ... ... ... | E | XIX | 58(*b*) | 270 |
| 217 | „ (School) ... ... ... | F | XX | 64 | 300 |
| 218 | „ (Tea garden) .. ... ... | B | V | 12 | 45 |
| 219 | „ (Town) ... ... ... | A | I | 3 | 11 |
| 220 | Cheese seller ... ... ... ... | D | VII | 17 | 76 |
| 221 | Chief Commissioner ... ... ... | A | I | 1 | 1 |
| 222 | Child carrier ... ... ... | C | VI | 14 | 65 |
| 223 | Child's attendant ... ... ... | C | VI | 14 | 65 |
| 224 | Chilli grower ... ... ... | B | V | 12 | 48 |
| 225 | „ and seller ... ... ... | D | VII | 19 | 101 |
| 226 | China plate and lamp seller ... ... | D | XIV | 47 | 214 |
| 227 | Chinaware dealer ... ... ... | D | XIV | 47 | 214 |
| 228 | Circumcisor ... ... ... ... | F | XX | 67(*a*) | 313 |
| 229 | Civil Service ... ... ... ... | A | I | 1 | 2 |
| 230 | „ „ Bengal ... ... ... | A | I | 1 | 2 |
| 231 | Clergyman .. ... ... ... | F | XX | 63(*a*) | 293 |
| 232 | Clerk ... ... ... ... | F | XX | 68(*b*) | 322 |
| 233 | „ Civil ... ... ... .. | A | I | 1 | 3 |
| 234 | „ Civil Surgeon's ... ... ... | A | I | 1 | 3 |
| 235 | „ Club ... ... ... ... | C | VI | 15 | 71 |
| 236 | „ Collectorate ... ... ... | A | I | 1 | 3 |
| 237 | „ Comptroller's ... ... ... | A | I | 1 | 3 |
| 238 | „ Coolie depôt ... ... ... | E | XVIII | 55 | 253 |
| 239 | „ Criminal Court ... ... ... | A | I | 1 | 3 |
| 240 | „ Education office ... ... ... | F | XX | 64 | 301 |
| 241 | „ Emigration depôt ... ... ... | E | XVIII | 55 | 253 |
| 242 | „ Government ... ... ... | A | I | 1 | 3 |
| 243 | „ Income tax ... ... ... | A | I | 1 | 3 |
| 244 | „ Inspector General of Police ... ... | A | I | 1 | 3 |
| 245 | „ in Holy Orders ... ... ... | F | XX | 63(*a*) | 293 |
| 246 | „ in private employment ... ... | E | XVIII | 55 | 253 |
| 247 | „ Jail ... ... ... ... | A | I | 1 | 3 |
| 248 | „ Khedda office ... ... ... | A | I | 1 | 3 |
| 249 | „ Loan office ... ... ... | E | XVIII | 54 | 250 |
| 250 | „ Military ... ... ... | A | II | 4 | 15 |
| 251 | „ Military Police ... ... ... | A | II | 4 | 15 |
| 252 | „ Mukhtiar's ... ... ... | F | XX | 66 | 308 |
| 253 | „ Shopkeeper's ... ... ... | E | XVIII | 56 | 254 |
| 254 | „ Post office ... ... ... | E | XIX | 61(*a*) | 283 |
| 255 | „ P. W. D.... ... ... ... | F | XX | 68(*b*) | 322 |
| 256 | „ Railway ... ... ... ... | E | XIX | 58(*a*) | 267 |
| 257 | „ Registration office ... ... ... | A | I | 1 | 3 |
| 258 | „ Revenue ... ... ... ... | A | I | 1 | 3 |

| In Alphabetical Order. | | Classification. | | | |
|---|---|---|---|---|---|
| Serial No. | Occupation. | Class. | Order. | Section. | Serial No. in classified in list. |
| 1 | 2 | 3 | 4 | 5 | 6 |
| 259 | Clerk, Secretariat ... ... ... | A | I | 1 | 3 |
| 260 | „ Settlement office ... ... ... | A | I | 1 | 3 |
| 261 | „ Surveyor's ... ... ... | F | XX | 68(b) | 322 |
| 262 | „ Tea garden ... ... ... | B | V | 12 | 44 |
| 263 | „ Telegraph ... ... ... | E | XIX | 61(b) | 286 |
| 264 | „ Traffic office ... ... ... | A | I | 1 | 3 |
| 265 | „ „ (Dibrugarh, Jorhát, Khási Hills, and North Sylhet) ... | E | XIX | 58(b) | 267 |
| 266 | „ unspecified ... ... ... | E | XVIII | 56 | 254 |
| 267 | Clock mender ... ... ... | D | XI | 29 | 189 |
| 268 | Clog and shoe maker ... ... ... | D | XVII | 53 | 244 |
| 269 | Cloth merchants ... ... ... | D | XII | 42 | 197 |
| 270 | Cloves and cinnamon seller... ... ... | D | VII | 19 | 101 |
| 271 | Coach driver ... ... ... ... | E | XIX | 59(a) | 272 |
| 272 | Coachman (private) ... ... ... | C | VI | 14 | 66 |
| 273 | Coal Agent ... ... ... ... | D | VIII | 21 | 114 |
| 274 | „ Merchant... ... ... ... | D | VIII | 21 | 114 |
| 275 | „ Miner ... ... ... ... | D | VIII | 21 | 113 |
| 276 | „ Mine supervisors ... ... ... | D | VIII | 21 | 114 |
| 277 | „ and fuel trader ... ... ... | D | VIII | 21 | 114 |
| 278 | Coat seller ... ... ... ... | D | XII | 42 | 192 |
| 279 | Cobbler ... ... ... ... | D | XVII | 53 | 244 |
| 280 | Cocoanut seller ... ... ... | D | VII | 18 | 88 |
| 281 | Colliery Assistant ... ... ... | D | VIII | 21 | 114 |
| 282 | „ Manager ... ... ... | D | VIII | 21 | 114 |
| 283 | Comb maker ... ... ... ... | D | XV | 50 | 227 |
| 284 | „ „ and seller ... ... ... | D | XV | 50 | 227 |
| 285 | „ „ „ „ in bamboo ... ... | D | XV | 50 | 227 |
| 286 | Commissariat agent (supplies stores, &c.) ... | E | XVIII | 57(a) | 258 |
| 287 | „ clerk ... ... ... | A | II | 4 | 15 |
| 288 | Companion ... ... ... ... | C | VI | 14 | 65 |
| 289 | Compositor ... ... ... ... | D | XI | 28 | 136 |
| 290 | Compounder ... ... ... ... | F | XX | 67(b) | 317 |
| 291 | Comptroller ... ... ... ... | A | I | 1 | 2 |
| 292 | Computer ... ... ... ... | F | XX | 68(b) | 322 |
| 293 | Copyist ... ... ... ... | A | I | 1 | 3 |
| 294 | Conch seller ... ... ... ... | D | XI | 32 | 147 |
| 295 | Conch shell worker and seller ... ... | D | XI | 32 | 147 |
| 296 | Concubine ... ... ... ... | G | XXIII | 75 | 347 |
| 297 | Condiment seller ... ... ... | D | VII | 19 | 101 |
| 298 | Confectioner ... ... ... ... | D | VII | 18 | 89 |
| 299 | Conjuror ... ... ... ... | F | XXI | 73(b) | 337 |
| 300 | Conservator of Forests ... ... ... | B | V | 12 | 56 |
| 301 | Constable, Hill Tipperah ... ... ... | A | III | 6 | 20 |
| 302 | Contractor ... ... ... ... | E | XVIII | 57(b) | 261 |
| 303 | „ (for clearing roads) ... ... | E | XVIII | 57(b) | 261 |
| 304 | Contractor's Assistant ... ... ... | E | XVIII | 57(b) | 261 |
| 305 | Contractor for carriage of Tea chests by road ... | E | XIX | 59(a) | 271 |
| 306 | Convict ... ... ... ... | G | XXIV | 77(b) | 359 |
| 307 | Cook ... ... ... ... | C | VI | 14 | 64 |
| 308 | „ and table servant ... ... ... | C | VI | 14 | 64 |
| 309 | Cooked food seller ... ... ... | D | VII | 18 | 89 |
| 310 | Coolie agent ... ... ... ... | E | XVIII | 57(b) | 262 |
| 311 | „ conductor ... ... ... | E | XVIII | 57(b) | 262 |
| 312 | „ contractor's assistant ... ... | E | XVIII | 57(b) | 262 |
| 313 | „ (Railway) ... ... ... | G | XXIII | 74(a) | 342 |
| 314 | „ recruiter ... ... ... | E | XVIII | 57(b) | 262 |
| 315 | „ Tea garden ... ... ... | B | V | 12 | 45 |
| 316 | „ Telegraph ... ... ... | G | XXIII | 74(b) | 346 |
| 317 | Copper and bell-metal dealer ... ... | D | XIII | 44 | 206 |
| 318 | „ „ brass dealer ... ... ... | D | XIII | 44 | 206 |
| 319 | „ pot maker ... ... ... | D | XIII | 44 | 203 |
| 320 | Coral bead seller ... ... ... | D | XIII | 43 | 200 |
| 321 | „ seller ... ... ... ... | D | XIII | 43 | 200 |
| 322 | Cotton broker ... ... ... ... | E | XVIII | 57(a) | 258 |
| 323 | „ cleaner... ... ... ... | D | XII | 40 | 178 |

*Occupation Index for the Province of Assam., 1891*—continued.

| In Alphabetical order. | | Classification. | | | |
|---|---|---|---|---|---|
| Serial No. | Occupation. | Class. | Order. | Section. | Serial No. in classified list. |
| 1 | 2 | 3 | 4 | 5 | 6 |
| 324 | Cotton seller ... ... ... ... | D | XII | 40 | 177 |
| 325 | ,, cloth seller ... ... ... | D | XII | 40 | 181 |
| 326 | ,, cloth spinner ... ... ... | D | XII | 40 | 181 |
| 327 | ,, ,, weaver ... ... ... | D | XII | 40 | 181 |
| 328 | ,, dyer ... ... ... | D | XII | 40 | 182 |
| 329 | ,, grower ... ... ... | B | V | 12 | 53 |
| 330 | ,, presser ... ... ... | D | XII | 40 | 178 |
| 331 | ,, rug seller ... ... ... | D | XII | 40 | 179 |
| 332 | ,, spinner ... ... ... | D | XII | 40 | 180 |
| 333 | ,, yarn beater ... ... ... | D | XII | 40 | 180 |
| 334 | Country spirit distiller and seller ... ... | D | VII | 19 | 93 |
| 335 | ,, ,, distiller's assistant ... ... | D | VII | 19 | 93 |
| 336 | Court Sub-Inspector ... ... ... | A | I | 1 | 5 |
| 337 | Cowherd .. ... ... ... | B | IV | 8(*a*) | 25 |
| 338 | Cow keeper ... ... ... ... | D | VII | 17 | 74 |
| 339 | Cremator ... ... ... ... | F | XX | 63(*b*) | 297 |
| 340 | Cultivator (unspecified) ... ... ... | B | V | 10(*c*) | 39 |
| 341 | ,, for hire ... ... ... | B | V | 11 | 41 |
| 342 | Cultivating mortgagee ... ... ... | B | V | 10(*b*) | 38 |
| 343 | Cultivator (sublets to tenants) ... ... | B | V | 10(*a*) | 35 |
| 344 | ,, of his own land ... ... ... | B | V | 10(*a*) | 36 |
| 345 | Curd seller ... ... ... ... | D | VII | 17 | 74 |
| 346 | ,, and milk seller ... ... ... | D | VII | 17 | 74 |
| 347 | Currier ... ... ... ... | D | XVII | 53 | 243 |
| 348 | Cutler ... ... ... ... | D | XI | 36 | 161 |
| 349 | Dacca Gazette office service ... .. | D | XI | 28 | 136 |
| 350 | Dacoit ... ... ... ... | G | XXIII | 75 | 347 |
| 351 | Dál seller ... ... ... ... | D | VII | 18 | 83 |
| 352 | Doloi (in Jaintia Hills only) ... ... | A | I | 1 | 4 |
| 353 | ,, (in other parts) ... ... ... | F | XX | 63(*a*) | 293 |
| 354 | ,, Assistant ... ... ... | A | I | 1 | 4 |
| 355 | Dancer ... ... ... ... | F | XX | 71 | 330 |
| 356 | Day labourer ... ... ... ... | G | XXIII | 74(*b*) | 346 |
| 357 | Deer keeper ... ... ... ... | C | VI | 14 | 66 |
| 358 | ,, stalker ... ... ... ... | F | XXI | 72 | 331 |
| 359 | Dependant ... ... ... ... | G | XXIII | 75 | 349 |
| 360 | ,, on charity ... ... ... | G | XXIV | 76(*b*) | 353 |
| 361 | ,, on father ... ... ... | G | XXIII | 75 | 349 |
| 362 | Deputy Collector ... ... ... | A | I | 1 | 2 |
| 363 | ,, Commissioner ... ... ... | A | I | 1 | 2 |
| 364 | ,, Conservator ... ... ... | B | V | 12 | 56 |
| 365 | ,, Inspector of Schools ... ... | F | XX | 64 | 298 |
| 366 | Dewan (Zamindari) ... ... ... | B | V | 13 | 59 |
| 367 | Director of Public Instruction ... ... | B | XX | 64 | 298 |
| 368 | Disciple ... ... ... ... | F | XX | 63(*b*) | 297 |
| 369 | Distributor (Press) ... ... ... | D | XI | 28 | 136 |
| 370 | District and Sessions Judge... ... ... | A | I | 1 | 2 |
| 371 | ,, Superintendent of Police ... ... | A | I | 1 | 2 |
| 372 | Doctor, Coolie depôt ... ... ... | F | XX | 67(*b*) | 316 |
| 373 | ,, of Medicine ... ... ... | F | XX | 67(*a*) | 312 |
| 374 | ,, (unspecified) ... ... ... | F | XX | 67(*a*) | 312 |
| 375 | Document writer ... ... ... | F | XX | 65 | 304 |
| 376 | Dog boy ... ... ... ... | C | VI | 14 | 66 |
| 377 | Doll seller ... ... ... ... | D | XI | 31 | 142 |
| 378 | Domestic servant ... ... ... | C | VII | 14 | 65 |
| 379 | Dooly bearer ... ... ... ... | E | XIX | 59(*a*) | 273 |
| 380 | Door keeper ... ... ... ... | C | VI | 14 | 67 |
| 381 | Draper ... ... ... ... | D | XII | 42 | 197 |
| 382 | Draughtsman, P. W. D. ... ... ... | F | XX | 68(*b*) | 321 |
| 383 | Dress seller ... ... ... ... | D | XII | 42 | 191 |
| 384 | Dresser ... ... ... ... | F | XX | 67(*b*) | 317 |
| 385 | Dried fish seller ... ... ... | D | VII | 17 | 80 |
| 386 | Dried fruit seller ... ... ... | D | VII | 19 | 101 |
| 387 | Druggist ... ... ... ... | D | XVI | 52 | 235 |
| 388 | Drum seller ... ... ... ... | D | XI | 32 | 147 |
| 389 | Drummer (Military) ... ... ... | A | II | 4 | 13 |

| In Alphabetical Order. | | Classification. | | | |
|---|---|---|---|---|---|
| Serial No. | Occupation. | Class. | Order. | Section. | Serial No. in classified list. |
| 1 | 2 | 3 | 4 | 5 | 6 |
| 390 | Drummer (unspecified) | F | XX | 71 | 329 |
| 391 | Duffadar (Forest) | B | V | 12 | 57 |
| 392 | ,, (Local Board) | A | I | 2 | 9 |
| 393 | ,, (P. W. D.) | F | XX | 68(*b*) | 322 |
| 394 | ,, (Tea garden) | B | V | 12 | 45 |
| 395 | Duftry | A | I | 1 | 6 |
| 396 | ,, (School) | F | XX | 64 | 300 |
| 397 | Dye (magenta, &c.,) seller | D | XVI | 52 | 240 |
| 398 | Earth seller | D | IX | 22 | 118 |
| 399 | ,, worker | G | XXIII | 74(*a*) | 342 |
| 400 | ,, cake seller | D | VII | 18 | 89 |
| 401 | Earthen flower tube maker and seller | D | XIV | 48 | 215 |
| 402 | ,, image maker | D | XIV | 48 | 215 |
| 403 | ,, pot maker and seller | D | XIV | 48 | 215 |
| 404 | ,, pot seller | D | XIV | 48 | 215 |
| 405 | Egg dealer | D | VII | 17 | 78 |
| 406 | Elephant catcher | B | IV | 8(*b*) | 27 |
| 407 | ,, Dárogá of Zamindar | B | V | 13 | 59 |
| 408 | ,, dealer | B | IV | 8(*b*) | 27 |
| 409 | ,, driver | E | XIX | 59(*b*) | 276 |
| 410 | ,, driver's assistant | E | XIX | 59(*b*) | 276 |
| 411 | ,, grass cutter | E | XIX | 59(*b*) | 276 |
| 412 | ,, Khedda chaprasi | A | I | 1 | 6 |
| 413 | ,, ,, coolie | B | IV | 8(*b*) | 27 |
| 414 | ,, ,, headman | B | IV | 8(*b*) | 27 |
| 415 | ,, keeper | E | IX | 59(*b*) | 276 |
| 416 | ,, Mahál lessee | B | IV | 8(*b*) | 27 |
| 417 | ,, owner | E | XIX | 59(*b*) | 276 |
| 418 | Emigration Agent | E | XIX | 61(*a*) | 285 |
| 419 | Embroiderer | D | XII | 42 | 196 |
| 420 | Embroidered cloth seller | D | XII | 42 | 196 |
| 421 | Emigration Agent's chaprasi | E | XVIII | 57(*b*) | 262 |
| 422 | Engine Mechanic | D | XI | 36 | 164 |
| 423 | ,, Driver, Tea house | B | V | 12 | 43 |
| 424 | Engineer | F | XX | 68(*a*) | 319 |
| 425 | ,, Chief | F | XX | 68(*a*) | 318 |
| 426 | Engineer, Chief (Railway) | E | XIX | 58(*a*) | 266 |
| 427 | ,, ,, (Steamer) | E | XIX | 60(*b*) | 280 |
| 428 | ,, Executive | E | XX | 68(*a*) | 319 |
| 429 | ,, Mechanical | B | V | 12 | 43 |
| 430 | ,, (Steamer) | E | XIX | 60(*b*) | 280 |
| 431 | ,, (Tea garden) | B | V | 12 | 43 |
| 432 | ,, (Marine) | A | II | 5 | 17 |
| 433 | Eri (cloth) seller | D | XII | 39 | 176 |
| 434 | ,, cocoon seller | D | XII | 39 | 174 |
| 435 | Evangelist | F | XX | 63(*a*) | 294 |
| 436 | Evil averter | F | XX | 63(*a*) | 295 |
| 437 | Examiner (Press) | D | XI | 28 | 136 |
| 438 | ,, (Railway carriage) | E | XIX | 58(*b*) | 270 |
| 439 | Excise dárogá | A | I | 1 | 3 |
| 440 | Exhibitor (bear and monkey) | F | XXI | 73(*a*) | 338 |
| 441 | ,, Magic lantern | F | XXI | 73 | 336 |
| 442 | Expounder of Koran | F | XX | 63(*a*) | 294 |
| 443 | Extra Assistant Commissioner | A | I | 1 | 2 |
| 444 | Fakir | F | XX | 63(*b*) | 296 |
| 445 | Fan maker | D | XV | 50 | 226 |
| 446 | ,, seller | D | XV | 50 | 226 |
| 447 | Fancy goods dealer | D | XII | 41 | 189 |
| 448 | Farm servant | B | V | 11 | 40 |
| 449 | Farmer of ferry | E | XVIII | 57(*b*) | 259 |
| 450 | Farmer of market | E | XVIII | 5 (*b*) | 260 |
| 451 | Farrier | B | IV | 9 (*a*) | 32 |
| 452 | Female cook | C | VI | 14 | 64 |
| 453 | ,, house servant | C | VI | 14 | 65 |
| 454 | Female servant | C | VI | 14 | 65 |
| 455 | Ferry lessee | E | XVIII | 57(*b*) | 259 |

| In Alphabetical order. | | Classification. | | | |
|---|---|---|---|---|---|
| Serial No. | Occupation. | Class. | Order. | Section. | Serial No. in classified list. |
| 1 | 2 | 3 | 4 | 5 | 6 |
| 456 | Ferry lessee's muharrir ... ... ... | E | XVIII | 55 | 253 |
| 457 | Ferryman ... ... ... | E | XIX | 60(*b*) | 281 |
| 458 | Fiddler ... ... ... | F | XX | 71 | 329 |
| 459 | Field labourer (hired) ... ... ... | B | V | 11 | 41 |
| 460 | " " (paid daily) ... ... ... | B | V | 11 | 41 |
| 461 | " " (working off debt) ... ... | B | V | 11 | 40 |
| 462 | " paddy seller ... ... ... | D | VII | 18 | 81 |
| 463 | " servant ... ... ... | B | V | 11 | 40 |
| 464 | " servant on yearly pay ... ... | B | V | 11 | 40 |
| 465 | Fife Major ... ... ... | A | II | 4 | 13 |
| 466 | Fire cake seller (for lighting hukka) ... ... | D | VIII | 21 | 115 |
| 467 | Fireman (Railway) ... ... ... | E | XIX | 58(*b*) | 269 |
| 468 | " (Steamer) ... ... ... | E | XIX | 60(*b*) | 280 |
| 469 | Firewood gatherer and seller ... ... | D | VIII | 21 | 112 |
| 470 | " seller ... ... ... | D | VIII | 21 | 112 |
| 471 | Firework maker ... ... ... | D | XI | 37 | 168 |
| 472 | Fish catcher and seller ... ... ... | D | VII | 17 | 79 |
| 473 | " cutter ... ... ... | D | VII | 17 | 79 |
| 474 | " dealer ... ... ... | D | VII | 17 | 80 |
| 475 | Fisherman and fish curer ... ... ... | D | VII | 17 | 79 |
| 476 | Fishery lessee ... ... ... | E | XVIII | 57(*b*) | 259 |
| 477 | Fishing net maker ... ... ... | D | XII | 41 | 188 |
| 478 | Fish-trap (bamboo) maker and seller ... ... | D | XV | 50 | 222 |
| 479 | Fitter ... ... ... | D | X | 24 | 128 |
| 480 | " Public Works Department ... ... | D | XI | 36 | 164 |
| 481 | Fixer of auspicious day for marriage ... ... | F | XX | 69(*b*) | 325 |
| 482 | Flag bearer (in religious ceremonies) ... ... | F | XX | 63(*b*) | 297 |
| 483 | Flat commander ... ... ... | E | XIX | 60(*b*) | 280 |
| 484 | Flax, matting and curtain maker ... ... | D | XII | 41 | 184 |
| 485 | " spinner ... ... ... | D | XII | 41 | 184 |
| 486 | Flour preparer ... ... ... | D | VII | 18 | 83 |
| 487 | " seller ... ... ... | D | VII | 18 | 83 |
| 488 | Flower (artificial), &c., maker ... ... | D | XI | 33 | 156 |
| 489 | " seller ... ... ... | D | XI | 33 | 155 |
| 490 | " gardener ... ... ... | B | V | 12 | 52 |
| 491 | " gardener and seller of garlands ... ... | B | V | 12 | 52 |
| 492 | Follower (Military) ... ... ... | A | II | 4 | 14 |
| 493 | Foreman (Colliery) ... ... ... | D | VIII | 21 | 114 |
| 494 | Forest coolie ... ... ... | B | V | 12 | 57 |
| 495 | Forester ... ... ... | B | V | 12 | 57 |
| 496 | " Assistant ... ... ... | B | V | 12 | 57 |
| 497 | " (Bijni Estate) ... ... ... | B | V | 12 | 57 |
| 498 | Forest guard ... ... ... | B | V | 12 | 57 |
| 499 | " produce seller ... ... ... | D | VII | 18 | 86 |
| 500 | " Ranger ... ... ... | B | V | 12 | 57 |
| 501 | " office clerk ... ... ... | B | V | 12 | 58 |
| 502 | Fortune teller ... ... ... | F | XXI | 73(*b*) | 337 |
| 503 | Forwarding agent ... ... ... | E | XVIII | 57(*a*) | 258 |
| 504 | Fowl dealer ... ... ... | D | VII | 17 | 78 |
| 505 | Fowl, egg, &c., seller ... ... ... | D | VII | 17 | 78 |
| 506 | Fruit garden labourer ... ... ... | B | V | 12 | 49 |
| 507 | " " watchman ... ... ... | B | V | 12 | 49 |
| 508 | " " weeder ... ... ... | B | V | 12 | 49 |
| 509 | Fruit grower and seller ... ... ... | B | V | 12 | 49 |
| 510 | Fruit seller ... ... ... | D | VII | 18 | 87 |
| 511 | Fuel seller ... ... ... | D | VIII | 21 | 112 |
| 512 | Fuel seller and house maker ... ... | D | VIII | 21 | 112 |
| 513 | Fuller's earth dealer ... ... ... | D | XVI | 52 | 238 |
| 514 | Funeral offering receiver ... ... ... | F | XX | 63(*b*) | 296 |
| 515 | " service conductor ... ... ... | F | XX | 63(*b*) | 297 |
| 516 | Gambler ... ... ... | G | XXIII | 75 | 347 |
| 517 | Gambling house keeper ... ... ... | G | XXIII | 75 | 347 |
| 518 | Ganja seller ... ... ... | D | VII | 19 | 106 |
| 519 | " and country spirit seller ... ... | D | VII | 19 | 106 |
| 520 | Gaonburhá ... ... ... | A | I | 3 | 10 |

| In Alphabetical order. | | Classification. | | | |
|---|---|---|---|---|---|
| Serial No. | Occupation. | Class. | Order. | Section. | Serial No. in classified list. |
| 1 | 2 | 3 | 4 | 5 | 6 |
| 521 | Gardener | B | V | 12 | 52 |
| 522 | Garland maker and seller | D | XI | 33 | 155 |
| 523 | Garland thread seller | D | XI | 33 | 155 |
| 524 | Gateman | E | XIX | 58(*b*) | 270 |
| 525 | Gelder of cattle | B | IV | 9(*a*) | 33 |
| 526 | ,, of cattle and goats | B | IV | 9(*a*) | 33 |
| 527 | ,, of horses | B | IV | 9(*a*) | 33 |
| 528 | General broker | E | XVIII | 57(*a*) | 258 |
| 529 | ,, dealer | E | XVIII | 56 | 256 |
| 530 | ,, labourer | G | XXIII | 74(*b*) | 346 |
| 531 | ,, merchant | E | XVIII | 55 | 252 |
| 532 | Geological Survey of India, Assistant Superintendent | F | XX | 69(*a*) | 324 |
| 533 | Ghat and Depôt Superintendent, Assam Railways and Trading Company | E | XIX | 58(*a*) | 264 |
| 534 | Ghee seller | D | VII | 17 | 75 |
| 535 | Ginger seller | D | VII | 19 | 101 |
| 536 | Glass ware dealer | D | XIV | 47 | 214 |
| 537 | Goat breeder | B | IV | 8(*c*) | 28 |
| 538 | ,, dealer | B | IV | 8(*c*) | 28 |
| 539 | ,, and fowl dealer | B | IV | 8(*c*) | 28 |
| 540 | Goatherd | B | IV | 8(*c*) | 29 |
| 541 | Godown clerk (Railway) | E | XIX | 58(*a*) | 267 |
| 542 | Gold seller | D | XIII | 43 | 198 |
| 543 | ,, merchant | D | XIII | 43 | 198 |
| 544 | ,, and silver merchant | D | XIII | 43 | 198 |
| 545 | Goldsmith | D | XIII | 43 | 199 |
| 546 | Gold worker and seller | D | XIII | 43 | 199 |
| 547 | Gosein (Hindu) | F | XX | 63(*a*) | 293 |
| 548 | Governess | F | XX | 64 | 299 |
| 549 | Grain broker | D | VII | 18 | 81 |
| 550 | ,, grinder and seller | D | VII | 18 | 83 |
| 551 | ,, seller | D | VII | 18 | 81 |
| 552 | ,, winnower | G | XXIII | 74(*a*) | 345 |
| 553 | ,, and barley flour seller | D | VII | 18 | 83 |
| 554 | Grass cutter | C | VI | 14 | 66 |
| 555 | ,, seller | D | VIII | 21 | 112 |
| 556 | ,, contractor (transport) | D | VIII | 21 | 116 |
| 557 | Grease preparer | D | XVII | 53 | 247 |
| 558 | Greaser (Railway) | E | XIX | 58(*b*) | 270 |
| 559 | Grindstone seller | D | XIV | 48 | 216 |
| 560 | Grocer | D | VII | 19 | 101 |
| 561 | Groom | C | VI | 14 | 66 |
| 562 | Guard over zamindar's concubines | C | VI | 14 | 68 |
| 563 | Guest | G | XXIII | 75 | 349 |
| 564 | Guest inviter (Brahman) | F | XX | 63 | 297 |
| 565 | Guide | C | VI | 14 | 68 |
| 566 | Gun seller | D | XI | 37 | 165 |
| 567 | Gunny maker and seller | D | XII | 41 | 187 |
| 568 | Gunpowder seller | D | XI | 37 | 167 |
| 569 | Gun and other weapon mender and cleaner | D | XI | 36 | 162 |
| 570 | Gymnastic master | F | XXI | 73(*c*) | 338 |
| 571 | Háfiz | F | XX | 63(*a*) | 293 |
| 572 | Háji | F | XX | 63(*a*) | 293 |
| 573 | Hanger on | G | XXIV | 76(*a*) | 351 |
| 574 | Harrow seller | D | XV | 50 | 221 |
| 575 | Hat maker | D | XII | 42 | 194 |
| 576 | Hatchet and betel-knife seller | D | XI | 36 | 161 |
| 577 | Havildar | A | II | 4 | 13 |
| 578 | Head Agent | E | XVIII | 57(*a*) | 258 |
| 579 | ,, Assistant, Secretariat | A | I | 1 | 8 |
| 580 | ,, Constable | A | I | 1 | 5 |
| 581 | ,, Constable, Armed Police | A | I | 1 | 5 |
| 582 | ,, Master | F | XX | 64 | 299 |
| 583 | ,, Muharrir, Tea garden | B | V | 12 | 44 |
| 584 | ,, Sweeper | C | VI | 16 | 73 |
| 585 | ,, Writer (Government) | A | I | 1 | 3 |

| In Alphabetical order. | | Classification. | | | |
|---|---|---|---|---|---|
| Serial No. | Occupation. | Class. | Order. | Section. | Serial No. in classified list. |
| 1 | 2 | 3 | 4 | 5 | 6 |
| 586 | Head of Menials ... ... | C | VI | 14 | 65 |
| 587 | Herdsman ... ... ... | B | IV | 8(*a*) | 25 |
| 588 | „ (Pound) ... ... | B | IV | 8(*a*) | 25 |
| 589 | Hide seller ... ... ... | D | XVII | 53 | 245 |
| 590 | „ skinner ... ... ... | D | XVII | 53 | 243 |
| 591 | History reciter ... ... ... | F | XXI | 73(*b*) | 335 |
| 592 | Hodman ... ... ... | D | IX | 23 | 123 |
| 593 | Hoe maker ... ... ... | D | XI | 36 | 161 |
| 594 | Hoer (Tea garden) ... | B | V | 12 | 45 |
| 595 | Hakim (Musalman) .. ... | F | XX | 67(*a*) | 313 |
| 596 | Homæopathic doctor ... .. | F | XX | 67(*a*) | 313 |
| 597 | Honey seller ... ... ... | D | XVI | 51 | 284 |
| 598 | Horoscope-caster ... ... | F | XX | 69(*b*) | 325 |
| 599 | „ „ and almanac preparer ... | F | XX | 69(*b*) | 325 |
| 600 | „ „ and idol maker ... ... | F | XX | 69(*b*) | 325 |
| 601 | Horse breaker ... ... | B | IV | 9(*a*) | 34 |
| 602 | „ dealer ... ... | B | IV | 8(*a*) | 23 |
| 603 | „ and goat gelder ... ... | B | IV | 9(*a*) | 33 |
| 604 | Hospital Assistant ... .. | F | XX | 67(*b*) | 316 |
| 605 | Hotelkeeper ... ... | C | VI | 15 | 69 |
| 606 | Hour striker on gong ... ... | C | VI | 14 | 68 |
| 607 | House cleaner ... ... | C | VI | 16 | 73 |
| 608 | „ keeper ... ... | C | VI | 14 | 65 |
| 609 | „ owner ... ... | G | XXIV | 76(*a*) | 350 |
| 610 | „ servant ... ... | C | VI | 14 | 65 |
| 611 | Hukka seller ... ... | D | XI | 31 | 143 |
| 612 | Hukka-stem maker and seller ... ... | D | XI | 31 | 143 |
| 613 | Idler ... ... | G | XXIII | 75 | 348 |
| 614 | Idol maker and seller ... ... | D | XI | 33 | 158 |
| 615 | Image maker and seller ... .. | D | XI | 33 | 158 |
| 616 | Image, &c., maker in pith ... ... | D | XV | 50 | 229 |
| 617 | Imported cloth dealer ... ... | D | XII | 42 | 197 |
| 618 | „ goods seller ... ... | E | XVIII | 55 | 251 |
| 619 | Inauspicious omen averter ... ... | F | XX | 63(*a*) | 295 |
| 620 | Incense maker ... ... | D | XVI | 52 | 242 |
| 621 | Independent means ... ... | G | XXIV | 76(*a*) | 350 |
| 622 | In-door patient in hospital ... ... | G | XXIV | 77(*b*) | 356 |
| 623 | „ servant, unspecified ... .. | C | VI | 14 | 68 |
| 624 | Ink maker and seller ... ... | D | XVI | 52 | 239 |
| 625 | Inkman (Press) ... ... | D | XI | 28 | 136 |
| 626 | Inspector (Railway) ... ... | E | XIX | 58(*b*) | 268 |
| 627 | Interest on Government securities ... ... | G | XXIV | 76(*a*) | 350 |
| 628 | Interpreter (Government) ... ... | A | I | 1 | 3 |
| 629 | Invalid ... ... | G | XXIII | 75 | 349 |
| 630 | Iron chain maker and seller ... ... | D | XIII | 46 | 209 |
| 631 | „ dealer ... ... | D | XIII | 46 | 210 |
| 632 | „ smelter ... ... | D | XIII | 46 | 208 |
| 633 | „ worker ... ... | D | XIII | 46 | 209 |
| 634 | Iron-stone collector ... ... | G | XXIII | 74(*a*) | 343 |
| 635 | „ „ digger ... ... | G | XXIII | 74(*a*) | 343 |
| 636 | „ „ washer ... ... | G | XXIII | 74(*a*) | 343 |
| 637 | Irregular and undefined work .. ... | G | XXIII | 75 | 348 |
| 638 | Ivory carver ... ... | D | XI | 30 | 141 |
| 639 | „ comb maker ... ... | D | XI | 30 | 141 |
| 640 | Jailor ... ... | A | I | 1 | 3 |
| 641 | Jemádár (Army) ... ... | A | II | 4 | 12 |
| 642 | „ (Bijni Estate) ... ... | B | V | 13 | 60 |
| 643 | „ (Railway) ... ... | E | XIX | 58(*b*) | 270 |
| 644 | „ (Tea garden) ... ... | B | V | 12 | 45 |
| 645 | „ (Zamindari) ... ... | B | V | 13 | 60 |
| 646 | Jhum cultivator ... ... | B | V | 10(*c*) | 39 |
| 647 | Jockey ... ... | F | XXI | 72 | 332 |
| 648 | Jotdár (cultivating) [In Sylhet] ... ... | B | V | 10(*b*) | 38 |
| 649 | „ (sublets) [ ditto ] ... ... | B | V | 10(*b*) | 37 |
| 650 | „ (unspecified) [ ditto ] ... ... | B | V | 10(*b*) | 38 |
| 651 | „ (sublets) [In Goalpara] ... ... | B | V | 10(*a*) | 35 |

| In Alphabetical order. | | Classification. | | | |
|---|---|---|---|---|---|
| Serial No. | Occupation. | Class. | Order. | Section. | Serial No. in classified list. |
| 1 | 2 | 3 | 4 | 5 | 6 |
| 652 | Jotdár (unspecified) [In Goalpara] ... ... | B | V | 10(*a*) | 36 |
| 653 | Judge and Commissioner ... ... ... | A | I | 1 | 2 |
| 654 | „ of Seim ... ... ... ... | A | III | 6 | 18 |
| 655 | Juggler and actor ... ... ... | F | XX | 71 | 330 |
| 656 | Jungle clearer ... ... ... ... | G | XXIII | 74(*a*) | 342 |
| 657 | Jute dealer ... ... ... ... | D | XII | 41 | 183 |
| 658 | „ string seller ... ... ... | D | XII | 41 | 186 |
| 659 | „ „ maker ... ... ... | D | XII | 41 | 185 |
| 660 | Kabiraj ... ... ... ... | F | XX | 67(*a*) | 313 |
| 661 | Káhár (Regimental) ... ... ... | A | II | 4 | 14 |
| 662 | Kataki ... ... ... ... | A | I | 1 | 4 |
| 663 | Kerosine oil seller ... ... ... | D | VIII | 20 | 109 |
| 664 | Khájum (Musalman) ... ... ... | F | XX | 63(*a*) | 293 |
| 665 | Khálási (Military) ... ... ... | A | II | 4 | 14 |
| 666 | „ (Steamer) ... ... ... | E | XIX | 60(*b*) | 280 |
| 667 | Khánsámá ... ... ... ... | C | VI | 14 | 65 |
| 668 | „ (dâk bungalow) ... ... ... | C | VI | 15 | 70 |
| 669 | Khár (made of plantain tree) seller ... ... | D | VII | 19 | 99 |
| 670 | Knife seller ... ... ... ... | D | XI | 36 | 161 |
| 671 | Labour muharrir, Public Works Department ... | F | XX | 68(*b*) | 321 |
| 672 | Labourer ... ... ... ... | G | XXIII | 74(*b*) | 346 |
| 673 | „ (Municipal) ... ... ... | G | XXIII | 74(*a*) | 342 |
| 674 | „ (P. W. D.) ... ... ... | G | XXIII | 74(*a*) | 342 |
| 675 | „ (paddy field) ... ... ... | B | V | 11 | 41 |
| 676 | „ (Railway) ... ... ... | E | XIX | 58(*b*) | 270 |
| 677 | „ (monthly wages) ... ... ... | G | XXIII | 74(*b*) | 346 |
| 678 | Lac collector ... ... ... | D | XVI | 51 | 232 |
| 679 | „ dealer ... ... ... ... | D | XVI | 51 | 232 |
| 680 | Lakhirájdár ... ... ... ... | B | V | 10(*a*) | 35 |
| 681 | Lamp lighter (steamer) ... ... ... | E | XIX | 60(*b*) | 280 |
| 682 | „ maker and seller ... ... ... | D | VIII | 20 | 111 |
| 683 | „ trimmer (at tombs) ... ... ... | F | XX | 63(*b*) | 297 |
| 684 | Lance náik ... ... ... | A | II | 4 | 13 |
| 685 | Land agent ... ... ... | B | V | 13 | 59 |
| 686 | „ and law agency ... ... ... | B | V | 13 | 59 |
| 687 | „ mortgagee (cultivating) ... ... | B | V | 10(*b*) | 38 |
| 688 | „ occupant ( ditto ) ... ... | B | V | 10(*a*) | 36 |
| 689 | „ „ (cultivates part and sublets part) ... | B | V | 10(*a*) | 36 |
| 690 | „ „ (sublets) ... ... ... | B | V | 10(*a*) | 35 |
| 691 | Landed proprietor ... ... ... | B | V | 10(*a*) | 35 |
| 692 | Laskar (steamer) ... ... ... | E | XIX | 60(*b*) | 280 |
| 693 | Leaf (for plates, &c.) collector and seller ... | D | XV | 50 | 225 |
| 694 | „ fan seller ... ... ... | D | XV | 50 | 226 |
| 695 | „ umbrella maker and seller ... ... | D | XV | 50 | 226 |
| 696 | Lemon seller ... ... ... ... | D | VII | 18 | 87 |
| 697 | Lessee of Forest mahál ... ... ... | D | XV | 49 | 217 |
| 698 | Librarian (Secretariat) ... ... ... | A | I | 1 | 3 |
| 699 | Lieutenant ... ... ... ... | A | II | 4 | 12 |
| 700 | Lieutenant, B.S.C. ... ... ... | A | II | 4 | 12 |
| 701 | Lime burner ... ... ... ... | D | IX | 22 | 118 |
| 702 | „ dealer ... ... ... ... | D | IX | 22 | 118 |
| 703 | „ exporter by boat ... ... ... | D | IX | 22 | 118 |
| 704 | Lime-stone contractor ... ... ... | D | IX | 22 | 119 |
| 705 | „ „ dealer ... ... ... | D | IX | 22 | 119 |
| 706 | „ „ quarry lessee ... ... ... | D | IX | 22 | 119 |
| 707 | „ „ splitter ... ... ... | G | XXIII | 74(*a*) | 343 |
| 708 | „ „ unloader ... ... ... | G | XXIII | 74(*a*) | 343 |
| 709 | Line man ... ... ... | E | XIX | 58(*b*) | 270 |
| 710 | „ „ Post office ... ... ... | E | XIX | 61(*a*) | 284 |
| 711 | „ „ Telegraph ... ... ... | E | XIX | 61(*b*) | 287 |
| 712 | Linseed, sugarcane and radish grower ... | B | V | 12 | 51 |
| 713 | Literary ... ... ... ... | F | XX | 65 | 302 |
| 714 | Local Board clerk ... ... ... | A | I | 2 | 8 |
| 715 | „ „ messenger ... ... ... | A | I | 2 | 9 |
| 716 | Lock mender ... ... ... ... | D | XIII | 46 | 212 |

| In Alphabetical order. | | Classification. | | | |
|---|---|---|---|---|---|
| Serial No. | Occupation. | Class. | Order. | Section. | Serial No. in classified list. |
| 1 | 2 | 3 | 4 | 5 | 6 |
| 717 | Lock seller | D | XIII | 46 | 212 |
| 718 | Locksmith | D | XIII | 46 | 212 |
| 719 | Lunatic (non-criminal) | G | XXIV | 77(*b*) | 856 |
| 720 | Mace bearer (Zamindari) | B | V | 13 | 60 |
| 721 | Madak seller | D | VII | 19 | 105 |
| 722 | „ and chandu seller | D | VII | 19 | 105 |
| 723 | Mad man | G | XXIII | 75 | 348 |
| 724 | Magenta seller | D | XVI | 52 | 240 |
| 725 | Magistrate | A | I | 1 | 2 |
| 726 | Magistrate, Honorary | A | I | 1 | 2 |
| 727 | Mail guard | E | XIX | 61(*a*) | 283 |
| 728 | „ sorter | E | XIX | 61(*a*) | 283 |
| 729 | Major | A | II | 4 | 12 |
| 730 | Manager, Assistant (Tea garden) | B | V | 12 | 42 |
| 731 | „ brick works (Railway) | D | IX | 22 | 117 |
| 732 | „ Railway | E | XIX | 58(*a*) | 268 |
| 733 | „ of Gosein's Estate | B | V | 13 | 59 |
| 734 | „ Sawmill | D | XV | 49 | 218 |
| 735 | „ Tea garden | B | V | 12 | 42 |
| 736 | Mandal (Government) | F | XX | 68(*a*) | 320 |
| 737 | „ (Zamindari) | B | V | 13 | 60 |
| 738 | „ of Bhutia Rája | A | III | 6 | 19 |
| 739 | Manipuri cloth dealer | D | XII | 40 | 181 |
| 740 | Manure seller | B | V | 12 | 55 |
| 741 | Marker (Volunteer Corps) | A | II | 4 | 14 |
| 742 | Market dues collector | E | XVIII | 55 | 253 |
| 743 | „ lessee | E | XVIII | 57(*b*) | 260 |
| 744 | „ watchman | A | I | 2 | 9 |
| 745 | Marriage arranger | F | XX | 69(*b*) | 325 |
| 746 | „ giver of daughter (for money) | G | XXIII | 75 | 348 |
| 747 | Mask maker for bháonás | D | XI | 31 | 145 |
| 748 | Mason | D | IX | 23 | 123 |
| 749 | Mason's assistant | D | IX | 23 | 123 |
| 750 | Master, Marine | E | XIX | 60(*b*) | 280 |
| 751 | Mat maker and seller | D | XV | 50 | 223 |
| 752 | Match seller | D | VIII | 20 | 110 |
| 753 | Mate (elephant) | E | XIX | 59(*b*) | 276 |
| 754 | Maulvi | F | XX | 63(*a*) | 293 |
| 755 | Mauzadár | A | I | 1 | 4 |
| 756 | Mechanic (water works) | B | V | 12 | 43 |
| 757 | „ (workshop) | D | XI | 36 | 164 |
| 758 | „ (oil-mill) | D | XI | 36 | 164 |
| 759 | Medicine | F | XX | 67(*a*) | 312 |
| 760 | „ seller | D | XVI | 52 | 235 |
| 761 | „ giver | F | XX | 67(*a*) | 313 |
| 762 | Medical man | F | XX | 67(*a*) | 312 |
| 763 | „ Officer, Administrative, and Sanitary Commissioner | F | XX | 67(*a*) | 311 |
| 764 | „ officer, Chief (Assam Tea Company) | F | XX | 67(*a*) | 312 |
| 765 | „ practitioner | F | XX | 67(*a*) | 312 |
| 766 | Medicine manufacturer (from metals) | D | XVI | 52 | 235 |
| 767 | Mendicant | G | XXIV | 76(*b*) | 353 |
| 768 | Mercantile agent | E | XVIII | 55 | 253 |
| 769 | Merchant | E | XVIII | 55 | 252 |
| 770 | Mesalchi | C | VI | 14 | 63 |
| 771 | Messenger | E | XIX | 61(*a*) | 285 |
| 772 | Messenger, Post office | E | XIX | 61(*a*) | 284 |
| 773 | „ P. W. D. | A | I | 1 | 6 |
| 774 | „ Telegraph | E | XIX | 61(*b*) | 287 |
| 775 | „ (unspecified) | E | XIX | 61(*a*) | 285 |
| 776 | Meteorological Department service | F | XX | 69(*a*) | 323 |
| 777 | Midwife | F | XX | 67(*a*) | 315 |
| 778 | Military Officer | A | II | 4 | 12 |
| 779 | „ Police | A | II | 4 | 13 |
| 780 | Milk man | D | VII | 17 | 74 |

| In Alphabetical order. | | Classification. | | | |
|---|---|---|---|---|---|
| Serial No. | Occupation. | Class. | Order. | Section. | Serial No. in classified list. |
| 1 | 2 | 3 | 4 | 5 | 6 |
| 781 | Milk seller | D | VII | 17 | 74 |
| 782 | Milk and butter seller | D | VII | 17 | 74 |
| 783 | Mimic | F | XXI | 73(*b*) | 334 |
| 784 | Miner | G | XXIII | 74(*a*) | 344 |
| 785 | Mining foreman | D | VIII | 21 | 114 |
| 786 | Minister of Seim | A | III | 6 | 18 |
| 787 | Mirásdár | B | V | 10(*a*) | 36 |
| 788 | ,, (cultivating) | B | V | 10(*a*) | 36 |
| 789 | ,, (sublets) | B | V | 10(*a*) | 35 |
| 790 | Miscellaneous goods seller | D | VIII | 20 | 108 |
| 791 | ,, worker | G | XXIII | 74(*b*) | 346 |
| 792 | Missionary | F | XX | 63(*a*) | 293 |
| 793 | Molasses dealer | D | VII | 19 | 98 |
| 794 | ,, preparer | D | VII | 19 | 98 |
| 795 | Money changer | E | XVIII | 54 | 249 |
| 796 | ,, lender | E | XVIII | 54 | 248 |
| 797 | ,, ,, and changer | E | XVIII | 54 | 248 |
| 798 | Monk (Hindu) | F | XX | 63(*b*) | 296 |
| 799 | Munsif | A | I | 1 | 2 |
| 800 | Mosque attendant | F | XX | 63(*b*) | 297 |
| 801 | Mugá silkworm rearer and cocoon seller | D | XII | 39 | 174 |
| 802 | Muharrir (Ferry ghát) | E | XVIII | 55 | 253 |
| 803 | ,, of Mauzadár | F | XX | 65 | 303 |
| 804 | ,, (Police) | A | I | 1 | 3 |
| 805 | ,, (Town) | A | I | 2 | 8 |
| 806 | ,, (Tea garden) | B | V | 12 | 44 |
| 807 | ,, ( ,, house) | B | V | 12 | 44 |
| 808 | ,, (of Honorary Magistrate) | A | I | 1 | 3 |
| 809 | Mukhtiar | F | XX | 66 | 307 |
| 810 | ,, of Maháraja of Manipur | A | III | 6 | 19 |
| 811 | ,, of Parbatiyá Gosein | B | V | 13 | 59 |
| 812 | Mule driver | E | XIX | 59(*b*) | 275 |
| 813 | ,, &c., driver (Transport) | A | II | 4 | 14 |
| 814 | Mulláh | F | XX | 63(*a*) | 293 |
| 815 | Municipal messenger | A | I | 2 | 9 |
| 816 | ,, overseer | A | I | 2 | 7 |
| 817 | ,, tax collector | A | I | 2 | 8 |
| 818 | ,, writer | A | I | 2 | 8 |
| 819 | ,, clerk | A | I | 2 | 8 |
| 820 | Munsárim | F | XX | 68(*a*) | 320 |
| 821 | Musical instrument maker | D | XI | 32 | 146 |
| 822 | Music master | F | XX | 71 | 328 |
| 823 | Musician | F | XX | 71 | 329 |
| 824 | Musk seller | D | XVI | 52 | 242 |
| 825 | Mustard dealer | D | VII | 18 | 81 |
| 826 | ,, oil seller | D | VIII | 20 | 107 |
| 827 | Naib, Bijni Estate | B | V | 13 | 59 |
| 828 | Náik | A | II | 4 | 13 |
| 829 | ,, (Military Police) | A | II | 4 | 13 |
| 830 | Nail seller | D | XIII | 46 | 211 |
| 831 | Nankárdár (cultivating) | B | V | 10(*a*) | 36 |
| 832 | Native doctor (unspecified) | F | XX | 67(*b*) | 316 |
| 833 | Navel string cutter | F | XX | 67(*a*) | 315 |
| 834 | Navy officer | A | II | 5 | 16 |
| 835 | Názir | A | I | 1 | 3 |
| 836 | ,, Assistant | A | I | 1 | 3 |
| 837 | Needle and hook maker and seller | D | XI | 36 | 161 |
| 838 | ,, seller | D | XII | 42 | 193 |
| 839 | Net maker | D | XII | 41 | 188 |
| 840 | No occupation | G | XXIII | 75 | 348 |
| 841 | Not returned | G | XXIII | 75 | 348 |
| 842 | Nurse | C | VI | 14 | 65 |
| 843 | Nut seller | D | VII | 19 | 101 |
| 844 | Officer, Manipur Army | A | III | 7 | 21 |
| 845 | Oil and salt seller | D | VIII | 20 | 108 |
| 846 | ,, presser | D | VIII | 20 | 107 |

*Occupation Index for the Province of Assam, 1891*—continued.

| In Alphabetical Order. | | Classification. | | | |
|---|---|---|---|---|---|
| Serial No. | Occupation. | Class. | Order. | Section. | Serial No. in classified list. |
| 1 | 2 | 3 | 4 | 5 | 6 |
| 847 | Oiler (of machinery) ... ... | E | XIX | 58(b) | 270 |
| 848 | Oil-mill maker ... ... | D | XV | 49 | 219 |
| 849 | „ syndicate, assistant ... ... | D | VIII | 20 | 109 |
| 850 | Ojha ... ... | F | XX | 67(a) | 313 |
| 851 | Omen reader ... ... | F | XX | 63(a) | 295 |
| 852 | Onion seller ... ... | D | VII | 18 | 86 |
| 853 | Opium vendor ... ... | D | VII | 19 | 105 |
| 854 | Orange dealer ... ... | D | VII | 18 | 87 |
| 855 | „ grove owner ... ... | B | V | 12 | 49 |
| 856 | Orchid collector and seller ... ... | D | XVI | 51 | 234 |
| 857 | Orderly ... ... | A | I | 1 | 6 |
| 858 | Ornament (gold and silver) maker ... ... | D | XIII | 43 | 199 |
| 859 | „ vendor ... ... | E | XVIII | 57(a) | 258 |
| 860 | Otter catcher ... ... | F | XXI | 72 | 331 |
| 861 | „ skin seller ... ... | F | XXI | 72 | 331 |
| 862 | „ and turtle catcher and seller ... ... | F | XXI | 72 | 331 |
| 863 | Overseer, Postal ... ... | E | XIX | 61(a) | 283 |
| 864 | „ Road ... ... | F | XX | 68(b) | 321 |
| 865 | Páchwai maker ... ... | D | VII | 19 | 93 |
| 866 | Pack bullock driver ... ... | E | XIX | 59(b) | 274 |
| 867 | „ „ owner ... ... | E | XIX | 59(b) | 274 |
| 868 | Paddy dealer and broker ... ... | D | VII | 18 | 81 |
| 869 | „ lender ... ... | E | XVIII | 54 | 248 |
| 870 | „ reaper ... ... | B | V | 11 | 41 |
| 871 | „ husker ... ... | G | XXIII | 74(a) | 345 |
| 872 | „ seller ... ... | D | VII | 18 | 81 |
| 873 | „ sower and reaper ... ... | B | V | 11 | 41 |
| 874 | „ thrasher ... ... | G | XXIII | 74(a) | 345 |
| 875 | Pádre ... ... | F | XX | 63(a) | 293 |
| 876 | Painter, house ... ... | D | IX | 23 | 126 |
| 877 | „ artist ... ... | F | XX | 70 | 326 |
| 878 | Palki bearer ... ... | E | XIX | 59(a) | 273 |
| 879 | „ bearer (Transport) ... ... | A | II | 4 | 14 |
| 880 | „ seller ... ... | D | X | 25 | 131 |
| 881 | Paper seller ... ... | D | XI | 27 | 134 |
| 882 | Passenger ... ... | G | XXIII | 75 | 348 |
| 883 | Pastor ... ... | F | XX | 63(a) | 293 |
| 884 | Páttádár ... ... | B | V | 10(a) | 36 |
| 885 | Pátwári (works in office) ... ... | A | I | 1 | 3 |
| 886 | Pedlar ... ... | E | XVIII | 56 | 257 |
| 887 | Pensioner, Civil ... ... | G | XXIV | 77(a) | 354 |
| 888 | „ Military ... ... | G | XXIV | 77(a) | 355 |
| 889 | „ Mission ... ... | G | XXIV | 76(a) | 351 |
| 890 | „ (unspecified) ... ... | G | XXIV | 77(a) | 354 |
| 891 | Peon ... ... | A | I | 1 | 6 |
| 892 | Peon, Civil Court ... ... | A | I | 1 | 6 |
| 893 | „ Coolie depôt ... ... | C | VI | 14 | 67 |
| 894 | „ Criminal court ... ... | A | I | 1 | 6 |
| 895 | „ Hospital ... ... | F | XX | 67(b) | 317 |
| 896 | „ Education office ... ... | F | XX | 64 | 300 |
| 897 | „ Mirásdári ... ... | B | V | 13 | 60 |
| 898 | „ of mauzadár ... ... | E | XIX | 61(a) | 285 |
| 899 | „ Railway ... ... | E | XIX | 58(b) | 270 |
| 900 | „ Settlement office ... ... | A | I | 1 | 6 |
| 901 | „ Tahsildári ... ... | A | I | 1 | 6 |
| 902 | „ temporary (Government) ... ... | A | I | 1 | 6 |
| 903 | „ (unspecified) ... ... | E | XIX | 61(a) | 285 |
| 904 | „ Post Office ... ... | E | XIX | 61(a) | 284 |
| 905 | „ Public Works Department ... ... | A | I | 1 | 6 |
| 906 | „ of Seim ... ... | A | III | 6 | 20 |
| 907 | „ Zamindári ... ... | B | V | 13 | 60 |
| 908 | Pepper seller ... ... | D | VII | 19 | 101 |
| 909 | Perfumed oil vendor ... ... | D | XVI | 52 | 242 |
| 910 | „ wood cutter and seller ... ... | D | XVI | 52 | 242 |
| 911 | Peshkar ... ... | A | I | 1 | 3 |
| 912 | Petition writer ... ... | F | XX | 66 | 310 |

| In Alphabetical order. | | Classification. | | | |
|---|---|---|---|---|---|
| Serial No. | Occupation. | Class. | Order. | Section. | Serial No. in classified list. |
| 1 | 2 | 3 | 4 | 5 | 6 |
| 913 | Petty shopkeeper ... ... ... | E | XVIII | 56 | 256 |
| 914 | Photographer ... ... ... | F | XX | 70 | 327 |
| 915 | Physician (in cases of small-pox) ... ... | F | XX | 67(*a*) | 313 |
| 916 | „ and surgeon ... ... ... | F | XX | 67(*a*) | 312 |
| 917 | Piece-goods and hardware dealer ... ... | D | XII | 42 | 197 |
| 918 | Pig dealer ... ... ... | B | IV | 8(*c*) | 30 |
| 919 | „ breeder ... ... ... | B | IV | 8(*c*) | 30 |
| 920 | Pigeon dealer ... ... ... | D | VII | 17 | 78 |
| 921 | Pilgrim (Hindu) ... ... ... | F | XX | 63(*b*) | 296 |
| 922 | „ conductor ... ... ... | F | XX | 63(*b*) | 297 |
| 923 | Pillow case maker ... ... ... | D | XII | 42 | 192 |
| 924 | Pilot ... ... ... | E | XIX | 60(*b*) | 282 |
| 925 | Pineapple grower ... ... ... | B | V | 12 | 49 |
| 926 | Piper ... ... ... | F | XX | 71 | 329 |
| 927 | Plank seller ... ... ... | D | XV | 49 | 217 |
| 928 | Planet worshipper ... ... ... | F | XX | 63(*a*) | 293 |
| 929 | Plantain grower ... ... ... | B | V | 12 | 49 |
| 930 | „ seller ... ... ... | D | VII | 18 | 87 |
| 931 | „ leaf seller ... ... ... | D | XV | 50 | 225 |
| 932 | Planter of jack trees ... ... ... | B | V | 12 | 49 |
| 933 | Platelayer ... ... ... | D | X | 24 | 129 |
| 934 | Player ... ... ... | F | XX | 71 | 329 |
| 935 | „ at dances ... ... ... | F | XX | 71 | 330 |
| 936 | Pleader ... ... ... | F | XX | 66 | 305 |
| 937 | Pleader's clerk ... ... ... | F | XX | 66 | 308 |
| 938 | Ploughshare maker ... ... ... | D | XV | 49 | 219 |
| 939 | Plum seller ... ... ... | D | VII | 18 | 87 |
| 940 | Poddar ... ... ... | A | I | 1 | 3 |
| 941 | Pointsman ... ... ... | E | XIX | 58(*b*) | 270 |
| 942 | Police, Bengal ... ... ... | A | I | 1 | 2 |
| 943 | „ constable ... ... ... | A | I | 1 | 6 |
| 944 | „ Inspector ... ... ... | A | I | 1 | 5 |
| 945 | „ Inspector General ... ... ... | A | I | 1 | 2 |
| 946 | „ officer (Government service) ... ... | A | I | 1 | 2 |
| 947 | „ „ Military ... ... ... | A | II | 4 | 18 |
| 948 | „ (Railway) ... ... ... | A | I | 1 | 6 |
| 949 | „ Sub-Inspector ... ... ... | A | I | 1 | 5 |
| 950 | Poppy seed, &c., seller ... ... ... | D | VII | 19 | 101 |
| 951 | Pork seller ... ... ... | D | VII | 17 | 77 |
| 952 | Porter ... ... ... | E | XIX | 62 | 290 |
| 953 | „ (Railway) ... ... ... | E | XIX | 58(*b*) | 270 |
| 954 | „ (Transport) ... ... ... | E | XIX | 62 | 290 |
| 955 | Postal Department ... ... ... | E | XIX | 61(*a*) | 283 |
| 956 | Post man ... ... ... | E | XIX | 61(*a*) | 284 |
| 957 | „ master ... ... ... | E | XIX | 61(*a*) | 283 |
| 958 | Post office, Assistant Superintendent ... ... | E | XIX | 61(*a*) | 283 |
| 959 | Pot (earthen) seller ... ... ... | D | XIV | 48 | 215 |
| 960 | Potato cultivator ... ... ... | B | V | 12 | 50 |
| 961 | „ seller ... ... ... | D | VII | 18 | 86 |
| 962 | Potter ... ... ... | D | XIV | 48 | 215 |
| 963 | Pound keeper ... ... ... | A | I | 2 | 8 |
| 964 | Pounded rice maker and seller ... ... | D | VII | 18 | 82 |
| 965 | Preacher ... ... ... | F | XX | 63(*a*) | 293 |
| 966 | Prepared hukka pedlar ... ... ... | D | VII | 19 | 104 |
| 967 | Press man ... ... ... | D | XI | 28 | 186 |
| 968 | „ foreman ... ... ... | D | XI | 28 | 186 |
| 969 | Priest (Buddhist) ... ... ... | F | XX | 63(*a*) | 293 |
| 970 | „ (Hindu) ... ... ... | F | XX | 63(*a*) | 293 |
| 971 | „ (Musalman) ... ... ... | F | XX | 63(*a*) | 293 |
| 972 | Primary School teacher ... ... ... | F | XX | 64 | 299 |
| 973 | Printer ... ... ... | D | XI | 28 | 186 |
| 974 | Prisoner, convict ... ... ... | G | XXIV | 77(*b*) | 359 |
| 975 | „ for debt ... ... ... | G | XXIV | 77(*b*) | 358 |
| 976 | „ insane ... ... ... | G | XXIV | 77(*b*) | 356 |
| 977 | „ under trial ... ... ... | G | XXIV | 77(*b*) | 357 |
| 978 | „ unspecified ... ... ... | G | XXIV | 77(*b*) | 359 |

| In Alphabetical order. | | Classification. | | | |
|---|---|---|---|---|---|
| Serial No. | Occupation. | Class. | Order. | Section. | Serial No. in classified list. |
| 1 | 2 | 3 | 4 | 5 | 6 |
| 979 | Private means | G | XXIV | 76(a) | 350 |
| 980 | Professional husband (of female servants) | G | XXIII | 75 | 347 |
| 981 | Proprietor and manager of tea garden | B | V | 12 | 42 |
| 982 | Prostitute | G | XXIII | 75 | 347 |
| 983 | Prostitute's apprentice | G | XXIII | 75 | 347 |
| 984 | Public scribe | F | XX | 65 | 304 |
| 985 | „ Works (unspecified) | F | XX | 68(b) | 321 |
| 986 | Pulse dealer | D | VII | 18 | 83 |
| 987 | „ grinder | G | XXIII | 74(a) | 345 |
| 988 | Pumper in Railway workshop | D | X | 24 | 128 |
| 989 | Pumkin seller | D | VII | 18 | 86 |
| 990 | Pundit | F | XX | 64 | 299 |
| 991 | Punkhá puller | C | VI | 14 | 65 |
| 992 | Puppet exhibitor and player | F | XXI | 73(b) | 336 |
| 993 | Quack medicine seller | D | XVI | 52 | 235 |
| 994 | Quarry man | G | XXIII | 74(a) | 348 |
| 995 | Quilt maker | D | XII | 42 | 192 |
| 996 | Radish dealer | D | VII | 18 | 86 |
| 997 | Rag seller | D | XI | 27 | 135 |
| 998 | Railway Auditor | E | XIX | 58(a) | 265 |
| 999 | „ Mechanic | D | X | 24 | 128 |
| 1,000 | Rations supplier (Regiment) | A | II | 4 | 14 |
| 1,001 | Raw cotton vendor | D | XII | 40 | 177 |
| 1,002 | Reader (Religious) | F | XX | 63(a) | 294 |
| 1,003 | Receiver of gifts at religious ceremonies | F | XX | 63(b) | 296 |
| 1,004 | Record keeper, Assistant | A | I | 1 | 3 |
| 1,005 | „ „ (Mahafez) | A | I | 1 | 3 |
| 1,006 | Recruit (Military Police) | A | II | 4 | 13 |
| 1,007 | Reed cutter (for mats) | D | XV | 50 | 221 |
| 1,008 | Religious gift receiver | F | XX | 63(b) | 296 |
| 1,009 | „ mendicant | F | XX | 63(b) | 296 |
| 1,010 | „ tax collector | F | XX | 63(b) | 297 |
| 1,011 | Rent collector (Zamindari) | B | V | 13 | 59 |
| 1,012 | „ roll writer „ | B | V | 13 | 59 |
| 1,013 | Resin collector | D | XVI | 51 | 234 |
| 1,014 | Retail dealer | E | XVIII | 56 | 256 |
| 1,015 | Retired from business | G | XXIV | 76(a) | 350 |
| 1,016 | Revenue Agent | F | XX | 66 | 307 |
| 1,017 | Rhinoceros shield seller | D | XVII | 53 | 248 |
| 1,018 | Rice seller | D | VII | 18 | 81 |
| 1,019 | Rice (fried) seller | D | VII | 18 | 82 |
| 1,020 | „ cake seller | D | VII | 18 | 89 |
| 1,021 | „ flour „ | D | VII | 18 | 83 |
| 1,022 | „ pounder and husker | G | XXIII | 74(a) | 345 |
| 1,023 | Ring (gold and silver) seller | D | XIII | 43 | 199 |
| 1,024 | Road labourer | G | XXIII | 74(a) | 342 |
| 1,025 | „ and house contractor | D | IX | 23 | 121 |
| 1,026 | Rope seller | D | XII | 41 | 185 |
| 1,027 | Rubber collector | D | XVI | 51 | 230 |
| 1,028 | „ dealer | D | XVI | 51 | 230 |
| 1,029 | „ ball seller | D | XI | 31 | 142 |
| 1,030 | „ tree tapper | D | XVI | 51 | 230 |
| 1,031 | Runner, Post office | E | XIX | 61(a) | 284 |
| 1,032 | Sacred thread maker | D | XI | 33 | 157 |
| 1,033 | Sailor | E | XIX | 60(b) | 280 |
| 1,034 | Salt seller | D | VII | 19 | 99 |
| 1,035 | „ and dál seller | D | VII | 19 | 99 |
| 1,036 | „ and oil, &c., seller | D | VIII | 20 | 108 |
| 1,037 | Sandals maker | D | XVII | 53 | 244 |
| 1,038 | Sanitary Inspector | C | VI | 16 | 72 |
| 1,039 | Saw-mill service | D | XV | 49 | 218 |
| 1,040 | Sawing contractor | D | XV | 49 | 218 |
| 1,041 | Sawyer | D | XV | 49 | 218 |
| 1,042 | Scholarship holder | G | XXIV | 76(b) | 352 |
| 1,043 | Screen (chik) seller | D | XV | 50 | 224 |
| 1,044 | Sealing wax seller | D | XVI | 51 | 233 |

| In Alphabetical Order. | | Classification. | | | |
|---|---|---|---|---|---|
| Serial No. | Occupation. | Class. | Order. | Section. | Serial No. in classified list. |
| 1 | 2 | 3 | 4 | 5 | 6 |
| 1,045 | Secretary to the Mahárája of Manipur ... ... | A | III | 6 | 18 |
| 1,046 | Seim ... ... ... ... | A | III | 6 | 18 |
| 1,047 | Sepoy of Mahárája of Hill Tipperah ... ... | A | III | 7 | 22 |
| 1,048 | Serang (steamer) ... ... ... | E | XIX | 60(b) | 280 |
| 1,049 | Sergeant Instructor ... ... ... | A | II | 4 | 13 |
| 1,050 | „ Major ... ... ... | A | II | 4 | 13 |
| 1,051 | Servant for life ... ... ... | C | VI | 14 | 68 |
| 1,052 | „ (for ploughing) ... ... ... | B | V | 11 | 41 |
| 1,053 | „ (unspecified) ... ... ... | C | VI | 14 | 68 |
| 1,054 | Sewing machine seller ... ... ... | D | XI | 36 | 163 |
| 1,055 | Sharbat seller ... ... ... | D | VII | 19 | 92 |
| 1,056 | Shawl cloth seller ... ... ... | D | XII | 38 | 170 |
| 1,057 | „ washer and repairer ... ... ... | D | XII | 42 | 190 |
| 1,058 | Sheep breeder ... ... ... ... | B | IV | 8(c) | 28 |
| 1,059 | „ dealer ... ... ... | B | IV | 8(c) | 28 |
| 1,060 | Shell (conch) dealer ... ... ... | D | XI | 32 | 147 |
| 1,061 | Shepherd ... ... ... | B | IV | 8(c) | 29 |
| 1,062 | Sheristadar ... ... ... ... | A | I | 1 | 3 |
| 1,063 | Shikari ... ... ... ... | F | XXI | 72 | 331 |
| 1,064 | Shirt and coat maker ... ... ... | D | XII | 42 | 190 |
| 1,065 | Shoe maker ... ... ... | D | XVII | 53 | 244 |
| 1,066 | Shop Agent ... ... ... ... | E | XVIII | 56 | 254 |
| 1,067 | „ keeper ... ... ... ... | E | XVIII | 56 | 256 |
| 1,068 | „ keeper's assistant ... ... ... | E | XVIII | 56 | 254 |
| 1,069 | „ „ clerk ... ... ... | E | XVIII | 56 | 254 |
| 1,070 | „ „ manager ... ... ... | E | XVIII | 56 | 254 |
| 1,071 | „ watchman ... ... ... | E | XVIII | 56 | 255 |
| 1,072 | Shunter ... ... ... ... | E | XIX | 58(b) | 270 |
| 1,073 | Signaller ... ... ... ... | E | XIX | 61(b) | 287 |
| 1,074 | Silk seller ... ... ... ... | D | XII | 39 | 176 |
| 1,075 | „ cloth seller ... ... ... | D | XII | 39 | 176 |
| 1,076 | „ weaver ... ... ... ... | D | XII | 39 | 176 |
| 1,077 | „ thread seller ... ... ... | D | XII | 39 | 175 |
| 1,078 | „ worm rearer and dealer ... ... | D | XII | 39 | 174 |
| 1,079 | Singer ... ... ... ... | F | XX | 71 | 330 |
| 1,080 | „ and player ... ... ... | F | XX | 71 | 330 |
| 1,081 | „ of religious hymns ... ... ... | F | XX | 63(a) | 294 |
| 1,082 | Singing and dancing master ... ... | F | XX | 71 | 328 |
| 1,083 | „ party, headman ... ... ... | F | XX | 71 | 330 |
| 1,084 | Sirdar of coolies ... ... ... | E | XVIII | 57(b) | 262 |
| 1,085 | „ tea garden ... ... ... | B | V | 12 | 45 |
| 1,086 | Skinner and shoe maker ... ... ... | D | XVII | 53 | 243 |
| 1,087 | Snake charmer ... ... ... | F | XXI | 73(a) | 338 |
| 1,088 | Soap seller ... ... ... | D | XVI | 52 | 237 |
| 1,089 | Soda water maker ... ... ... | D | VII | 19 | 91 |
| 1,090 | Soldier ... ... ... | A | II | 4 | 13 |
| 1,091 | Solicitor ... ... ... ... | F | XX | 66 | 306 |
| 1,092 | Sorcerer ... ... ... ... | F | XXI | 73(b) | 337 |
| 1,093 | Sorter, post office ... ... ... | E | XIX | 61(a) | 288 |
| 1,094 | Spice seller ... ... ... ... | D | VII | 19 | 101 |
| 1,095 | Spinning wheel maker ... ... ... | D | XI | 36 | 168 |
| 1,096 | Spiritual guide ... ... ... ... | F | XX | 63(a) | 293 |
| 1,097 | Stable boy (Transport) ... ... ... | A | II | 4 | 14 |
| 1,098 | Stamp vendor ... ... ... ... | F | XX | 66 | 309 |
| 1,099 | Station master ... ... ... ... | E | XIX | 58(b) | 268 |
| 1,100 | „ „ (Railway) ... ... ... | E | XIX | 58(b) | 268 |
| 1,101 | Stationer ... ... ... ... | D | XI | 27 | 134 |
| 1,102 | Steamer agent ... ... ... | E | XIX | 60(a) | 277 |
| 1,103 | „ clerk ... ... ... ... | E | XIX | 60(a) | 278 |
| 1,104 | „ commander ... ... ... | E | XIX | 60(b) | 280 |
| 1,105 | „ fireman ... ... ... | E | XIX | 60(b) | 280 |
| 1,106 | „ inspector ... ... ... | E | XIX | 60(a) | 277 |
| 1,107 | „ khalasi ... ... ... | E | XIX | 60(b) | 280 |
| 1,108 | Steward (estate) ... ... ... | B | V | 13 | 59 |
| 1,109 | Stoker (steamer) ... ... ... | E | XIX | 60(b) | 280 |
| 1,010 | Stone cutter ... ... ... | D | IX | 23 | 122 |
| 1,111 | „ splitter ... ... ... ... | G | XVIII | 74(a) | 348 |

| In Alphabetical order. | | Classification. | | | |
|---|---|---|---|---|---|
| Serial No. | Occupation. | Class. | Order. | Section. | Serial No. in classified list. |
| 1 | 2 | 3 | 4 | 5 | 6 |
| 1,112 | Stone pot maker and seller ... ... ... | D | XIV | 48 | 216 |
| 1,113 | " vessel dealer ... ... ... | D | XIV | 48 | 215 |
| 1,114 | " carrier and dealer ... ... ... | D | IX | 22 | 119 |
| 1,115 | Store clerk ... ... ... | E | XVIII | 56 | 254 |
| 1,116 | " keeper (colliery) ... ... ... | D | VIII | 21 | 114 |
| 1,117 | " " (P. W. D.) ... ... ... | F | XX | 68(*b*) | 322 |
| 1,118 | " " (zamindari) ... ... ... | B | V | 13 | 59 |
| 1,119 | Storm averter ... ... ... | F | XX | 63(*a*) | 295 |
| 1,120 | Student ... ... ... | G | XXIV | 76(*b*) | 352 |
| 1,121 | Sub Assistant Conservator of Forests ... ... | B | V | 12 | 56 |
| 1,122 | " " Superintendent of Telegraphs ... | E | XIX | 61(*b*) | 286 |
| 1,123 | " Deputy Collector ... ... ... | A | I | 1 | 2 |
| 1,124 | " Divisional Officer ... ... | A | I | 1 | 2 |
| 1,125 | " Engineer ... ... ... ... | F | XX | 68(*a*) | 319 |
| 1,126 | " Inspector of Schools ... ... ... | F | XX | 64 | 298 |
| 1,127 | " Overseer, P. W. D. ... ... ... | F | XX | 68(*b*) | 321 |
| 1,128 | " Registrar ... ... ... | A | I | 1 | 2 |
| 1,129 | " Surveyor ... ... ... | F | XX | 68(*a*) | 320 |
| 1,130 | Subadár ... ... ... | A | II | 4 | 12 |
| 1,131 | " Major ... ... ... | A | II | 4 | 12 |
| 1,132 | Sugar seller ... ... ... | D | VII | 19 | 97 |
| 1,133 | Sugarcane grower ... ... ... | B | V | 12 | 49 |
| 1,134 | " presser ... ... ... | B | V | 11 | 41 |
| 1,135 | " seller ... ... ... | D | VII | 18 | 87 |
| 1,136 | Sun grass lessee ... ... ... | D | IX | 22 | 120 |
| 1,137 | Superintendent of Kheddas... ... ... | B | IV | 8(*b*) | 27 |
| 1,138 | " of steamer agency ... ... | E | XIX | 60(*a*) | 277 |
| 1,139 | " of Telegraphs ... ... | E | XIX | 61(*b*) | 286 |
| 1,140 | Supervisor Kanungo ... ... ... | F | XX | 68(*a*) | 320 |
| 1,141 | " (P. W. D.) ... ... ... | F | XX | 68(*b*) | 321 |
| 1,142 | " (tea garden) ... ... ... | B | V | 12 | 44 |
| 1,143 | Supplier (press) ... ... ... | D | XI | 28 | 136 |
| 1,144 | Surgeon ... ... ... | F | XX | 67(*a*) | 312 |
| 1,145 | Surgeon, Assistant ... ... ... | F | XX | 67(*a*) | 312 |
| 1,146 | " Civil ... ... ... | F | XX | 67(*a*) | 312 |
| 1,147 | Surki grinder ... ... ... | G | XXIII | 74(*a*) | 348 |
| 1,148 | Surveyor ... ... ... | F | XX | 68(*a*) | 320 |
| 1,149 | Survey Master ... ... ... | F | XX | 64 | 299 |
| 1,150 | Surveyor's muharrir ... ... ... | F | XX | 68(*b*) | 322 |
| 1,151 | Sweeper ... ... ... | C | VI | 16 | 73 |
| 1,152 | Sweet seller ... ... ... | D | VII | 18 | 89 |
| 1,153 | Sweetmeat maker and seller ... ... | D | VII | 18 | 89 |
| 1,154 | " pedlar ... ... ... | D | VII | 18 | 90 |
| 1,155 | Syce ... ... ... | C | VI | 14 | 66 |
| 1,156 | Syrup seller ... ... ... | D | VII | 19 | 98 |
| 1,157 | Table servant ... ... ... | C | VI | 14 | 65 |
| 1,158 | Tahsildar ... ... ... | A | I | 1 | 2 |
| 1,159 | " of Bhutia Rája ... ... ... | A | III | 6 | 19 |
| 1,160 | Tailor ... ... ... | D | XII | 42 | 190 |
| 1,161 | Tailor's apprentice ... ... ... | D | XII | 42 | 190 |
| 1,162 | Tailor, assistant ... ... ... | D | XII | 42 | 190 |
| 1,163 | Talukdár ... ... ... | B | V | 10(*a*) | 35 |
| 1,164 | " (cultivating) ... ... ... | B | V | 10(*a*) | 36 |
| 1,165 | Tamarind seller ... ... ... | D | VII | 18 | 87 |
| 1,166 | Tank digger ... ... ... | G | XXIII | 74(*a*) | 341 |
| 1,167 | Tape, &c., seller ... ... ... | D | XII | 40 | 188 |
| 1,168 | Taujinavis ... ... ... | A | I | 1 | 3 |
| 1,169 | Tax collector of Seim ... ... ... | A | III | 6 | 19 |
| 1,170 | Tea box maker ... ... ... | D | XV | 49 | 220 |
| 1,171 | " broker ... ... ... | D | VII | 19 | 96 |
| 1,172 | " garden agent ... ... ... | E | XVIII | 57(*a*) | 258 |
| 1,173 | " " owner ... ... ... | B | V | 12 | 42 |
| 1,174 | " " peon ... ... ... | B | V | 12 | 45 |
| 1,175 | " house muharrir ... ... ... | B | V | 12 | 44 |
| 1,176 | " leaf plucker ... ... ... | B | V | 12 | 45 |
| 1,177 | " planter ... ... ... | B | V | 12 | 42 |

| In Alphabetical order. | | Classification. | | | |
|---|---|---|---|---|---|
| Serial No. | Occupation. | Class. | Order. | Section. | Serial No. in classified list. |
| 1 | 2 | 3 | 4 | 5 | 6 |
| 1,178 | Tea planter, assistant ... ... ... | B | V | 12 | 42 |
| 1,179 | „ seller ... ... ... | D | VII | 19 | 96 |
| 1,180 | „ and coffee seller ... ... ... | D | VII | 19 | 96 |
| 1,181 | „ sieve maker and seller ... ... | D | XV | 50 | 222 |
| 1,182 | „ tray seller ... ... ... | D | XV | 50 | 222 |
| 1,183 | Teacher ... ... .. | F | XX | 64 | 299 |
| 1,184 | „ of astrology ... ... ... | F | XX | 69(*b*) | 325 |
| 1,185 | „ of music and singing ... ... | F | XX | 71 | 328 |
| 1,186 | Teak (timber) seller ... ... ... | D | XV | 49 | 217 |
| 1,187 | Telegraph clerk ... ... ... | E | XIX | 61(*b*) | 286 |
| 1,188 | „ (Government) ... ... ... | E | XIX | 61(*b*) | 286 |
| 1,189 | „ Master ... ... ... | E | XIX | 61(*b*) | 286 |
| 1,190 | Temple servant ... ... ... | F | XX | 63(*b*) | 297 |
| 1,191 | Tenant (cultivating) ... ... ... | B | V | 10(*b*) | 88 |
| 1,192 | „ (giving share of produce) ... ... | B | V | 10(*b*) | 88 |
| 1,193 | „ (sublets) ... ... ... | B | V | 10(*b*) | 87 |
| 1,194 | Tennis service ... ... ... | F | XXI | 73(*d*) | 339 |
| 1,195 | Thatcher ... ... ... | D | IX | 22 | 120 |
| 1,196 | Thatch cutter and seller ... ... ... | D | IX | 22 | 120 |
| 1,197 | Theatrical singer ... ... ... | F | XX | 71 | 330 |
| 1,198 | Thief ... ... ... | G | XXIII | 75 | 347 |
| 1,199 | Thread spinner ... ... ... | D | XII | 40 | 180 |
| 1,200 | „ seller ... ... ... | D | XII | 40 | 180 |
| 1,201 | Ticket collector (Railway) ... ... ... | E | XIX | 58(*b*) | 268 |
| 1,202 | Tiger skin seller ... ... ... | F | XXI | 72 | 331 |
| 1,203 | „ slayer ... ... ... | F | XXI | 72 | 331 |
| 1,204 | Tiler ... ... ... | D | IX | 23 | 127 |
| 1,205 | Tile maker and seller ... ... ... | D | IX | 22 | 117 |
| 1,206 | Timber dealer ... ... ... | D | XV | 49 | 217 |
| 1,207 | Tindal ... ... ... | E | XIX | 60(*b*) | 280 |
| 1,208 | Tin lamp maker ... ... ... | D | VIII | 20 | 111 |
| 1,209 | Tinsmith ... ... ... | D | XIII | 45 | 207 |
| 1,210 | Tinsmith (tea garden) ... ... ... | B | V | 12 | 43 |
| 1,211 | Tin worker and seller ... ... ... | D | XIII | 45(*b*) | 207 |
| 1,212 | Tithes collector ... ... ... | F | XX | 63(*b*) | 297 |
| 1,213 | Tobacco dealer ... ... ... | D | VII | 19 | 103 |
| 1,214 | Toddy seller ... ... ... | D | VII | 19 | 94 |
| 1,215 | Tongá driver ... ... ... | E | XIX | 59(*a*) | 272 |
| 1,216 | Torch carrier (at marriages, &c.) ... ... | F | XX | 63(*b*) | 297 |
| 1,217 | Toy maker ... ... ... | D | XI | 31 | 142 |
| 1,218 | „ seller ... ... ... | D | XI | 31 | 142 |
| 1,219 | Tracer ... ... ... | F | XX | 68(*b*) | 321 |
| 1,220 | Trader ... ... ... | E | XVIII | 56 | 256 |
| 1,221 | „ (miscellaneous) ... ... ... | E | XVIII | 56 | 256 |
| 1,222 | „ (at fairs, &c.) ... ... ... | E | XVIII | 56 | 257 |
| 1,223 | Tradesman ... ... ... | E | XVIII | 56 | 256 |
| 1,224 | Traffic Inspector (Railway) ... ... ... | E | XIX | 58(*b*) | 268 |
| 1,225 | „ Registrar ... ... ... | A | I | 1 | 8 |
| 1,226 | Translator (High Court) ... ... ... | A | I | 1 | 8 |
| 1,227 | Transport agent ... ... ... | A | II | 4 | 14 |
| 1,228 | Traveller ... ... ... | G | XXIII | 75 | 348 |
| 1,229 | Treasure keeper of Gosein ... ... ... | F | XX | 63(*b*) | 297 |
| 1,230 | Treasurer ... ... ... | A | I | 1 | 8 |
| 1,231 | Trumpet seller ... ... ... | D | XI | 32 | 146 |
| 1,232 | Trumpeter ... ... ... | F | XX | 71 | 329 |
| 1,233 | Turmeric seller ... ... ... | D | VII | 19 | 100 |
| 1,234 | Turtle catcher ... ... ... | F | XXI | 72 | 331 |
| 1,235 | Tutor ... ... ... | F | XX | 64 | 299 |
| 1,236 | Umbrella carrier ... ... ... | C | VI | 14 | 68 |
| 1,237 | „ repairer ... ... ... | D | XII | 42 | 195 |
| 1,238 | „ seller ... ... ... | D | XII | 42 | 195 |
| 1,239 | Undefined work ... ... ... | G | XXIII | 75 | 348 |
| 1,240 | Under-tenant ... ... ... | B | V | 10(*b*) | 88 |
| 1,241 | Union muharrir ... ... ... | A | I | 2 | 8 |
| 1,242 | Unspecified ... ... ... | G | XXIII | 75 | 348 |
| 1,243 | Vaccination Inspector ... ... ... | F | XX | 67(*a*) | 314 |

| In Alphabetical order. | | Classification. | | | |
|---|---|---|---|---|---|
| Serial No. | Occupation. | Class. | Order. | Section. | Serial No. in classified list. |
| 1 | 2 | 3 | 4 | 5 | 6 |
| 1,244 | Vaccinator ... ... ... | F | XX | 67(*a*) | 314 |
| 1,245 | Varnisher ... ... ... | D | XI | 34 | 159 |
| 1,246 | Vegetable seller ... ... ... | D | VII | 18 | 86 |
| 1,247 | Vermilion seller ... ... ... | D | XVI | 52 | 241 |
| 1,248 | Veterinary Surgeon ... ... ... | B | IV | 9(*a*) | 31 |
| 1,249 | Village crier ... ... ... | A | I | 3 | 11 |
| 1,250 | „ scribe and bond writer ... ... | F | XX | 65 | 304 |
| 1,251 | Walking stick maker ... ... ... | D | XI | 35 | 160 |
| 1,252 | „ „ seller in cane ... ... | D | XI | 35 | 160 |
| 1,253 | Warder (Jail) ... ... ... | A | I | 1 | 6 |
| 1,254 | Warehouse man ... ... ... | E | XIX | 62 | 288 |
| 1,255 | „ service ... ... ... | E | XIX | 62 | 289 |
| 1,256 | Washerman ... ... ... | C | VI | 14 | 62 |
| 1,257 | Watch maker and repairer ... ... ... | D | XI | 29 | 139 |
| 1,258 | Watchman (areca-nut grove) ... ... | B | V | 12 | 46 |
| 1,259 | „ (Dâk bungalow) ... ... | C | VI | 15 | 70 |
| 1,260 | „ (Railway) ... ... .. | E | XIX | 58(*b*) | 270 |
| 1,261 | „ (School) ... ... ... | F | XX | 64 | 300 |
| 1,262 | Watch mender .. ... ... | D | XI | 29 | 139 |
| 1,263 | Water carrier ... ... ... | C | VI | 14 | 63 |
| 1,264 | Waternut seller ... ... ... | B | V | 12 | 47 |
| 1,265 | Waterworks employé ... ... ... | A | I | 2 | 9 |
| 1,266 | „ Engineer (municipal) ... | A | I | 2 | 7 |
| 1,267 | Wax seller ... ... ... | D | XVI | 51 | 234 |
| 1,268 | Weeder ... ... ... | B | V | 11 | 41 |
| 1,269 | Weighman ... ... ... | E | XIX | 62 | 291 |
| 1,270 | Well (artesian) borer (Railway) ... ... | D | X | 24 | 128 |
| 1,271 | Wholesale shop keeper ... ... ... | E | XVIII | 55 | 252 |
| 1,272 | Wine (Foreign) and Oilman's stores seller ... | D | VII | 19 | 95 |
| 1,273 | Winnowing fan maker ... ... ... | D | XV | 50 | 222 |
| 1,274 | Witness in false cases ... ... ... | G | XXIII | 75 | 347 |
| 1,275 | Wood carver ... ... ... | D | XI | 30 | 140 |
| 1,276 | Woodcutter ... ... ... | D | XV | 49 | 218 |
| 1,277 | Wooden bead seller ... ... ... | D | XI | 33 | 153 |
| 1,278 | „ toy seller ... ... ... | D | XI | 31 | 142 |
| 1,279 | Wool knitter ... ... ... | D | XII | 42 | 193 |
| 1,280 | Woollen carpet seller ... ... ... | D | XII | 38 | 172 |
| 1,281 | „ yarn spinner ... ... ... | D | XII | 38 | 173 |
| 1,282 | Wrestler ... ... ... | F | XXI | 73(*c*) | 338 |
| 1,283 | Writer (bond) ... ... ... | F | XX | 65 | 304 |
| 1,284 | „ constable ... ... ... | A | I | 1 | 5 |
| 1,285 | „ constable, Hill Tipperah ... ... | A | III | 7 | 22 |
| 1,286 | „ Criminal court ... ... ... | A | I | 1 | 2 |
| 1,287 | „ Judge's court ... ... ... | A | I | 1 | 3 |
| 1,288 | „ Public Works Department ... ... | F | XX | 68(*b*) | 322 |
| 1,289 | „ Military ... ... ... | A | II | 4 | 15 |
| 1,290 | „ Mirásdari ... ... ... | B | V | 13 | 59 |
| 1,291 | „ unspecified ... ... ... | E | XVIII | 55 | 253 |
| 1,292 | Zamindar ... ... ... | B | V | 10(*a*) | 35 |
| 1,293 | „ (cultivating) ... ... .. | B | V | 10(*a*) | 36 |
| 1,294 | Zamindar's attorney ... ... ... | B | V | 13 | 59 |
| 1,295 | „ Tahsildar ... ... ... | B | V | 13 | 59 |
| 1,296 | Zilladar ... ... ... | A | I | 1 | 3 |



A. A. Press Shillong No. 383—9-12-93—600.